Missbrauch von Minderheitsrechten im deutschen und italienischen Aktienrecht

Saarbrücker Studien
zum Privat- und Wirtschaftsrecht

Herausgegeben von Johann Paul Bauer,
Michael Martinek (geschäftsführender Herausgeber)
und Helmut Rüßmann

Band 47

PETER LANG
Frankfurt am Main · Berlin · Bern · Bruxelles · New York · Oxford · Wien

Caspar Frhr. v. Schnurbein

Missbrauch von Minderheitsrechten im deutschen und italienischen Aktienrecht

PETER LANG
Europäischer Verlag der Wissenschaften

Bibliografische Information Der Deutschen Bibliothek
Die Deutsche Bibliothek verzeichnet diese Publikation in der Deutschen Nationalbibliografie; detaillierte bibliografische Daten sind im Internet über <http://dnb.ddb.de> abrufbar.

Zugl.: Saarbrücken, Univ., Diss., 2004

Die Arbeit wurde mit dem Förderpreis
der Dr. Friedrich Feldbausch-Stiftung
für die beste wirtschaftsrechtliche Dissertation
im Jahre 2003/2004 ausgezeichnet.

D 291
ISSN 1433-8866
ISBN 3-631-53165-6

www.peterlang.de

Saarbrücker Studien zum Privat- und Wirtschaftsrecht

herausgegeben von
Prof. Dr. Johann Paul Bauer
Prof. Dr. Dr. Dr. h.c. Michael Martinek
Prof. Dr. Helmut Rüßmann

Die Schriftenreihe "Saarbrücker Studien zum Privat- und Wirtschaftsrecht" bildet in erster Linie ein Forum für rechtswissenschaftliche Doktorarbeiten der Universität des Saarlandes auf zwei juristischen Schwerpunktgebieten. Zum einen sollen Dissertationen im klassischen Privatrecht, vor allem im bürgerlichen Vermögensrecht der ersten drei Bücher des BGB und ihrer Nebengesetze vorgestellt werden. Zum anderen findet das Wirtschaftsrecht im Sinne des Wirtschaftsprivatrechts besondere Berücksichtigung, womit namentlich die Gebiete des Handelsrechts einschließlich des Bilanzrechts, des Personen- und Kapitalgesellschaftsrechts einschließlich des Konzernrechts, des Gewerblichen Rechtsschutzes sowie des Wettbewerbs- und Kartellrechts bezeichnet sind. Es versteht sich, daß nicht nur rechtsdogmatische Studien, sondern auch rechtstatsächlich, rechtspolitisch oder interdisziplinär angelegte Arbeiten in die Schriftenreihe Aufnahme finden. Denn die Rechts- und Wirtschaftswissenschaftliche Fakultät der Universität des Saarlandes vereinigt unter *einem* Dach die Fachbereiche Rechtswissenschaft und Wirtschaftswissenschaft und regt damit Studenten und Hochschullehrer in besonderer Weise zu fachübergreifender Lehre und Forschung an. Die Schriftenreihe steht aber nicht nur sehr guten und ausgezeichneten Dissertationen, sondern auch anderen "Studien" zu privat- und wirtschaftsrechtlichen Themen offen, bis hin zu Materialien und Skripten des akademischen Unterrichts. Die drei Herausgeber, die zugleich stellvertretend für ihre anderen Saarbrücker Fakultätskollegen des Privat- und Wirtschaftsrechts handeln, verbinden mit den "Saarbrücker Studien zum Privat- und Wirtschaftsrecht" den Wunsch, daß die hier veröffentlichten Arbeiten die verdiente Resonanz in der breiteren juristischen Fachöffentlichkeit finden.

Vorwort

Die vorliegende Arbeit lag der Universität des Saarlandes im Sommersemester 2004 als Dissertation vor. Sie entstand im Wesentlichen von Juli 2002 bis August 2003. Die durch die italienische Gesellschaftsrechtsreform bedingten Änderungen habe ich eingearbeitet.

Vielen Menschen bin ich zu großem Dank verpflichtet: Zunächst natürlich meinem Doktorvater Prof. Dr. Filippo Ranieri, der mir das Thema vorgeschlagen hat. Ich habe es als sehr angenehm empfunden, von ihm bei der Ausarbeitung große Freiheit, gleichzeitig aber an entscheidenden Stellen die nötige Hilfestellung zu erhalten. Besonders hervorhebenswert ist die Kürze der Zeit, in der er das Erstgutachten erstellt hat. Genauso Prof. Dr. Johann Bauer, der die Aufgabe des Zweitgutachters übernommen hat.

Besonderer Dank auch an meine Freunde: Bengt Baron von Toll sowie Avvocato und Solicitor Federico Spinucci haben mich während meiner langen Rechercheaufenthalte in Mailand und Rom beherbergt und nach langen Bibliothekstagen für meine Ablenkung und Bespaßung gesorgt. Dr. Herbert Zech hat sich sehr durch das mühselige Korrekturlesen des Typoskripts verdient gemacht und mir zahlreiche Male beim Ordnen meiner Gedanken geholfen, wenn ich mich im Urwald der widerstreitenden Theorien verloren hatte.

Gerne denke ich zurück an die kurzweilige Zeit des Pendelns zwischen München, Mailand und Rom. Dabei genoss ich die Gastfreundschaft der Bibliotheken der Ludwig-Maximilians-Universität München, der Università degli Studi di Milano und der Corte di Cassazione in Rom. Auch für diese möchte ich mich herzlich bedanken.

München, im Sommer 2004 Caspar Schnurbein

Inhaltsübersicht

Inhaltsverzeichnis

Abkürzungsverzeichnis

a.A. .... andere Ansicht
AcP .... Archiv für die civilistische Praxis
a.F. .... alte Fassung
AG .... Aktiengesellschaft
AG .... Die Aktiengesellschaft
AG .... Amtsgericht
AktG .... Aktiengesetz
Anh. .... Anhang
Anm. .... Anmerkung
App. .... Corte di Appello
Art. .... Artikel

BBTC .... Banca, borsa e titoli di credito (italienische Zeitschrift)
BB .... Betriebsberater
Begr. .... Begründer
BetrVG .... Betriebsverfassungsgesetz
BGB .... Bürgerliches Gesetzbuch
BGH .... Bundesgerichtshof
BGHZ .... Entscheidungen des Bundesgerichtshofes in Zivilsachen
BörsZulV .... Börsenzulassungs-Verordnung
bspw. .... beispielsweise
BT-Drucks. .... Bundestagsdrucksache
bzgl. .... bezüglich
bzw. .... beziehungsweise

Cass.civ. .... Corte suprema di cassazione, sezione civile
c.c. .... Codice civile (soweit nicht mit dem Kürzel a.F. versehen, ist die Fassung nach der durch d.lg. 10.1.2003, n. 6 am 1.1.2004 in Kraft getretenen Gesellschaftsrechtreform gemeint)
c.co. .... Codice di commercio
CeI .... Contratto e impresa (italienische Zeitschrift)
CONSOB .... Commissione nazionale per le società e la borsa
cost. .... Costituzione della Repubblica Italiana
c.p. .... Codice penale
c.p.c. .... Codice di procedura civile

DB .... Der Betrieb
Dir.fall. .... Il diritto fallimentare e delle società commerciali (italienische Zeitschrift)
Dir.priv. .... Diritto privato (italienische Zeitschrift)

d.lg. ....decreto legislativo

EDP ....Europa e diritto privato (italienische Zeitschrift)
EG ....EG-Vertrag (in der Fassung des Amsterdamer Vertrages vom 2.10.1997)
EGV ....EG-Vertrag (in der Fassung des Maastrichter Vertrages vom 7.2.1992)
Einl. ....Einleitung
Enc.dir. ....Enciclopedia del diritto
EuGH ....Europäischer Gerichtshof
evtl. ....eventuell
EWG ....Europäische Wirtschaftsgemeinschaft
EWiR ....Entscheidungen zum Wirtschaftsrecht

FAZ ....Frankfurter Allgemeine Zeitung
FGG ....Gesetz über die Angelegenheiten der freiwilligen Gerichtsbarkeit
Fn. ....Fußnote
Foro it. ....Il Foro Italiano
Foro nap. ....Il Foro Napoletano
Foro pad. ....Il Foro Padano
franz. ....französisch
FS ....Festschrift

GA ....Generalanwalt
ggf. ....gegebenenfalls
Giur.comm. ....Giurisprudenza commerciale (italienische Zeitschrift)
Giur.it. ....Giurisprudenza italiana (italienische Zeitschrift)
Giur.piemontese ....Giurisprudenza piemontese
Giust.civ. ....Giustizia civile (italienische Zeitschrift)
GmbH ....Gesellschaft mit beschränkter Haftung
GmbHG ....Gesetz betreffend die Gesellschaften mit beschränkter Haftung
GmbHR ....GmbHRundschau
grds. ....grundsätzlich
G.U. ....Gazzetta ufficiale

HGB ....Handelsgesetzbuch
h.M. ....herrschende Meinung
Hs. ....Halbsatz

InsO ....Insolvenzordnung

i.S.d. .... im Sinne des / im Sinne der
i.S.v. .... im Sinne von

Jhr. .... Jahrhundert
JuS .... Juristische Schulung
JZ .... Juristenzeitung

l. .... legge
LG .... Landgericht

Mass.Foro it. .... Il massimario del Foro italiano
Mass.Giur.it .... Il massimario della Giurisprudenza italiana
M.M. .... Mindermeinung
m.w.N. .... mit weiteren Nachweisen

n.F. .... neue Fassung
NGCC .... La nuova giurisprudenza civile commentata (italienische Zeitschrift)
NJW .... Neue Juristische Wochenschrift
NZG .... Neue Zeitschrift für Gesellschaftsrecht

OLG .... Oberlandesgericht

RegE .... Regierungsentwurf
RG .... Reichsgericht
RGZ .... Entscheidungen des Reichsgerichts in Zivilsachen
Riv.dir.civ. .... Rivista di diritto civile
Riv.dir.comm. .... Rivista del diritto commerciale
Riv.dir.priv. .... Rivista di diritto privato
Riv.not. .... Rivista del notariato
Riv.soc. .... Rivista della società
Riv.trim.dir.proc.civ. .... Rivista trimestrale di diritto e procedura civile
RIW .... Recht der internationalen Wirtschaft
Rl. .... Richtlinie
Rn. .... Randnummer
Rspr. .... Rechtsprechung

S. .... Seite
Slg. .... Sammlung der Rechtspechung des Gerichtshofes und des Gerichts erster Instanz
sog. .... so genannt(-er/-e/-es)

S.p.A. .... Società per Azioni (italienisches Äquivalent der AG)
S.r.l. .... Società a responsibilità limitata (italienisches Äquivalent der GmbH)

Trib. .... Tribunale
T.U.F. .... Testo unico dell'intermediazione finanziaria (d.lg. 24.2.1998, n. 58)

u. .... und
UmwG .... Umwandlungsgesetz
u.U. .... unter Umständen

v. .... vom
vgl. .... vergleiche
vol. .... volume (Band)
Vorb. .... Vorbemerkung

WM .... Wertpapiermitteilungen

ZEuP .... Zeitschrift für Europäisches Privatrecht
ZGB .... Zivilgesetzbuch (Schweiz)
ZHR .... Zeitschrift für das gesamte Handelsrecht und Wirtschaftsrecht
ZIP .... Zeitschrift für Wirtschaftsrecht
ZPO .... Zivilprozessordnung

§ 1. Einführung

Die vorliegende Arbeit beschäftigt sich mit dem Missbrauch von Minderheitsrechten in Aktiengesellschaften. Sie vergleicht die entsprechenden gesetzlichen Regelungen im deutschen und italienischen Aktienrecht.

A. Darstellung der Problematik

Das Thema stellt einen Ausschnitt aus dem klassischen Problembereich der Machtverteilung innerhalb von Gesellschaften dar. In dem Moment nämlich, da sich eine Person mit anderen Personen zu einer Gesellschaft verbindet, begibt sie sich ein Stück weit ihrer Privatautonomie, es müssen in der Gesellschaft die eigenen Interessen mit denen des anderen Gesellschafters bzw. der anderen Gesellschafter abgestimmt und in Einklang gebracht werden. Instrument dieser Interessenabgleichung ist die Gesellschafterversammlung, bei der sich regelmäßig der die Mehrheit innehabende Gesellschafter durchsetzt und so über die Geschicke der Gesellschaft bestimmen kann. Die übrigen Gesellschafter sind an diese Mehrheitsentscheidung gebunden, auch wenn sie mit der dadurch vorgegebenen Richtung oder der konkreten Maßnahme nicht einverstanden sind.

Bei den Kapitalgesellschaften, besonders aber bei der Aktiengesellschaft, wird diese Einschränkung der Privatautonomie noch durch das Auseinanderfallen von mittelbarem Eigentum der Aktionäre am Unternehmen und Verfügungsbefugnis des Managements verstärkt. Die Aktionäre stellen zwar das Kapital der Gesellschaft zur Verfügung, die Entscheidungen über Geschäftsführungsmaßnahmen liegen aber regelmäßig nicht in ihren Händen, sondern werden vom Vorstand getroffen[1]. Anders als bei Personengesellschaften muss sich ein Minderheitsaktionär also nicht nur gegen die Mitaktionäre, sondern auch gegen das Organ der Geschäftsführung zur Wehr setzen.

Grds. ist diese Machtverteilung auch so vorgesehen. Es entspricht demokratischen Prinzipien, dass gerade die Mehrheit den Kurs der Gesellschaft bestimmt. Die Trennung von Eigentum und Verfügungsbefugnis ist darin begründet, dass es den Kapitalgebern meist am ökonomischen Sachverstand fehlt, den Inhabern einer Geschäftsidee hingegen meist am nötigen Kapital. Die Fremdbestimmung des Eigentums ist der Aktiengesellschaft also geradezu wesensimmanent.

Gleichwohl kann diese der Mehrheit und dem Vorstand verliehene Macht auch missbraucht werden und so ein übermäßiger Eingriff in die Rechte der Minderheit stattfinden. In der durch den Kampf des Gesetzgebers gegen Missbräuche geprägten Geschichte des Aktienrechts[2] wurden den Minderheitsaktionären aus diesem Grund gewisse gesetzliche Rechte als Gegengewicht verliehen. Diese sollen einen Missbrauch der Mehrheits- bzw. Vorstandsmacht bereits im Vorfeld verhindern oder aber den betroffenen Aktionären zumindest nachträglich ein geeignetes Verteidigungsinstrumentarium zur Verfügung stellen. Auch der Minderheitsaktionär ist nämlich am wirtschaftlichen Risiko der Aktiengesellschaft beteiligt, so dass er nicht vollkommen rechtlos gestellt werden kann[3]. Der Schutz der Minder-

---

[1] vgl. §§ 119 II und 76 I AktG in Deutschland bzw. Art. 2364 I Nr.4 c.c. und 2380-bis I c.c. in Italien;

[2] SEMLER in: MüKo, AktG, Einl. Rn. 16;

[3] RORDORF, FS Salafia, S. 145;

heit kann aus diesem Grund als das klassische Thema des Gesellschaftsrechts angesehen werden[4].

Minderheitsrechte verleihen nun aber ihrerseits ihren Inhabern innerhalb der Aktiengesellschaft eine gewisse Machtposition, welche ein oft erhebliches Missbrauchspotential in sich birgt. Ihr exzessiver Gebrauch wirkt sich regelmäßig negativ auf eine effiziente Geschäftsführung aus[5], was im Einzelfall soweit gehen kann, dass wichtige, unternehmerisch notwendige Maßnahmen von wenigen Aktionären blockiert werden und so ein erheblicher Schaden verursacht wird.

Die vorliegende Arbeit beschäftigt sich mit genau diesem Spannungsfeld zwischen Minderheitsrechten und Unternehmensinteressen[6]. Es sollen daher die Grenzen der Ausübung dieser den Minderheitsaktionären in Deutschland und Italien verliehenen Rechte aufgezeigt und – insbesondere hinsichtlich der sich aus der Überschreitung dieser Grenzen ergebenden Rechtsfolgen – verglichen werden.

B. Definition von Minderheit

Einleitend ist es zunächst einmal erforderlich, den Begriff der Minderheit bzw. *minoranza* im Aktienrecht klar zu umreißen. Es handelt sich dabei augenscheinlich um den Gegenbegriff von Mehrheit bzw. *maggioranza*[7], so dass sich vor allem die Frage stellt, wie die Begriffe voneinander abzugrenzen sind.

Man kann sich der Fragestellung zunächst dadurch nähern, dass man von der klassischen Machtverteilung innerhalb einer Aktiengesellschaft ausgeht, wie sie insbesondere im Rahmen der Hauptversammlung/*assemblea* deutlich wird: Auf der einen Seite der große Mehrheitsaktionär, der die Geschicke der AG/*S.p.A.* bestimmt, und auf der anderen Seite die Kleinaktionäre, denen eigentlich keine Einflussmöglichkeit zukommt. Daraus ergibt sich, dass unter der Minderheit diejenigen Aktionäre zu verstehen sind, welchen alleine oder gemeinsam – von spezifischen Minderheitsrechten abgesehen – keine Möglichkeit zukommt, ihren Einfluss innerhalb der Aktiengesellschaft geltend zu machen. Ein Minderheitsaktionär ist somit ein Gesellschafter, dessen Stimmmacht nicht ausreicht, um die Abstimmungsmehrheit auf der Hauptversammlung zu stellen und der so keine Möglichkeit hat, auf deren Entscheidung Einfluss auszuüben[8]. Diese Definition der Nichtzugehörigkeit zur Kontrollgruppe[9] setzt aber keineswegs voraus, dass eine Minderheit nur dort vorhanden sein kann, wo ihr auch tatsächlich eine die Entscheidungsmacht ausübende Mehrheit gegenübergestellt ist. Es ist nämlich bei Aktiengesellschaften durchaus denkbar, dass deren Aktien derartig auf Kleinaktionäre verteilt sind, dass keine die Kontrolle innehabende, einer einheitlichen Willensbildung unterliegende Mehrheit vorhanden ist[10].

Zu beachten ist, dass Minderheiten in verschiedenen Formen auftreten können. Zunächst fällt darunter der Kleinstaktionär, der seine Aktien als reines Mittel der Geldanlage sieht, sonst aber gänzlich uninteressiert an den Geschicken der Gesellschaft ist bzw. an der Haupt-

---

4 CERRAI, MAZZONI, Riv.soc. 1993, 1;

5 MONTALENTI, Giur.comm. 1998, I, 329, 330;

6 vgl. SCHINDLER, WITZEL, NZG 2001, 577;

7 RORDORF, FS Salafia, S. 144;

8 GUNTZ, S. 154; MAZZONI, Giur.comm. 1998, I, 485, 486 f.;

9 MAZZONI, Giur.comm. 1998, I, 485, 486 f.;

10 RORDORF, FS Salafia, S. 144 f.;

versammlung/*assemblea* aus reiner Neugier oder Liebhaberei teilnimmt. Weiter fällt darunter aber auch der Aktionär bzw. die Gruppe von Aktionären, die ein Aktienpaket inne hat, welches eine Sperrminorität oder ein sonstiges an einen bestimmten Kapitalanteil geknüpftes Minderheitsrecht einräumt[11].

Hervorgehoben werden muss dabei, dass die Aufteilung in Mehrheit/Minderheit keinesfalls statisch zu sehen ist. Die Grenzen sind vielmehr fließend und können mit verschiedener Aktionärszusammensetzung bzw. Beteiligung an der Hauptversammlung variieren[12]. Die Beurteilung, ob ein Aktionär bzw. eine Aktionärsgruppe der Mehrheit oder der Minderheit angehört, muss jedes Mal aufs Neue geklärt werden[13]. Entscheidend ist, ob er in der konkreten Situation der Kontrollgruppe angehört, also in der Lage ist, eine Mehrheitsentscheidung herbeizuführen. Nur wenn dies nicht der Fall ist, handelt es sich bei ihm um einen Minderheitsaktionär[14].

C. Arten von Minderheitsrechten

Eine vergleichende Untersuchung sämtlicher Minderheitsrechte bzgl. ihres Missbrauchspotentials würde den Rahmen der vorliegenden Untersuchung deutlich sprengen. Gleichwohl soll an dieser Stelle eine grobe Gliederung erfolgen.

I. Schutzzweck

Zunächst einmal ist es möglich, die Minderheitsrechte nach ihrer Schutzrichtung einzuteilen.

Der Aktionär ist auf der einen Seite insofern schutzbedürftig, als die Verwaltung seines Kapitals betroffen ist. Gehört er nämlich nicht zur Kontrollgruppe, verfolgt er in erster Linie Interessen in seiner Eigenschaft als Kapitalanleger[15]. Seine Interessen als Gesellschafter treten hinter dem Streben nach der Steigerung des *shareholder-value* zurück[16]. Um dem gerecht zu werden, ist die Schaffung ausreichender Transparenz der Märkte sowie die Gewährleistung einer ordnungsgemäßen Verwaltung des Aktionärsvermögens durch die Organe der Aktiengesellschaft – die sog. *Corporate Governance* – notwendig[17].

Dazu wurden gerade auch den Minderheitsaktionären Rechte verliehen, um ihren Einfluss auf die anderen Gesellschaftsorgane sicherzustellen[18]. So kann sowohl in Deutschland als auch in Italien eine Haftungsklage gegen die Mitglieder anderer Organe auch durch eine Minderheit von Aktionären erzwungen werden, vgl. § 147 I AktG (10 % des Grundkapitals)

---

11 MONTALENTI, Giur.comm. 1998, I, 329, 347; ähnliche Einteilung auch PISANI MASSAMORMILE, Riv.soc. 2001, 613, 616; vgl. weiter CERRAI, MAZZONI, Riv.soc. 1993, 1, 54 f.;

12 OPPO, Riv.dir.civ. 1999, II, 231, 232;

13 STELLA RICHTER jr., S. 77; MARTINES, CeI 1997, 1184, 1199;

14 vgl. OPPO, Riv.dir.civ. 1999, II, 231;

15 CERRAI, MAZZONI, Riv.soc. 1993, 1, 3; MAZZONI, Giur.comm. 1998, I, 485, 487; andeutungsweise auch SCHMIDT, GesR, § 20 IV 2 d), S. 592; HENNSLER, DZWiR 1995, 430, 431;

16 JAEGER, Giur.comm. 2000, I, 795, 804;

17 LUTTER, ZIP 2003, 737 f.; ROTH, ZIP 2003, 369; vgl. zur *Corporate Governance* jüngst den „Deutschen Corporate Governance Codex" v. 21.5.2003 sowie das „10-Punkte-Papier zur Stärkung der Unternehmensintegrität und des Anlegerschutzes" (FAZ v. 26.2.2003, S. 9 und im Internet unter www.bmj.bund.de/ger/service/pressemitteilungen/10000601);

18 in Deutschland bereits durch die Aktienrechtsnovelle v. 18.7.1884 eingeführt, vgl. SEMLER in: MüKo, AktG, Einl. Rn. 22; ein Abriss der Entwicklung der Minderheitsrechte in Italien vom Krieg bis zur *Riforma Draghi* findet sich bei MONTALENTI, Giur.comm. 1998, I, 329, 331 f.;

bzw. Art. 2409 I c.c. (10 % des Grundkapitals bzw. 5 % des Grundkapitals bei der börsennotierten *S.p.A.*). Auch steht in beiden Ländern bereits einer Minderheit das Recht zu, die Einberufung der Hauptversammlung durch den Vorstand zu verlangen, vgl. § 122 I S.1 AktG (5 % des Grundkapitals) bzw. Art. 2367 I c.c. (10 % des Grundkapitals)[19]. Eine missbräuchliche Ausübung dieser Minderheitsrechte ist denkbar und hat in beiden Ländern Rspr. und Lit. beschäftigt[20].

Auf der anderen Seite bedarf der Minderheitsaktionär des Schutzes vor den die Mehrheit innehaltenden Mitaktionären. Auch diese dürfen nicht grenzenlos in sein Eigentumsrecht eingreifen. Die Gefahr eines solchen Eingriffs besteht in der Hauptversammlung, so dass dem Minderheitsaktionär diesbezügliche Rechte zur Verteidigung verliehen werden. Sowohl in Italien als auch in Deutschland besteht für strukturändernde Beschlüsse ein qualifiziertes Mehrheitserfordernis, so dass auch eine lediglich die Minderheit innehabende Gruppe von Aktionären das Zustandekommen eines positiven Beschlusses verhindern kann[21]. Wenn es mit diesem Instrument nicht gelungen ist, einen Beschluss zu verhindern, kann darüber hinaus jeder Aktionär, sofern er nur eine Aktie hält, eine Anfechtungsklage gegen den Beschluss anstrengen. Auch diese Rechte können missbräuchlich ausgeübt werden[22].

II. Aktive und passive Minderheitsrechte

Eine Aufteilung lässt sich aber auch in aktive und passive Minderheitsrechte vornehmen. So stehen auf der einen Seite aktive Einwirkungsrechte, die dem Aktionär die Möglichkeit geben, positiven Einfluss auf die Geschicke bzw. Handlungen der Gesellschaft zu nehmen. Auf der anderen Seite stehen passive Sperrminoritäten, mit denen ein bestimmter positiver Beschluss der Hauptversammlung/*assemblea* verhindert werden kann[23].

III. Eingrenzung

Die folgenden Untersuchungen unterziehen sowohl ein passives, als auch ein aktives Minderheitsrecht einer genaueren Betrachtung. Dabei sollen aber die der Minderheit zur Durchsetzung ordnungsgemäßer *Corporate Governance* zugebilligten Rechte außen vor bleiben. Behandelt wird ausschließlich, welche Möglichkeiten Minderheitsaktionären zustehen, um sich gegen die Mehrheit wehren zu können. Untersucht werden also die Möglichkeiten der Minderheit, auf das Ergebnis eines Hauptversammlungsbeschlusses einzuwirken, sowie die Frage, wo sie diese Einwirkungsmöglichkeiten missbrauchen kann. Dies soll exemplarisch an der Sperrminorität und an der Anfechtungsklage untersucht werden. Da für die Ausübung letzterer bereits das Innehaben einer einzigen Aktie ausreichend ist, spricht man auch von einem Individualrecht.

---

[19] eine umfassende Darstellung der ursprünglich durch den T.U.F. verliehenen Einwirkungsmöglichkeiten der Gesellschafter auf den Vorstand im italienischen Recht findet sich bei ENRIQUES, Giur.comm 1998, I, 680, 691 ff.;

[20] vgl. zu §§ 126, 131: MARTENS, Missbrauch, S. 63 ff.; zu § 142 AktG: AG Düsseldorf, in: WM 1988, 1668; zu § 147 I AktG: KIETHE, ZIP 2003, 707, 708 f.; zu Art. 2408 f. c.c.: FERRARI, S. 128 ff.; zu Art. 2367 c.c.: Trib. Milano, 7.5.1987, in: Giur.comm. 1987, II, 813; RIMINI, Giur.comm. 1987, II, 812 ff.; CAROTA, CeI 1989, 845, 849 ff.;

[21] vgl. zu den Einzelheiten unten § 3.B, S. 85 ff.;

[22] siehe unten § 3.C, S. 97 ff. bzw. § 4, S. 199 ff.;

[23] LEHMANN, AG 1983, 113; CASSOTTANA, S. 74; CERRAI, MAZZONI, Riv.soc. 1993, 1, 55 f.;

D. Gang der Untersuchung

Im Folgenden soll nach allgemeinen Hinweisen zum italienischen Aktienrecht zunächst die dogmatische Grundlage der Einschränkung von Gesellschafterrechten in beiden Ländern untersucht werden, indem allgemein auf die vom Gesetzgeber bzw. der Rspr. vorgesehenen Wertungen Bezug genommen wird.

Erst im Anschluss hieran wird die Sperrminorität einer ausführlichen Untersuchung unterzogen. Dabei gilt es zunächst, die unterschiedlichen Erscheinungsformen in beiden Ländern herauszustellen, um dann die Grenze zwischen legitimer und missbräuchlicher Ausübung dieser Sperrminorität ziehen zu können. Einer genauen Erörterung zugeführt werden sollen dann vor allem die Rechtsfolgen einer missbräuchlichen Sperrminorität.

Nach diesem Hauptteil der Arbeit wird noch auf die missbräuchliche Anfechtungsklage eingegangen. Dargestellt werden sollen dabei insbesondere die in diesem Bereich sehr deutlichen Unterschiede zwischen den beiden Rechtsordnungen.

Die Arbeit wird abgerundet durch eine Untersuchung der Frage, ob die gefundenen Ergebnisse auch mit den europarechtlichen Vorgaben in Einklang zu bringen sind. Das Ende besteht aus einem Resümee sowie einer thesenartigen Zusammenfassung der gefundenen Ergebnisse.

E. Italienisches Gesellschaftsrecht

Anders als in Deutschland, wo das Aktienrecht in einem eigenen Gesetze geregelt ist, sind die die *S.p.A.* betreffenden Normen seit 1942 in den *Codice civile* integriert. Dabei ist der dem § 705 BGB entsprechende Art. 2247 c.c. als gleichsam vor die Klammer gezogene Grundnorm sämtlicher Gesellschaften und damit auch der Kapitalgesellschaften zu verstehen[24].

AG und *S.p.A.* entsprechen einander in Bezug auf die Existenz dreier Organe, nämlich Vorstand/*consiglio di amministrazione*[25], Aufsichtsrat/*collegio sindacale*[26] und Hauptversammlung/*assemblea*[27]. Auch die Aufgabenverteilung ist ähnlich. Während der Vorstand/*consiglio di amministrazione* die Geschäftsführung und Vertretung der Gesellschaft nach außen ausübt[28], sind der Hauptversammlung/*assemblea* lediglich einige Entscheidungen bzgl. der internen Verwaltung sowie über satzungsändernde Maßnahmen vorbehalten[29]. Der Aufsichtsrat/*collegio sindacale* übt seinerseits die Kontrolle über den Vorstand aus[30]. Wesentlicher Unterschied ist aber, dass in Deutschland der Vorstand vom Aufsichtsrat, § 84 I S.1 AktG, die *amministratori* hingegen in Italien von der *assemblea* ernannt werden, Art. 2364 I Nr.2 AktG.

Eingegangen werden muss in diesem Zusammenhang noch auf das Verhältnis von AG/GmbH bzw. *S.p.A.*/S.r.l.. In Deutschland handelt es sich bei AG und GmbH um zwei unterschiedliche, eigenständig geregelte Kapitalgesellschaften. Bei letzterer fehlt regelmäßig ein Aufsichtsrat, vgl. § 52 I GmbHG[31]. Für die S.r.l. schreibt der *Codice civile* hingegen ein *collegio sindacale* ab einem Grundkapital von 100.000 € vor. Überdies bildet die *S.p.A.* in

---

[24] vgl. GAMBINO, Correttezza, S. 147; LUTTER, AcP 180 (1980), 84, 106;
[25] §§ 76-94 AktG bzw. Art. 2380-2396 c.c.;
[26] §§ 95-116 AktG bzw. Art. 2397-2409 c.c.;
[27] §§ 118-147 AktG bzw. Art. 2363-2379-ter c.c.;
[28] §§ 76 I, 78 I AktG bzw. Art. 2380-bis I, 2384 I c.c.;
[29] § 119 AktG bzw. Art. 2364 ff. c.c.;
[30] § 111 AktG bzw. Art. 2403 c.c.;
[31] notwendig nach § 77 I S.1 BetrVG 1952 erst ab 500 Arbeitnehmern;

Italien die Grundform der Kapitalgesellschaft, die die S.r.l. betreffenden Normen verweisen in weiten Teilen schlicht auf die Regelung der *S.p.A.* In vielen Fällen ist daher die zur S.r.l. ergangene Rspr. auch auf die *S.p.A.* übertragbar.

Aufgrund der strukturellen Ähnlichkeit der beiden Kapitalgesellschaften besteht in Italien auch keine Trennung dahin gehend, dass kleinere, personalistisch geprägte Kapitalgesellschaften eher in der Rechtsform der S.r.l., große, anonyme Gesellschaften hingegen überwiegend als *S.p.A.* organisiert sind[32]. Zwar war die S.r.l. bei ihrer Einführung 1942 als kleine *S.p.A.* gedacht. Sie hat dieses Ziel aber nur teilweise erreicht[33]. So fällt auf, dass in Italien der Anteil der S.r.l.s noch immer deutlich geringer als derjenige der GmbHs in Deutschland ist und es dementsprechend wesentlich mehr kleine *S.p.A.*s als kleine AGs gibt. Von den zahlreichen *S.p.A.*s ist aber wiederum nur ein viel geringerer Anteil börsennotiert als bei den AGs in Deutschland[34].

Die zahlreichen kleinen *S.p.A.*s sind auch der Grund, warum – im Gegensatz zu Deutschland – in Italien zwischen börsennotierten und kleinen, von wenigen Aktionären gehaltenen *S.p.A.*s. hinsichtlich der in der Hauptversammlung erforderlichen Mehrheiten unterschieden wird. Auf diese Weise wird dem unterschiedlichen Regelungsbedürfnis zwischen kleiner und gro ßer Kapitalgesellschaft Rechnung getragen.

---

32 vgl. ANGELICI, Giur.comm. 1996, II, 338, 341; a.A. offenbar STELLA RICHTER jr., S. 309 ff.;

33 KINDLER, S. 136 f.;

34 WEIGMANN in: Dig.disc.priv., Sez.comm., XIV, S. 338, 371 ff.;

§ 2. Dogmatische Grundlagen des Missbrauchs

Zu Beginn soll eine Untersuchung der dogmatischen Grundlagen der Einschränkung von Gesellschafterrechten in beiden Ländern erfolgen.

A. Deutschland

I. Treupflichten

Im deutschen Recht werden die Grenzen der den Gesellschaftern durch Gesetz zugestandenen Rechte unter dem Stichwort der gesellschaftsrechtlichen Treupflicht (oder Treuepflicht) diskutiert. Um also bestimmen zu können, wo die Schranken zulässiger Rechtsausübung anzusetzen sind, gilt es zunächst, die dogmatischen Grundlagen und den Umfang dieser Treupflicht im deutschen Aktienrecht einer genauen Untersuchung zu unterziehen.

1. Korrelation zwischen Rechtsmacht und Verantwortung

Als tragender Rechtsgrund der Treupflicht wird von weiten Teilen der Lit. die Notwendigkeit einer Kontrolle der dem Mitaktionär eingeräumten Einwirkungsbefugnisse und Einwirkungsmöglichkeiten angesehen, seien diese unmittelbarer oder mittelbarer Natur[35]. Dadurch, dass es der Mehrheit in einer Gesellschaft bspw. mittels ihrer Stimmmacht möglich ist, auch für die Minderheit mitzuentscheiden, ist ihr zuzumuten, bei der Ausübung dieser Mehrheitsmacht die Interessen der Minderheit angemessen zu berücksichtigen. Aus diesem rechtsfunktionellen Anknüpfungspunkt[36] der Treupflicht ergibt sich, dass die Pflicht zur Rücksichtnahme auf Mitgesellschafter den Einwirkungsmöglichkeiten auf deren Interessen folgt[37]. Die Treupflicht ist demnach Ausdruck der Korrelation zwischen Rechtsmacht und Verantwortung.

2. Dogmatische Einordnung der Treupflicht

Von der rechtsfunktionellen Begründung streng zu unterscheiden ist die dogmatische Einordnung[38]. Das Prinzip der Korrelation zwischen Rechtsmacht und Verantwortung kann alleine nämlich keine Rechtsgrundlage der Treupflicht darstellen[39]. Für Personengesellschaften wurden daher verschiedene dogmatische Begründungen entwickelt.

a) Vertrauen

Teilweise ist versucht worden, die Treupflicht aus Vertrauenserwägungen heraus abzuleiten. Sie beruhe im Ausgangpunkt darauf, dass es sich bei Gesellschaften vor allem um personenbezogene Arbeitsgemeinschaften handele. Für den Bestand und Erfolg einer

---

35 TIMM, WM 1991, 481, 482; WIEDEMANN, GesR, § 8 II 3 a), S. 432;
36 SCHMIDT, GesR, § 20 IV 1 b), S. 588;
37 DREHER, ZHR 157 (1993), 150, 154; LUTTER, AcP 180 (1980), 84, 110; ZÖLLNER, Schranken mitgliedschaftlicher Stimmrechtsmacht, S. 342 ff.; a.A. HENNRICHS, AcP 195 (1995), 221, 236 f. mit der Begründung, aus diesem rechtsfunktionalen Begründungsansatz lasse sich nicht der Inhalt der Treupflicht herleiten;
38 SCHMIDT, GesR, § 20 IV 1 b), S. 588;
39 HENNRICHS, AcP 195 (1995), 221, 236;

Gesellschaft sei daher das Zusammenwirken der Gesellschafter das entscheidende Fundament, was gegenseitiges Vertrauen und gesellschaftstreues Verhalten voraussetze[40].

b) Theorie der Mitgliedschaft

Weiter wurde zur dogmatischen Einordnung der gesellschaftsrechtlichen Treupflicht in der Lit. die Theorie der Mitgliedschaft entwickelt[41]. Als Dauerrechtsbeziehung begründet jede Mitgliedschaft in einem Verband spezifische Pflichten der Mitglieder[42]. Im Vergleich zu anderen Dauerschuldverhältnissen besteht bei Gesellschaften aber eine deutlich gesteigerte Einwirkungsmöglichkeit auf das gemeinsame Unternehmen und die Stellung der Mitgesellschafter[43], woraus sich eine verbandsinterne Sonderverbindung[44] der Gesellschafter ergibt. Es ist somit die Mitgliedschaft, die den Einzelnen innerhalb eines Verbandes gewissen Treupflichten unterwirft.

3. Übertragbarkeit aufs Aktienrecht?

Es stellt sich die Frage, ob die gezeigten dogmatischen Grundlagen auch innerhalb einer AG Anwendung finden können, oder ob diesen für die Personengesellschaft entwickelten Grundsätzen die kapitalistische Ausprägung der AG entgegensteht[45].

a) Ablehnende Ansicht

Teilweise wird im Aktienrecht eine Rücksichtnahmepflicht überhaupt gänzlich abgelehnt.

aa) Keine Förder- oder Rücksichtnahmepflicht

Der Kauf einer Aktie verpflichtet nämlich zu nichts. So ist bspw. weder der Besuch der Hauptversammlung noch die Entsendung eines Vertreters dorthin geschuldet. Auch darf sich der Aktionär negativ über das von der AG vertriebene Produkt äußern[46], Aktien eines Konkurrenzunternehmens erwerben oder den Vorstand in der Öffentlichkeit für unfähig erklären[47]. Diese Beispiele zeigten deutlich, dass im Aktienrecht – anders als bei den Personengesellschaften und der weniger anonym geprägten GmbH – sich eine allgemeine Förderpflicht nicht erkennen lasse. Der Aktionär hat vielmehr ein Recht zum Desinteresse[48].

Aus dem Recht zum Desinteresse lässt sich indes keine völlige Ablehnung einer Rücksichtnahmepflicht ableiten. Zwar zeigen diese Beispiele zweifelsfrei, dass die treurechtliche Bindung von Aktionären im Vergleich zu anderen Gesellschaftsformen wesentlich geringer ist. Dies als Argument gegen überhaupt jegliche Rücksichtnahmepflicht im Aktienrecht heranzuziehen, muss jedoch als voreiliger Schluss betrachtet werden. Zunächst geht es ja um die Feststellung einer Rücksichtnahmepflicht allgemein. Bejaht man diese, was vor dem Hintergrund der Korrelation zwischen Rechtsmacht und Verantwortung auch im Aktienrecht

---

40 STIMPEL, Rechtsfortbildung, S. 15, 18;

41 LUTTER, AcP 180 (1980), 84 ff.; HUECK, S. 13 ff.; FISCHER, NJW 1954, 777 ff.; ZÖLLNER, Schranken mitgliedschaftlicher Stimmrechtsmacht, S. 335 ff.; IMMENGA, S. 261 ff.;

42 LUTTER, AcP 180 (1980), 84, 102; SCHMIDT, GesR, § 19 I 3. a), S. 549;

43 WINTER, S. 15;

44 zum Begriff Sonderverbindung vgl. LUTTER, AcP 180 (1980), 84, 122 ff.;

45 vgl. TIMM, WM 1991, 481, 483;

46 KÜBLER, S. 179;

47 Beispiele aus: LUTTER, AcP 180 (1980), 84, 111;

48 WIEDEMANN, BB 1975, 1591, 1595; ihm folgend BECKERHOFF, S. 55;

als geboten betrachtet werden darf, ist damit noch lange nichts über Inhalt, Umfang und Reichweite dieser Rücksichtnahmepflicht gesagt[49].

bb) Entgegenstehende Normen des AktG

Abgesehen von diesen Strukturargumenten wurde aber auch die Meinung vertreten, das AktG selbst stehe der Anerkennung einer Treupflicht im Rahmen von Aktiengesellschaften entgegen.

So sei die in § 243 II AktG enthaltene Grenze der grundsätzlichen Freiheit der Stimmrechtsausübung abschließend zu verstehen, weitere Schranken bestünden gerade nicht[50]. Allerdings ist diese Vorschrift gerade als Ausfluss der Treupflicht zu sehen und nicht umgekehrt[51].

Auch die Existenz des § 117 VII Nr. 1 AktG ist gegen eine Treupflicht in der Aktiengesellschaft ins Feld geführt worden[52]. Allerdings besagt diese Norm nichts über die Treupflicht selbst, sondern nur über deren Sanktion[53].

cc) Fehlende Notwendigkeit

Darüber hinaus wird die Auffassung vertreten, eine Treupflicht als solche sei gar nicht notwendig. Die auf die Treupflicht gestützten Urteile des BGH und des RG rezensierend komme man zu dem Ergebnis, dass jedes der gefundenen Ergebnisse auch ohne Rückgriff auf die Treupflicht durch Heranziehung einer Norm des AktG[54] hätte begründet werden können[55]. Auf die Treupflicht könne nur dann subsidiär zurückgegriffen werden, wenn keine der oben untersuchten Normen direkt greife[56].

Aber selbst wenn dieses Argument nicht völlig von der Hand zu weisen ist, verkennt diese Ansicht doch, dass die gesellschaftsrechtliche Treupflicht weitgehend anerkannt ist und insbesondere die Rspr. davon regen Gebrauch macht. Wollte man die Existenz dieses Rechtsinstituts verleugnen, käme dies der Ignorierung einer langjährigen Entwicklung in Lit. und Rspr. gleich[57].

---

49 DREHER, ZHR 157 (1993), 150, 153; LUTTER, AcP 180 (1980), 84, 105;

50 MEYER-LANDRUT in: Großkommentar AktG, 3. A., § 1 Anm. 34; laut diverser Autoren findet sich diese Ansicht MEYER-LANDRUTS, auch in der Festschrift für Häubling auf den Seiten 249, 251 mit 257. Diese Festschrift erscheint jedoch – zumindest bayernweit – in keinem Bibliothekskatalog. Bezeichnenderweise findet sich dasselbe Zitat auch als Festschrift für Häußling;

51 DREHER, ZHR 157 (1993), 150, 153; LUTTER, ZHR 153 (1989), 446, 457; HENZE, FS Kellermann. 147; zum Verhältnis § 243 II AktG – Treupflicht vgl. SCHMIDT, GesR, § 28 I 4 b), S. 802 und § 28 IV 5 d), S. 859; WINTER, S. 300 ff. sowie NIRK in: Hdb.AG I, Rn. 1662 f.;

52 MARTENS, Treupflicht, S. 260; auch hier findet sich wieder das ominöse Zitat MEYER-LANDRUT, FS Häubling 1989, S. 249, 251 mit 257;

53 DREHER, ZHR 157 (1993), 150, 152 f.; zur Problematik dieser Norm vgl. unten § 3.D.I.5.c)bb), S. 167 ff.;

54 vgl. zu den einschlägigen Normen unten § 2.A.I.5.d), S. 39 f.;

55 vgl. die Urteilsrezensionen von FLUME, ZIP 1996, 161, 162, 163; LUTTER, ZHR 153 (1989), 446, 457; ALTMEPPEN, NJW 1995, 1749, 1750; vgl. auch WINTER, S. 41, der die Rspr. des BGH zur Treupflicht im Recht der GmbH durch die verbale Anerkennung der Treupflicht einerseits und die praktische Bedeutungslosigkeit für die konkreten Entscheidungen gekennzeichnet sieht;

56 MARSCH-BARNER, ZHR 157 (1993), 172, 177;

57 vgl. WINTER, S. 14;

b) Vertrauen

In der älteren Lit. wurde zeitweilig noch vertreten, das gegenseitige Vertrauen schaffe auch im Aktienrecht eine verbandsinterne Sonderverbindung, da dort zumindest die Gründer sich zu einer Gesellschaft zusammengeschlossen hätten, woraus eine gesellschaftliche Verbundenheit folge[58]. Dieser Grundsatz kann aber wohl nur für solche AGs gelten, welche in ihrer organisatorischen Ausgestaltung einer Personengesellschaft recht nahe kommen[59]. Für den Normaltypus einer AG mit ihren unzähligen einander meist nicht bekannten Aktionären[60] lässt sich mit einem persönlichen Vertrauensverhältnis als Begründung für die Treupflicht jedoch nicht arbeiten[61]. Dort stellen die Eingriffsmöglichkeiten von Aktionären in die mitgliedschaftlichen Interessen nämlich vielmehr Rechtsfolgen einer bestimmten Beteiligungsquote bzw. Stimmbündelungsaktion dar[62].

Da die Funktion des Vertrauensschutzes aber nicht der alleinige Zweck der gesellschafsrechtlichen Treupflicht ist[63], spricht die Tatsache, dass dieser als Begründung bei der AG nicht angewandt werden kann, nicht gegen eine Treupflicht überhaupt.

c) Theorie der Mitgliedschaft

Anwendbar auch im Rahmen der AG ist die Theorie der Mitgliedschaft, wobei die verbandsinterne Sonderverbindung in der Satzung zu sehen ist. Durch diese vermittelt die Mitgliedschaft dem Aktionär nämlich auch in einer Aktiengesellschaft Mitverwaltungs- und Vermögensrechte, wobei es keinen Unterschied macht, ob diese Aktionäre zu den Gründern der AG gehören oder erst später durch Erwerb von Aktien in diese Sonderverbindung eingetreten sind[64].

d) Zwischenergebnis

Festzuhalten bleibt, dass das Bestehen einer vertikalen Treupflicht inzwischen sowohl von Lit.[65] als auch Rspr.[66] allgemein anerkannt wird. Als dogmatische Grundlage ist die Mitgliedschaft heranzuziehen, welche durch die Satzung eine verbandsinterne Sonderverbindung aller Aktionäre gegenüber der AG schafft.

---

58 LIFSCHÜTZ, S. 37 f.;

59 BGHZ 65, 15, 18 f. - *ITT*; BGH NJW 1988, 1579, 1582 – *Linotype*; so auch bereits DORPALEN, ZHR 102 (1936), 1, 21 f.; vgl. zum Fehlen einer persönlichen Gemeinschaft unter den Aktionären auch FECHNER, S. 52 ff.;

60 vgl. den anschaulichen Hinweis auf den franz. Begriff für Aktiengesellschaft *société anonyme* bei NODOUSHANI, S. 56;

61 DREHER, ZHR 157 (1993), 150, 155; HENZE, FS Kellermann, S. 150; HENZE, BB 1996, 489, 492; LUTTER, ZHR 153 (1989), 446, 455; WINTER, S. 82; PASCHKE, FS Serick, S. 321; LUTTER, JZ 1976, 225, 231; FILLMANN, S. 80;

62 DREHER, ZHR 157 (1993), 150, 155;

63 vgl. zum Doppelzweck der Treupflicht HÜFFER, FS Steindorff, S. 73 ff.;

64 FILLMANN, S. 90;

65 LUTTER, JZ 1976, 225, 226; LUTTER, AcP 180 (1980), 84, 97 ff.; LUTTER, ZHR 153 (1989), 446, 452; FILLMANN, S. 45; GRUNEWALD, GesR, 2.C. Rn. 35; RAISER, § 12 Rn. 40; LUTTER in: KöKo, AktG, Vorb. § 53a Rn. 4 ff.; ZÖLLNER in: KöKo, AktG, § 243 Rn. 193, 194;

66 RGZ 146, 385, 395; 158, 248, 254; BGHZ 14, 25, 38; 18, 350, 365; 103, 184, 195 – *Linotype*; NJW 1995, 1739, 1741 – *Girmes*;

4. Treupflicht im horizontalen Verhältnis?

Zu beachten ist allerdings, dass der Ansatzpunkt der verbandsinternen Sonderverbindung zunächst nur für die Treupflicht des Aktionärs gegenüber der AG herangezogen wurde. Umstritten jedoch war lange Zeit, ob die Satzung eine solche verbandsinterne Sonderverbindung auch der Aktionäre untereinander schafft. Nur dann besteht nämlich nicht nur eine vertikale Treupflicht im Verhältnis Aktionär-AG, sondern auch eine horizontale Treupflicht im Verhältnis Aktionär-Aktionär[67].

a) Differenzierung

Die Differenzierung der Treupflicht danach, ob sie sich auf die Interessen der Gesellschaft oder auf die der Mitgesellschafter richtet, scheint auf den erste Blick keine größeren Probleme zu verursachen. Oft ist diese Grenze aber nicht klar und eindeutig zu ziehen[68]. Überschneidungen sind häufig, da ein sich gegen die Interessen der Gesellschaft richtendes Verhalten zumindest mittelbar auch die Mitgesellschafter betrifft, welche am Erfolg der Gesellschaft Interesse haben.

Es sind aber durchaus Konstellationen denkbar, in denen sich die Aktionäre unmittelbar, also ohne Vermittlung der Gesellschaft, gegenüberstehen[69]. Es kann sich nämlich ein Verhalten für die Gesellschaft als neutral oder gar vorteilhaft darstellen, sich aber gegen die Interessen der Gesellschafter richten, indem es in dessen Mitgliedschaftsrechte eingreift[70]. Man denke in diesem Zusammenhang bspw. an eine Kapitalerhöhung mit Bezugsrechtsausschluss, § 186 III S.1 AktG[71]. Für die AG selbst ist es unerheblich, wer ihre Anteilseigner sind. Der vom Bezugsrechtsausschluss betroffene Aktionär ist aber in seinem Mitgliedsrecht beeinträchtigt, da durch die Kapitalerhöhung, welche ihm nicht gleichzeitig die Möglichkeit gibt, weitere Anteile zu erwerben, sein prozentualer Anteil an der AG und damit seine Stimmrechtsmacht verwässert wird.

b) Ablehnende Ansicht

Sowohl die Rspr.[72] als auch die Lit.[73] standen der horizontalen Treupflicht unter den Aktionären lange Zeit kritisch bis ablehnend gegenüber.

Diese war nur für die Gesellschafter einer Personengesellschaft anerkannt, da nur dort unmittelbare Beziehungen zwischen den Gesellschaftern bestünden[74]. Was jedoch GmbH und

---

67 vgl. DREHER, ZHR 157 (1993), 150, 151; LUTTER, ZHR 153 (1989), 446, 452 ff.; SCHMIDT, GesR, § 20 IV 1 c), S. 589; GRUNEWALD, GesR, 2.C. Rn. 37; FILLMANN, S. 45 ff.; WINTER, S. 11 f.;

68 offen gelassen von BGHZ 127, 107, 108 – *BMW*; vgl. allgemein zum Unterschied zwischen vertikaler und horizontaler Treubindung ZÖLLNER, Schranken mitgliedschaftlicher Stimmrechtsmacht, S. 337;

69 LUTTER, JZ 1976, 225, 227;

70 vgl. WINTER, S. 88;

71 zur Beeinträchtigung der Interessen der Mitaktionäre durch einen Bezugsrechtsausschluss RGZ 107, 72, 75; RGZ 112, 14, 18; BGHZ 71, 40, 45 f.;

72 RGZ 158, 248, 254; BGHZ 18, 350, 365; BGH JZ 1976, 561 – *Audi/NSU*: „Die gemeinsame Zugehörigkeit zu einer Aktiengesellschaft begründet für sich allein keine gegenseitigen Rechtsbeziehungen, aus denen sich eine solche Haftung herleiten ließe.";

73 HUECK, S. 14 f.; ECKARDT in: GEßLER, HEFERMEHL, ECKARD, KROPFF, AktG, § 1 Rn. 50; HEFERMEHL/BUNGEROTH in: GEßLER, HEFERMEHL, ECKARD, KROPFF, AktG, Vor § 53a Rn. 22 ff.; BAUMBACH, HUECK, AktG, § 1 Rn. 3; Üb vor § 54 Rn. 11; FLUME, Juristische Person, S. 268 ff.; MEYER-LANDRUT in: Großkommentar AktG, 3. A., § 1 Anm. 34, der aber gleichwohl die Rechtsausübung der Aktionäre dem Grundsatz von Treu und Glauben unterwerfen will;

AG betraf, wurde sie mit der Natur der juristischen Person oder dem Charakter der Kapitalgesellschaft für unvereinbar gehalten. Der selbständige Charakter der juristischen Person schließe unmittelbare Rechtsbeziehungen der Aktionäre untereinander aus[75], die AG müsse vielmehr alleiniger sternförmiger Zurechnungspunkt aller rechtlichen Beziehungen sein[76].

c) Allmähliche Akzeptanz in der Literatur

Lange Zeit wurde daher lediglich vereinzelt eine Treupflicht der Aktionäre untereinander vertreten[77]. Allmählich wurden aber selbst von den Gegnern einer horizontalen Treupflicht zunehmend Ausnahmen zugestanden, wie etwa für die Mehrheit gegenüber der Minderheit bei der Ausübung der korporativen Beschlussrechte[78]. Es begann sich die Erkenntnis durchzusetzen, dass allein die Tatsache, dass es sich bei der AG um eine juristische Person und Kapitalgesellschaft handelt, noch nichts über die Pflichten der herrschenden Gesellschafter gegenüber den übrigen Mitgliedern aussage[79]. In der neueren Lit. ist die horizontale Treupflicht auch im Aktienrecht weitgehend anerkannt[80].

d) Organisationsrechtliche Sonderverbindung

Als dogmatische Grundlage für die horizontale Treupflicht kann auch die Theorie der Mitgliedschaft dienen.

Entgegen der oben dargestellten Ansicht entfaltet die Satzung als Organisationsvertrag nämlich sehr wohl auch Rechtswirkung zwischen den Verbandsmitgliedern. Aufgrund der Satzung gewährt die Mitgliedschaft dem Aktionär nämlich die Möglichkeit, auf die Willensbildung der Gesellschaft Einfluss auszuüben, wobei durch diese Willensbildung wieder auf die Mitgliedschaft eines anderen Aktionärs Einfluss genommen werden kann. Diese Möglichkeit demonstriert die Existenz eines qualifizierten Kontakts nicht nur zwischen Aktionär und AG sondern auch zwischen den Aktionären untereinander. Wenn nämlich Entstehungsgrundlage der Mitgliedschaft die Satzung ist und die Treubindung der Aktionäre als Ausfluss der mitgliedschaftlichen Beteiligung angesehen wird, dann ist diese Satzung notwendigerweise auch die Grundlage für die Treupflicht unter den Aktionären[81].

Mit der Heranziehung der Mitgliedschaft kommt es auch nicht auf die personelle Strukturierung der AG an, da das Vertrauen ja gerade nicht als Begründung der Treupflicht herangezogen wird[82]. Die Richtigkeit dieser Ansicht kommt insbesondere bei einer Änderung

---

74 REUTER in: MüKo, BGB, § 34 Rn. 20, bis zur 3. Auflage; FEHRENSEN, S. 119;

75 PASCHKE, FS Serick, S. 317;

76 WIEDEMANN, GesR, § 8 II 3 a), S. 433; vgl. auch PASCHKE, FS Serick, S. 316 f.; HÜFFER, FS Steindorff, S. 65 sowie HUECK, S. 14 f., der aber gleichwohl bei der Ausübung des Stimmrechts ein Erstreben von Sondervorteilen zum Schaden der Aktionäre für unzulässig erklärt, dies aber trotz des ausdrücklichen Verbots im damaligen § 197 II AktG a.F. ausschließlich auf die Guten Sitten bzw. Treu und Glauben zurückführen will;

77 BERGMANN, ZHR 105 (1938), 1, 12;

78 LUTTER, JZ 1976, 225, 232; LUTTER, JZ 1976, 562;

79 WIEDEMANN, GesR, § 8 II 3 a), S. 432 f.; § 2 I 1 b bb), S. 95;

80 SCHMIDT, GesR, § 20 IV 2 c), S. 591 f.; ZÖLLNER in: KöKo, AktG, Einl. Rn. 160 ff.; § 243 Rn. 195 ff.; PASCHKE, FS Serick, S. 321; RAISER, § 12 Rn. 40 ff.;

81 HENZE, BB 1996, 489, 492;

82 HÜFFER, FS Steindorff, S. 75 ff, der mit Recht darauf hinweist, dass in BGH NJW 1988, 1579, 1582 – *Linotype* der Hinweis, dass die organisatorische Ausgestaltung einer AG derjenigen einer Personengesellschaft ähnlich sein könne, demzufolge überflüssig ist;

der Rechtsform einer Gesellschaft zum Tragen: Wird nämlich eine Personengesellschaft, bei der das Prinzip des gegenseitigen Vertrauens unter den Gesellschaftern für die Treupflicht Geltung beanspruchen kann, in eine AG umgewandelt, wäre es widersinnig, nun die Treupflicht einfach entfallen zu lassen, nur weil das Prinzip gegenseitigen Vertrauens in einer Kapitalgesellschaft keine Geltung beanspruchen kann[83]. Das Gleiche gilt für die Vor-AG. Nur die Eintragung der AG im Handelsregister und das daraus folgende Entstehen der juristischen Person kann die Treubindungen der Gesellschafter untereinander nicht untergehen lassen[84]. Der Vorteil der Theorie der Mitgliedschaft ist gerade die Tatsache, dass sie eine einheitliche Erklärung der Treupflicht für alle Gesellschaftsformen zu liefern vermag.

Einer Anerkennung der horizontalen Treupflicht auch in der Aktiengesellschaft steht damit nichts mehr im Wege[85].

5. Gesetzliche Grundlage

Mit dieser dogmatischen Herleitung ist allerdings noch nichts über die gesetzliche Grundlage der aktienrechtlichen Treupflicht gesagt.

a) § 242 BGB

Nach teilweise in der Lit. vertretener Auffassung wird die Treupflicht auf § 242 BGB gestützt.

Die gesellschaftsrechtliche Treupflicht sei lediglich ein Unterfall der allgemeinen Rücksichtnahme- und Loyalitätspflicht[86] die jedem Rechtsverhältnis, also auch dem innerhalb einer Gesellschaft innewohne. Positivrechtliche Verankerung dieser Loyalitätspflichten sei § 242 BGB[87]. Das Rechtsverhältnis ist in der die verbandsinterne Sonderverbindung begründenden Satzung zu sehen[88], die ein Rechtsverhältnis nicht nur im Verhältnis Aktionär-AG, sondern auch im Verhältnis Aktionär-Aktionär begründet[89].

Gerade in Bezug auf die Beschlusskontrolle findet sich in der Lit. auch ein anderer Betrachtungswinkel. Es gehe weniger um Treue- und Loyalitätspflicht, als vielmehr darum, dass das Mehrheitsprinzip als Rechtseinrichtung missbraucht werde, wenn die Mehrheit die ihr

---

[83] vgl. BGH NJW 1988, 1579, 1582 – *Linotype*; WIEDEMANN, GesR, § 8 II 3 a), S. 433 f.;

[84] HÜFFER, FS Steindorff, S. 67;

[85] DREHER, ZHR 157 (1993), 150, 153; HENZE, BB 1996, 489, 499; HENZE, FS Kellermann; S. 149; HENNRICHS, AcP 195 (1995), 221, 234; PASCHKE, FS Serick, S. 321; ZÖLLNER, Schranken mitgliedschaftlicher Stimmrechtsmacht, S. 350; ZÖLLNER in: KöKo, AktG, § 243 Rn. 195;

[86] HENNRICHS, AcP 195 (1995), 221, 234;

[87] SCHMIDT, GesR, § 20 IV 1 a), S. 587 f.; ROTH in: MüKo, BGB, § 242 Rn. 166; teilweise wird sogar vertreten die gesellschaftsrechtliche Treupflicht gehe nicht über den Anwendungsbereich des § 242 BGB hinaus und sei daher eigentlich überflüssig, vgl. SCHMIEDEL, ZHR 134 (1970), 173, 182;

[88] siehe § 2.A.I.4.d), S. 36 f.;

[89] a.A. VERHOEVEN, Rn. 204 ff., der (für die GmbH) das Rechtsverhältnis in einer neben der GmbH unter den Gesellschaftern bestehenden BGB-Innengesellschaft sehen will, sowie FEHRENSEN, S. 119 f., der ein Schuldverhältnis zwischen Großaktionär mit faktischer Organstellung und Kleinaktionär konstruieren will; vgl. die Zusammenstellung bei BECKERHOFF, S. 34 ff.; NODOUSHANI, S. 97 ff:, sowie zur ausführlichen Kritik dieser Ansichten PASCHKE, FS Serick, S. 319; WINTER, S. 48;

anvertraute Regelungsfreiheit zur Durchsetzung ihrer partikularen Interessen benutze[90]. Ein solcher Rechtsmissbrauch hat seinen Platz herkömmlich in § 242 BGB[91].

Wenngleich die gesellschaftsrechtliche Treupflicht natürlich von den Grundsätzen von Treu und Glauben geprägt wird[92], geht sie über die allgemeinen Sorgfaltspflichten oder das Missbrauchsverbot aus § 242 BGB hinaus. Unter die Norm können gerade nicht alle Fallgestaltungen subsumiert werden, welche unter die Treupflicht fallen[93].

b) § 705 BGB

Nach anderer Ansicht soll die Treupflicht auf § 705 BGB gestützt werden[94].

Zwar ist diese Norm direkt nur im Bereich der Personengesellschaften anwendbar. Sie sei darüber hinaus aber als Grundaussage für das gesamte Recht der privaten Verbände und damit als Grundnorm für das gesamte Korporationsrecht zu interpretieren, woraus die Anwendbarkeit auch im Rahmen der AG folge[95]. In § 705 BGB sei eine über den Inhalt des § 242 BGB hinaus verdichtete Förderpflicht enthalten[96], wobei diese Förder- und Loyalitätspflicht nicht nur gegenüber der Gesellschaft, sondern auch gegenüber den Mitgesellschaftern gelte[97].

§ 705 BGB kann aber allenfalls unter dogmatischen Klimmzügen auch auf Kapitalgesellschaften angewandt werden[98]. Davon abgesehen lassen sich unter die Norm auch nicht alle Fallgestaltungen der Treupflicht subsumieren[99].

Andere Stimmen in der Lit. vertreten eine differenzierende Ansicht, wonach die vertikale Treupflicht im Verhältnis Aktionär-AG auf § 705 BGB gestützt werden soll, die horizontale Treupflicht Aktionär-Aktionär dagegen ihre Grundlage in § 242 BGB finde[100].

c) § 138 BGB

Zu Beginn der Diskussion über eine Kontrolle von Mehrheitsbeschlüssen wurden diese hinsichtlich ihrer Vereinbarkeit mit den Interessen der Minderheit am Maßstab des § 138 BGB überprüft[101]. Als Maßstab dienten also die klassischen zivilrechtlichen Grenzen der Privatautonomie[102].

---

90 HÜFFER in: GEßLER, HEFERMEHL, ECKARD, KROPFF, AktG, § 243 Rn. 50;

91 vgl. HEINRICHS in: PALANDT, § 242 Rn. 38 ff.; SCHMIDT in: STAUDINGER, 12. A., § 242 Rn. 637 ff.; TEICHMANN in: SOERGEL, 12. A., § 242 Rn. 308;

92 vgl. FILLMANN, S. 83 f.; LUTTER, AcP 180 (1980), 84, 103;

93 eingehend dazu mit diversen Beispielen Hüffer, FS Steindorff, S. 71; zu weiteren Argumenten gegen § 242 BGB als Rechtsgrundlage der Treupflicht vgl. eingehend HADDING in: SOERGEL, 11. A., § 705 Rn. 58; LUTTER/HOMMELHOFF, GmbHG, § 14, Rn. 18; LUTTER, AcP 180 (1980), 84, 104 und 117 f. sowie LUTTER, ZHR 153 (1989), 446, 454; weiterhin HADDING in: SOERGEL, 11. A., § 706 Rn. 60; KEßLER in: STAUDINGER, 12. A., Vorbem. zu § 705 Rn. 47;

94 MARSCH-BARNER, ZHR 157 (1993), 172, 173;

95 LUTTER, AcP 180 (1980), 84, 102 f. sowie LUTTER, ZHR 153 (1989), 446, 454;

96 TIMM, WM 1991, 481, 482;

97 LUTTER, JZ 1995, 1053, 1054;

98 HENNRICHS, AcP 195 (1995), 221, 229; FLUME, ZIP 1996, 161, 164;

99 ULMER in: MüKo, BGB, § 705 Rn. 182;

100 NODOUSHANI, S. 80 ff.; Winter, S. 13 f.; so im Ergebnis auch BECKERHOFF, S. 42;

101 WIEDEMANN, GesR, § 8 II 1, S. 425 ff.; vgl. HÜFFER in: GEßLER, HEFERMEHL, ECKARD, KROPFF, AktG, § 243 Rn. 47;

102 IMMENGA, FS 100 Jahre GmbH-Gesetz, S. 191; vgl. RGZ 107, 72, 75; RGZ 112, 14, 18;

Dies ist jedoch überholt. Zum einen wird durch den Maßstab der guten Sitten die gesellschaftsrechtliche Frage der Bindung der Mehrheit an die Gesellschaftsinteressen nicht hinreichend berücksichtigt. Zum anderen kann das Erfordernis der subjektiven Vorwerfbarkeit nicht das objektiv schädigende Verhalten der Mehrheit berücksichtigen, wenn dieses lediglich fahrlässig geschieht[103].

d) AktG

Vielfach wird auch versucht, die aktienrechtliche Treupflicht aus dem AktG selbst herzuleiten.

So soll sich aus § 243 II AktG[104], aus § 254 AktG sowie dem eigentlich nur an die AG gerichteten[105] § 53a AktG[106] eine Treupflicht ableiten lassen. Die Normen können aber die Treupflicht in ihrem vollen Umfang nicht erklären, sondern sind nur Ausfluss derselben[107].

Das Gleiche gilt auch für die Vorschrift des § 117 AktG[108]. Dazu kommt, dass diese Norm eigentlich deliktischer Natur ist und daher einen Fremdkörper im Gesellschaftsrecht darstellt[109]. Außerdem ist sie im wohl wichtigsten Fall, nämlich bei der Abstimmung in der Hauptversammlung, nach § 117 VII Nr.1 AktG gar nicht anwendbar.

e) Richterrechtliche Generalklausel

Die vorhergehenden Untersuchungen haben gezeigt, dass aus keiner der Normen, auch nicht in ihrer Gesamtheit, die Treupflicht in dem Umfang abgeleitet werden kann, wie sie heute von Lit. und Rspr. anerkannt wird[110]. Die erwähnten Normen greifen jeweils einen Teilaspekt der Treupflicht auf, sind aber zu unterschiedlich, als dass sich der einheitliche Begriff der Treupflicht daraus ableiten ließe[111]. In der Lit. wird daher für eine durch Richterrecht entwickelte Generalklausel plädiert[112]. Dies soll durch eine kurze Untersuchung der Rspr. zur Treupflicht bestätigt werden.

aa) Historischer Abriss

Zunächst beurteilte das RG die Gültigkeit von Beschlüssen einer Hauptversammlung lediglich anhand von § 138 BGB, da auch ein solcher Beschluss ein Rechtsgeschäft beinhal-

---

[103] IMMENGA, FS 100 Jahre GmbH-Gesetz, S. 191;
[104] DREHER, ZHR 157 (1993), 150, S.153; HENZE, FS Kellermann, S. 147; LUTTER, ZHR 153 (1989), 446, 454; HÜFFER, AktG, § 243 Rn. 21;
[105] BUNGEROTH in: MüKo, AktG, § 53a Rn. 5; HÜFFER, AktG, § 53a Rn. 4; ZÖLLNER in: KöKo, AktG, § 53a Rn. 25;
[106] NODOUSHANI, S. 87;
[107] bzgl. § 243 II AktG vgl. bereits oben § 2.A.I.3.a)bb), S. 33 sowie die Nachweise in Fn. 51; bzgl. § 53a AktG HÜFFER, AktG, § 53a Rn. 14 sowie OLG Stuttgart AG 2000, 229, 230; bzgl. § 254 AktG LUTTER, JZ 1976, 225, 227;
[108] HENZE, FS Kellermann, S. 148;
[109] RAISER, S. 111;
[110] HÜFFER, AktG, § 117 Rn. 2;
[111] NODOUSHANI, S.89;
[112] PASCHKE, FS Serick, S. 320; STIMPEL, FS 25 Jahre BGH, S. 19; SCHMIDT, GesR, § 20 IV 1 a), S. 588; HÄSEMEYER, ZHR 160 (1996), 109, 114; ein Generalklauselartiges Verständnis klingt auch in BGH NJW 1995, 1739, 1741 – *Girmes* an;

ten kann[113]. Über diese Norm sowie über die §§ 226, 826 BGB[114] hinaus unterlagen die Beschlüsse jedoch keiner Gültigkeitskontrolle.

Noch das RG hat später aber den Begriff der Treupflicht im Verhältnis des Aktionärs zur AG benutzt:

> *„Der Aktionär hat sich bei allen seinen Maßnamen als Glied der Gemeinschaft zu fühlen, der er angehört, und ist gehalten, die Treupflicht gegenüber dieser Gemeinschaft zur obersten Richtschnur seines Handelns zu machen.“*[115]

Als Grundlage dieser Treupflicht, die in der Entscheidung gegen eine willkürliche Anfechtungsklage herangezogen wird, führt das RG das Schikaneverbot des § 226 BGB sowie darüber hinaus den allgemeinen Grundsatz von Treu und Glauben aus § 242 BGB an, welcher auch im Aktienrecht Geltung beanspruchen könne[116].

In einer weiteren Entscheidung des RG wird diese Treupflicht bestätigt, aber gleichzeitig ausdrücklich auf das Verhältnis Aktionär zur AG beschränkt:

> *„Daraus ergibt sich aber [...] nichts für die Annahme einer Treupflicht der Aktionäre untereinander. Gegen diese könnte sprechen, dass bei der Aktiengesellschaft der personenrechtliche Einschlag stark zurücktritt mit der Folge, dass sich die Aktionäre untereinander vielfach nicht einmal persönlich kennen und um ihre gegenseitigen Belange nicht wissen können und nicht zu wissen brauchen.“*[117]

Unterhalb der Schwelle der vorsätzlichen Schädigung, welche nach dem Recht der unerlaubten Handlung behandelt werden solle, bestünde zwischen den Aktionären gerade keine Treupflicht. Diese Bejahung der vertikalen Treupflicht[118] auf der einen Seite und Ablehnung der horizontalen Treupflicht[119] auf der anderen Seite wurde vom BGH in stetiger Rspr. fortgeführt.

Dabei fällt auf, dass die horizontale Treupflicht in den späteren Entscheidungen lediglich mit dem lapidaren Hinweis abgelehnt wird, es bestünden eben keine direkten Beziehungen der Aktionäre untereinander[120].

Gleichwohl hatte das RG bereits in seinem sog. Victoria-Urteil festgestellt:

> *„Aus der Befugnis, im Wege des Mehrheitsbeschlusses zugleich auch für die Minderheit zu beschließen und damit mittelbar über deren in der Gesellschaft gebundene Vermögensrechte zu verfügen, ergibt sich ohne weiteres die gesellschaftliche Pflicht der Mehrheit, im Rahmen des Gesamtinteresses auch den berechtigten Belangen der Minderheit*

---

113 RGZ 68, 235, 243 – *Hibernia*;
114 RGZ 68, 235, 247 – *Hibernia*; ein Verstoß gegen die genannten Normen wird dort jedoch verneint;
115 RGZ 146, 385, 395;
116 RGZ 146, 385, 396 unter Bezugnahme auf RGZ 146, 71, 76;
117 RGZ 158, 248, 254;
118 BGHZ 14, 25, 38; BGH JZ 1976, 561 – *Audi/NSU (vgl. unten)*;
119 BGHZ 18, 350, 365 ohne nähere Begründung;
120 vgl. die Kritik hieran: LUTTER, JZ 1976, 562;

Berücksichtigung angedeihen zu lassen und deren Rechte nicht über Gebühr zu verkürzen."[121]

Es wurde hier also erstmalig – wenn auch zunächst lediglich auf die Mehrheit begrenzt – darauf hingewiesen, dass dem Innehaben einer gewissen Machtposition innerhalb der Gesellschaft auf der anderen Seite auch die Verpflichtung zum verantwortungsvollen Umgang mit dieser Macht gleichkommt. Auch wenn das RG dafür noch nicht den Begriff der Treupflicht gebrauchte, sollte die Mehrheit alleine nicht mehr ausreichender Rechtfertigungsgrund sein, sich über sämtliche Belange der Minderheit hinwegsetzen zu können.

In seiner ITT-Entscheidung griff der BGH dann unter dem Stichwort der Treupflicht diese Argumentation in Bezug auf die Gesellschafter einer GmbH wieder auf:

„*...verlangt auch hier insbesondere die für eine Gesellschaftermehrheit bestehende Möglichkeit, durch Einflussnahme auf die Geschäftsführung die gesellschaftsbezogenen Interessen der Mitgesellschafter zu beeinträchtigen, als Gegengewicht die gesellschaftsrechtliche Pflicht, auf diese Interessen Rücksicht zu nehmen.*"[122]

Bemerkenswert an dieser Entscheidung ist insbesondere die Tatsache, dass der BGH die Begründung der Rücksichtnahmepflicht zusätzlich anführt, obwohl er zuvor ausgeführt hatte, dass eine GmbH – ungeachtet ihrer körperschaftlicher Verfassung – bzgl. der näheren Ausgestaltung ihrer Organisation und ihre wirtschaftliche Betätigung oft in erheblichem Maß dem unmittelbaren Einfluss ihrer Gesellschafter unterläge, so dass ihre inneren Verhältnisse auf eine deutliche Nähe zu den Personengesellschaften angelegt sein könne[123].

Um so erstaunlicher war es vor diesem Hintergrund, dass der BGH wenig später in der Audi/NSU-Entscheidung das Bestehen einer Treupflicht zwischen den Aktionären ablehnte, wobei er der Ansicht folgte, eine Treubindung der Aktionäre untereinander anzunehmen, sei eine Illusion[124]. Eine Treupflicht unter Aktionären im Sinne einer über die allgemeinen Rechtsgrundsätze der §§ 226, 242, 826 BGB hinausgehenden Bindung bestehe gerade nicht. Die gemeinsame Zugehörigkeit zu einer Aktiengesellschaft begründe für sich allein keine gegenseitigen Rechtsbeziehungen, aus denen sich eine solche Haftung herleiten ließe. Anders als bei der GmbH könne bei einer Aktiengesellschaft allein die Zugehörigkeit zu dieser keine Rechtsbeziehungen der Aktionäre untereinander begründen[125].

bb) Neuere Rechtsprechung seit 1988

Eine Kehrtwende gegenüber der Audi/NSU-Entscheidung erfolgte dann im sog. Linotype-Urteil des BGH zwölf Jahre später, welches mit den Worten „Der Gerechtigkeit eine Gasse!"[126] gefeiert wurde. Der diesbezügliche Gesinnungswandel des BGH erfolgte mit der Begründung, die körperschaftliche Struktur der AG sei überbewertet worden. Der Grundsatz der Treupflicht der Aktionäre untereinander gelte auch im Aktienrecht:

„*Auch bei der AG hat ein Mehrheitsgesellschafter die Möglichkeit, durch Einflussnahme auf die Geschäftsführung die gesellschaftsbezogenen*

---

[121] RGZ 132, 149, 163;
[122] BGHZ 65, 15, 19;
[123] BGHZ 65, 15, 18 f.;
[124] HUECK, S. 14;
[125] BGH JZ 1976, 561, 562;
[126] WIEDEMANN, JZ 1989, 447;

Interessen der Mitgesellschafter zu beeinträchtigen, so das auch hier als Gegengewicht die gesellschaftsrechtliche Pflicht zu fordern ist, auf diese Interessen Rücksicht zu nehmen. " [127]

Verwiesen wird zur Begründung der Treupflicht also wieder auf die Korrelation zwischen Rechtsmacht und Verantwortung[128], so dass nur eine rechtsfunktionelle Begründung geliefert wird. Was jedoch die gesetzliche Grundlage betrifft, vermeidet es der BGH zu dieser Stellung zu nehmen hat und hat es auch seitdem stets vermieden.

Schon das RG hatte sich jedoch von der strengen Anwendung des § 242 BGB gelöst und eigenständige gesellschaftsrechtlichen Aspekte in den Vordergrund gestellt[129]. Der BGH hat dies weiterentwickelt und die Treupflicht zunehmend als Inhalt eines Rechtssatzes in Gestalt einer richterrechtlichen Generalklausel verstanden[130]. Inzwischen ist der Gedanke der Treupflicht in der Rspr. des BGH längst ein gesicherter, selbständiger und fundamentaler Rechtssatz und keine bloße Verstärkung des allgemeinen Grundsatzes von Treu und Glauben[131].

Dies wird deutlich im Audi/NSU-Urteil, wo die *„Verletzung einer gesellschaftsrechtlichen Treupflicht [...] als Anspruchsgrundlage"*[132] geprüft wird. Dort wird sie zwar im Ergebnis wegen der aktienrechtlichen Besonderheit (noch) abgelehnt. Gleichwohl geht aus dem Wortlaut eindeutig hervor, dass es sich um eine eigene, über die §§ 226, 242, 826 BGB hinausgehende Anspruchsgrundlage handelt.

Ein weiterer Schritt erfolgte dann im sog. Girmes-Urteil[133]. In den Urteilen „ITT" und „Linotype" hatte der BGH die Treupflicht nämlich immer noch rechtsformabhängig untersucht, was bspw. im Verweis auf die Nähe der GmbH[134] bzw. AG[135] zu Personengesellschaft zum Ausdruck kommt. Im Girmes-Urteil wird aber auf die Personengesellschaft nicht mehr Bezug genommen, sondern allein auf das Prinzip der Korrelation zwischen Rechtsmacht und Verantwortung abgestellt. So heißt es ganz allgemein, nicht konkret in Bezug auf die AG formuliert:

„Treupflichten bestehen, soweit das Rechtsverhältnis der Gesellschafter untereinander betroffen ist, [...] unter den Gesellschaftern. "[136]

Die Treupflicht wird also als rechtsformunabhängiges Prinzip des Gesellschaftsrecht anerkannt[137].

cc) Zusammenfassung

Diese Zusammenstellung bestätigt, dass die Rspr. bzgl. der Treupflicht von einer Generalklausel ausgeht. Sie hat zwar ihre Grundlagen in den oben dargestellten Normen, geht aber

127 BGH NJW 1988, 1579, 1582;
128 siehe oben § 2.A.I.1, S. 31 f.;
129 vgl. STIMPEL, FS 25 Jahre BGH, S. 19;
130 HENZE, BB 1996, 489, 491;
131 STIMPEL, Rechtsfortbildung, S. 18;
132 BGH JZ 1976, 561, 562;
133 BGH NJW 1995, 1739;
134 BGH NJW 1976, 191 – *ITT*;
135 BGH NJW 1988, 1579, 1582 – *Linotype*;
136 BGH NJW 1995, 1739, 1740;
137 HENZE, ZHR 162 (1998), 186;

über diese hinaus und stellt somit ein durch Richterrecht gebildetes eigenständiges Rechtsinstitut dar[138]. Dem Diskussionsstand entsprechend findet sich in der Lit. folgender Formulierungsvorschlag:

> *„Die Gesellschafter sind verpflichtet, in Ausübung ihrer im Gesellschaftsinteresse begründeten mitgliedschaftlichen Befugnisse diejenigen Handlungen vorzunehmen, die der Förderung des Gesellschaftszwecks dienen, und zuwiderlaufende Maßnahmen zu unterlassen. Bei der Ausübung eigennütziger Mitgliedsrechte sind die Schranken einzuhalten, die sich aus dem Verbot einer willkürlichen oder unverhältnismäßigen Rechtsausübung ergeben. Auf die mitgliedschaftlichen Interessen anderer Gesellschafter ist angemessen Rücksicht zu nehmen."*[139]

Auffallend ist, dass der BGH mit dem Hinweis auf die Korrelation zwischen Rechtsmacht und Verantwortung für die Treupflicht lediglich eine rechtsfunktionelle Begründung liefert, ohne jedoch die rechtlichen Grundlagen der Treupflicht zu erörtern. Eine hinreichend dogmatische Rechtfertigung findet sich in der Rspr. nicht[140]. Vorteil dieser lediglich rechtsfunktionellen Begründung des BGH ist aber die Tatsache, dass sie für alle Gesellschaftsformen Geltung beanspruchen kann, also unabhängig davon anwendbar ist, ob diese eine personalistisch oder eine kapitalistische Ausprägung hat[141].

6. Ergebnis

So unterschiedlich die dogmatischen Begründungen und gesetzlichen Herleitungsversuche sind, so wenig spielt dieser Streit in der Praxis letztendlich eine entscheidende Rolle[142]. Abgesehen von wenigen Stimmen in der Lit.[143] herrscht jedenfalls Einigkeit, dass eine solche gesellschaftsrechtliche Treupflicht im Aktienrecht besteht, und zwar nicht nur im vertikalen Verhältnis zwischen Aktionär und AG, sondern auch im horizontalen Verhältnis der Aktionäre untereinander.

An der Tatsache aber, dass gegen jede gesetzliche Norm als Rechtsgrundlage der Treupflicht gewichtige Argumente vorgetragen werden, welche meist nicht vollkommen aus der Luft gegriffen, sondern tatsächlich auf rechtliche Bedenken stoßen, zeigt sich die Eigenständigkeit der Rechtsfigur der Treupflicht. Diese leitet sich zwar ursprünglich aus der Summe zahlreicher der oben erwähnten und erörterten Normen her, hat sich aber, vor allem in der Rspr., mittlerweile von diesen gelöst und – ähnlich der c.i.c. im Verhältnis zu den §§ 122, 179 II, 307, 309, 463 S.2, 663 BGB a.F.[144] – als Generalklausel gewohnheitsrechtlich etabliert.

---

[138] HÜFFER, FS Steindorff, S. 69 ff.; vgl. auch IMMENGA, FS 100 Jahre GmbH-Gesetz, S. 191 f.; FILLMANN, S. 84;

[139] HÜFFER, FS Steindorff, S. 69;

[140] PASCHKE, FS Serick, S. 317 f.;

[141] vgl. HENZE, BB 1996, 489, 499;

[142] HENZE, FS Kellermann, S. 149; ULMER, FS Möhring, S. 299; vgl. auch den Diskussionsbericht zu den Referaten Lutter und Henze, in: ZHR 162 (1998), 197, aus dem hervorgeht, dass die Teilnehmer der Diskussion hinsichtlich der Grundlagen der Treupflicht keinen Diskussionsbedarf sahen; vgl. auch GRUNEWALD, GesR, 2.C. Rn. 37 sowie HÄSEMEYER, ZHR 160 (1996), 109, 113, denen zufolge mehrere Begründungen zum Ziel führen;

[143] vgl. die Nachweise oben § 2.A.I.3.a), S. 32 ff.;

[144] HEINRICHS in: PALANDT, § 276 Rn. 65;

Durch diese Loslösung von einzelnen Normen, welche je nach rechtlicher Form der Gesellschaft mal besser mal schlechter die Grundlage der Treupflicht zu liefern vermochten, gilt die Generalklausel der Treupflicht rechtsformübergreifend für alle Gesellschaften, ganz gleich, ob sie eine mehr kapitalistische oder eine mehr personalistische Ausprägung aufweist[145]. Sie stellt eine Legalordnung aller Gesellschaftsformen dar[146].

Es lässt sich somit sagen, dass es sich bei der Treupflicht um eine allgemeine Schranke zulässiger Rechtsausübung im Gesellschaftsrecht handelt[147]. Ihr Inhalt kann in Handlungs- und Unterlassungspflichten bestehen, Schrankenfunktion beinhalten und zur Undurchsetzbarkeit von treuwidrig ausgeübten Gesellschaftsrechten führen[148]. Der genaue Inhalt, die Schutzrichtung und der Umfang der Treupflicht ist jedoch nicht einheitlich für alle Gesellschaftsformen zu bestimmen, sondern konkret im Einzelfall für jede Gesellschaft zu ermitteln[149]. Dies bleibt der späteren Erörterung im Zusammenhang mit den einzelnen Rechten vorbehalten.

II. Persönlicher Anwendungsbereich

Es stellt sich nun die Frage nach dem Adressaten der Treupflicht. Geklärt werden muss, wer durch die Treupflicht verpflichtet wird bzw. wessen Rechte durch die Treupflicht beschränkt werden.

1. Mehrheit

Traditionell wird die Treupflicht als Schranke zur Begrenzung der Mehrheitsherrschaft angesehen[150]. Dies ist offensichtlich, da die Mehrheitsaktionäre insbesondere aufgrund ihrer Stimmmacht großen Einfluss ausüben können. Es ist ihnen möglich, alleine in der Hauptversammlung Beschlüsse herbeizuführen (§ 133 I AktG), welche für das Geschick der Gesellschaft und damit auch für die anderen Gesellschafter von großer Bedeutung sind. Die der Treupflicht unterliegenden Mehrheitsgesellschafter müssen daher auf die Interessen und Belange der Minderheitsgesellschafter in angemessenem Maße Rücksicht nehmen[151].

Im horizontalen Verhältnis der Aktionäre untereinander stellt die Treupflicht zunächst also ein Instrument des Minderheitenschutzes dar[152].

2. Minderheit

Die im Rahmen dieser Untersuchung entscheidende Frage ist aber, ob in der AG auch Minderheiten in ihren Rechten durch die Treupflicht eingeschränkt werden.

---

145 HENZE, BB 1996, 489, 499; WIEDEMANN, JZ 1989, 447, 448;
146 TIMM, WM 1991, 481, 482; BUNGERT, DB 1995, 1749, 1751;
147 ROTH in: MüKo, BGB, § 242 Rn. 152;
148 HENZE, ZHR 162 (1998), 186;
149 SCHMIDT, GesR, § 20 IV 2, S. 589 ff.;
150 TIMM, WM 1991, 481, 482; WINTER, S. 23 ff.; ZÖLLNER in: KöKo, AktG, Einl. Rn. 169; SCHMIDT, GesR, § 20 IV 3, S. 593;
151 DREHER, ZHR 157 (1993), 150, 156; siehe auch oben § 2.A.I.1, S. 31;
152 BGHZ 76, 352, 354 (für die GmbH); BGH NJW 1988, 1579, 1581 f. – *Linotype* (für die AG);

a) Eigentlich keine Treupflicht

Lange Zeit war die Meinung vorherrschend, dass den Minderheitsaktionär gerade keine Treupflicht in der AG treffen könne[153]. Selbst das die horizontale Treupflicht der Aktionäre untereinander erstmals bejahende Linotype-Urteil führt *expressis verbis* aus,

> *„[...], dass die Gesellschaftspflichten eines Kleinaktionärs in der Regel nicht von der gesellschaftsrechtlichen Treupflicht bestimmt werden."*[154]

b) Korrelation zwischen Rechtsmacht und Verantwortung

Allerdings geht diese Ansicht von einem wenig differenzierten Ansatz aus. Von der mangelnden Einflussnahmemöglichkeit des Minderheitsaktionärs wird nämlich auf das Fehlen einer treupflichtartigen Bindung überhaupt geschlossen.

Nach dem oben Gesagten treffen aber jeden Gesellschafter aufgrund der Mitgliedschaft gewisse Verhaltenspflichten, und zwar ganz unabhängig davon, in welcher Rechtsform die Gesellschaft organisiert ist. Besinnt man sich nämlich auf den rechtsfunktionellen Geltungsgrund der Treupflicht, nach dem das Maß der Beschränkungen durch die Treupflicht dem Maß an Einflussmöglichkeit entsprechen muss, so wird zwar deutlich, dass der Minderheitsaktionär aufgrund seiner begrenzten Möglichkeit, auf die Geschicke der Gesellschaft einwirken zu können, auch auf der anderen Seite keinen größeren Beschränkungen unterworfen ist. Allerdings ist hier zwischen der Pflicht an sich und ihrer konkreten Ausgestaltung zu unterscheiden[155]. Der gesellschaftsrechtlichen Treupflicht unterliegen alle Aktionäre, nur dass diese als Beschränkung der Gesellschaftsrechte von einzelnen Minderheitsaktionären meist von keiner Relevanz ist[156], da ihr Stimmgewicht regelmäßig nicht für andere Aktionäre mit einem Gefahrenpotential verbunden ist[157]. Dort aber, wo auch dem Minderheitsaktionär die Möglichkeit eröffnet ist, auf die Geschicke der AG und der anderen Aktionäre Einfluss zu nehmen, ist er durch die Treupflicht sehr wohl Beschränkungen seiner Rechte unterworfen[158].

Dieser Ansicht hat sich auch die Rspr. angeschlossen:

> *„In der Aktiengesellschaft ist nicht nur der Mehrheitsaktionär dem Minderheits- oder Kleinaktionär zur Treue verpflichtet; es besteht umgekehrt auch eine Treupflicht des Minderheits- oder des Kleinaktionärs gegenüber dem Mehrheitsaktionär oder gegenüber anderen Minderheits- oder Kleinaktionären. [...]* ***Besteht der Kern des Treupflichtgedankens, soweit er im Kapitalgesellschaftsrecht allgemein Geltung beanspruchen kann, darin, dass dem Maß des Einflusses des Gesellschafters das Maß seiner Verantwortung mit der sich daraus ergebenden Pflicht zur Rücksichtnahme auf die Interessen der Gesellschaft und die gesellschaftsbezogenen Belange der Mitgesellschafter entspricht oder,***

---

153 so noch LUTTER, JZ 1976, 225, 232; GÖTZ, DB 1989, 261, 265; differenzierend hingegen MARSCH-BARNER, ZHR 157 (1993), 172, 174, der lediglich eine vertikale Treupflicht des Kleinaktionärs anerkennen will;

154 BGH NJW 1988, 1579, 1582;

155 FILLMANN, S. 94;

156 HENNRICHS, AcP 195 (1995), 221, 241; nun auch LUTTER, JZ 1995, 1053, 1054, wo er in Fn. 13 die Vertreter der Gegenansicht anführt und dabei (wohlweislich?) verschweigt, knapp 20 Jahre früher derselben Auffassung gewesen zu sein (vgl. Fn. 153);

157 DREHER, ZHR 157 (1993), 150, 157;

158 SCHMIDT, GesR, § 20 IV 3, S. 593; FILLMANN, S. 94; BUNGEROTH in: MüKo, AktG, Vor § 53a Rn. 21; HÜFFER in: MüKo, AktG, § 243 Rn. 49;

wie es in der Rechtsprechung ***heißt, dass die Möglichkeit, durch Einflussnahme die gesellschaftsbezogenen Interessen der Mitgesellschafter zu beeinträchtigen, als Gegengewicht die gesellschaftsrechtliche Pflicht verlangt, auf diese Interessen Rücksicht zu nehmen, so trifft dieser Gedanke nicht nur auf das Verhalten des Mehrheitsgesellschafters, sondern auch auf das des Minderheitsgesellschafters zu.*** *[...] Allerdings stehen auch dem Kleinaktionär Rechte zu, deren Wahrnehmung im Einzelfall in einer Art und Weise möglich ist, die den gesellschaftsbezogenen Belangen der übrigen Aktionäre nachteilig sein kann und deren Ausübung daher unter das Gebot der Rücksichtnahme auf diese Interessen zu stellen ist." [...] In derartigen Fällen erlangen die von der Treupflicht gesetzten Grenzen durchaus Bedeutung."*[159]

c) Voraussetzung

Zu untersuchen ist nun, unter welchen Voraussetzungen, der Klein- oder Minderheitsaktionär aufgrund der Treupflicht eine Beschränkung seiner Gesellschafterrechte hinnehmen muss.

aa) Einzelaktionär

Zwar hat der Einzelaktionär, welcher nicht über die Mehrheit der Aktien verfügt, regelmäßig keine nennenswerte Einflussmöglichkeit, so dass ihn meist auch keine nennenswerten Rücksichtnahmepflichten treffen. In zwei Fällen kann er aber doch über eine u.U. erhebliche Möglichkeit der Einflussnahme verfügen:

(1) Innehaben eines für ein Minderheitsrecht ausreichenden Anteils

Das deutsche Aktienrecht kennt eine ganze Reihe von Minderheitsrechten, welche an verschiedene Beteiligungsquoten anknüpfen[160]. Hat ein einzelner Aktionär eine Anzahl von Aktien inne, welche einer solchen vom Gesetz geforderten Quote entsprechen, kann er dieses Recht alleine ausüben. Einige dieser Rechte verleihen einen oft noch nicht einmal geringen Einfluss auf die Geschicke der Gesellschaft. Hervorzuheben sind in diesem Zusammenhang besonders die Sperrminoritäten[161].

Nicht erforderlich in diesem Zusammenhang ist, dass die für die Ausübung des Minderheitsrechts notwendige Quote einheitlich für jede AG im voraus bestimmt werden kann. Unerheblich ist daher etwa, dass das AktG lediglich überwiegend aber nicht ausschließlich ein ¾-Stimmenquorum für die qualifizierte Mehrheit vorsieht und dieses durch die Satzung weiter verschärft werden kann[162].

Dies wird deutlich, wenn man sich erneut den Anknüpfungspunkt der Treupflicht, das schon so oft erwähnte Prinzip der Korrelation zwischen Rechtsmacht und Verantwortung, abermals vor Augen hält. Nur dort wo die Ausübung der Stimmrechtsmacht ein Gefahrenpo-

---

[159] BGHZ 129, 136, 143 – *Girmes* (Hervorhebung durch den Verfasser); Vorsicht, sinnentstellender Druckfehler in NJW 1995, 1739, 1741;

[160] vgl. die Liste bei LEHMANN, AG 1983, 113, 117 ff.; auch abgedruckt bei SEMLER in: Münch.Hdb.GesR. IV, Anh. § 42, S. 589 ff.;

[161] vgl. dazu näher unten § 3.B.I, S. 85 ff.;

[162] a.A. aber MARTENS, Treupflicht, S. 262;

tential für die Geschicke der AG und der Aktionäre in sich birgt, muss auch der Minderheitsaktionär eine Einschränkung seines Stimmrechts hinnehmen. Ein solches Gefahrenpotential entsteht bei den Inhabern einer Sperrminorität[163], und zwar völlig unabhängig von der für das Ausüben einer solchen Sperrminorität notwendigen Quote. Genauso flexibel wie diese Quote ist eben auch die Grenze, ab der sich für den Minderheitsaktionär aus seiner Treupflicht konkrete Einschränkungen ergeben.

Auch hier zeigt sich der Vorteil der Differenzierung zwischen einer grundsätzlichen Bejahung der Treupflicht auf der einen Seite und deren Auswirkung auf eine Rücksichtnahmepflicht in der konkreten Situation auf der anderen Seite. Diese Einzelfallbezogenheit wird noch einmal verstärkt durch die Tatsache, dass gerade die Sperrminoritäten meist nicht das gesamte, sondern lediglich das bei der Beschlussfassung vertretene Grundkapital als Bezugsgröße haben und somit je nach Präsenz in der Hauptversammlung ganz verschiedene Beteiligungen in Bezug auf das Grundkapital erforderlich sein können[164].

Zusammenfassend bleibt also festzustellen, dass die Treupflicht in dem Moment praktische Relevanz für den Einzelaktionär hat, da er eine entsprechende für ein Minderheitsrecht notwendige Quote hält[165]. Er darf seine ihm daraus zukommende Macht nicht zum Schaden der Gesellschaft oder der anderen Aktionäre ausnutzen.

(2) Ausübung von Individualrechten

Das Gleiche gilt für Individualrechte[166]. Dabei setzte die Rspr. der Ausübung dieser Individualrechte lange Zeit Grenzen über die in § 242 BGB enthaltene Figur des Verbots des Rechtsmissbrauchs. So führt der BGH in einem Urteil zu einer missbräuchlich erhobenen Anfechtungsklage aus:

> *„Auch wenn die Wahrnehmung eines Eigeninteresses für die Erhebung der Anfechtungsklage nicht erforderlich ist, kann in Ausnahmefällen eine eigensüchtige Interessenverfolgung den Vorwurf des Rechtsmissbrauchs begründen. [...] Eines Rückgriffs auf die gesellschaftsrechtliche Treupflicht [...] bedarf es zur Begründung des Einwandes des Rechtsmissbrauchs nicht.“*[167]

Dies war aber nur die notwendige Konsequenz zu seinen Ausführungen in der Linotype-Entscheidung[168], wo es ja noch hieß, dass die Gesellschafterpflichten eines Kleinaktionärs in der Regel nicht von der aktienrechtlichen Treupflicht bestimmt würden[169]. Nachdem der BGH in einem späteren Urteil[170] die Meinung der Lit. kurz anschnitt, wonach auch einzelne Gesellschafter der aktienrechtlichen Treupflicht unterliegen können, die Entscheidung der Frage für den konkreten Fall jedoch für irrelevant hielt, erkannte er im Girmes-Urteil eine Treupflicht auch für Minderheitsaktionäre an, indem er das Prinzip der Korrelation zwischen Rechtsmacht und Verantwortung heranzog[171]. Da die alleinige Ausübung dieser ihm durch

---

[163] DREHER, ZHR 157 (1993), 150, 157; TIMM, WM 1991, 481, 483;
[164] vgl. auch dazu die näheren Ausführungen unten § 3.B.I.2, S. 86 f.;
[165] HENZE, FS Kellermann, S. 152; SCHMIDT, GesR, § 20 IV 3, S. 593;
[166] vgl. zur Definition des Individualrechts § 1.C.III, S. 28;
[167] BGH ZIP 1989, 980, 984 f. – *Kochs Adler*;
[168] BGH NJW 1988, 1579, 1582;
[169] RAISER, § 12 Rn. 50; GUNTZ, S. 155;
[170] BGH ZIP 1992, 1464, 1470 – *IBH/Scheich Kamel*;
[171] BGH NJW 1995, 1739, 1741; Wortlaut abgedruckt auf S. 45;

das AktG zugebilligten Individualrechte ein gewisses Gefahrenpotential für die Belange der Gesellschaft aufweist, unterliegt der Einzelaktionär als Kehrseite dabei auch der Treupflichtbindung[172]. Er hat deshalb bei der Ausübung dieser Rechte obstruktives Verhalten zu unterlassen[173].

bb) Koalitionsaktionäre

Unter Koalitionsaktionären versteht man eine Gruppe von Kleinaktionären, welche jeweils alleine für sich keine Möglichkeit haben, mit ihrer Stimme auf die Geschicke der Gesellschaft Einfluss auszuüben, bei parallelem Stimmverhalten aber insgesamt die für ein Minderheitsrecht oder gar die Mehrheit notwendige Quote erreichen[174].

Zu untersuchen ist dabei, welche Voraussetzungen an dieses parallele Stimmverhalten zu stellen sind, damit den Einzelaktionären daraus Einschränkungen ihrer Rechte entstehen. Interessant in diesem Zusammenhang ist vor allem, ob eine finale Stimmrechtsbündelung im Vorfeld der Abstimmung erforderlich ist, oder ob schon ein rein faktisches Parallelverhalten bei der Stimmrechtsausübung als ausreichend angesehen werden muss. In diesem Zusammenhang ist abermals darauf hinzuweisen, dass den Einzelaktionär jedenfalls eine Treupflicht trifft, lediglich die Frage, ob ihm daraus auch Rücksichtnahmepflichten entstehen, bedarf hier einer näheren Betrachtung[175]. Dabei ist wieder entscheidend, wie stark die Einflussmöglichkeiten auf die AG sind[176].

(1) Wirkungsbezogene Treupflicht

Nach der Ansicht der Vertreter der wirkungsbezogenen Treupflicht besteht das entscheidende Kriterium für eine Einschränkung des Stimmrechts aus der Treupflicht darin, ob bereits vor der Abstimmung ein einheitliches Stimmverhalten durch die Kleinaktionäre gesichert ist. Ein lediglich zufällig paralleles Stimmverhalten soll danach gerade nicht genügen, vielmehr muss bereits im Vorfeld der Abstimmung eine Koordinierung erfolgt sein[177].

Erst durch die zur Erreichung eines bestimmten Sachziels gebündelte Abgabe der Stimmen lasse sich ein gewisses Maß an Einfluss erreichen, welches der einzelne Kleinaktionär gerade nicht habe. Nur mit Blick auf diesen gebündelten Einfluss könne hinreichend zwischen einem Kleinaktionär, der mit seiner Ablehnung keine weiteren Ziele verfolgt, auf der einen Seite und dem Großaktionär, welcher selbst eine Sperrminorität inne hat und damit seine Macht ausüben will, auf der anderen Seite in der gebührenden Art und Weise unterschieden werden[178]. Ohne diese Unterscheidung käme der aktienrechtliche Grundsatz nicht ausreichend zum Tragen, wonach jeder Aktionär in seiner Abstimmung zunächst völlig frei ist, eine Rücksichtnahmepflicht dabei lediglich die Ausnahme darstellt. Müsste er befürchten, durch

[172] vgl. auch schon RGZ 146, 385, 395 f. (noch zu § 271 HGB); a.A. ZÖLLNER in: KöKo, AktG, Einl. 162;
[173] RAISER, § 12 Rn. 48; SCHMIDT, GesR, § 20 IV 3, S. 593; IMMENGA, FS 100 Jahre GmbH-Gesetz, S. 195;
[174] DREHER, ZHR 157 (1993), 150, 158;
[175] GUNTZ, S. 109; anders jedoch DREHER, ZHR 157 (1993), 150, 158: Arbeitet er diese Unterscheidung auf S. 157 noch klar heraus, behauptet er eine Seite später, den individuell handelnden Kleinaktionär treffe keine Treupflicht;
[176] siehe oben § 2.A.II.2.b), S. 45 f.;
[177] DREHER, ZHR 157 (1993), 150, 159; MARSCH-BARNER, ZHR 157 (1993), 172, 181; TIMM, WM 1991, 481, 488;
[178] NODOUSHANI, S. 170;

jedes Abstimmungsverhalten mit anderen Aktionären eine Zufallsmehrheit zu bilden, würde sich dieses Regel-Ausnahmeverhältnis in sein Gegenteil verkehren.

(a) Stimmrechtsübertragung nach § 134 III AktG

Ein solche Stimmrechtsbündelung kann dadurch eintreten, dass mehrere Einzelaktionäre nach § 134 III AktG ihr Stimmrecht auf einen Vertreter übertragen. Allerdings nur wenn diese Übertragung mit dem Ziel der einheitlichen Abstimmung geschieht. Dies schafft nämlich einen Gruppeneffekt, der auch durch Änderungen der Sachlage, die nach der Bündelung eintreten, nicht zunichte gemacht werden kann. Ein solcher, vorher festgelegter Stimmblock entsteht auch, wenn Aktionäre der Abstimmungsempfehlung eines Koordinators, meist eine Aktionärsvereinigung oder Bank, folgen.

Bei einer Stimmrechtsbündelung ohne eine solche Zielsetzung, wenn der sich ausdrücklich für neutral erklärende Stimmrechtsvertreter das Stimmrecht mehrerer lediglich als Serviceleistung ausübt, ist die Situation hingegen so zu beurteilen, als ob jeder Aktionär einen eigenen Stimmrechtsvertreter beauftragt und daher keine homogene Abstimmungsgruppe entsteht[179].

(b) Pool-Verträge

Eine Situation der vorherigen Stimmkoordination entsteht auch durch einen sog. Pool zwischen mehreren Unternehmensaktionären[180]. Man versteht hierunter einen Vertrag, in dem sich die Parteien verpflichten, die ihnen zustehenden Stimmrechte in der festgelegten Weise auszuüben[181]. Hier erfolgt die Stimmabgabe zwar individuell, durch den Vertrag ist jedoch gesichert, dass dies gleichwohl einheitlich geschieht[182].

(c) Opponierender Kleinaktionär

Eine Bündelung im Vorfeld der Abstimmung entsteht nach der Theorie der wirkungsbezogenen Treupflicht hingegen nicht schon dadurch, dass ein opponierender Kleinaktionär seine Mitgesellschafter zu einem bestimmten Stimmverhalten aufruft. Der Aktionär nutzt lediglich die nach § 126 I AktG der AG auferlegte Pflicht, den anderen Aktionären von diesem Aufruf Mitteilung zu machen. Indem der Kleinaktionär von diesem vom Gesetz vorgesehenen Recht Gebrauch macht, entsteht aber noch keinerlei Bindungswirkung. Die anderen, diese Mitteilung erhaltenden Aktionäre sind in ihrem Abstimmungsverhalten weiterhin vollkommen frei und sogar der zur Unterstützung seines Gegenantrages aufrufende Kleinaktionär ist nicht daran gebunden. Jeder Aktionär gibt in diesem Fall seine Stimme vielmehr individuell und nicht gebündelt ab[183].

(2) Inhaltsbezogene Treupflicht

Nach der Gegenansicht ist eine solche Bündelung der Stimmen im Vorfeld der Abstimmung gerade nicht erforderlich. Für das Entstehen von Einschränkungen aus der Treupflicht ist bereits ein rein faktisch paralleles Abstimmungsverhalten ausreichend. Abzustellen ist

---

179 DREHER, ZHR 157 (1993), 150, 161 ff.;
180 DREHER, ZHR 157 (1993), 150, 160;
181 HÜFFER, AktG, § 133 Rn. 25;
182 vgl. WEIPERT in: Münch.Hdb.GesR. I, § 28 Rn. 12 ff., S. 657 sowie JANBERG, SCHLAUS, AG 1967, 33;
183 DREHER, ZHR 157 (1993), 150, 158 f.;

lediglich auf den Inhalt der vom einzelnen Aktionär abgegebenen Stimme[184]. Eine Einschränkung durch die Treupflicht ergebe sich dann, wenn der Aktionär durch die Ausübung dieses Rechts in die mitgliedschaftlichen Rechte anderer Aktionäre eingreife[185]. Danach bestimme sich für jeden Aktionär individuell, ob er bei Ausübung eines ihm zustehenden Rechts gegen die Treupflicht verstoßen hat oder nicht.

Hauptargument für die inhaltsbezogene Treupflicht ist, dass schließlich auch durch eine Zufallsmehrheit eine Gruppe von gewissem Einfluss entstünde, so dass dieser durch die Treupflicht begrenzt werden müsse[186]. Bei einer Abstimmung liege schließlich immer ein Versuch vor, zusammen mit anderen Aktionären eine Sperrminorität zu erreichen, so dass ihn bei Erfolg, also dem Entstehen einer Zufallsmehrheit, auch eine Rücksichtnahmepflicht treffe[187]. Selbst wenn man dann das Erreichen einer Sperrminorität oder gar Mehrheit immer noch als „zufällig" bezeichnen will, kann dadurch genauso in die Rechte der Mitaktionäre eingegriffen werden[188]. Wer zum Schaden anderer handle, ohne dafür eigene schutzwürdige Interessen geltend machen zu können, handle treupflichtwidrig, und zwar unabhängig davon, ob dies neben ihm noch andere Aktionäre täten[189]. Unterwerfe man die Aktionäre je nach Grad ihrer Beteiligung verschiedenen Stufen der Treupflicht, sei dies außerdem ein Verstoß gegen das Gleichbehandlungsgebot des § 53a AktG[190].

(3) Praktische Auswirkung

Zusammenfassend lässt sich also festhalten, dass sich nach der Ansicht der wirkungsbezogenen Treupflicht eine Einschränkung der Stimmrechtsfreiheit lediglich dann ergibt, wenn die koordiniert abstimmenden Einzelaktionäre einen Einfluss auf das Stimmergebnis ausüben können. Der Aktionär muss seine Stimmen also final zur Erreichung einer gewissen Einflussposition in der AG im Vorfeld bündeln. Dann erst ist zu überprüfen, ob diese gebündelten Stimmen treupflichtwidrig abgegeben wurden. Die Ansicht der inhaltsbezogenen Treupflicht hingegen verzichtet auf eine derartige Stimmbündelung im Vorfeld, so dass dort für jeden einzelnen Aktionär festgestellt werden kann, ob er bei der Ausübung des ihm zustehenden Stimmrechts gegen die Treupflicht verstoßen hat. Erst im Anschluss wird überprüft, ob dieser Treupflichtverstoß kausalen Einfluss auf die Belange der AG genommen hat.

Regelmäßig führen die verschiedenen Ansichten zu keinem unterschiedlichen praktischen Ergebnis. Nach der ersten Auffassung trifft den einzelnen Aktionär schon gar keine Treupflicht, nach der zweitgenannten Auffassung gilt zwar auch für ihn die Treupflicht, ein Verstoß zieht mangels Kausalität für das Abstimmungsergebnis aber keine Konsequenz nach sich[191].

Entscheidender Unterschied hinsichtlich der praktischen Auswirkungen besteht nur beim zufälligen Erreichen der für die Ausübung eines Minderheitsrechts oder gar für die Mehrheit

---

184 HENZE, BB 1996, 489, 496; HENNSLER, DZWiR 1995, 430, 431;
185 vgl. dazu näher unten § 3.C.I.1.b)bb)(4), S. 102 ff.;
186 ZÖLLNER in: KöKo, AktG, Einl. Rn. 169; HÜFFER, AktG, 53a Rn. 17; HÜFFER in: MüKo, AktG, § 243 Rn. 49; WINTER, S. 81 (für die GmbH);
187 BUNGERT, DB 1995, 1749, 1752;
188 NONN, S. 92;
189 HENNRICHS, AcP 195 (1995), 221, 237; SCHÄFER, ZHR 157 (1993), 192; GRUNEWALD, FS Kropff, S. 97; BUNGEROTH in: MüKo, AktG, Vor § 53a Rn. 21;
190 BECKERHOFF, S. 64;
191 HENNRICHS, AcP 195 (1995), 221, 237; HENZE, BB 1996, 489, 496;

erforderlichen Quote. Nur nach der Theorie der inhaltsbezogenen Treupflicht, muss sich der Einzelaktionär in diesem Fall die Einschränkung seiner Rechte gefallen lassen. Verstößt er dagegen hat dies praktische Auswirkungen auf die gerade erwähnten Belange, so dass ihn die Rechtsfolgen einer Treupflichtverletzung treffen[192]. Nach der Theorie der wirkungsbezogenen Treupflicht fehlt es hingegen an einer Stimmrechtsbündelung. Es liegt zwar ein paralleles Abstimmungsverhalten mehrerer Kleinaktionäre vor, es fehlt aber am vorherigen Koordinierungswillen der gemeinsam Abstimmenden[193], so dass diese schon gar keine Treupflicht treffen kann.

(4) Girmes-Rspr.

Die zum Fall Girmes ergangene Rspr. lässt keine klare Linie erkennen, welcher der beiden Ansichten zu folgen ist.

Das LG Düsseldorf stellte fest, dass Aktionäre, welche ihre Stimmen gebündelt einer Person übertragen auch in eine höhere Verantwortung hinsichtlich der Interessen der Gesamtheit hineinwüchsen[194], und bejahte damit offensichtlich eine wirkungsbezogene Treupflicht. Das AG Düsseldorf lehnte eine wirkungsbezogene Treupflicht ab. Das AktG ginge vom Grundsatz der freien Stimmrechtsausübung aus[195], was mangels anderer Angaben im Gesetzestext auch dann gelten müsse, wenn dieses Stimmrecht gebündelt durch Vertreter nach § 134 III S.1 AktG oder gar durch Kreditinstitute bzw. gewerbsmäßig Handelnde i.S.v. § 135 AktG ausgeübt würde. Durch die Bündelung alleine könne sich also keine Veränderung in Bezug auf die Treupflicht ergeben[196].

Der BGH hingegen ließ die Frage, ob von einer wirkungs- oder einer inhaltsbezogenen Treupflicht auszugehen sei, ausdrücklich offen, neigte in seinen weiteren Ausführungen aber doch mehr einer inhaltsbezogenen Treupflicht zu, indem er ausführt, es sei zu untersuchen, ob die Stimmrechtsausübung des einzelnen Aktionärs pflichtwidrig sei, und dann erst, ob der Prozentsatz der pflichtwidrig abgegebenen Stimmen eine Sperrminorität erreiche[197].

(5) Stellungnahme

Wenig hilfreich bei einer Entscheidung für eine der beiden Ansichten ist eine Heranziehung des Prinzips der Korrelation zwischen Rechtsmacht und Verantwortung. Dieses trifft nämlich keine Aussage darüber, ob diese Rechtsmacht durch gezielte Stimmrechtsbündelung erreicht werden muss oder aber eben auch mehreren rein zufällig parallel abstimmenden Aktionären zufallen kann[198].

Eine Entscheidung dieser Frage muss eher davon abhängen, ob man bei der Beurteilung eines Treupflichtverstoßes durch einen für das Stimmergebnis relevanten Anteil von Aktionären nur objektive Kriterien heranziehen will, oder über den jeder Stimmrechtsausübung immanenten Beeinflussungswillen hinaus das sichere Wissen der Beeinflussung verlangen möchte. Lässt man es nämlich bei den objektiven Anhaltspunkten bewenden, so ist es

---

[192] HÜFFER, AktG, § 53a Rn. 17; HENNRICHS, AcP 195 (1995), 221, 262;
[193] DREHER, ZHR 157 (1993), 150, 159;
[194] LG Düsseldorf ZIP 1991, 932, 936;
[195] vgl. dazu unten § 3.C.I.1.a), S. 98;
[196] AG Düsseldorf WM 1993, 164, 165;
[197] BGH NJW 1995, 1739, 1742 – *Girmes*;
[198] vgl. die beiden gegensätzlichen Schlussfolgerungen daraus bei BECKERHOFF, S. 65 f.;

unerheblich ob der entsprechende Stimmenanteil zufällig oder infolge vorheriger Planung und Bindung zustande kam.

Generell trägt die Beschränkung auf objektive – und daher auch objektiv feststellbare – Kriterien zur Rechtssicherheit bei. Geht man vom Inhalt des jeweils ausgeübten Mitgliedschaftsrecht aus, kann klar bestimmt werden, ob eine Treupflichtverletzung vorliegt oder nicht[199]. Dies legt auch § 243 II AktG nahe, der lediglich von der Verfolgung eines Sondervorteils spricht, und sich damit nur auf den zwangsläufig bei der Stimmausübung vorliegenden Beeinflussungswillen bezieht. Weitere Anfechtungsvoraussetzung ist lediglich, dass der gefasste Beschluss geeignet ist, diesem Zweck zu dienen. Diese Norm sanktioniert also die objektive Geeignetheit, nicht hingegen die subjektive Kenntnis der Beeinflussungsmöglichkeit[200]. Dass mehrere Aktionäre sich vorher bereits zu einer gemeinsamen Stimmabgabe zusammengeschlossen haben, ist demnach gerade nicht erforderlich.

d) Ergebnis

Nicht nur der Großaktionär wird also in seinen Rechten durch die Treupflicht beschränkt, sondern auch der Minderheitsaktionär. Dies gilt bei Individualrechten und bei Innehaben einer für ein Minderheitsrecht ausreichenden Quote, sei es alleine oder als Koalitionsaktionär. Die Treupflicht ist somit nicht mehr als Instrument bloßen Minderheitenschutzes anzusehen[201]. Vielmehr wird auch die Mehrheit vor der Minderheit geschützt, wenn diese eine ausreichende Machtposition erhält, mittels derer sie auf die Geschicke der AG und der Aktionäre Einfluss ausüben kann.

3. Stellungnahme

Die Ansicht, wonach nur der Mehrheits- bzw. Großaktionär der Treupflicht unterliegt, ist nach dem Erörterten als überholt zu betrachten. Es ist nämlich schon verfehlt, dass nur Großaktionäre Einfluss auf die AG und die Mitgesellschafter ausüben können. Aber selbst wenn dem Kleinaktionär keine Einflussmöglichkeit zukommt, unterliegt er einer Treupflicht[202]. Diese ist nämlich Ausfluss der Mitgliedschaft[203], welche in einer AG bereits durch Erwerb lediglich einer Aktie und nicht erst durch Erwerb einer bestimmten Beteiligung erworben wird[204]. Zwar entsteht dann aus der Treupflicht u.U. keine Rücksichtnahmepflicht, die Treupflicht hat dann aber in jedem Fall den Inhalt, Individualrechte nicht rechtsmissbräuchlich auszuüben und bei Bündelung der eigenen Stimme mit der anderer Aktionäre zur Verfolgung eines bestimmten Zieles, die Belange der Gesellschaft angemessen zu berücksichtigen, und zwar gleichgültig ob diese Bündelung absichtlich oder zufällig erfolgt. Bis zu dieser für ein Minderheitsrecht ausreichenden Bündelung ist die Treupflicht, ähnlich einem Anspruch nach Eintritt der Verjährung, in ihrer Durchsetzbarkeit gehemmt[205].

Geht man zur Bestimmung der Treupflicht vom Prinzip des Korrespondierens von Einfluss und Verantwortung aus, so löst diese sich von der auf den Schutz einer bestimmten Personen-

---

199 BECKERHOFF, S. 65;
200 LUTTER, JZ 1995, 1053, 1054;
201 SCHMIDT, GesR, § 20 IV 3, S. 593; DREHER, ZHR 157 (1993), 150, 156; WINTER, S. 81 (für die GmbH); IMMENGA, FS 100 Jahre GmbH-Gesetz, S. 195; HÜFFER, AktG, § 53a Rn. 17;
202 HENNRICHS, AcP 195 (1995), 221, 241;
203 vgl. oben S. 32; TIMM, WM 1991, 481, 483;
204 GUNTZ, S. 108;
205 BUNGERT, DB 1995, 1749, 1752;

gruppe gerichteten Perspektive[206]. Die Frage ist lediglich, welche potentielle Gefahr für die Interessen der Gesellschaft und der Mitaktionäre von einem einzelnen bzw. einer Gruppe von Aktionären ausgeht. Danach richten sich dann Inhalt und Ausmaß der daraus erwachsenden Rücksichtnahmepflicht, nicht aber die Existenz der Treupflicht selbst[207].

B. Italien

I. Schranken der Gesellschafterrechte

Auch in Italien gelten die den Gesellschaftern einer *S.p.A.* durch Gesetz zugebilligten Rechte natürlich nicht grenzenlos. Anders als die deutsche Treupflicht gibt es in Italien aber keine gesellschaftsrechtsspezifische, allgemeine Rechtsfigur zur Beschränkung der Gesellschafterrechte. Zumindest keine, welche im gleichen Maße allgemein anerkannt wäre. Die folgenden Untersuchungen weisen daher einen weniger allgemeinen Charakter als der entsprechende Teil zum deutschen Recht auf, sondern beziehen sich teilweise schon recht konkret auf das Stimmrecht.

1. Art. 2373 c.c.

Geht man unter den das Aktienrecht betreffenden Normen des *Codice civile* auf die Suche nach Normen, welche die Ausübung eines Gesellschafterrechts beschränken, stößt man einzig auf den das Stimmrecht betreffenden Art. 2373 I c.c.[208]

a) Interessenkonflikt

Nach dem Wortlaut des Abs. 1 dieser Norm darf das Stimmrecht von demjenigen Gesellschafter nicht ausgeübt werden, der ein eigen- oder fremdnütziges Interesse innehat, welches mit dem Interesse der Gesellschaft in Konflikt steht.

Als Vorüberlegung muss man sich zunächst die verschiedenen in einer Gesellschaft bestehenden Interessen klar machen. Der Aktionär wird im Regelfall bei der Stimmabgabe in der *assemblea* seine ganz persönlichen Interessen verfolgen. Da es sich dabei meist um Interessen finanzieller Natur handelt[209], wird diese Stimmabgabe sich aber regelmäßig am Interesse der *S.p.A.* orientieren, da der Aktionär an deren wirtschaftlichem Erfolg mittelbar beteiligt ist. Das Interesse der Gesellschaft und das des Aktionärs geht also regelmäßig in die gleiche Richtung, so dass sich hieraus keine Komplikationen ergeben.

Nun kann es aber vorkommen, dass das persönliche Interesse des Aktionärs mit dem der *S.p.A.* derartig inkompatibel ist, dass er nicht für das eine stimmen kann, ohne das andere dadurch zu opfern[210]. Genau dann liegt ein *conflitto* i.S.v. Art. 2373 I c.c. vor.

---

[206] GUNTZ, S. 159 ff.; vgl. auch HÜFFER in: GEßLER, HEFERMEHL, ECKARD, KROPFF, AktG, § 243 Rn. 50, der die Beschlusskontrolle auf die Figur des Rechtsmissbrauchs stellen möchte;

[207] FILLMANN, S. 94; TIMM, WM 1991, 481, 483;

[208] CAMPOBASSO, S. 350; GAMBINO, Correttezza, S. 177; MAISANO, Eccesso di potere, S. 55; TAURINI, Società 1993, 1053; ASQUASCIATI, Società 1995, 218, 221;

[209] MENGONI, Riv.soc. 1956, 434, 444;

[210] GAMBINO, Correttezza, S. 234 f.; MENGONI, Riv.soc. 1956, 434, 445; QUATRARO, FUMAGALLI, D'AMORA, Deliberazioni assembleari, S. 249; JAEGER, Interesse sociale, S. 209 ff.; GALGANO in: CICU, MESSINEO, III, 1, S. 451; vgl. auch App. Milano, 14.7.1989, in: BBTC 1990, II, 608, 613; Trib. Catania, 30.9.1993, in: Foro it. 1994, I, 890, 904;

aa) *Interesse della società*

Um feststellen zu können, worin oder – genauer – womit dieser Konflikt besteht, muss man den Begriff des *interesse della società* einer genaueren Untersuchung und Definition zuführen.

Ausdrückliche Erwähnung in den das Aktienrecht betreffenden Normen findet das *interesse della società* außer in Art. 2373 I c.c. noch in Art. 2441 V c.c.[211], ohne dass es jedoch in einer der beiden Normen definiert würde[212]. Genau darin sah die Lehre lange Zeit das zentrale Problem des Gesellschaftsrechts[213].

Die unzähligen dazu vertretenen Ansichten lassen sich in zwei Hauptrichtungen unterscheiden, nämlich eine *teoria istituzionalista* und eine *teoria contrattualista*[214]. Für das Verständnis der weiteren Ausführungen, insbesondere des Missbrauchs, ist es unerlässlich, die beiden Richtungen zumindest in ihren Grundzügen zu skizzieren[215].

(1) *Teoria istituzionalista*

Unter dem Oberbegriff der *teoria istituzionalista* werden all diejenigen Ansichten zusammengefasst, welche als Inhaber des *interesse della società* ein Rechtssubjekt sehen, welches von den Aktionären verschieden ist[216].

Die Verfechter dieser Theorie billigen der *S.p.A.* ein eigenes Interesse zu, welches zwar zufällig mit dem Interesse ihrer Aktionäre zusammenfallen kann[217], aufgrund seiner Eigenständigkeit von diesem aber grds. unterschieden werden muss[218].

Gerichtet ist dieses *interesse della società* in erster Linie auf die Mehrung des Gesellschaftsvermögens. Die ihr anvertrauten Mittel sollen zu einer effizienten unternehmerischen Organisation eingesetzt werden, um so eine Gewinnmaximierung zu erzielen[219]. Da dieses Gesellschaftsinteresse völlig unabhängig von den individuellen oder sogar kollektiven Interessen der einzelnen Aktionäre ist, muss dahinter selbst die Mehrheit der Aktionäre, selbst bei einstimmigem Beschluss, zurücktreten. Das abstrakte *interesse della società* ist nach dieser Ansicht etwas gegenüber dem Interesse der einzelnen Gesellschafter Höherrangiges[220].

---

211 SIMONETTI, NGCC 2000, II, 479, 481;

212 CASSOTTANA, S. 60;

213 MIGNOLI, Riv.soc. 1958, 725, 727; ASCARELLI, Riv.trim.dir.proc.civ. 1951, 1145, 1147;

214 vgl. PREITE in: COLOMBO, PORTALE, 3**, S. 3, 8; MENGONI, Riv.soc. 1956, 434, 441; CAMPOBASSO, S. 348; Cass.civ., I, 20.6.1958, n. 2148, in: Giur.it. 1959, 204, 207; vgl. zu einer dritten *teoria della shareholder value* JAEGER, Giur.comm. 2000, I, 795, 804, die aber auch der *teoria contrattualista* im weiteren Sinne zuzuordnen sein dürfte;

215 vgl. MENGONI, Riv.soc. 1956, 434; PICONE, Società 1998, 949 f.; SIMONETTI, NGCC 2000, II, 479, 481; die umfassendste Darstellung dazu findet sich bei JAEGER, Interesse sociale, S. 13 ff. (*teorie istituzionaliste*) und S. 86 ff. (*teorie contrattualiste*);

216 JAEGER, Interesse sociale, S. 14; PREITE in: COLOMBO, PORTALE, 3**, S. 3, 9;

217 PREITE in: COLOMBO, PORTALE, 3**, S. 3, 9;

218 JAEGER, Giur.comm. 1996, II, 334; SIMONETTI, NGCC 2000, II, 479, 481; Trib. Catania, 30.9.1993, Foro it. 1994, I, 890, 903;

219 Cass.civ., I, 11.3.1993, n.2958, in: Società 1993, 1949, 1051; GALGANO in: SCHLESINGER, Artt. 2325-2341, S. 78; TRIMARCHI, S. 189;

220 PREITE in: COLOMBO, PORTALE, 3**, S. 3, 13; MENGONI, Riv.soc. 1956, 434, 441; GALGANO, in: GALGANO, VII, S. 61;

Die Norm dient nach dieser Ansicht also dem Schutz des Gesellschaftsinteresses an der Maximierung des Gewinns[221].

(2) *Teoria contrattualista*

Unter dem Oberbegriff der *teoria contrattualista* hingegen sammeln sich all diejenigen Ansichten, die unter dem *interesse della società* nicht etwas vom Interesse der einzelnen Gesellschafter Verschiedenes oder sogar demgegenüber Höherrangiges, sondern vielmehr das gemeinsame oder kollektive Interesse eben jener Gesellschafter verstehen[222].

Diese Theorie geht zwar von einer Vielzahl von – u.U. auch gegensätzlichen – Interessen der einzelnen Aktionäre aus, erkennt aber auch ein daraus herleitbares gemeinsames Interesse, welches das *interesse della società* i.S.v. Art. 2373 I c.c. darstellen soll[223]. Würde allerdings jedes Interesse eines Gesellschafters in das Gesellschaftsinteresse einfließen, wäre ein *conflitto* zwischen diesem und dem der Gesellschaft gar nicht denkbar. Aus diesem Grund wird verlangt, dass ein solches Interesse des Gesellschafters aus dem Gesellschaftsvertrag ableitbar, also allen Aktionären gerade in ihrer Eigenschaft als solche, *uti socii*, gemein sein muss[224], während andere Interessen, egal ob individuell oder kollektiv, dann unberücksichtigt bleiben müssen, wenn es sich um solche handelt, die mit der Gesellschaft nichts zu tun haben, also *extrasociali* sind[225].

Beim Inhalt des *interesse della società* spielt demnach auch bei der *teoria contrattualista* die entscheidende Rolle zunächst die Maximierung des Gesellschaftsgewinns sowie die damit verknüpfte Maximierung des *shareholder value*[226]. Darüber hinaus wird das *interesse della società* aber auch durch die individuellen Interessen der Gesellschafter bestimmt, soweit es sich eben um aus dem Gesellschaftsvertrag entstehende Interessen handelt, die den Aktionären *uti socii* zustehen. Zu diesen Interessen gehört natürlich zunächst das Interesse des einzelnen Aktionärs am Bezug von Dividenden (Art. 2433, 2247 c.c.). Daneben aber auch das Interesse des Einzelnen, seinen Einfluss auf die Geschäftsführung der Gesellschaft geltend machen zu können, was sich aus den Normen herleiten lässt, welche auch den Minderheiten gewisse Kontrollmöglichkeiten einräumen[227]. Weiter spielt in das *interesse della società* aber auch die Möglichkeit des Einzelnen hinein, seine Beteiligungsquote auch bei Kapitalerhöhungen oder beim Beitritt neuer Gesellschafter beibehalten (vgl. Art. 2441, 2506-bis IV c.c.[228])[229] sowie den Risikograd der Gesellschaft bestimmen zu können (vgl. Art. 2437 c.c.). Umfasst ist

---

221 GALGANO in: SCHLESINGER, Artt. 2325-2341, S. 105; GALGANO, S. 254; AMITRANO, NGCC 1997, I, 455, 356 f.;

222 JAEGER, Interesse sociale, S. 14; MIGNOLI, Riv.soc. 1958, 725, 746; JAEGER, Interesse sociale, S. 87; MENGONI, Riv.soc. 1956, 434, 442;

223 MIGNOLI, Riv.soc. 1958, 725, 740, 757;

224 MENGONI, Riv.soc. 1956, 434, 444; PREITE in: COLOMBO, PORTALE, 3**, S. 3, 20; JAEGER, Interesse sociale, S. 185;

225 JAEGER, Interesse sociale, S. 87 ff.; ASCARELLI, Riv.trim.dir.proc.civ. 1951, 1145, 1161; vgl. auch den weniger differenzierten Ansatz bei GALGANO in: SCHLESINGER, Artt. 2325-2341, S. 94; GALGANO, in: GALGANO, VII, S. 63;

226 JAEGER, Giur.comm. 2000, I, 795, 811 f.; die dort entwickelte *teoria della shareholder value* gewichtet zwar die folgenden Interessen alle in Bezug auf die daraus resultierende Entwicklung des Aktienwerts, stellt diese aber nicht in einer für die vorliegende Untersuchung relevanten Art und Weise in Frage; vgl. auch MAZZONI, Giur.comm. 1998, I, 485, 486 ff.;

227 vgl. oben § 1.C.I, S. 27 f.;

228 deutlicher noch in Art. 2504-octies IV c.c. a.F.

229 CASSOTTANA, S. 120 ff.;

weiter die Möglichkeit, die Dauer der eigenen Investition gemäß den persönlichen finanziellen Bedürfnissen bestimmen zu können, sowie schließlich das Interesse, die Beteiligung auch im entsprechenden Moment veräußern zu können[230].

Nach dieser Ansicht verpflichtet Art. 2373 I c.c. den Aktionär keineswegs, lediglich gemäß einem abstrakten *interesse della società* abzustimmen[231]. Vielmehr ist es ihm erlaubt, auch seine Individualinteressen mit der Stimmabgabe zu verfolgen. Uneingeschränkt gilt dies allerdings nur für die Interessen *uti socii*, *interessi extrasociali* hingegen kann er nur verfolgen, wenn diese nicht in Konflikt mit den *interessi uti socii* anderer Gesellschafter stehen. Geschützt werden soll nach dieser Ansicht also weniger das Gesellschaftsvermögen, als vielmehr die Minderheit der Aktionäre vor unliebsamen Entscheidungen der Mehrheit[232].

(3) Diskussion

Die *teoria istituzionalista* wurde insbesondere von der italienischen Rspr. mit dem Argument unterstützt, dass die *S.p.A.* als eine eigenständige juristische Person, die selbst Träger von Rechten und Pflichten sein könne, auch ein eigenes Interesse haben müsste, welches sich von dem ihrer Mitglieder unterscheide[233]. Wäre der italienische Gesetzgeber nicht selbst von einem solchen höherrangigem Interesse ausgegangen, würde Art. 2373 I c.c. gar keinen Sinn geben, da dann ein von den Gesellschafterinteressen unterschiedliches *interesse della società* i.S.d. Norm gar nicht denkbar sei[234].

Dies ist jedoch unzutreffend. Es ist nämlich sehr wohl möglich, dass das *interesse extrasociale* eines Aktionärs sich nicht mit dem Interesse vereinbaren lässt, welches sich die Gesellschafter durch den Gesellschaftsvertrag gemeinsam zu erreichen verpflichtet haben. Teil des *interesse della società* ist gerade nicht jedes Interesse der Gesellschafter, sondern eben nur die *interessi uti soci*[235]. Das Gesellschaftsinteresse ist also auch nach der *teoria contrattualista* objektiv individualisierbar und kann daher vom Interesse des einzelnen Gesellschafters verschieden sein[236].

Die Anhänger der *teoria contrattualista* nehmen für sich weiter in Anspruch, dass ihre Ansicht den größeren Rückhalt im Gesetz findet. So hebe der Wortlaut des Art. 2247 c.c. als Inhalt des Gesellschaftsvertrages die gemeinsame Aktivität der Gesellschafter hervor, also gerade nicht den Dienst am höherrangigen Gesellschaftsinteresse[237]. Vor allem dient das dem Aktionär zugebilligte Wahlrecht ja gerade dem Schutz der Eigeninteressen des Einzelnen und wäre wohl überflüssig, wenn der einzelne Aktionär ohnehin nur entsprechend dem überge-

---

230 PREITE in: COLOMBO, PORTALE, 3**, S. 3, 24 ff.; PICONE, Società 1998, 949, 950; SIMONETTI, NGCC 2000, II, 479, 482 ff.;

231 CERRAI, MAZZONI, Riv.soc. 1993, 1, 73; JAEGER, Interesse sociale, S. 186; MIGNOLI, Riv.soc. 1958, 725, 740 f.;

232 GALGANO in: SCHLESINGER, Artt. 2325-2341, S. 105; GALGANO, S. 254; ASCARELLI, Riv.trim.dir.proc.civ. 1951, 1145, 1161;

233 Cass.civ., I, 20.6.1958, n. 2148, in: Giur.it. 1959, I, 204, 207;

234 Cass.civ., I, 25.10.1958, n. 3471, in: Giur.it. 1959, I, 869, 870 f.;

235 SENA, S. 159, 161;

236 MAISANO, Eccesso di potere, S. 66 f.; zu weiteren Kritikpunkten an der *teoria istituzionalista* vgl. CAMPOBASSO, S. 348 Fn. 1; JAEGER, Interesse sociale, S. 8, 119; ASCARELLI, Riv.trim.dir.proc.civ. 1951, 1145, 1159 f.; PREITE in: COLOMBO, PORTALE, 3**, S. 3, 21; MIGNOLI, Riv.soc. 1958, 725, 726;

237 PREITE in: COLOMBO, PORTALE, 3**, S. 3, 7; MIGNOLI, Riv.soc. 1958, 725, 743; CAMPOBASSO, S. 348 Fn. 1; a.A.: Cass.civ., I, 20.6.1958, n. 2148, in: Giur.it. 1959, I, 1, 204, 207; weitere, nur teilweise überzeugende Wortlautargumente für die *teoria contrattualista* führen an: ASCARELLI, Riv.trim.dir.proc.civ. 1951, 1145, 1159; MENGONI, Riv.soc. 1956, 434, 443; JAEGER, Interesse sociale, S. 148;

ordneten Gesellschaftsinteresse stimmen müsste[238]. Genau darin findet die gewachsene Sensibilität dafür Ausdruck, dass der Einzelne des Schutzes vor kollektiven Organisationen bedarf, wird doch durch sie die Gleichheit der Parteien und nicht etwa ein hierarchisches Verhältnis in den Vordergrund gerückt[239].

(4) Ergebnis

Jedenfalls seit dem letzten Krieg folgt die italienische Lit. überwiegend der *teoria contrattualista*[240].

Das Mehrheitsprinzip dient nämlich nicht dazu, ein abstraktes *interesse della società* zu verfolgen, sondern ist vom Gesetzgeber gerade für die Bildung eines kollektiven Interesses gewollt und findet seine Berechtigung darin, dass die Mehrheit im Fall einer Fehlentscheidung auch dem daraus erwachsenden Risiko in stärkerem Maße ausgesetzt ist[241]. Art. 2373 I c.c. soll nun aber verhindern, dass dieses Mehrheitsprinzip zu einem Instrument verkommt, mittels dessen die Mehrheit ihren Willen auf Kosten der berechtigten Interessen der Minderheit durchsetzen kann[242]. Deshalb dürfen die Aktionäre ihre Individualinteressen nicht grenzenlos verfolgen. Diese finden vielmehr ihre Beschränkung durch das sich aus dem Gesellschaftsvertrag herleitbare kollektive Interesse *uti socii* aller Gesellschafter[243].

bb) Konflikt

(1) Verhältnis Aktionär zur *S.p.A.*

Nach Ansicht der italienischen Rspr. ist diese Norm ausschließlich dann anwendbar, wenn ein Konflikt zwischen dem Interesse des Aktionärs auf der einen Seite und dem der *S.p.A.* auf der anderen Seite besteht[244]. Für einen *conflitto* muss das Stimmverhalten des Aktionärs unvereinbar mit dem Gesellschaftsinteresse sein, wenngleich es auch nicht notwendigerweise ein eigenes fördern muss[245]. Nicht in den Anwendungsbereich soll hingegen ein Interessenkonflikt der Aktionäre untereinander fallen[246]. Wie oben dargestellt[247], dient danach die Norm einzig dem Schutz des Gesellschaftsinteresses an der Erhaltung und Mehrung des Gesellschaftsvermögens[248].

---

[238] vgl. in diesem Sinne: ASCARELLI, Riv.trim.dir.proc.civ. 1951, 1145, 1162: *...il voto verrebbe considerato quasi come astratto [...] dalla sua giustificazione, dalla sua causa, che pure sicuramente risiede nella comunione di interessi*;

[239] GALGANO, S. 260; GALGANO, CeI 1996, 1, 6; vgl. auch Cass.civ., I, 28.3.1996, n. 2850, in: Foro it. 1997, I, 235, 245; weitere Argumente für die *teoria contrattualista* finden sich bei PREITE in: COLOMBO, PORTALE, 3**, S. 3, 21 ff.;

[240] SIMONETTI, NGCC 2000, II, 479, 482; MENGONI, Riv.soc. 1956, 434, 442; CAMPOBASSO, S. 348 Fn. 1;

[241] MENGONI, Riv.soc. 1956, 434, 445;

[242] MIGNOLI, Riv.soc. 1958, 725, 741;

[243] ASCARELLI, Riv.trim.dir.proc.civ. 1951, 1145, 1160; MENGONI, Riv.soc. 1956, 434, 444 und 458;

[244] Cass.civ., I, 11.3.1993, n. 2958, in: Società 1993, 1049, 1052;

[245] Trib. Catania 30.9.1993, in: Foro it. 1994, I, 890, 903 f.; Cass.civ., I, 4.5.1991, n. 4927, in: Società 1991, 1209;

[246] Cass.civ., I, 26.10.1995, n. 11151 – *Stilgraf*, in: Società 1996, 295; Trib. Como, 1.6.2000, in: Giur.comm. 2002, II, 125, 126;

[247] § 2.B.I.1.a)aa)(1), S. 54 f.;

[248] AMITRANO, NGCC 1997, I, 455, 456 f.;

Zu beachten ist bei dieser Beschränkung auf das vertikale Verhältnis aber, dass die Rspr. aufgrund ihrer Vorliebe für die *teoria istituzionalista* von einem übergeordneten *interesse della società* ausgeht[249], welches von dem der Aktionäre verschieden ist[250].

(2) Verhältnis der Aktionäre untereinander

Anders stellt sich die Situation jedoch dar, wenn man mit der überwiegenden Meinung in der Lit. der *teoria contrattualista* folgt. Da diese unter dem *interesse della società* das kollektive Interesse der Gesellschafter derselben sieht, wozu auch die aus dem Gesellschaftsvertrag entspringenden individuellen Interessen der Gesellschafter gehören, ist der Interessenkonflikt nicht auf das vertikale Verhältnis beschränkt, sondern auch auf den Konflikt der einzelner Aktionäre bzw. Aktionärsgruppen untereinander ausweitbar. Ein *conflitto* liegt nach dieser Ansicht vor, wenn ein Aktionär ein eigenes *interesse extrasociale* nur auf Kosten der *interessi uti socii* der Mitaktionäre verfolgen kann. Ein abstraktes, vom Interesse der Gesellschafter losgelöstes, übergeordnetes Interesse der Gesellschaft besteht nach der *teoria contrattualista* ja gerade nicht. Art. 2373 I c.c. behandelt demnach also in erster Linie einen internen Konflikt der Mitglieder untereinander[251].

(3) Praktische Auswirkung

Je nachdem, welcher der beiden Auffassungen man folgt, ergibt sich also bei der Stimmrechtsausübung eine Rücksichtnahmepflicht lediglich im vertikalen Verhältnis auf die Belange der *S.p.A.* oder auch im horizontalen Verhältnis auf die Interessen der Mitaktionäre.

Wird in der *assemblea* etwa die Erhöhung des Grundkapitals beschlossen, um die Beteiligungsquote eines Minderheitsaktionärs zu senken, da dieser aus finanziellen Gründen nicht in der Lage ist, von seinem Recht aus Art. 2441 I c.c. Gebrauch zu machen, ist dies nicht gegen das Interesse der Gesellschaft. Im Gegenteil: diese wird regelmäßig ein Interesse an einem möglichst hohen Grundkapital haben, wie sich die Anteilseigner dieses Kapitals prozentual zusammensetzen ist für die Gesellschaft selbst unerheblich[252]. Folgt man der Rspr., ist der Anwendungsbereich des Art. 2373 I c.c. somit nicht eröffnet[253].

Schließt man sich jedoch der *teoria contrattualista* an, muss man folgerichtig auch in diesem Fall einen *conflitto* i.S.v. Art. 2373 I c.c. annehmen[254]. Es ist nämlich das schützenswerte Interesse des Einzelnen betroffen, seine Beteiligungsquote unverändert beibehalten zu können. Gleichwohl bleibt die italienische Rspr. trotz ihrer jüngeren Hinwendung zu einem vertraglichen Verständnis der *S.p.A.* bei ihrer der *teoria istituzionalista* zuordenbaren Ansicht,

---

[249] vgl. Cass.civ., I, 11.3.1993, n. 2958, in: Società 1993, 1049, 1052: „*...contrasto oggettivo e preesistente tra l'interesse concretamente perseguito dal socio di maggioranza e quello istituzionale della società, individuato quest'ultimo in un interesse a contenuto patrimoniale,...* " und Trib. Catania 30.9.1993, in: Foro it. 1994, I, 890, 903 f.: "*...l'interesse della società in quanto ente personificato; interesse autonomo, diverso e trascendente rispetto a quello dei singoli soci.* ";

[250] siehe oben § 2.B.I.1.a)aa)(1), S. 54;

[251] JAEGER, DENOZZA, S. 352;

[252] vgl. bereits oben § 2.A.I.4.a), S. 35 f.;

[253] Bsp. nach CAMPOBASSO, S. 350;

[254] GAMBINO, Giur.comm. 1996, II, 343, 344; GAMBINO, Correttezza, S. 313 f.; MENGONI, Riv.soc. 1956, 434, 454 f.;

wonach ein solch horizontaler Konflikt der Aktionäre untereinander nicht von Art. 2373 I umfasst ist[255].

b) *Danno alla società*

Welcher der beiden vorgenannten Meinungen man sich anschließt, ist für die Anwendbarkeit des Art. 2373 I c.c. aber insofern unerheblich, als bei einem Konflikt auf horizontaler Ebene zwischen den Aktionären das zur Anfechtung berechtigende Tatbestandsmerkmal des *"recarle danno"* nicht erfüllt ist. Bei der Beeinträchtigung der Interessen der Mitgesellschafter fehlt es regelmäßig am Schaden für die Gesellschaft. Nach ganz überwiegender Ansicht ist damit nämlich ausschließlich ein Schaden am *patrimonio sociale* i.S.v. Art. 2325 I c.c. gemeint. Der Schaden muss das Vermögen der Gesellschaft und gerade nicht die einzelnen Gesellschafter betreffen[256].

Die Meinung, wonach vom *danno alla società* auch ein Schaden am *shareholder value* der *S.p.A.* umfasst sein soll[257], ist hingegen abzulehnen. Dieser ist nämlich für das Erreichen des Gesellschaftszwecks von äußerst untergeordneter Bedeutung, und wirkt sich daher nachteilig lediglich auf die Gesellschafter, nicht aber auf die Gesellschaft aus.

Auch der Ansicht, welche einen *danno alla società* auch dann annehmen will, wenn den einzelnen Aktionären ein Schaden entsteht[258], kann nicht gefolgt werden. Es wird danach nämlich ein Schaden mit der Verletzung der Interessen jedes Gesellschafters gleichgesetzt[259], das in Abs. 2 enthaltene Tatbestandsmerkmal *"..., qualora possa recare danno alla società, ..."* hätte in diesem Moment keine eigenständige Bedeutung mehr.

c) Art. 2373 c.c. nicht abschließend

Egal, ob man in den dargestellten Fällen den Tatbestand am fehlenden Konflikt mit dem Interesse der Gesellschaft oder aber am fehlenden, auch nur potentiellen Schaden für das Gesellschaftsvermögen scheitern lässt[260], wird jedenfalls klar, dass Art. 2373 c.c. zur Abwendung des Missbrauchs von Stimmrechten – ob durch Mehrheit oder Minderheit – nur eingeschränkt dienlich ist[261].

Da die Norm nach der ganz überwiegenden Meinung in Lehre[262] und Rspr.[263] jedoch nicht abschließend, sondern vielmehr Ausdruck eines generellen Prinzips ist, wonach das Wahl-

---

255 Cass.civ., I, 26.10.1995, n. 11151 – *Stilgraf*, in: Società 1996, 295;

256 JAEGER, Giur.comm. 1996, II, 334; GAMBINO, Correttezza, S. 248 f., 282; GAMBINO, Giur.comm. 1996, II, 343, 344; vgl. auch TRIMARCHI, S. 189, der aber den *danno* mit der Beeinträchtigung des *interesse della società* gleichsetzt, und unter letzterem lediglich das Interesse an der Gewinnmaximierung versteht;

257 PREITE in: COLOMBO, PORTALE, 3**, S. 3, 18 f. Fn. 48;

258 CASSOTTANA, S. 88 ff.; COSTI, Giur.comm. 1996, II, 347, 350 f.;

259 vgl. PREITE in: COLOMBO, PORTALE, 3**, S. 3, 133 Fn. 76;

260 nicht klar zwischen Interessenkonflikt und evtl. daraus resultierendem Schaden für die S.p.A. differenzierend: CAMPOBASSO, S. 350;

261 MAISANO, Eccesso di potere, S. 58; SIMONETTI, NGCC 2000, II, 479, 497; MENGONI, Riv.soc. 1956, 434, 455; GAMBINO, Correttezza, S. 274; zur Ansicht Art. 2373 c.c. daher analog anzuwenden vgl. CASSOTTANA, S. 57 ff., sowie zur Kritik daran: AMITRANO, NGCC 1997, I, 455, 456; GAMBINO, Correttezza, S. 92; MENGONI, Riv.soc. 1956, 434, 448;

262 GAMBINO, Correttezza, S. 106, 269 f.; GALGANO in: CICU, MESSINEO, III, 1, S. 454;

263 Cass.civ., I, 26.10.1995, n. 11151, in: Giur.comm. 1996, II, 329, 334; Trib. Milano, 28.1.1998, in: Società 1998, 946, 948: *"La conclusione cui si è fin qui pervenuti, in termini di non configurabilità nella fattispecie*

recht nicht wirksam vom Gesellschafter ausgeübt werden kann, um individuelle, mit dem Zweck des Gesellschaftsvertrages nicht zusammenhängende Interessen zu verfolgen[264], wurden andere Wege entwickelt, um die Ausübung von Gesellschafterrechten auf Kosten von Mitaktionären einzuschränken.

2. *Eccesso di potere*

Bei der Figur des *eccesso di potere* handelt es sich um eine Figur, welche insbesondere in der Rspr. zum Schutz der Minderheit vor rechtswidrigen Beschlüssen der Mehrheit, also zur Begrenzung des Mehrheitsprinzips angewandt wird[265].

a) Terminologie

Problematisch an einer genauen Untersuchung dieser Rechtsfigur ist zunächst einmal die uneinheitliche Terminologie[266].

Viele Stimmen grenzen *eccesso di potere* gegenüber dem *abuso di potere* ab[267]. Häufig werden die Begriffe aber auch – insbesondere in der Rspr. – nebeneinander gebraucht[268], ohne dass deutlich wird, dass es sich um zwei verschiedene Rechtsfiguren handelt, der Gebrauch vielmehr den Eindruck von Synonymen erweckt[269]. Teilweise hat der Begriff des *eccesso di potere* aber auch eine Ausweitung dahin gehend erfahren, dass er allgemein als Überbegriff für den Missbrauch von Mehrheiten in der *assemblea* verwandt wird, gleichgültig auf welcher dogmatischen Grundlage man diesen Missbrauch aufbaut[270].

Ohne an dieser Stelle eine Erklärung der Begriffe vorwegnehmen zu wollen, wird im folgenden der Begriff *eccesso di potere* als Synonym von *sviamento di potere* verwendet. Der Unterschied zum *abuso di potere* wird im Anschluss kurz dargestellt. Davon sprachlich und dogmatisch getrennt behandelt wird jedoch die Figur des *abuso di diritto*.

---

di deliberazione di scioglimento di un conflitto di interessi tra soci e società, non esclude peraltro ogni sindacabilità dell'esercizio del diritto di voto a tal genere di delibere...";

264 ASCARELLI, Riv.trim.dir.proc.civ. 1951, 1145; GALGANO in: SCHLESINGER, Artt. 2325-2341, S. 106; GALGANO, in: GALGANO, VII, S 254; GALGANO, S. 255; SIMONETTI, NGCC 2000, II, 479, 487; PREITE in: COLOMBO, PORTALE, 3**, S. 3, 114; PREITE, S. 110 und 239; GAMBINO, Correttezza, S. 296 f.; IMBRENDA, Società 1995, 1549, 1550; MENGONI, Riv.soc. 1956, 434, 460; a.A.: MINERVINI, Riv.dir.civ. 1956, I, 314, 330 f.; MESSINEO, Riv.soc. 1957, 220, 244;

265 CERVALE, Giust.civ. 1986, I, 2096, 2099 Fn. 6; PICONE, Società 1998, 949, 952; AMITRANO, NGCC 1997, I, 455; zum Verhältnis der Subsidiarität gegenüber Art. 2373 c.c. vgl. IMBRENDA, Società 1995, 1549, 1550; SENA, S. 161; typische Fälle eines *eccesso di potere* sind: Kapitalerhöhung bei Kenntnis der Mehrheit von der mangelnden Liquidität der Minderheit, Kapitalerhöhung unter Bezugsrechtsausschluss, Auflösung der Gesellschaft zur sofortigen Neugründung ohne den Minderheitsaktionär etc.; vgl. PICONE, Società 1998, 949, 953; PREITE in: COLOMBO, PORTALE, 3**, S. 3, 148 ff.;

266 vgl. COTTINO, S.388;

267 vgl. CERRAI, MAZZONI, Riv.soc. 1993, 1, 75;

268 COTTINO, S. 388; vgl. auch PREITE, S. 116 Fn. 81; CASSOTTANA, S. 6;

269 vgl. Cass.civ., I, 29.5.1986, n. 3628, in: Società 1986, 1087, 1088; Cass.civ., I, 4.5.1994, n. 4323, in: NGCC 1995, I, 633, 636; Trib. Milano 3.1.1987, in: Dir.fall., 1988, II, 100; sowie Trib. Milano, 29.9.1986, in: Società 1987, 384, 386, das in seiner Entscheidung wiederholt erwähnt, dass *abuso di potere* richtiger als *eccesso di potere* sei, dabei aber wohl richtigere Bezeichnung für dieselbe Rechtsfigur und nicht richtigere Rechtsfigur meint;

270 DE BLASI, NGCC, 1995, I, 636, 638; IMBRENDA, Società 1995, 1549, 1551 Fn. 22; vgl. PICONE, Società 1998, 949, 952; CASSOTTANA, Capitolo I, Sezione III, S. 28 ff.; Cass.civ., I, 11.3.1993, n. 2958, in: Società 1993, 1049, 1053 mit Anm. TAURINI S. 1053;

b) Analogie aus dem Verwaltungsrecht

Da keine Norm zur Eindämmung des Missbrauchs von Gesellschafterrechten zum Nachteil von Mitaktionären existierte, wurde noch zu Zeiten des *Codice di commercio* und dessen Art. 163 die Idee entwickelt, die Rechtsfigur des *eccesso di potere* aus dem *diritto amministrativo* auf das Gesellschaftsrecht zu übertragen[271], um auf diese Weise die Rechtmäßigkeit von Beschlüssen der *assemblea* überprüfen zu können[272].

Im Verwaltungsrecht liegt ein solcher *eccesso di potere* vor, wenn ein Verwaltungsorgan, welches eine Ermessensentscheidung zugunsten einer oder mehrerer Gruppen von Menschen treffen muss, entweder nicht die Interessen aller Gruppen bzw. aller Gruppenmitglieder berücksichtigt oder aber die Interessen einer anderen, nicht dazugehörigen Gruppe berücksichtigt[273]. Das Gleiche gilt, wenn ein Verwaltungsakt nicht im öffentlichen Interesse erlassen wird, sondern vielmehr das persönliche Interesse des Verwaltungsbeamten widerspiegelt[274].

Voraussetzung für die Übertragbarkeit aus dem Verwaltungs- auf das Gesellschaftsrecht war zunächst der Gedanke, dass das Gesetz zwei verschiede Arten von Befugnissen verleiht. Auf der einen Seite solche zum Schutz eigener Interessen, die sog. *diritti subbiettivi*, auf der anderen Seite aber Befugnisse, welche zum Schutz anderer wahrgenommen werden sollen, die sog. *poteri*[275]. In letzterem Fall traut die Rechtsordnung dem mit der Befugnis Versehenen bei deren Wahrnehmung zwar grds. eine verantwortungsvolle Ermessensausübung und Einbeziehung der Interessen der Geschützten zu, will aber gleichwohl diese Befugnis nicht grenzenlos zugestehen, sondern im Fall eines Interessenkonfliktes zwischen Befugnisinhaber und durch die Befugnis Geschützten diesem *potere* Schranken setzen.

Im Gesellschaftsrecht wird aufgrund des in der *assemblea* herrschenden Mehrheitsprinzips der Mehrheit die Macht übertragen, die Geschicke der Gesellschaft zu bestimmen. Auch Gesellschafter, welche gar nicht an der Hauptversammlung teilgenommen haben oder gar gegen einen Beschluss gestimmt haben, werden durch diesen gebunden[276]. Die Befugnis, auch über die Geschicke der Minderheitsaktionäre zu bestimmen, bekommt die Mehrheit nicht nur zur Verfolgung der eigenen Interessen verliehen, sie soll bei deren Ausübung vielmehr die Interessen der gesamten Gesellschaft sowie auch die der Minderheit berücksichtigen[277].

Im Gesellschaftsrecht soll ein *eccesso di potere* danach dann vorliegen, wenn die Mehrheit nur die eigenen Interessen, nicht aber die Belange der gesamten Gesellschaft und der Minderheit berücksichtigt hat[278]. Ein solcher Beschluss gilt als nicht *"in conformità della legge o dello statuto"* i.S.v. Art. 2377 I c.c.[279]

---

[271] CARNELUTTI, Riv.dir.comm. 1926, I, 176 ff.; vgl. auch: JAEGER, Giur.comm. 1996, II, 334; AMITRANO, NGCC 1997, I, 455; QUATRARO, ISRAEL, D'AMORA, QUATRARO, Operazioni sul capitale, S. 1948; GAMBINO, Correttezza, S. 308 f.; PREITE, S. 118; CERVALE, Giust.civ. 1986, I, 2096, 2099, Fn. 7;

[272] vgl. JAEGER in: FENGHI, SANTA MARIA, S. 890, 896; PREITE, S. 113; MAISANO, Eccesso di potere, S. 39; CERVALE, Giust.civ. 1986, I, 2096, 2099 Fn. 8; DE BLASI, NGCC, 1995, I, 636, 637;

[273] GASPARRI, Enc.dir., XIV, S. 124, 128 f.; MAZZAROLLI, PERICU, ROMANO, ROVERSI MONACO, SCOCA, S. 1521;

[274] vgl. JAEGER, Interesse sociale, S. 79;

[275] DE BLASI, NGCC, 1995, I, 636, 637; GAMBINO, Correttezza, S. 80; SENA, S. 143;

[276] ausdrücklich noch in Art. 2377 I c.c. a.F., siehe App. Roma, 4.6.1990, in: Foro it. 1990, I, 2949, 2951; vgl. dazu RORDORF, Società 1986, 1089 f.;

[277] CARNELUTTI, Riv.dir.comm. 1926, I, 176, 179 f.;

[278] Trib. Milano, 6.10.1986, in: Società 1987, 384, 385 f.;

[279] umstritten ist lediglich, ob die Norm direkt (Trib. Genova 19.1.1988, in: Società 1988, 273, 274) oder analog (TAURINI, Società 1993, 1053) anzuwenden ist;

c) Vereinbarkeit mit *concezione istituzionalista* und *contrattualista*

In ihren Ursprüngen war die Rechtsfigur des *eccesso di potere* gedanklich eng mit der dogmatischen Grundlage der *teoria istituzionalista* verknüpft. Sobald man – der *teoria contrattualista* folgend – das *interesse sociale* mit dem Interesse der Gesellschafter gleichsetzte, sahen die frühen Anhänger des *eccesso* darin ein unüberwindliches Hindernis für die Anwendbarkeit des *eccesso di potere*[280]. Dies lag an der Grundidee der Figur, dass die Mehrheitsaktionäre der Gesellschaft, nicht ihre eigenen Interessen sondern vielmehr die der Gesellschaft vertreten sollten, diese Unterscheidung zwischen Interesse der Aktionäre und dem der Gesellschaft aber ursprünglich nur nach der *teoria istituzionalista* möglich war, da nur diese das *interesse della società* als etwas von dem der Mitglieder Verschiedenes und Höherrangiges und daher objektiv Bestimmbares betrachtete[281]. Die Ablehnung der *teoria istituzionalista* müsste also denknotwendig auch die Unanwendbarkeit des *eccesso di potere* zur Folge haben[282].

Dem ist aber nicht zuzustimmen, da das *interesse della società* auch nach der *teoria contrattualista* objektiv bestimmbar ist. Ein *eccesso di potere* liegt eben dann vor, wenn die Mehrheit die *interessi uti socii* der Mitgesellschafter nicht ausreichend berücksichtigt.

Daraus folgt, dass die Figur des *eccesso di potere* zwar unter dem Einfluss der *teoria istituzionalista* auf das Gesellschaftsrecht übertragen wurde, aber nicht zwangsläufig zusammen mit deren Ablehnung ebenfalls verworfen werden muss[283].

d) Dogmatische Einordnung der Stimmausübung

Voraussetzung für die Anwendbarkeit des *eccesso di potere* ist, dass die Befugnis, welche mit der Ausübung der Abstimmung verbunden ist, nicht in das freie Ermessen des Aktionärs gestellt wird, sondern er vielmehr gehalten ist, damit das Gesellschaftsinteresse zu fördern[284]. Es bedarf im Folgenden also einer genauen Untersuchung der Rechtsnatur dieser Stimmabgabe.

aa) *Diritto soggettivo*

In der Lit. sind seit geraumer Zeit die Stimmen herrschend, welche die Stimmabgabe weniger als Ausübung eines *potere* oder einer *potestà*, sondern vielmehr als ein *diritto soggettivo* verstehen[285].

Die Stimmabgabe ist nämlich gerade nicht mit einer Verpflichtung verbunden, sieht doch Art. 2377 I c.c. selbst die Abwesenheit eines Aktionärs bei der Abstimmung vor. Er ist zunächst also nicht verpflichtet, überhaupt abzustimmen[286]. Nun spricht diese Tatsache aber lediglich gegen das Vorliegen eines *dovere*, also einer Verpflichtung überhaupt abzustim-

---

280 MAISANO, Eccesso di potere, S. 66;

281 vgl. SENA, S. 143 f.; sowie oben § 2.B.I.1.a)aa)(1), S. 54 f.;

282 MENGONI, Riv.soc. 1956, 434, 458; MIGNOLI, Riv.soc. 1958, 725, 741; JAEGER, Interesse sociale, S. 178;

283 GAMBINO, Correttezza, S. 79 f.; PREITE, S. 116; PREITE in: COLOMBO, PORTALE, 3**, S. 3, 63 f.; SENA, S. 146;

284 MAISANO, Eccesso di potere, S. 62; PREITE, S. 117; PREITE in: COLOMBO, PORTALE, 3**, S. 3, 74;

285 MENGONI, Riv.soc. 1956, 434, 458; MIGNOLI, Riv.soc. 1958, 725, 741; RESCIGNO, Riv.dir.civ. 1965, I, 205, 249; PREITE, S. 97;

286 SENA, S. 147; teilweise wird deshalb auch der Begriff der *potestà libera* verwandt, vgl. CARNELUTTI, Riv.dir.comm. 1926, I, 176, 177;

men[287], noch nicht aber gegen das Vorhandensein eines *potere* bzw. einer *potestà*[288], also einer Machtbefugnis, von der zwar kein Gebrauch gemacht werden muss, die im Fall ihrer Ausübung aber eben das Gesellschaftsinteresse berücksichtigen muss[289].

Aber auch wenn der Aktionär abstimmt, ist er nicht verpflichtet, in einer bestimmten Art und Weise seine Stimme abzugeben, also damit das Gesellschaftsinteresse zu verfolgen. Das ergibt sich wieder aus Art. 2377 I c.c., welcher dem Aktionär, der in der *assemblea* einem Beschluss zugestimmt hat, hinterher die Anfechtungsberechtigung verweigert, und zwar auch dann, wenn dieser Beschluss sich massiv gegen das Gesellschaftsinteresse richtet. Es ist dem Aktionär also noch nicht einmal selbst gestattet, seinen nachträglich als den Gesellschaftsinteressen entgegenlaufend erkannten Beschluss anzufechten[290].

Es handelt sich folglich bei der Stimmabgabe um die Ausübung eines *diritto soggettivo*.

bb) *Diritto soggettivo collettivo*

Die Einordnung der Stimmausübung als *diritto soggettivo* ist aber näher zu präzisieren, indem man das Augenmerk auf das in der *S.p.A.* vorherrschende *principio maggioritario* richtet. Die in der *assemblea* erfolgten Beschlüsse binden ja auch diejenigen Aktionäre, die sich mit ihrer Stimme nicht der Mehrheit angeschlossen haben, Art. 2377 I c.c.[291] Der einzelne abstimmende Aktionär beeinflusst somit – zumindest potentiell – die Interessen anderer Gesellschafter. Daraus ergibt sich, dass jeder Gesellschafter zwar durchaus bei der Stimmabgabe sein eigenes Interesse verfolgt, dass er damit aber gleichzeitig eine gewisse Macht über die Mitaktionäre ausübt. Das Stimmrecht nimmt somit eine Mittelposition zwischen *potere* und *diritto soggettivo* ein[292].

Es ist danach als *diritto soggettivo collettivo* einzuordnen[293]. Das bedeutet, dass dem Aktionär die Stimmabgabe durchaus als subjektives Recht zusteht, diese ihm also gerade als Mittel an die Hand gegeben ist, um seine eigenen Interessen zu verfolgen. Gleichwohl muss er bei Ausübung dieses subjektiven Rechtes die Interessen der Minderheit berücksichtigen, welche an diese Entscheidung gebunden sind[294]. Er übt das Stimmrecht also nicht im Interesse eines von ihm verschiedenen Objekts aus, aber eben auch nicht ausschließlich im eigenen Interesse[295].

---

[287] vgl. zum Begriff *dovere*: PREITE, S. 95, nach dem damit ohnehin nicht die Pflicht abzustimmen gemeint ist, sondern nur die Pflicht, bei der Stimmabgabe ein gewisses Interesse zu verfolgen;

[288] vgl. zur Verwendung der Begriffe: CARNELUTTI, Riv.dir.comm. 1926, I, 176, 179 f.; MAISANO, Eccesso di potere, S. 71 f.;

[289] MAISANO, Eccesso di potere, S. 75;

[290] SENA, S. 147, 156; JAEGER in: FENGHI, SANTA MARIA, S. 890, 898;

[291] siehe Fn. 276;

[292] SENA, S. 158;

[293] zum Begriff vgl. CARNELLUTTI, Teoria generale S. 162 f.;

[294] in diesem Sinne auch ASCARELLI, Riv.trim.dir.proc.civ. 1951, 1145, 1160;

[295] vgl. auch ASQUINI, Riv.soc. 1959, 617, 631, bei dem aber nicht hervorgeht, dass die Verfolgung des Individualinteresses Hauptzweck der Stimmabgabe ist;

cc) Vereinbarkeit mit *eccesso di potere*

Versteht man unter diesem *diritto soggettivo collettivo* aufgrund der Bindungswirkung für die dissentierenden Aktionäre ein *potere* im untechnischen Sinn, kann die Figur des *eccesso di potere* auch auf das Stimmrecht Anwendung finden[296].

e) Kritik

Nach dem bis hierher Dargestellten ist die Rechtsfigur des *eccesso di potere* grds. auch mit dem geltenden Recht vereinbar. Nichtsdestoweniger ist deren Anwendung durch die Rspr. Gegenstand heftiger Kritik von Seiten der Lit.

Es fehle schon an einer Regelungslücke als Voraussetzung für die Analogie aus dem *diritto amministrativo*, da das Vertragsrecht mit den Grundsätzen von *buona fede e correttezza*[297] einen wesentlich näheren und geeigneteren Anknüpfungspunkt biete[298].

Aber auch die vergleichbare Rechtslage sei nicht gegeben. Eine Behörde handle nämlich beim Erlass eines Verwaltungsakts regelmäßig nicht im eigenen Interesse, sondern ausschließlich im Interesse des Adressaten oder der Öffentlichkeit. Die Ausübung des Stimmrechts hingegen erfolge gerade nicht zur Förderung des Gesellschaftszwecks[299], sondern in erster Linie im eigenen Interesse[300]. Selbst wenn man also die Anwendbarkeit von *eccesso di potere* nicht an der Einordnung der Wahlausübung als *diritto soggettivo* scheitern lässt, suggeriert die Analogie zur verwaltungsrechtlichen Figur des *eccesso di potere* doch, dass das Wahlrecht im Interesse der Gesellschaft ausgeübt werden müsse[301], wie dies von den Begründern der Theorie ja auch noch vertreten wurde[302].

3. *Abuso di potere*

Aus diesem Grund wird teilweise der Figur des *abuso di potere* der Vorzug gegeben. Denn trotz der gegen die Theorie des *eccesso di potere* vorgebrachten Bedenken herrscht Einigkeit, dass das Stimmrecht nicht völlig ohne Grenzen ausgeübt werden kann. Nur darf man eben nicht von vornherein die Verfolgung eines bestimmten Interesses verlangen. In genau diesem dogmatischen Ansatz unterscheidet sich der *abuso* vom *eccesso di potere*[303]. Das Wahlrecht

---

296 a.A. PREITE in: COLOMBO, PORTALE, 3**, S. 3, 97 und 117;

297 siehe die Ausführungen dazu unten § 2.B.I.5, S. 67 ff.;

298 JAEGER, Giur.comm. 1996, II, 334, 335; PREITE, S. 116; GALGANO, S. 252; JAEGER, Giur.comm. 1996, II, 334, 337;

299 vgl. oben § 2.B.I.2.d), S.62 ff.; diskutiert bei MAISANO, Eccesso di potere, S. 71 ff.;

300 PREITE in: COLOMBO, PORTALE, 3**, S. 3, 65; SENA, S. 156; TRIMARCHI, S. 171 f.;

301 FERRARA jr., CORSI, S. 485 f.;

302 CARNELUTTI, Riv.dir.comm. 1926, I, 176, 180; FERRI, Riv.dir.comm. 1934, I, 723, 737; vgl. auch MAISANO, Eccesso di potere, S. 62 und JAEGER in: FENGHI, SANTA MARIA, S. 890, S. 898; Zwischenstellung nimmt hier ASQUINI, Riv.soc. 1959, 617, 631 ein, welcher als Zweck des Stimmrechts sowohl die Verfolgung der individuellen Interessen als auch des Gesellschaftsinteresses angibt, freilich ohne beides in ein Regel-Ausnahme-Verhältnis zu setzen, siehe auch schon Fn. 295;

303 Die Terminologie ist auch hier nicht einheitlich. Teilweise wird auch danach differenziert, ob der Beschluss nachteilig für die Gesellschaft oder die Gesellschafter wirkt, vgl. Cass.civ., I, 29.5.1986, n. 3628, in: Società 1986, 1078, 1088: abuso: *[...] deliberazione [...] si sia ispirata esclusivamente ad interessi extrasociali con danno anche potenziale per la società;* eccesso: *quando modifichi la preesistente struttura sociale, incida direttamente ed indirettamente sulla posizione di singoli soci rispetto alla società;* so auch PREITE in: COLOMBO, PORTALE, 3**, S. 3, 52 Fn. 48; in der Literatur wird bisweilen *abuso di potere* als Oberbegriff für den Missbrauch von Mehrheits- oder Minderheitsrechten gesehen, gleich auf welcher dogmatischen Grundlage dieser aufbaut, vgl. RORDORF, FS Salafia, S. 171;

wird dem Aktionär als grds. völlig frei zur Verfolgung der eigenen Interessen zugebilligt. Dieses findet aber – genau wie beim *eccesso di potere* – seine Grenzen in den berechtigten Interessen der anderen Aktionäre. Das Ziel der Stimmrechtsausübung wird aber nicht positiv formuliert, sondern vielmehr dessen Grenze als negative Beschränkung gesehen[304].

Die Figur des *abuso di potere* vermag aber aus den gleichen Gründen wie der *eccesso di potere* nicht zu überzeugen. Lediglich der Kritikpunkt, das Prinzip der freien Wahlausübung sei nicht berücksichtigt, kann nicht greifen.

4. *Abuso del diritto*

Nach der gegen die aus dem Verwaltungsrecht übernommene Figur des *eccesso di potere* vorgebrachten Kritik, stellt sich nun die Frage, ob sich im Zivilrecht einzelne Normen oder gar ein übergeordnetes Prinzip finden lässt, mittels dessen der freien Ausübung subjektiver Rechte im Allgemeinen bzw. derjenigen der Gesellschafter einer *S.p.A.* im Besonderen Schranken gesetzt werden können. Es gilt also die Figur des *abuso di diritto* im italienischen Zivilrecht zu untersuchen.

a) Terminologie

Auch hier ist zunächst darauf hinzuweisen, dass die diesbezügliche Terminologie alles andere als einheitlich ist.

Der *abuso di diritto* ist zunächst vom Begriff des *abuso di potere* abzugrenzen Vereinzelt scheinen die Begriffe das Gleiche zu meinen[305] oder gar bewusst gleichgesetzt zu werden[306]. In der vorliegenden Untersuchung wird die Figur des *abuso di potere* jedoch als dem Verwaltungsrecht entstammend behandelt, welche sich vom *eccesso di potere* durch das oben geschilderte Kriterium[307] unterscheidet.

Aber auch wo den Begriffen eine unterschiedliche Bedeutung zugemessen wird, erfolgt keine einheitliche Verwendung des Begriffs des *abuso di diritto*. So wird teilweise dessen Bedeutung auf die *atti emulativi*, also eine analoge Anwendung von Art. 833 c.c. beschränkt[308]. Im Gesellschaftsrecht erfolgt oft aber auch eine Verwendung als Überbegriff für all diejenigen Sachverhalte, in denen ein oder mehrere Aktionäre ein ihnen aufgrund ihrer Gesellschafterstellung zukommendes Recht zum Schaden der Gesellschaft oder der Mitaktionäre ausüben, egal auf welcher dogmatischen Grundlage dieser „Missbrauch“ dann eingeschränkt wird[309]. Es handelt sich dann um eine Verwendung als Missbrauch im untechnischen Sinne.

Dieser allumfassende Überbegriff ist im folgenden nicht gemeint. Es geht vielmehr um die zivilrechtliche Figur des *abuso di diritto,* vergleichbar mit dem in § 242 BGB verankerten Institut des Rechtsmissbrauchs.

---

304 vgl. ASQUASCIATI, Società 1995, 218, Fn. 1; PREITE, S. 116 Fn. 81; COTTINO, S. 388;

305 vgl. Vermengung von *eccesso di potere* und *abuso di diritto di voto*: CAMPOBASSO, S. 351; sowie in Bezug von *abuso di potere* und *abuso di diritto*: PICONE, Società 1998, 949, 952;

306 CARNELUTTI, Riv.dir.comm. 1926, I, 176, 179;

307 § 2.B.I.3, S. 64;

308 vgl. PREITE in: COLOMBO, PORTALE, 3**, S. 3, 66 Fn. 80; CASSOTTANA, S. 22 ff.; GAMBINO, Correttezza, S. 71; zu Art. 833 c.c. vgl. die Nachweise in Fn. 315;

309 vgl. TRAVERSO, NGCC 1992, II, 297, 303 ff.;

b) Allgemeine Ausführungen zu *abuso del diritto*

Dem Rechtsinstitut des *abuso di diritto* – so es ein solches im italienischen Recht überhaupt gibt – liegt der Gedanke zugrunde, dass ein *diritto soggettivo* nicht absolut und ohne Grenzen garantiert wird, sondern diese einer Person gewährte Freiheit durchaus einschränkbar ist[310]. Es geht auf den dem römischen Prozessrecht entstammenden Grundsatz der *exceptio doli* zurück, wonach die Klage eines Rechtsinhabers dann abgewiesen wurde, wenn sie bei Berücksichtigung der verschiedenen Beziehungen und Absprachen der Parteien eine offensichtliche Unbilligkeit darstellte[311]. Allgemein formuliert, stellt sich also die Frage, ob die Ausübung eines an sich erlaubten Rechtes zur Quelle von Verantwortung werden kann[312].

c) Normen, welche im *Codice Civile* den *abuso di diritto* beinhalten

Im italienischen Gesetz finden sich einige Normen, denen das Prinzip des *abuso di diritto* zugrunde liegt[313]. Ein Hinweis findet sich etwa in der italienischen Verfassung, deren Art. 2 die Erfüllung der Verpflichtung zu Solidarität auf politischem, ökonomischem und gesellschaftlichem Gebiet verlangt[314]. Im *Codice civile* finden sich nur wenige Normen, welche den Rechtsmissbrauch ausdrücklich untersagen. Es handelt sich hierbei zum einen um Art. 840 c.c., welcher es einem Grundstückseigentümer grds. erlaubt, auf seinem Grundstück Aushebungen vorzunehmen, jedoch nur insoweit wie der Nachbar daraus keinen Schaden erleidet. Vor allem aber kommt ein solches Prinzip in Art. 833 c.c. zum Ausdruck[315]. Weitere Normen, welche die Regelung eines möglichen Interessenkonflikts zum Gegenstand haben, sind Art. 1375 und 1175 c.c.[316], die das Verhältnis zwischen Schuldner und Gläubiger regeln[317]. Die diesbezüglichen Artikel behandeln also jeweils nur spezielle Fälle des Verbots des Rechtsmissbrauchs.

d) Allgemeines Prinzip?

Da dem italienischen Recht aber eine allgemeine, die Ausübung von Rechten beschränkende Norm wie § 242 BGB fehlt, stellt sich die Frage, ob über den konkreten Anwendungsbereich der soeben angeführten Normen hinaus im Zivilrecht auch ein übergeordnetes Prinzip des Rechtsmissbrauchs im Sinne einer ungeschriebenen Generalklausel ausgemacht werden kann[318].

---

310 FERRARI, S. 4;

311 RANIERI in: Dig.disc.priv., Sez.civ., VII, S. 311, 312;

312 TRAVERSO, NGCC 1992, II, 297;

313 PICONE, Società 1998, 949, 952;

314 PICONE, Società 1998, 949, 952;

315 NATOLI, Riv.trim.dir.proc.civ. 1958, 18, 28; FERRARI, S. 7; für eine Anwendbarkeit auch außerhalb des Sachenrechts PERLINGIERI, S. 101 f.; CASSOTTANA, S. 23; a.A. Cass.civ., I, n. 3359, in: Mass. Foro it., 1983; ablehnend in Bezug auf eine Anwendung auf das Stimmrecht unter Anknüpfung an das Interesse der Gesellschafter GAMBINO, Correttezza, S. 72; Cass.civ., II, 6.2.1982 n. 688, in: Giust.civ. 1983, I, 1577, 1578; Cass.civ. 18.8.1986, n. 5066, in: Rep.Foro it. 1986, 889; DE MARTINO in: SCIALOJA, BRANCA, Art. 810-956, S. 156; SALVI in: SCHLESINGER, Artt. 823-833, S. 133; bejahend unter Anknüpfung an das Interesse der Gesellschaft TRIMARCHI, S. 174; kritisch CASSOTTANA, S. 23; MAISANO, Eccesso di potere, S. 37 f.;

316 für eine Verankerung des *abuso di diritto* in diesen Normen RESCIGNO, Riv.dir.civ. 1965, I, 205, 232; SALVI in: SCHLESINGER, Artt. 823-833, S. 136; PATTI in: Dig.disc.priv., Sez.civ., I, S. 1, 6;

317 zu weiteren speziellen Normen des *Codice civile* denen die Figur der *exceptio doli* zugrunde liegt, vgl. RANIERI in: Dig.disc.priv., Sez.civ., VII, S. 311, 322;

318 PATTI in: Dig.disc.priv., Sez.civ., I, S. 1, 4; NATOLI, Riv.trim.dir.proc.civ. 1958, 18, 26 ff.;

Von der italienischen Lehre wird dies überwiegend abgelehnt. Es seien dafür zu wenige Normen im geltenden Recht vorhanden. Diesen wenigen lasse sich weder eine einheitliche Richtung entnehmen, noch seien sie zusammenhängend dargestellt, sondern vielmehr über den *Codice civile* verstreut[319]. Wolle man ein generelles Prinzip des Rechtsmissbrauchs anerkennen, müsste man der Rspr. die Beurteilung überlassen, was noch zulässige und was schon missbräuchliche Rechtsausübung sei. Dies sei jedoch der Rechtssicherheit abträglich[320].

Aber auch die Befürworter[321] eines allgemeinen Instituts des *abuso di diritto* sind sich untereinander weder über dessen Umfang noch über die gesetzlichen Grundlagen einig. Während einige den Rechtsmissbrauch nur aus Art. 833 c.c. analog herleiten wollen, sind andere der Meinung, auch die Art. 1175 und 1375 c.c. müssten mit einfließen[322].

Dies allgemeingültig zu untersuchen, ist jedoch nicht Gegenstand dieser Arbeit. Vielmehr soll die Untersuchung auf die Frage des Missbrauchs von Gesellschafterrechten beschränkt werden.

5. *Buona Fede* und *Correttezza*

Zu untersuchen ist daher, ob nach dem Grundsatz der *buona fede* oder dem *principio di correttezza* das Stimmrecht eingeschränkt werden kann.

a) Terminologie

Dabei ist zunächst darauf hinzuweisen, dass die diversen Autoren auch diese Begriffe keineswegs übereinstimmend gebrauchen. So wird teilweise unter dem Begriffspaar eine Generalklausel verstanden, auf welche von diversen Normen (Art. 1175, 1337, 1358, 1366, 1375, 1469-bis I c.c.) verwiesen wird[323]. Dabei ist unter diesen Vertretern eines übergeordneten Prinzips wiederum die Trennung von *correttezza* und *buona fede* nicht eindeutig. Teilweise wird zwischen dem Grundsatz der *buona fede* und dem *principio di correttezza* von Inhaltsgleichheit ausgegangen[324], wohingegen andere Autoren einen Unterschied zwischen beiden Rechtsfiguren hervorheben[325].

Wieder andere wollen eine über den Anwendungsbereich der Art. 1175, 1375 c.c. hinausgehende Generalklausel der *buona fede* bzw. *correttezza* im italienischen Recht gerade nicht erkennen, da eine allumfassende Norm wie in Deutschland § 242 BGB gerade nicht erkennbar

---

319 TORRENTE, SCHLESINGER, S. 65 f.; PELLIZZI in: Nov.dig.it., VI, S. 1074, 1075; PATTI in: Dig.disc.priv., Sez.civ., I, S. 1, 4;

320 TORRENTE, SCHLESINGER, S. 65 f.; vgl. auch TRAVERSO, NGCC 1992, II, 297;

321 DOSSETTI, Giur.it. 1969, I, 1, 1573, 1588 ff.; NATOLI, Riv.trim.dir.proc.civ. 1958, 18, 36 f.; auch PELLIZZI, BBTC 1978, I, 257, 267, der sich in Nov.dig.it., VI, S. 1074 ff. noch gegen ein solches allgemeines Prinzip aussprach;

322 FERRARI, 67 f.; SIMONETTI, NGCC 2000, II, 479; 492; RESCIGNO, Riv.dir.civ. 1965, I, 205, 232 ff. und S. 249; PICONE, Società 1998, 949, 952; a.A.: TRAVERSO, NGCC 1992, II, 297, 298; NATOLI, Riv.trim.dir.proc.civ. 1958, 18, 26 ff.;

323 SIMONETTI, NGCC 2000, II, 479, 493; FERRARA jr., CORSI, S. 486; vgl. GAMBINO, Correttezza, S. 300; BRECCIA Umberto, Le obbligazioni, S. 359; ANGELICI, Giur.comm. 1992, I, 1013 ff.; PREITE in: COLOMBO, PORTALE, 3**, S. 3, 93;

324 PREITE, S. 127; ASQUASCIATI, Società 1995, 218, 219 Fn. 6; BIANCA, Diritto civile IV, S. 86 ff.;

325 GAMBINO, Correttezza, S. 299; FERRI, Riv.dir.comm. 1963, I, 405, 412; vgl. ausführlich zu Gemeinsamkeiten und Unterschieden DI MAJO in: SCIALOJA, BRANCA, Art. 1173-1176, S. 290 ff.;

sei. Die Anwendbarkeit des Grundsatzes der *buona fede* sei somit auf die im Gesetz genannten Fälle zu beschränken[326].

Entscheidender Unterschied zu den bisher untersuchten Rechtsfiguren ist aber jedenfalls zunächst der Gedanke, allgemeine auf schuldrechtliche Verträge zugeschnittene Normen auch auf den Gesellschaftsvertrag anzuwenden.

b) Anwendbarkeit auf Gesellschaftsvertrag

Einer genaueren Untersuchung bedarf die Frage, ob allgemeine schuldrechtliche Normen auf das Verhältnis der Gesellschafter untereinander überhaupt anwendbar sind. Es stellt sich nämlich wie in Deutschland[327] in Bezug auf die Existenz einer horizontalen Treupflicht die Frage, ob die Aktionäre auch untereinander schuldrechtlich verbunden sind.

Dies wird teilweise abgelehnt, mit der Begründung, dass nach der Eintragung der Gesellschaft ins *registro delle imprese* gemäß Art. 2330 c.c. die allgemeinen vertraglichen Regeln durch die gesellschaftsrechtlichen Normen als *leges speciales* verdrängt würden. Es entstünde dann nämlich eine juristische Person, Art. 2331 I c.c., die Vertragsschließenden seien ab diesem Zeitpunkt nicht mehr als Vertragspartner, sondern als Mitglieder dieser juristischen Person zu sehen[328].

Unter einer *personalità giuridica* versteht man in Italien aber ein auf mehrere untereinander verbundene natürliche Personen anwendbares Rechtsinstitut, welches als Anknüpfungspunkt von Rechten und Pflichten dient, die diesen Einzelpersonen ohne ihren Zusammenschluss gerade nicht zukämen[329]. Da ein solcher Zusammenschluss mehrerer natürlicher Personen für das Entstehen einer juristischen Person also notwendige Voraussetzung ist[330], ist es gerade erforderlich, dass vertragliche Bande zwischen den einzelnen Mitgliedern für diesen Zusammenschluss bestehen. Die Tatsache, dass es sich bei der *S.p.A.* um eine juristische Person handelt, schließt demnach vertragliche Verpflichtungen der einzelnen Aktionäre untereinander nicht aus, sondern setzt diese geradezu voraus[331].

Nach inzwischen gefestigter Ansicht erstrecken die sich aus dem Gesellschaftsvertrag i.S.v. Art. 2247 c.c. erwachsenden Pflichten nicht lediglich bis zum Zeitpunkt der Gründung, sondern bestimmen auch danach noch die Verhaltenspflichten der Gesellschafter untereinander[332]. Im Gesellschaftsvertrag verpflichtet sich der Gesellschafter nicht lediglich zur Leistung der Einlagen sondern nach dem Wortlaut des Art. 2247 c.c. eben auch zum *esercizio **in comune** di un'attività economica*[333]. Daraus ergibt sich auch nach der Eintragung ins *registro delle imprese* eine vertragliche Verpflichtung zur Zusammenarbeit[334]. Es wäre geradezu widersinnig, wenn dieses *principio di collaborazione* gerade ab dem Moment nicht mehr gälte, da die Gesellschaft ihre Tätigkeit aufnimmt. Es handelt sich bei dieser Ansicht um eine Folge der *teoria contrattualista*, wonach es sich bei den Gesellschaften um mehrseitige

---

326 MENGONI, Riv.soc. 1956, 434, 459; JAEGER, Interesse sociale, S. 194 Fn. 24;
327 vgl. PORTALE, Riv.dir.comm. 1990, I, 711, 735 f.;
328 vgl. PREITE, S. 138; GALGANO, CeI 1996, 1, 2;
329 PREITE in: COLOMBO, PORTALE, 3**, S. 3, 83;
330 BASILE, FALZEA, Enc.dir., XXXIII, S. 234, 239 f.;
331 JAEGER, Giur.comm. 1996, II, 334, 337; PREITE in: COLOMBO, PORTALE, 3**, S. 3, 83 f.; a.A. GAMBINO, Correttezza, S. 122;
332 JAEGER, Giur.comm. 1996, II, 334, 335; DE GREGORIO, Riv.dir.comm. 1951, II, 223, 229;
333 Hervorhebung vom Verfasser;
334 JAEGER, Interesse sociale, S. 188 und 193 f.; vgl. näher unten § 2.B.I.5.e)bb)(2), S. 73 f.;

Verträge zwischen den Gesellschaftern handelt. Die Norm gilt dabei auch für Gesellschafter, welche nicht zu den Gründungsmitgliedern gehören, sondern ihre Beteiligung erst im Wege des Aktienerwerbs erlangt haben. Sie sind dem Gesellschaftsvertrag beigetreten.

Auf diese vertraglichen Pflichten sind auch allgemeine schuldrechtliche Normen anwendbar[335]. Solche gelten nämlich für jeden Vertrag, auch mehrseitige und solche mit gemeinsamem Ziel. Der Gesetzgeber sieht selbst die Existenz von mehrseitigen Verträgen in den Art. 1420, 1446, 1459, 1466 c.c. vor[336]. Darauf sind auch die allgemeinen Vertragsnormen anwendbar, vgl. Art. 1323 c.c.[337] Zwar ist es nicht zu leugnen, dass das Recht der Kapitalgesellschaften Normen enthält, die diesen gegenüber spezieller sind, und somit ab Gründung der Gesellschaft den Vorrang genießen. Dieser Anwendungsvorrang beschränkt sich aber auf diese im Gesellschaftsrecht tatsächlich vorhandenen *leges speciales*[338]. Dass das Gesellschaftsrecht allgemein als *lex specialis* gegenüber dem Schuldrecht zu verstehen ist, kann hingegen nicht angenommen werden.

c) *Buona fede*, Art. 1375 c.c.

Nach überwiegender Ansicht der Lit.[339] und neuerdings auch der Rspr.[340] soll das Stimmrecht der Gesellschafter nach dem Grundsatz der *buona fede* gemäß Art. 1375 c.c. beschränkt werden. Unter *buona fede* versteht die italienische Rspr. eine Verpflichtung zur Kooperation, welche es jeder Partei auferlegt, diejenigen Verhaltensregeln einzuhalten, welche – unabhängig von den ausdrücklich im Vertrag geregelten Verpflichtungen – geeignet sind, die berechtigten Erwartungen der anderen Partei zu erfüllen[341].

Bejaht man die Anwendbarkeit von schuldrechtlichen Normen auf den Gesellschaftsvertrag, scheint es nur konsequent die Gesellschafterrechte auch mittels Art. 1375 c.c. einzuschränken.

aa) Gründung durch unilateralen Akt

Eine Anwendbarkeit auf Kapitalgesellschaften wird aber teilweise deshalb verneint, weil diese gemäß Art. 2328 I c.c. ja auch durch unilateralen Akt gegründet werden bzw. gemäß Art. 2506 I c.c. durch Abspaltung entstehen können. Dass sich bei der *S.p.A.* alle Aktien in einer Hand befinden können, geht auch aus Art. 2362 c.c. hervor[342].

---

[335] eine Anwendbarkeit von Art. 1345 c.c. befürworten etwa RESCIGNO, Riv.dir.civ. 1965, I, 205, 249; JAEGER, Interesse sociale, S. 194; MENGONI, Riv.soc. 1956, 434, 460 f.; a.A. App. Torino, 15.7.1953, in: Giur.it. 1955, I, 2, 210, 211; GAMBINO, Correttezza, S. 97 f.; CARAMAZZA, Società 1987, 618, 620; SIMONETTI, NGCC 2000, II, 479, 492; skeptisch in Bezug auf Beweisschwierigkeiten JAEGER, Interesse sociale, S. 194 f.;

[336] Cass.civ., I, 26.10.1995, n. 11151 – *Stilgraf*, in: Giur.comm. 1996, II, 329, 332;

[337] GALGANO, CeI 1996, 1, 2; vgl. speziell zu Art. 1175, 1375 c.c. PREITE, S. 133 f.; PREITE in: COLOMBO, PORTALE, 3**, S. 3, 74 f:;

[338] vgl. etwa Art. 2484 c.c. gegenüber Art. 1459 c.c.;

[339] FERRARA jr., CORSI, S. 486; FERRI, Riv.dir.comm. 1963, I, 405, 412; GALGANO, S. 260; JAEGER, Interesse sociale, S. 193; RIVOLTA, S. 222;

[340] Cass.civ., I, 26.1995, n. 11151,– *Stilgraf*, in: Giur.comm. 1996 II S. 329 ff.; vgl. näher unten § 2.B.I.6, S. 74 ff.;

[341] Cass.civ., III, 9.3.1991, n. 2503, in: Foro it. 1991, I, 2077, 2081: "*... un impegno od obbligo di solidarietà, che impone a ciascuna parte di agire in modo da preservare gli interessi dell'altra a prescindere da specifici obblighi contrattuali.* ";

[342] GAMBINO, Giur.comm. 1996, II, 343, 345; GAMBINO, Tutela delle Minoranze, S. 135, 145;

Solange die Anteile aber nur von einem Aktionär gehalten werden, besteht auch keine Notwendigkeit für eine gegenseitige Rücksichtnahme der Aktionäre[343]. Anders ist dies jedoch bei solchen *S.p.A.*, welche zwar durch unilateralen Akt und damit nicht durch Vertrag gegründet worden sind, deren Aktien aber danach in die Hände mehrerer Anteilseigner gelangt sind. In solch einem Fall haben sich die Aktionäre in der Tat nicht zum *esercizio in comune* gemäß Art. 2247 c.c. verpflichtet. Allerdings ist dies kein Grund, Art. 1375 c.c. auch dann nicht anzuwenden, wenn die *S.p.A.* – wie im Regelfall – durch einen plurilateralen Gesellschaftsvertrag entstanden ist[344].

bb) *Attività esecutiva*

Damit Art. 1375 c.c. anwendbar ist, muss sich die Ausübung des Stimmrechts dann aber gerade als Erfüllung des Gesellschaftsvertrages darstellen. Die Norm schreibt schließlich vor: *"Il contratto deve essere* ***eseguito*** *secondo buona fede"*[345]. Das heißt, gerade bei der Ausübung der sich aus dem Vertrag ergebenden Pflichten muss der Grundsatz der *buona fede* eingehalten werden[346].

In Bezug auf die Ausübung des Stimmrechts wird dies von der Lit. teilweise gerade bestritten. Die Teilnahme an der Abstimmung erfolge schließlich rein freiwillig, so dass es sich dabei nicht um die Leistung einer vertraglichen Verpflichtung, sondern vielmehr um ein dem Aktionär zustehendes Recht, ein *diritto soggettivo* handle[347]. Von der Erfüllung einer Vertragspflicht könne daher keine Rede sein, eine Anwendung von Art. 1375 c.c. zur Einschränkung der Ausübungsfreiheit des Stimmrechts komme somit nicht in Frage[348].

Dieser Auffassung ist aber nicht zu folgen. Der Gesellschafter erfüllt mit seiner Stimmrechtsausübung nämlich seine unter den Gesellschaftern bestehende Pflicht zur Zusammenarbeit, so dass von einer wirklichen Erfüllungsleistung gesprochen werden kann, auch wenn die Stimmabgabe selbst nicht verpflichtend ist[349]. Auch die Rspr. hat sich dieser Meinung angeschlossen[350].

d) *Principio di correttezza*, Art. 1175 c.c.

Eine Beschränkung des Stimmrechts wird in der Lit. auch auf Art. 1175 c.c. gestützt[351]. Im Gegensatz zu Art. 1375 c.c. ist diese Norm nicht nur auf Verträge mit mehreren Parteien, sondern ausweislich seiner systematischen Stellung auf jeden schuldrechtlichen Anspruch anwendbar. Auch bei einer durch unilateralen Akt gegründeten *S.p.A.* wirft die Einschränkung

---

343 so aber GAMBINO, Correttezza, S. 122 f.;

344 vgl. Cass.civ., I, 26.10.1995, n. 11151 – *Stilgraf*, in: Giur.comm. 1996, II, 329, 332;

345 Hervorhebung vom Verfasser;

346 GAMBINO, Correttezza, S. 151, 154, 297 erklärt auch Art. 1175 c.c. nur bei Vorliegen einer *attività esecutiva* für anwendbar, dem Wortlaut lässt sich dies jedoch nicht entnehmen;

347 GAMBINO, Correttezza, S. 132; MAISANO, Eccesso di potere, S.30;

348 MENGONI, Riv.soc. 1956, 434, 459;

349 JAEGER, Interesse sociale, S. 193; CASSOTTANA, S. 51; vgl. weiter allgemein zur Anwendbarkeit von Art. 1375 c.c. auf die Erfüllung des Gesellschaftsvertrages FERRI, Riv.dir.comm. 1963, I, 405, 412 f.; a.A.: FERRARA jr., CORSI, S. 486, die Art. 1375 c.c. aber gleichwohl anwenden wollen, da das darin enthaltene Prinzip nicht auf die Erfüllung von Verträgen beschränkt sei;

350 Cass.civ., I, 26.10.1995, n. 11151, in: Giur.comm. 1996 II S. 329, 332 f.;

351 ASQUINI, Riv.soc. 1959, 617, 628 ff.;

der Rechte daher keine Probleme auf[352]. Auch verlangt der Wortlaut nicht, dass es sich um eine *attività esecutiva* handeln muss[353]. In Art. 1175 c.c. ist also die im Vergleich zu Art. 1375 c.c. generellere Norm zu sehen[354].

Ein inhaltlicher Unterschied zwischen den Normen wird teilweise darin gesehen, dass *buona fede* i.S.d. Art. 1375 c.c. den Vertragsparteien positive Verpflichtungen auferlege, wonach diese im Rahmen des Schuldverhältnisses ein bestimmtes Ziel erreichen müssen. *Correttezza* i.S.v. Art. 1175 c.c. wirke sich hingegen zwar auch auf die im Rahmen des Schuldverhältnisses verfolgbaren Interessen aus, ohne jedoch die Vertragspartner zur Erreichung eines bestimmten Ergebnisses zu verpflichten. Nach dem *principio di correttezza* wird von den Gesellschaftern lediglich ein gegenüber der Gesellschaft und den Gesellschaftern loyales Verhalten abverlangt, nicht aber die Verfolgung eines bestimmten Ziels. Es entstünden daher aus der Verpflichtung zur *correttezza* nur Verpflichtungen negativen Charakters[355].

Überwiegend wird jedoch kein inhaltlicher Unterschied zwischen den beiden Normen gesehen[356]. Beiden liegt der gleiche Grundgedanke zugrunde, wonach die konkreten, zu Beginn nicht vorhersehbaren Modalitäten der Ausführung eines schuldrechtlichen Verhältnisses aus einer objektiven *ex-post*-Sicht bestimmt werden sollen[357].

e) Allgemeines Prinzip von *buona fede* und *correttezza*

Nur die wenigsten Autoren setzen sich mit den einzelnen Tatbestandsvoraussetzungen der beiden Normen auseinander. Wo dies aber doch geschieht, wird sowohl der genaue Anwendungsbereich der Normen also auch die Abgrenzung untereinander so uneinheitlich vorgenommen, dass hier eine herrschende Ansicht kaum ersichtlich ist[358]. Deswegen und aufgrund verschiedener Anwendungsschwierigkeiten beider Normen auf die Rechte der Gesellschafter[359] wird von vielen Autoren ein dem konkreten Anwendungsbereich der Art. 1175, 1375 c.c. übergeordnetes generelles Prinzip von *buona fede* und *correttezza* zur Beschränkung des Stimmrechts herangezogen[360].

---

[352] vgl. Cass.civ., I, 26.10.1995, n. 11151, in: Giur.comm. 1996, II, 329, 333; COSTI, Giur.comm. 1996, II, 347, 349; CORSI, Giur.comm. 1996, II, 351;

[353] a.A. GAMBINO, Correttezza, S. 151, 154, 297;

[354] GAMBINO, Correttezza, S. 296;

[355] BETTI, S.68; GAMBINO, Correttezza, S. 299; GAMBINO, Giur.comm. 1996, II, 343, 346 f.; vgl. DI MAJO in: SCIALOJA, BRANCA, Art. 1173-1176, S. 294 f.; Trib. Como, 1.6.2000, in: Giur.comm. 2002, II, 125, 126;

[356] vgl. PASQUARIELLO, Giur.comm. 2002, II, 129, 148 Fn. 73 sowie die Nachweise in Fn. 324;

[357] GAMBINO, Correttezza, S. 151, 296;

[358] so hebt bspw. RESCIGNO, Riv.dir.civ. 1965, I, 205, 232 hervor, dass hinsichtlich des *principio di correttezza* keine vorherige schuldrechtliche Verbindung zwischen den Parteien bestehen müsse, dieses vielmehr auf alle *situazioni in corso di effetto* anwendbar sei, MENGONI, Riv.soc. 1956, 434, 459 hingegen hebt – m.E. in größerer Übereinstimmung mit dem Wortlaut des Art. 1175 c.c. – gerade das Gegenteil hervor;

[359] vgl. zu Art. 1375 c.c.: MENGONI, Riv.soc. 1956, 434, 459; RESCIGNO, Riv.dir.civ. 1965, I, 205, 249; GAMBINO, Correttezza, S. 159 f.; TRIMARCHI, S. 174; zu Art. 1175 c.c.: GAMBINO, Correttezza, S. 19;

[360] SIMONETTI, NGCC 2000, II, 479, 493; FERRARA jr., CORSI, S. 486; vgl. BRECCIA Umberto, Le obbligazioni, S. 359; ASQUINI, Riv.soc. 1959, 617, 628; ANGELICI, Giur.comm. 1992, I, 1013 ff.; PREITE in: COLOMBO, PORTALE, 3**, S. 3, 93; GAMBINO, Correttezza, S. 286 ff., der als einziger den Anwendungsbereich beider Normen genau untersucht, eine direkte Anwendung von sowohl Art. 1175 c.c. (S. 155) als auch Art. 1375 c.c. (S. 164 f.) aber ablehnt und stattdessen ein generelles *principio di correttezza* an Art. 1175 c.c. anlehnen will (S. 274 ff.);

aa) Generelle Anwendbarkeit

Der Vorteil dieser Ansicht besteht darin, dass auf sämtliche Gesellschaften das gleiche Prinzip angewendet werden kann, und zwar gleichgültig ob diese durch Gesellschaftsvertrag oder unilateralen Akt gegründet worden sind. Nur eine solche Gleichbehandlung macht praktisch Sinn. Will man nämlich nicht einheitlich das übergeordnete Prinzip auf beide Gründungsarten der *S.p.A.* anwenden, können sich u.U. verschiedene Maßstäbe ergeben, je nachdem, ob man Art. 1375 oder 1175 c.c. anwendet[361]. Noch gravierender – auch in Bezug auf die Rechtsfolgen – macht sich der unterschiedliche Beurteilungsmaßstab bemerkbar, wenn man bei Nichtanwendbarkeit von Art. 1375 c.c. auf die Figur des *eccesso di potere* zurückgreifen will[362]. Weiter ist es auch unerheblich, welches konkrete Gesellschafterrecht einer Einschränkung bedarf. Es ist bei Anwendung eines übergeordneten Prinzips nämlich weniger entscheidend, dass das konkrete Recht genau unter die einzelne Norm subsumierbar ist, da dieses auf alle juristischen Beziehungen angewendet werden kann[363]. Es gilt für alle *situazioni in corso di effetto*[364], in denen ein juristisches Band zwischen bestimmten Rechtssubjekten besteht oder am entstehen ist.

Im folgenden soll daher dieses *principio di buona fede e correttezza* näher untersucht werden, wonach der genaue Inhalt der Rücksichtnahmepflicht anhand der durch andere Normen zur Verfügung gestellten Wertungskriterien bestimmt wird[365].

bb) Inhaltliche Bestimmung

Dabei ist vor allem zu untersuchen, welche Normen und Wertungen in die inhaltliche Ausgestaltung dieses Prinzips mit einfließen, um besser die Grenzen der legitimen Stimmausübung bestimmen zu können. Denn ähnlich wie in Deutschland die Generalklauseln der §§ 242, 138 BGB Einfallstore für die hinter den Grundrechten stehenden Wertungen sind, so sind auch im italienischen Recht derartige allgemeine Prinzipien anhand des sonst geltenden Rechts einschließlich des Verfassungsrechts vorzunehmen[366]. Dabei kann zwar auch auf außergesetzliche Wertungen zurückgegriffen werden. Vor allem aber müssen die in den Normen des Gesellschaftsrecht zum Ausdruck kommenden Kriterien des Gesetzgebers in die inhaltliche Bestimmung einfließen, wobei die charakteristischen Merkmale der konkret vorliegenden Gesellschaftsform berücksichtigt werden müssen[367].

(1) Verbot der Verfolgung von *interessi extrasociali*, Art. 2373 c.c.

Im Rahmen der *S.p.A.* ist zur Bestimmung des Inhalts des Prinzips von *buona fede* und *correttezza* an erster Stelle die gesetzliche Wertung des Art. 2373 c.c. zu berücksichtigen. Kein Aktionär darf bei der Ausübung eines Gesellschafterrechts eigene *interessi extrasociali* auf Kosten der *interessi uti socii* seiner Mitaktionäre verfolgen[368]. Da die Norm nicht

---

361 COSTI, Giur.comm. 1996, II, 347, 349;
362 GAMBINO, Giur.comm. 1996, II, 343, 347;
363 PREITE, S. 134;
364 RESCIGNO, Riv.dir.civ. 1965, I, 205, 232;
365 GAMBINO, Correttezza, S. 294 ff.;
366 GAMBINO, Correttezza, S. 298; Trib. Como, 1.6.2000, in: Giur.comm. 2002, II, 125, 127;
367 PREITE, S. 129; GAMBINO, Correttezza, S. 177;
368 GAMBINO, Correttezza, S. 177; PREITE in: COLOMBO, PORTALE, 3**, S. 3, 72; PREITE, S. 129;

abschließend zu verstehen ist[369], gilt dies auch, wenn daraus kein Schaden für die Gesellschaft, sondern lediglich für die Mitaktionäre zu befürchten ist.

(2) *Dovere di collaborazione*, Art. 2247 c.c.

Als ein weiterer wesentlicher Bestandteil des Gesellschaftsrechts, welcher in den Inhalt des *principio di correttezza e buona fede* einzufließen hat, wird teilweise der in Art. 2247 c.c. enthaltene Zweck des Gesellschaftsvertrages zum *„esercizio in comune di un'attività economica"* gesehen, woraus die allgemeine Verpflichtung der Aktionäre zur Zusammenarbeit abgeleitet wird[370]. Andernfalls würde diesem *esercizio in comune* keine eigenständige Bedeutung zukommen[371].

An anderer Stelle wird ein solches *dovere della collaborazione* in den Kapitalgesellschaften abgelehnt. Mit Leistung seiner Einlagen habe der Aktionär nämlich all seine Vertragspflichten erfüllt[372]. Dies zeige schon die Tatsache, dass lediglich das Nichtleisten der Einlagen mit Sanktionen verbunden sei, nicht aber die mangelnde Zusammenarbeit. Der Begriff des *esercizio in comune* dürfe daher im Rahmen der *S.p.A.* nicht wörtlich verstanden werden, da dann der Aktionär ja auch beim operativen Geschäft aktiv zur Erreichung des Gesellschaftszweck beitragen müsste, obwohl ihm das aufgrund der gesetzlichen Kompetenzverteilung nur indirekt durch Ausübung des Stimmrechts in der Hauptversammlung möglich ist[373].

Dem ist aber nur insoweit zuzustimmen, als dass mit der Pflicht zur Zusammenarbeit natürlich nicht eine Verpflichtung gemeint ist, aktiv das Interesse der Gesellschaft an der Gewinnmaximierung zu fördern. Dort aber, wo dem Gesellschafter die Möglichkeit gegeben ist, durch sein Verhalten aktiv auf die Geschicke der Gesellschaft einzuwirken, trifft ihn eine Art passiver Kooperationspflicht, die *interessi uti socii* seiner Mitgesellschafter nicht zu behindern[374].

(3) *Parità di trattamento*

Weiter muss die Notwendigkeit der *parità di trattamento* mit in die Bestimmung des Prinzip von *buona fede* und *correttezza* mit einfließen. Dieses bereits wesentlich die Figur des *eccesso di potere* bestimmende Gebot[375] beruht auf der Vorgabe des Art. 42 der Rl. 77/91/EWG. Die Norm verlangt gleiche Arten von Aktionären gleich und verschiedene verschieden zu behandeln. Jeder Aktionär muss also die gleichen Vorteile erhalten[376], was einen gewissen Ausgleich der verschiedenen Interessen erfordert[377]. Da der italienische Gesetzgeber keine ausdrückliche, dem entsprechende Norm geschaffen hat[378], sondern es bei

---

369 vgl. die Nachweise in Fn. 262, 263;
370 RIVOLTA, 245 ff.; vgl. auch PASQUARIELLO, Giur.comm. 2002, II, 129, 145 f.;
371 JAEGER, Interesse sociale, S. 188 ff.; JAEGER, Giur.comm. 1996, II, 334, 336;
372 MENGONI, Riv.soc. 1956, 434, 459; vgl. auch oben § 2.B.I.5.b), S. 68 ff.;
373 GAMBINO, Correttezza, S. 171 ff.;
374 vgl. speziell für das Stimmrecht: CASSOTTANA, S. 51;
375 DE BLASI, NGCC, 1995, I, 636, 638;
376 MENGONI, Riv.soc. 1956, 434, 448;
377 PREITE, S. 245 Fn. 9;
378 CASSOTTANA, S. 100 ff.;

den Andeutungen der Art. 2348 I, 2350 I, 2351 I c.c. belassen hat[379], muss dieser Grundsatz in die Bestimmung des *principio di buona fede e correttezza* mit einfließen[380].

(4) *Equo contemperamento*

Teilweise wird auch vertreten, das Prinzip des *equo contemperamento* müsse mit einfließen. Danach sind die Interessen der Gesellschaft und die der Gesellschafter zu einem gerechten Ausgleich zu bringen[381]. Zum einen betrifft dies aber das vertikale Verhältnis, zum anderen würde dies zur Folge haben, dass der Richter eine Ermessensentscheidung an Stelle der *assemblea* treffen müsste[382].

(5) Art. 2 cost.

Weitere wichtige Norm, welche den Inhalt des Prinzips von *buona fede* und *correttezza* im Gesellschaftsrecht bestimmt, ist Art. 2 cost., der Solidarität auf politischem, ökonomischen und gesellschaftlichem Gebiet verlangt[383]. Dieser Artikel der Verfassung kann ebenfalls zur Konkretisierung der zivilrechtlichen Generalklausel herangezogen werden und verlangt somit auch in gesellschaftsrechtlichen Sachverhalten ein gewisses Maß an gegenseitiger Rücksichtnahme[384].

6. Rechtsprechung

Die italienische Rspr. hatte sich häufig mit Fällen auseinander zu setzen, in denen die Mehrheit in der *assemblea* ihre Macht auf Kosten der Minderheit missbraucht hatte. Bei der Prüfung der Anfechtbarkeit solcher Beschlüsse wandten die Gerichte allerdings nie Art. 2373 II i.V.m. 2377 II c.c. a.F. an, da – wie oben bereits dargestellt[385] – nach ihrer Ansicht diese Norm nur einen Konflikt des Gesellschafters mit dem Interesse der Gesellschaft betreffe. Da die Rspr. in Bezug auf das Gesellschaftsinteresse noch der *teoria istituzionalista* verhaftet war, und somit als Interesse der Gesellschaft nur den Schutz und die Mehrung des Gesellschaftsvermögens betrachtetet und nicht hingegen das kollektive Interesse der Gesellschafter *uti soci*[386], umfasst diese Norm nicht auch den Konflikt der Gesellschafter untereinander:

> *"La fattispecie del conflitto, ancorata alla disciplina dell'art. 2373, codice civile, è caratterizzata da un* ***contrasto oggettivo e preesistente tra l'interesse concretamente perseguito dal socio di maggioranza e quello istituzionale della società****, individuato quest'ultimo in un* ***interesse a contenuto patrimoniale****, e precisamente in quello che il patrimonio sociale non sia danneggiato dalla deliberazione, potendosi individuare la ratio*

---

379 GAMBINO, Correttezza, S. 85;

380 GAMBINO, Correttezza, S. 284 ff.; Cass.civ., I, 26.10.1995, n. 11151, in: Giur.comm. 1996, II, 329, 334; a.A. JAEGER, Interesse sociale, S. 186 Fn. 13;

381 ASQUINI, Riv.soc. 1959, 617,628 ff.;

382 PREITE, S. 125 Fn. 99, GAMBINO, Correttezza, S. 153 ff.;

383 PICONE, Società 1998, 949, 952; BRECCIA, Dir.priv. 1997, III, 5, 57 f.; RODOTÀ, BBTC 1965, I, 149, 159;

384 GAMBINO, Correttezza, S. 288 f.; vgl. auch IMBRENDA, Società 1995, 1549, 1550; PREITE, S. 110; vgl. auch Cass.civ., I, 5.1.1966, n. 89, in: Foro pad. 1966, I, 524, 525;

385 § 2.B.I.1.a)bb), S. 57 ff.;

386 siehe oben § 2.B.I.1.a)aa), S. 54 ff.;

dell'articolo richiamato nella necessità di colpire ***attentati all'integrità patrimoniale della società****.*"[387]

Dies wird in einer späteren Entscheidung wieder aufgegriffen:

> *"L'applicabilità, in tali ipotesi, dell'art. 2373, codice civile, può essere dubbia. Detta disposizione, infatti, riguarda il caso in cui il socio ha, per conto proprio o di terzi, «un interesse in conflitto con quello* ***della società****» [...]: nell'ipotesi considerata, invece, il conflitto si manifesta esclusivamente* ***tra i soci****, senza pregiudicare la società*"[388]

Gleichwohl hatte die Rspr. schon zu Zeiten der Gültigkeit von Art. 163 c.co. erkannt, dass zwar auf der einen Seite die Mehrheit selbständig über die Tätigkeit der Gesellschaft entscheiden können solle, auf der anderen Seite aber eine Beschränkung des Stimmrechts der Mehrheit unter gewissen Umständen durchaus geboten sei:

> *"In sostanza, con quella norma [art. 163 c.co.] si riconosceva la necessità che la società, come gruppo associativo, potesse regolare con piena autonomia la sua attività secondo i propri fini e che la volontà della maggioranza dei soci, per non rimanere entità inerte nell'attuazione di essi, avesse una sua forza normativa nei rapporti interni dell'ente, ma nel tempo stesso si poneva la condizione per impedire che quella volontà potesse divenire arbitraria e recidere così i legami imprescindibili che devono unire questi organismi collettivi all'ordinamento giuridico superiore di cui è espressione la legge comune.*"[389]

Die Rspr. – ungeachtet der immer wieder laut werdenden Kritik der Lit.[390] – wendete zur Beschränkung des Stimmrechts der Mehrheit lange Zeit einzig die Figur des *eccesso di potere* an[391]. Dabei wurde bzgl. eines Konfliktes der Interessen der Mehrheit mit denen der Minderheit angeführt:

---

[387] Cass.civ., I, 11.3.1993, n. 2958, in: Società 1993, 1049, 1052; Hervorhebungen vom Verfasser: „Der in Art. 2373 verankerte Tatbestand des Konflikts ist charakterisiert durch **einen objektiven und von Anfang an bestehenden Konflikt zwischen dem konkret vom Mehrheitsgesellschafter verfolgten Interesse auf der einen und dem institutionellen Interesse der Gesellschaft auf der anderen Seite**, wobei sich letzteres in einem **Interesse am Vermögen** ausdrückt, nämlich darin, dass das Gesellschaftsvermögen nicht von dem Beschluss beeinträchtigt wird. Auf diese Weise kann man als Zweck der Norm die Vermeidung von **Angriffen auf die Integrität des Gesellschaftsvermögen** sehen."

[388] Cass.civ., I, 26.10.1995, n. 11151, in: Società 1996, 295; Hervorhebungen im Original: „Die Anwendbarkeit des Art. 2373 c.c. kann in diesem Fall zweifelhaft sein. Die besagte Norm betrifft nämlich den Fall, in dem der Gesellschafter selbst oder im Hinblick auf Dritte ein mit dem Interesse **der Gesellschaft** in Konflikt stehendes Interesse innehat [...]: im untersuchten Sachverhalt hingegen besteht der Konflikt ausschließlich **zwischen den Gesellschaftern**, ohne dass die Gesellschaft geschädigt wird."

[389] Cass.civ., I, 12.5.1951, n. 1177, Giur.it. 1951, I, 535, 537: „Im Grunde genommen erkannte man mit jener Norm die Notwendigkeit an, dass die Gesellschaft in ihrer Verbandseigenschaft mit voller Autonomie die eigene Aktivität gemäß den eigenen Zielen lenken können muss und dass der Wille der Mehrheitsgesellschafter eine regelnde Macht in den Beziehungen innerhalb der Gesellschaft habe, damit die Mehrheit keine träge Masse bei den Aktivitäten der Gesellschaft bleibt. Gleichzeitig setzte man jedoch die Voraussetzungen, um zu verhindern, dass dieser Wille missbräuchlich verfolgt werden kann und um so die untrennbaren Verbindungen abzuschneiden, die diese kollektiven Organismen mit der höheren Rechtsordnung verbinden muss, die im allgemeinen Gesetz Ausdruck findet."

[390] siehe oben § 2.B.I.2.e), S. 64 ff.;

[391] CERVALE, Giust.civ. 1986, I, 2096, 2097; Cass.civ., I, 7.2.1979 n. 818, in: Giur.comm. 1979, II, 757, 764; Cass.civ., I, 29.5.1986 n. 3628, in: Società 1986, 1087, 1088; Cass.civ., 27.4.1990, n. 3535, in:

"[...] la deliberazione maggioritaria è viziata quando modifichi la preesistente struttura sociale, incida direttamente ed indirettamente sulla posizione di singoli soci rispetto alla società così come contrattualmente configurata all'origine, avendo riguardo alla loro partecipazione all'amministrazione ed alla distribuzione degli utili."[392]

1993 fing der Kassationshof an, sich in Richtung des Ansatzes der *teoria contrattualista* zu bewegen[393]. Zuvor hatte die Rspr. – wenn überhaupt – nur pauschal erwähnt, es handele sich beim *eccesso di potere* um eine ursprünglich aus dem Verwaltungsrecht stammende Rechtsfigur[394]. Plötzlich erwähnte er jedoch auch die Art. 1175, 1173, 2247 und 2373 c.c. a.F., allerdings lediglich im Sinne einer möglichen Rechtsgrundlage für den *eccesso di potere*. Diesbezüglich festlegen wollte er sich indes nicht:

"A qualunque tendenza si aderisca, peraltro, deve ritenersi che l'eccesso di potere debba individuarsi nell'unica finalità fraudolenta della deliberazione perseguita dai votanti a maggioranza e diretta a produrre loro, o a terzi, un vantaggio personale a danno degli altri azionisti."[395]

Erst in einer späteren Entscheidung schloss sich der Kassationshof der von Seiten der Lit. schon lange geforderten Anwendbarkeit des Art. 1375 c.c. an. Nach Widerlegung sämtlicher dagegen vorgebrachter Argumente, führt er schließlich aus:

"Cade conseguentemente ogni ostacolo all'applicazione, in materia, dell'art. 1375, codice civile"[396]

Jedenfalls müsse dies für eine Gesellschaft gelten, wenn deren Satzung

"...sia stipulato da più soggetti,..."[397]

Aus seinem Verständnis des Verhältnisses zwischen Art. 1375 c.c. und Art. 1175 c.c. dürfte aber hervorgehen, dass er für den Fall der Gründung der Gesellschaft durch unilateralen Akt Art. 1175 c.c. anwenden würde[398]:

Riv.dir.comm., 1991, II, 15, 21 Trib. Milano 8.1.1987, in: Società 1987, 616, 618; Trib. Genova, 19.1.1988, in: Società 1988, 273, 274; vgl. auch App. Milano, 27.9.1983, in: Giur.comm. 1984, II, S. 426, 430 f., wo das Gericht zwar von *eccesso di potere* spricht, i.S.d. oben angeführten Definition aber wohl eher *abuso di potere* meint, da die Rede ist von einer *discrezionalità che conosce unicamente limiti negativi*; Trib. Milano 6.10.1986, in: Società 1987, 384, 386 hält deswegen *abuso di potere* für den richtigeren Ausdruck;

392 Cass.civ., I, 29.5.1986 n. 3628, in: Società 1986, 1087, 1088: „[...] der Mehrheitsbeschluss leidet an einem Mangel, wenn er die bestehende Gesellschaftsstruktur verändert oder er direkt oder indirekt in die Position des einzelnen Gesellschafters in Bezug auf die Gesellschaft eingreift, wie sie zu Beginn vertraglich festgelegt worden ist, indem die Einflussmöglichkeit auf die Geschäftsführung und die Verteilung der Dividenden betroffen ist."

393 SIMONETTI, NGCC 2000, II, 479, 483;

394 Trib. Milano, 8.1.1987, in: Società 1987, 616, 618; Trib. Genova, 19.1.1988, in: Società 1988, 274;

395 Cass.civ., I, 11.3.1993, n. 2958, in: Società 1993, 1049, 1053: „Welcher Meinung auch immer man sich anschließt, muss man vom Vorliegen eines *eccesso di potere* ausgehen, wenn die ausschließlich betrügerische Absicht von der Mehrheit der Abstimmenden verfolgt wird, um diesen oder Dritten einen persönlichen Vorteil auf Kosten anderer Gesellschafter zu verschaffen."

396 Cass.civ., I, 26.10.1995, n. 11151, in: Società 1996, 295, 296: „Es fällt folglich jegliches Hindernis gegen eine Anwendbarkeit des Art. 1375 c.c. in diesem Fall."

397 Cass.civ., I, 26.10.1995, n. 11151, in: Società 1996, 295: „...von mehreren Vertragspartnern vereinbart worden ist,..."

398 COSTI, Giur.comm. 1996, II, 347, 349; a.A. GAMBINO, Giur.comm. 1996, II, 343, 347, demzufolge das Gericht in solchen Fällen zur Anwendung des *eccesso di potere* zurückkehren würde;

"Detta disposizione, del resto, costituisce specificazione di un più generale principio di solidarietà che abbraccia tutti i rapporti giuridici obbligatori, anche di origine non contrattuale, vincolando le parti al dovere di lealtà e rispetto della sfera altrui (art. 1175 c.c.)"[399]

Wenig später hat der Kassationshof diese Abkehr vom *eccesso di potere* und gleichzeitige Zuwendung zur *teoria contrattualista* anlässlich einer auf Anfechtung eines Beschlusses des *consiglio di amministrazione* gerichteten Klage bestätigt:

"Questa tesi [del eccesso di potere], invero, riecheggia impostazioni proprie del diritto amministrativo che mal si prestano ad essere utilizzate nell'ambito del diritto privato, nel quale i soggetti operano su un piano di parità e non sono quindi ipotizzabili quelle situazioni che, storicamente, sono alla base della elaborazione di tale categoria concettuale. Il che non esclude, naturalmente, che anche nelle materie regolate dal diritto privato (si pensi alla famiglia, ai gruppi organizzati, ai rapporti di lavoro, ecc.) possano essere individuate situazioni caratterizzate dall'attribuzione ad un soggetto del potere di incidere nella sfera giuridica altrui. [...], i mezzi di tutela posti a disposizione degli altri soggetti sono necessariamente diversi e si fondano su regole e istituti propri del diritto privato, come ad esempio il principio di buona fede, che va sempre più assumendo il ruolo di «regola di governo della discrezionalità» e la cui applicabilità in materia societaria, come di recente è stato ribadito da questa corte."[400]

Diese Entscheidung stellt insofern eine Weiterentwicklung gegenüber der vorzitierten dar, als dass nicht mehr Art. 1375 c.c. direkt zur Anwendung kommt, sondern nur noch allgemein von einem *principio di buona fede* die Rede ist. Es wird gerade nicht mehr jedes Tatbestandsmerkmal von Art. 1375 c.c. durchgeprüft, sondern nur noch pauschal auf das generelle Prinzip verwiesen. So wird insbesondere die Frage, ob es sich auch bei einem Beschluss des *consiglio di amministrazione* um eine *attività esecutiva* handelt, keiner näheren Untersuchung unterzogen. Dies zeigt, dass mittlerweile auch die Rspr. von einem generellen Prinzip der *buona fede* ausgeht, welches über den konkreten Anwendungsbereich von Art. 1375 c.c. hinausgeht[401].

---

399 Cass.civ., I, 26.10.1995, n. 11151, in: Società 1996, 295, 296: „Besagte Norm stellt darüber hinaus die Präzisierung eines generelleren Solidaritätsprinzips dar, welches sämtliche juristischen schuldrechtlichen Verhältnisse, auch solche nichtvertraglichen Ursprungs, umfasst, indem es die Parteien an die Pflicht der Loyalität und Rücksichtnahme auf die Sphäre des anderen bindet."

400 Cass.civ., I, 28.3.1996, n. 2850, in: Foro it. 1997, I, 235, 245 f.: „Diese Theorie umfasst Einrichtungen des Verwaltungsrechts, welche kaum geeignet sind, im Bereich des Privatrechts angewandt zu werden, wo die Parteien auf einer Ebene der Gleichheit handeln und wo deshalb nicht jene Situationen denkbar sind, welche historisch betrachtet die Grundlage der Ausarbeitung jenes Gedankens darstellen. Dies schließt freilich nicht aus, dass auch in Bereichen des Privatrechts (man denke an die Familie, an die organisierten Gruppen, an Arbeitsverhältnisse etc.) Situationen ausgemacht werden können, die durch die Machtverleihung an eine Partei gekennzeichnet sind, die in die juristische Sphäre des anderen eingreifen kann. [...], die Schutzmittel, welche den anderen Vertragsparteien an die Hand gegeben worden sind, sind notwendigerweise unterschiedlich und stützen sich auf Regeln und Institute, welche dem Privatrecht eigen sind, wie etwa das Prinzip der *buona fede*, welche immer mehr die Rolle der Norm zur Regelung des Ermessens annimmt und deren Anwendbarkeit auf dem Gebiet des Gesellschaftsrechts möglich ist, wie jüngst von diesem Gerichtshof wiederholt worden ist."

401 vgl. diesbezüglich auch Trib. Como, 1.6.2000, in: Giur.comm. 2002, II, 125, 126, wo das Gericht sich aber in erster Linie an Art. 1175 c.c. und weniger an Art. 1375 c.c. anlehnt;

Gleichwohl kann für die italienische Rspr. noch nicht davon ausgegangen werden, dass die Figur des *eccesso/abuso di potere* vollends der Vergangenheit angehört. Vielmehr wird in einer zeitlich nachfolgenden Entscheidung in Bezug auf die Anfechtbarkeit des Beschlusses der *assemblea* zunächst die Figur des *abuso di potere*, dann erst, lediglich als Alternative, das *principio di buona fede* genannt[402]. Eine Entscheidung zwischen den beiden dogmatischen Ansatzpunkten spielte dort aber keine Rolle, da das Gericht die Voraussetzungen beider Rechtsfiguren ohnehin für identisch hielt.

7. Ergebnis

a) *Principio di buona fede e correttezza*

In der Lit. besteht also mittlerweile Einigkeit, den Missbrauch von Aktionärsrechten mittels der zivilrechtlichen Werkzeuge der *buona fede* und *correttezza* zu regeln. Unterschiede bestehen lediglich hinsichtlich der genauen gesetzlichen Verankerung, da einige Autoren die Normen direkt anwenden wollen, wohingegen sich andere eher auf ein diesen übergeordnetes Prinzip berufen. Auch die Rspr. hat sich neuerdings von der verwaltungsrechtlichen Figur des *eccesso di potere* in diese auf der vertraglichen Natur des Gesellschaftsvertrags aufbauende Richtung gewandelt, wobei sie zunächst Art. 1375 c.c. direkt anwandte, inzwischen aber auf das allgemeine Prinzip der *buona fede* übergeschwenkt ist.

Diese Entwicklung ist sicherlich zu begrüßen, ist sie doch nur Folge der konsequenten Anwendung der *teoria contrattualista*. Das *principio di buona fede e correttezza* bietet insbesondere den Vorteil, diese Generalklauseln anhand der Regeln des Aktienrechts sowie der Verfassung auslegen zu können. Es stellt daher ein flexibles Mittel dar, diverse Fallkonstellationen des Missbrauchs von Aktionärsrechten abzudecken. Diese Ansicht befindet sich auf der generellen Linie der italienischen Dogmatik, welche den Rechtsmissbrauch als einen Verstoß gegen Treu und Glauben behandelt[403].

b) Ablehnung des *eccesso di potere*

Eine Anwendung der Figur des *eccesso di potere* muss hingegen abgelehnt werden. Da das Zivilrecht eine Lösung für das Problem des Missbrauchs zur Verfügung stellt, fehlt es an der Regelungslücke für eine Analogie aus dem Verwaltungsrecht. Darüber hinaus ist es auch schwieriger zu bestimmen, wann ein solcher *eccesso di potere* vorliegen soll, weil es sich eben um eine Figur aus dem Verwaltungsrecht handelt und daher nur schlecht auf dogmatisch klare Weise mit Hilfe der Normen des Zivil- bzw. Gesellschaftsrechts inhaltlich bestimmt werden kann[404].

---

402 Trib. Milano, 28.1.1998, Società 1998, 946, 948, wobei nicht ganz klar hervorgeht, ob diese Entscheidung unter *abuso di potere* nicht einen Überbegriff für alle Institute zur Einschränkung des Stimmrechts des Aktionärs versteht; Trib. Napoli, 25.2.1998, in: Foro it. 1999, I, 1026, 1054;

403 RANIERI, ZEuP 2001, 165, 173;

404 vgl. PASQUARIELLO, Giur.comm. 2002, II, 129, 143 ff.;

II. Persönlicher Anwendungsbereich

1. *Maggioranza*

Die bisherigen Untersuchungen in Bezug auf Aktionärsrechte, insbesondere das Stimmrecht, richteten sich nur auf deren Missbrauch durch die Mehrheit. Diese Frage und deren Lösung – vor allem unter dem Aspekt wie man die Minderheitsaktionäre davor schützt – wird auch in Italien schon seit langem als das klassische Problem des Aktienrechts angesehen[405].

2. *Minoranza*

Von wenigen Beispielen abgesehen[406], ist hingegen der Missbrauch von Minderheitsrechten sowie das Schutzbedürfnis der Mehrheit diesem gegenüber lange Zeit weder von Lit. noch Rspr.[407] behandelt worden. Durch die diesbezügliche Diskussion in Frankreich angeregt, begannen erst 1992 diesbezügliche Fragestellungen auch in Italien aufzutauchen[408]. Bis heute wird die Problematik aber meist lediglich kurz angerissen[409].

Zu beachten ist aber auch in Italien, dass in dem Moment, da man einer zunächst keine Kontrollmacht ausübenden Minderheit Rechte zu ihrem Schutz durch Gesetz zuweist, dieser Minderheit durch die Ausübung der verliehenen Rechte ihrerseits nun eine gewisse Kontrollmöglichkeit auf die Geschicke der *S.p.A.* und damit auf die übrigen Aktionäre zukommt[410]. Und natürlich kann ab dem Moment, da ein einzelner Aktionär oder eine Gruppe von Aktionären die erforderliche Quote für die Ausübung eines solchen Rechts erreicht und damit eine gewisse Machtposition innehat, dieser Aktionär oder diese Gruppe auch diese Macht missbrauchen[411]. Bei näherer Betrachtung gilt also auch in Italien das Prinzip der Korrelation von Rechtsmacht und Verantwortung. Ab dem Moment, da eine Gruppe von Aktionären – gleichgültig ob Mehrheit oder Minderheit – ein Recht und damit eine gewisse Machtstellung erlangt hat, ist sie gehalten, diese Macht verantwortungsvoll zu gebrauchen.

Aktuell geworden ist das Problem vor allem durch die Reform des Rechts der an den Börsen gehandelten *S.p.A.*, welche den Minderheitsaktionären mehr Rechte zu deren Schutz

---

[405] CERRAI, MAZZONI, Riv.soc. 1993, 1; ASCARELLI, Riv.trim.dir.proc.civ. 1951, 1145, 1147; MONTALENTI, Giur.comm. 1998, I, 329, 330; SIMONETTI, NGCC 2000, II, 479;

[406] PELLIZZI, Riv.dir.civ. 1967, I, 113, 123 ff.;

[407] FERRARI, S. 141; Ausnahmen: Trib. Aosta, 12.4.1994, in: Società 1995, 70 ff. und Trib. Milano, 7.5.1987, in: Giur.comm. 1987, II, 812 (jeweils in Bezug auf den Missbrauch des Rechts zur außerordentlichen Einberufung einer Hauptversammlung durch die Minderheit nach Art. 2367 c.c.) sowie Trib. Vicenza, 18.10.1984, in: NGCC, 1985, I, 204 (Anfechtung eines die Bilanz genehmigenden Beschlusses der *assemblea* durch die Minderheit); vgl. auch MARTINES, CeI 1997, 1184, 1210 f.;

[408] ANGELICI, Giur.comm. 1992, I, 1013, 1023; GALGANO, CeI 1996, 1, 6 f.; als erste wirkliche Auseinandersetzung mit dem Thema, gerade in Bezug auf die Problematik in Frankreich: MARTINES, CeI 1997, 1184 ff.;

[409] vgl. CASSOTTANA, S. 56; PREITE, S. 293 Fn. 106; vgl.; CAMPOBASSO, S. 351 f.; GALGANO, S. 260 f.; PREITE, S. 293; selbst GAMBINO, der mit seinem "Principio di correttezza" die umfänglichste Zusammenstellung vergleichsweise neueren Datums zu einer aktienrechtlichen „Treupflicht“ vorgelegt hat, geht auf den Missbrauch durch die Minderheit lediglich in einem Nebensatz in der Einleitung ein: GAMBINO, Correttezza, S. 1;

[410] Stella Richter jr., S. 82 f.;

[411] vgl. MARTINES, CeI 1997, 1184, 1199; MAISANO, Eccesso di potere, S. 55 will daher auch einer Gruppe von Aktionären nicht zu den *gruppi di controllo* rechnen, da es sehr schwer sei, diesen Anteil am Kapital zu erreichen. Dies ändert aber nichts an der Tatsache, dass sie, wenn sie diesen Prozentsatz doch erreichen, eine gewisse Kontrollmöglichkeit auf die S.p.A. innehaben;

eingerichtet haben, auf der anderen Seite aber natürlich auch die Möglichkeit zu deren Missbrauch eröffnen[412].

a) Art. 2373 c.c. a.F.

Der Frage nach einem Missbrauch durch die Minderheit nähert man sich am besten im Rahmen einer Untersuchung des Art. 2373 c.c. a.F. In dessen Abs. 1 wird dem Aktionär verboten, bei Vorliegen eines Interessenkonflikts von seinem Stimmrecht Gebrauch zu machen. Davon, dass es sich bei dem Aktionär um einen Mehrheitsaktionär handeln muss, ist jedoch nicht die Rede.

Diese Frage wird erst im Abs. 2 relevant, wonach ein Anfechtungsgrund erst dann vorliegen soll, wenn sich die mangelnde Enthaltung auf das Beschlussergebnis ausgewirkt hat[413]. Jedenfalls aufgrund dieses Kausalitätserfordernisses ist ein Beschluss, an dem zur Enthaltung verpflichtete Minderheitsaktionäre mitgestimmt haben, regelmäßig nicht anfechtbar. Etwas anderes kann sich aber bei qualifizierten Mehrheitserfordernissen ergeben, wo die Minderheit durchaus auf das Beschlussergebnis einwirken kann.

b) Art. 2373 I c.c.

Anders stellt sich die Situation im Rahmen des neu gefassten Art. 2373 I c.c. dar. Dort wird ein Beschluss nur dann für anfechtbar erklärt, wenn er durch sich im Interessenkonflikt befindliche Aktionäre *approvata*, also angenommen wurde. Dem Wortlaut nach zu urteilen, ist die Norm daher nicht auf Beschlüsse anwendbar, welche durch eine sich im Interessenkonflikt befindliche Minderheit verhindert wurden.

Trotz der dahingehend etwas unglücklichen Formulierung ist aber nicht davon auszugehen, dass der Gesetzgeber am soeben dargestellten, sich aus dem Wortlaut der a.F. ergebenden Grundsatz etwas ändern wollte. Zumindest der hinter Art. 2373 I c.c. stehende Rechtsgedanke ist nach wie vor auch auf die Minderheit anwendbar.

c) Außerhalb des Anwendungsbereichs des Art. 2373 c.c.

Überträgt man diesen Rechtsgedanken nun auf das *principio di buona fede e correttezza*, so wird – insbesondere im Rahmen der Abstimmung innerhalb der *assemblea* – auch hier deutlich, dass eine Verfolgung eines *interesse extrasociale* durch die Minderheit auf Kosten der *interessi uti socii* der Mehrheit sich regelmäßig nicht auswirkt.

Dort wo der Minderheit aber Rechte verliehen sind, ist es ihr durchaus möglich, auf die Geschicke der Gesellschaft und damit auch auf die *interessi uti socii* der anderen Gesellschafter einzuwirken, selbst wenn diese Minderheitsbeteiligung u.U. von einem Gesellschafter gehalten wird. Daraus wird deutlich, dass dann auch eine Beschränkung der Minderheitsrechte zum Schutz der Mehrheit erforderlich sein kann. Es ist somit auch im italienischen Recht nicht danach zu unterscheiden, ob es sich bei den Inhabern eines Rechtes nun konkret um Mitglieder einer Mehrheit oder Minderheit handelt, sondern darauf abzustellen, ob dieser Aktionär oder diese Gruppe von Aktionären eine bestimmte Quote innehaben,

---

[412] l. 6.2.1996, n. 52 – *Riforma Draghi*; GAMBINO, Tutela delle Minoranze, S. 135, 139; MAZZONI, Giur.comm. 1998, I, 485, 496 ff.; OPPO, Riv.dir.civ. 1998, II, 405, 410 f.; SIMONETTI, NGCC 2000, II, 479; vgl. näher unten § 3.B.II.1, S. 88 f.;

[413] zum genauen Verhältnis der beiden Absätze vgl. näher unten § 3.D.II.1.a), S. 179 ff.;

welche ihnen in einer konkreten Situation Einfluss auf die Geschicke der Gesellschaft verleiht[414].

Auch der Minderheitsaktionär ist durch den Gesellschaftsvertrag verpflichtet, die ihm daraus zukommenden Rechte nur so auszuüben, dass er die Solidargemeinschaft nicht verletzt. Demnach müssen auch in Bezug auf den Missbrauch von Minderheitsrechten die identischen Prinzipien wie bei den Mehrheitsrechten Anwendung finden[415].

d) Koalitionsaktionäre

Dies gilt zweifellos für einen Einzelaktionär, der alleine die nötige Anzahl an Aktien besitzt, um die für die Sperrminorität oder ein sonstiges Minderheitsrecht nötige Kapitalbeteiligung innezuhaben[416]. Fraglich ist aber auch im italienischen Recht, welche Anforderungen an eine gemeinsam diese Kapitalbeteiligung erreichende Gruppe von Aktionären gestellt werden muss.

Anders als in Deutschland findet sich nicht eine Stimme in der Lit., wonach ein nicht allein die für ein Minderheitsrecht notwendige Quote innehabender Aktionär mit anderen Aktionären bspw. durch einen *patto parasociale* verbunden sein muss, damit diesen eine Einschränkung dieser Minderheitsrechtsausübung trifft. Vielmehr wird wie selbstverständlich davon ausgegangen, dass auch bei zufälligem Zustandekommen dieser Quote die Minderheitsaktionäre das mit dieser Quote verbundene Recht nicht grenzenlos ausüben können[417].

C. Vergleich

I. Übergeordnetes Prinzip

Anzumerken ist zunächst, dass die italienische Rechtsordnung keine allgemein den Rechtsmissbrauch behandelnde Norm kennt. In Deutschland wird eine Einwendung wegen missbräuchlicher Ausübung eines subjektiven Rechts zwar regelmäßig auf § 242 BGB gestützt, im Gesellschaftsrecht eine Einschränkung von Rechten aber anhand der Treupflicht vorgenommen, welche neben dem allgemeinen Gebot von Treu und Glauben ein eigenständiges Rechtsinstitut darstellt.

In der italienischen Rechtsordnung ist die dogmatische Grundlage für die Einschränkung subjektiver Rechte für jedes Gesellschafterrecht gesondert zu untersuchen[418]. Jedenfalls beim Stimmrecht möchte die italienische Rspr. neuerdings eine Einschränkung auf das bei der Erfüllung von Verträgen geltende Gebot des Guten Glaubens nach Art. 1375 c.c. stützen. Allerdings scheint auch in Italien die Anwendung des von der Lit. vertretenen allgemeinen *principio di buona fede e correttezza* als einheitliches auf die Art. 1175, 1375 c.c. gestütztes Prinzip bzgl. aller Gesellschafterrechte wünschenswert, hat sich ein solch allgemeiner

---

414 OPPO, Riv.dir.civ. 1999, II, 231 f.;

415 CAMPOBASSO, S.351; STELLA RICHTER jr., S.235; PORTALE, EDP 1991, I, 153, 171 f.; MAZZONI, Giur.comm. 1998, I, 485, 496 f.; SANTAGATA in: CAMPOBASSO, T.U.F., S. 1041; GALGANO, S. 260 f.; PREITE, S. 293 Fn. 106; vgl. auch ASCARELLI, Riv.trim.dir.proc.civ. 1951, 1145, 1147, der jedoch eine Einschränkung der Rechte der Mehrheit in der *assemblea* meint, welche gemessen am Gesamtkapital nur eine Minderheit darstellt;

416 vgl. bereits oben § 2.A.II.2.c)aa)(1), S. 46;

417 MAZZONI, Giur.comm. 1998, I, 485, 500; PORTALE, EDP 1991, I, 153, 172; in Bezug auf eine zufällige Mehrheit auch MAISANO, Eccesso di potere, S. 149;

418 vgl. STELLA RICHTER jr., S. 237 ff.;

Ansatzpunkt in Deutschland doch bewährt. In der Rspr. zeichnet sich eine solche Entwicklung ab.

In beiden Ländern sind die die Beschränkung des Stimmrechts regelnden Normen § 243 II AktG bzw. Art. 2373 c.c.[419] nur eingeschränkt für die Problematik des Missbrauchs der Stimmrechtsmacht tauglich. Den Normen kommt aber jeweils eine wesentliche Bedeutung bei der Inhaltsbestimmung des übergeordneten zur Stimmrechtseinschränkung herangezogenen Rechtsinstituts zu.

II. § 705 BGB und Art. 2247 c.c.

Art. 2247 c.c. kann als Grundnorm des gesamten italienischen Korporationsrecht verstanden werden und ist daher auch auf die *S.p.A.* anwendbar. Aus diesem Grund muss es auch zumindest indirekt über die Art. 1175, 1375 c.c. in die Bestimmung der Schranken der Gesellschafterrechte mit einfließen. Die entsprechende Norm des deutschen Rechts, § 705 BGB, ist im Aktienrecht hingegen nicht anwendbar, weshalb auch eine Förderpflicht so kategorisch ausgeschlossen wird[420].

III. Prinzip der Korrelation von Rechtsmacht und Verantwortung und *eccesso di potere*

Interessant ist weiterhin die Tatsache, dass dem Prinzip der Korrelation von Rechtsmacht und Verantwortung und dem *eccesso di potere* die gleiche Idee zugrunde liegt. Beide Male wird nämlich davon ausgegangen, dass die einem Aktionär anvertraute Macht, auf die Geschicke der Gesellschaft bzw. der Gesellschafter einwirken zu können, auf der anderen Seite auch ein gewisses Maß an Verantwortung mit sich bringt. Deutlich wird dies besonders bzgl. des Stimmrechts, wo ja auch die dissentierenden Aktionäre an das Abstimmungsergebnis gebunden sind.

IV. Anwendbarkeit auf Minderheitsaktionäre

Auch bzgl. der Anwendbarkeit auf Minderheitsaktionäre lässt sich kein wirklicher Unterschied feststellen. So herrscht in beiden Ländern weitgehend Einigkeit, dass ein Missbrauch durch Minderheiten nach den gleichen Normen bzw. Regeln behandelt werden muss, wie der Missbrauch durch Mehrheiten.

In Deutschland taten sich Rspr. und Lit. mit diesem Ergebnis etwas schwerer, weil sie aus der Tatsache, dass Minderheiten regelmäßig keine Einflussmöglichkeit innehaben, generell auf das Fehlen jeglicher Treupflicht schlossen. Gleichwohl ist dort die Treupflicht des Minderheitsaktionärs inzwischen auch vollumfänglich anerkannt.

Lediglich ein Relikt aus dieser Zeit stellt daher die Ansicht der wirkungsbezogenen Treupflicht dar, wonach bereits vor der Ausübung des Rechts klargestellt sein muss, dass damit alleine oder aber im Zusammenhang mit anderen Aktionären ein solcher Einfluss geltend gemacht werden kann. Auch wenn in Deutschland die h.M. eher in Richtung der inhaltsbezogenen Treupflicht geht, zeigt alleine die Existenz des Streits den unterschiedlichen Ansatzpunkt im Vergleich zu Italien. Dort wird zwar eingeräumt, dass bei der Ausübung des Stimmrechts Minderheiten meist nur dann eine Machtposition zukommt, wenn sie sich mit

---

[419] zur Gegenüberstellung der beiden Normen vgl. unten § 3.C.III.1, S. 151 f.;
[420] vgl. dazu im Einzelnen unten § 3.C.I.2.c), S. 108 f.;

anderen Aktionären durch *patti parasociali* verbinden, aber kein Zweifel daran gelassen, dass dieses Recht auch dann eingeschränkt werden kann, wenn sich eine dafür relevante Quote durch Zufall bildet.

§ 3. Sperrminorität

Im Folgenden soll der Missbrauch von Minderheitsrechten genauer am Beispiel des Missbrauchs von Sperrminoritäten untersucht werden.

Wie bereits dargestellt, werden aufgrund des in beiden Ländern herrschenden Mehrheitsprinzip in der Hauptversammlung/*assemblea* zutage tretende Meinungsverschiedenheiten unter den Aktionären zugunsten der Mehrheit entschieden[421]. Dort aber, wo das Gesetz für einen Beschluss eine qualifizierte Mehrheit erfordert, kann eine Minderheit von Aktionären mittels ihrer Sperrminorität Entscheidungen verhindern, so dass das Beschlussergebnis entsprechend den Vorstellungen der Minderheit ausfällt. Mittels dieser Machtposition kann die Minderheit also in erheblicher Weise die Belange der Gesellschaft beeinflussen sowie die Rechte der Mitaktionäre beeinträchtigen, wenn der zu fassende Beschluss für die AG/*S.p.A.* von essentieller Bedeutung ist.

Es stellt sich also die Frage, in welchen Fällen das Ausüben einer grds. zum Schutz der Minderheit bestehenden Sperrminorität als rechtsmissbräuchlich anzusehen ist.

A. Definition der Sperrminorität

Von der oben[422] aufgestellten Definition der Minderheit ausgehend, besteht eine Sperrminorität aus einem Aktienpaket, welches nicht ausreicht, um einen positiven Beschluss herbeizuführen, auf der anderen Seite aber eine so große Beteiligung an der Aktiengesellschaft darstellt, dass im Rahmen der Abstimmung in der Hauptversammlung das Zustandekommen eines positiven Beschlusses verhindert werden kann. Qualifizierte Mehrheitserfordernisse ermöglichen als Kehrseite also stets das Ausüben einer Sperrminorität[423]. Ist bspw. für einen bestimmten Beschluss eine Dreiviertelmehrheit erforderlich, so muss das eine Sperrminorität darstellende Aktienpaket mehr als ein Viertel betragen.

B. Erscheinungsformen und Voraussetzungen

Dazu muss zunächst das Aktienrecht beider Länder hinsichtlich ihrer qualifizierten Mehrheitserfordernisse untersucht werden, um – als Kehrseite davon – nähere Aussagen über Sperrminoritäten treffen zu können.

I. Deutschland

Das AktG geht als Bezugsgröße der qualifizierten Mehrheiten von zwei verschiedenen Ansatzpunkten aus. Manche Beschlussfassungen erfordern eine Berechnung im Verhältnis zum gesamten, andere hingegen lediglich vom bei der Beschlussfassung vertretenen Grundkapital.

1. Zustimmung sämtlicher Aktionäre

Im AktG finden sich einige wenige Beschlussgegenstände, denen jeder Aktionär zustimmen muss. In erster Linie handelt es sich um den Beschluss, mittels dessen die Übertragbarkeit von Namensaktien an die Zustimmung der Gesellschaft gebunden wird,

---

[421] PICONE, Società 1998, 949, 952;
[422] § 1.B, S. 26 f.;
[423] LEHMANN, AG 1983, 113;

§§ 68 II i.V.m. § 180 I, II AktG. Das Gleiche gilt für den Fall einer lediglich aus zwei Aktionären mit gleichen Beteiligungen bestehenden AG bei der satzungsmäßig eine Beschlussmehrheit von 60 % des Kapitals erforderlich ist[424]. Zu nennen ist in diesem Zusammenhang auch der Umwandlungsbeschluss in eine GmbH unter den Voraussetzungen des § 242 UmwG.

In diesen Fällen kann jeder einzelne Aktionär durch eine Gegenstimme, aber auch schon durch eine bloße Enthaltung das Zustandekommen eines Beschlusses verhindern. Es herrscht in diesen Fällen eine Art „Tyrannei der Minderheit“[425].

2. Prozentsatz des bei der Beschlussfassung vertretenen Grundkapitals

Regelmäßig beträgt ein qualifiziertes Mehrheitserfordernis 75 % des bei der Beschlussfassung anwesenden Kapitals. Dieses ist vom AktG für eine Reihe von Beschlüssen vorgesehen, welche die Grundlagen der Gesellschaft betreffen[426], wie etwa die Änderung des Unternehmensgegenstandes, § 179 II S.1 AktG, die Erhöhung des Grundkapitals gegen Einlagen, § 182 I S.1 AktG, der Bezugsrechtsausschluss bei Kapitalerhöhungen gegen Einlagen, § 186 III S.1 AktG, oder die Herabsetzung des Grundkapitals, § 222 I S.1 AktG[427]. Als Kehrseite bedarf es zur Erreichung einer Sperrminorität für diese Beschlussgegenstände folglich über 25 % des bei der Beschlussfassung anwesenden Grundkapitals.

Umstritten ist dabei, wie sich Enthaltungen auswirken. Dies rührt daher, dass dem Wortlaut *„des bei der Beschlussfassung vertretenen Grundkapitals“* nicht eindeutig zu entnehmen ist, ob Grundkapital bereits durch die Anwesenheit in der Hauptversammlung *„vertreten“* ist, oder ob dazu eine aktive Stimmabgabe erfolgen muss. Sieht man die Stimmen der sich enthaltenden Aktionäre als Teil des bei der Beschlussfassung anwesenden Grundkapitals, fallen diese nicht unter die abgegebenen Stimmen. Dies hat zur Folge, dass Enthaltungen den Neinstimmen zugerechnet werden und es daher ausreichend ist, wenn diese zusammen mehr als 25 % betragen. Sieht man als *„bei der Beschlussfassung vertreten“* hingegen nur die abgegebenen Ja- und Neinstimmen, zählen die Enthaltungen nicht zur Bezugsgröße dazu und können dementsprechend vernachlässigt werden.

Nach einer Ansicht ist auch eine Enthaltung *„bei der Beschlussfassung“* vertreten. Als Bezugsgröße dient demnach also das gesamte bei der Beschlussfassung in der Hauptversammlung anwesende Grundkapital. Dies soll jedenfalls dann gelten, wenn der Aktionär diese Enthaltung aktiv durch Abgabe einer weißen Stimmkarte zum Ausdruck bringt[428]. Nach ganz überwiegender Meinung in Rspr. und Lit. werden Enthaltungen jedoch nicht zum bei der Beschlussfassung vertretenen Grundkapital gerechnet, obwohl dies der Wortlaut eher suggerieren dürfte. Als Bezugsgröße der Dreiviertelmehrheit sind demnach nur die abgegebenen Ja- und Neinstimmen zu werten[429].

---

424 Beispiele nach HENZE, BB 1996, 489, 493;

425 vgl. MARTINES, CeI 1997, 1184, 1190 f.;

426 ECKARDT in: GEßLER, HEFERMEHL, ECKARD, KROPFF, AktG, § 133 Rn. 42; SCHMIDT, GesR, § 16 II 1, S. 453;

427 eine vollständige Aufzählung aller Beschlüsse, für die eine Dreiviertelmehrheit erforderlich ist, findet sich bei NIRK in: Hdb.AG I, Rn. 1339;

428 GODIN/WILHELMI, AktG, § 133 Anm. 4;

429 BGH NJW 1995, 1739, 1743 – *Girmes*; HÜFFER, AktG, § 133 Rn. 12, 23 f, § 179 Rn. 14; HEFERMEHL in: GEßLER, HEFERMEHL, ECKARD, KROPFF, AktG, § 179 Rn. 73; ZÖLLNER in: KöKo, AktG, § 133 Rn. 70; STEINER, § 13 Rn. 10, S. 110 f.;

Gemessen am tatsächlichen Grundkapital ist in der Praxis eine viel geringere Beteiligung erforderlich. Geht man bspw. von einer durchaus realistischen Hauptversammlungspräsenz von lediglich 70 % aus, ist eine Mehrheit von 52,5 % am Gesamtkapital für eine Beschlussfassung ausreichend. Ein Aktienpaket von 18 % – wiederum gemessen am Gesamtkapital – genügt dann bereits, um in der Hauptversammlung die notwendige Sperrminorität von 25 % innezuhaben[430].

3. Prozentsatz der abgegebenen Stimmen

Einige qualifizierte Mehrheitserfordernisse knüpfen an die abgegebenen Stimmen an, wie der zur Ausräumung einer vom Aufsichtsrat verweigerten Zustimmung zu wichtigen Geschäften, § 111 IV S.4 AktG, und die vorzeitige Abberufung eines Aufsichtsratsmitglieds, § 103 I S.2 AktG. Erforderlich für die Beschlussfassung sind jeweils 75 % der abgegebenen Stimmen, ohne dass diese einen bestimmten Kapitalanteil repräsentieren müssten[431]. Für die Sperrminorität ist demnach ein Anteil der abgegebenen Stimmen von über 25 % ausreichend.

Zu beachten in diesem Zusammenhang ist auch das einfache Mehrheitserfordernis des § 133 I AktG, wonach jeder Beschluss in der Hauptversammlung der Mehrheit der abgegebenen Stimmen bedarf. Es muss also mindestens eine Jastimme mehr als Neinstimmen abgeben werden. Selbst bei Stimmengleichheit gilt der Beschluss als abgelehnt[432]. Nach oben genannter Definition, kann man nun genau 50 % des Grundkapitals als Sperrminorität ansehen, da dieser Anteil alleine nicht ausreicht, um einen positiven Beschluss herbeizuführen, damit aber sehr wohl ein positiver Beschluss verhindert werden kann. Dieser Sachverhalt ist in erster Linie bei einer AG denkbar, deren Anteile von lediglich zwei Aktionären zu gleichen Teilen gehalten werden. Es ist also noch nicht einmal nötig, dass in der Satzung für die Beschlussfassung eine erforderliche Mehrheit von 60 % vereinbart wird.

Ein Unterschied zum Erfordernis eines bestimmten Grundkapitalanteils ergibt sich nur in den Fällen, in denen die AG – soweit zulässig – Mehrstimmrechtsaktien ausgegeben oder ein Höchststimmrecht nach § 134 I S.2 AktG satzungsmäßig festgelegt hat[433].

4. Prozentsatz am gesamten Grundkapital

Eine dritte Gruppe schließlich stellen diejenigen Sperrminoritäten dar, welche sich im Verhältnis zum gesamten Grundkapital der AG bestimmen.

So verhindert bspw. das Bestehen einer Fremdbeteiligung von über 10 % des gesamten Grundkapitals an einem Tochterunternehmen, dass das Mutterunternehmen eine Verschmelzung der Tochter auf die Mutter ohne Hauptversammlungsbeschluss der Mutter durchführen kann, § 62 I S.1 UmwG. Aber selbst wenn eine solche Minderheitsbeteiligung am Tochterunternehmen nicht besteht, kann eine Minderheit von 5 % des gesamten Grundkapitals der Mutter-AG verhindern, dass die Verschmelzung ohne einen solchen Hauptversammlungsbeschluss vonstatten geht, § 62 II S.1 UmwG.

---

430 vgl. LEHMANN, AG 1983, 113, 114; vgl. auch BAUMS, v. RANDOW, AG 1995, 145, die eine durchschnittliche Hauptversammlungspräsenz der 24 größten Aktiengesellschaften im Jahre 1992 von lediglich 58% nachweisen;

431 HÜFFER, AktG, § 103 Rn. 4; § 111 Rn. 20;

432 HÜFFER, AktG, § 103 Rn. 12; ZÖLLNER in: KöKo, AktG, § 133 Rn. 63; ECKARDT in: GEßLER, HEFERMEHL, ECKARD, KROPFF, AktG; § 133 Rn. 28 ff.; RAISER, § 16 Rn. 70, S. 249;

433 ECKARDT in: GEßLER, HEFERMEHL, ECKARD, KROPFF, AktG, § 133 Rn. 43;

5. Ergebnis

Es bleibt festzuhalten, dass es im deutschen Aktienrecht verschiedene Anknüpfungspunkte für die Berechnung von Sperrminoritäten gibt. Auch existiert infolge der verschiedenen qualifizierten Mehrheitserfordernisse keine einheitliche Quote für eine Sperrminorität. Auffallend ist aber, dass es nicht ein einziges Minderheitsrecht gibt, welches 25 % des gesamten Grundkapitals erfordert. Wenn die Sperrminorität nämlich an das gesamte Grundkapital anknüpft, ist für eine Sperrminorität niemals mehr als eine Beteiligung von über 10 % erforderlich. Sperrminoritäten mit einem erforderlichen Anteil von über 25 % hingegen knüpfen stets entweder am bei der Beschlussfassung vertretenen Grundkapital oder bei den abgegebenen Stimmen an[434].

Abschließend ist nochmals hervorzuheben, dass für eine Sperrminorität in Deutschland wirkliche Neinstimmen erforderlich sind, sie also nicht durch bloße Enthaltung ausgeübt werden kann. Diese werden nämlich nicht mitgezählt, auch nicht zur Berechnung der Bezugsgröße der Kapitalmehrheit.

II. Italien

1. Historischer Abriss

Bis 1998 hatte das Problem der *minoranza di blocco* in Italien kaum praktische Relevanz und war lediglich von einigen wenigen Autoren theoretisch angedacht worden[435]. Dies ergab sich in erster Linie aus der Tatsache, dass der *Codice civile* keine qualifizierten Mehrheiten zur Beschlussfassung in der *assemblea* verlangte.

Wesentlich verändert wurden die Vorschriften bzgl. der Beschlussfassung der *assemblea straordinaria* durch l. 6.2.1996, n. 52, besser bekannt unter dem Namen *"Riforma Draghi"*. Seit Einführung des aufgrund der Ermächtigung dieses Gesetzes erlassenen T.U.F. (d.lg. 24.2.1998, n. 58)[436] galten die die *assemblea straordinaria* regelnden Normen des *Codice civile* direkt nur noch für solche *S.p.A.*, deren Aktien nicht an der Börse gehandelt werden. Für die *S.p.A.*, bei denen dies hingegen der Fall war, enthielt der T.U.F. spezielle Sonderregelungen, welche nicht zuletzt die Stärkung der Minderheitsrechte zum Ziel hatten[437]. Insbesondere Art. 126 T.U.F. hat in Italien das Problem der Sperrminoritäten aktuell werden lassen[438]. Diese Norm ermöglichte durch Kombination der Quoren, welche zur Beschlussfähigkeit und zur Beschlussfassung der *assemblea straordinaria* notwendig waren, die einfachere Bildung von Sperrminoritäten[439].

---

[434] LEHMANN, AG 1983, 113, 114;

[435] vgl. die Nachweise oben bei § 2.B.II.2; S. 79;

[436] allgemein zum Verhältnis *legge, decreto legislativo* und *testo unico* vgl. KINDLER, S. 54 f.;

[437] MONTALENTI, Giur.comm. 1998, I, 329, 332 ff.; vgl. auch die Überschrift der *Sezione II* des T.U.F.: *"Tutela delle minoranze"*;

[438] SERRA in: ALPA, CAPRIGLIONE, Art. 126 Nr. 5, S. 1162; SANTAGATA in: CAMPOBASSO, T.U.F., Art. 126 Nr. 5, S. 1040; MARCHETTI, Società 1998, 557, 558; MAZZONI, Giur.comm. 1998, I, 485, 500; PORTALE, EDP 1991, I, 153, 154;

[439] PORTALE, EDP 1991, I, 153, 154; GAMBINO, Tutela delle Minoranze, S. 135; 139;

Durch die aufgrund von d.lg. 10.1.2003, n. 6 am 1.1.2004 in Kraft getretene Gesellschaftsrechtsreform[440] wurden die Normen des T.U.F. in den *Codice civile* integriert. Insbesondere wurden die Quoren des Art. 126 T.U.F. in die Art. 2368 f c.c. übernommen.

2. Assemblea ordinaria und assemblea straordinaria

Vorauszuschicken ist, dass für die Beschlussfassung und die dort erforderlichen Mehrheiten der italienische Gesetzgeber zwischen der *assemblea ordinaria* und der *assemblea straordinaria* unterscheidet. Erstere ist gemäß Art. 2364 c.c. für solche Angelegenheiten zuständig, welche sich nicht auf die Satzung auswirken, sondern lediglich der Kontrolle der Geschäftsführung dienen, wie etwa die Genehmigung der Jahresbilanz oder Ernennung der *amministratori*. Die *assemblea straordinaria* hingegen ist – grob zusammengefasst – für solche Beschlüsse zuständig, welche eine Änderung der Satzung bzw. die Auflösung der Gesellschaft betreffen, Art. 2365 c.c.

3. Zwei Quoren als Wirksamkeitsvoraussetzung

In Italien existieren als Voraussetzung für einen gültigen Beschluss in der *assemblea* prinzipiell zwei verschiedene Quoren. Zum einen das sog. *quorum costitutivo*, welches für die Beschlussfähigkeit der Versammlung vorliegen muss, und zum anderen das *quorum deliberativo*, welches die für die Beschlussfassung nötige Stimmenmehrheit darstellt.

Um zu erörtern, wie Minderheiten auf die Beschlussfassung Einfluss nehmen können, müssen zunächst die verschiedenen Quoren einer genaueren Untersuchung unterzogen werden.

a) *Assemblea ordinaria*

Bei der ersten *convocazione* der *assemblea* legt Art. 2368 I S.1 c.c. ein *quorum costitutivo* von mindestens 50 % des Grundkapitals fest. Dies soll eine gewisse Beteiligung an der Diskussion und der Abstimmung sicherstellen, um auch die Bindung der dissentierenden Aktionäre legitimieren zu können[441]. Der italienische Gesetzgeber wollte gerade die Möglichkeit ausschließen, dass ein einzelner oder zumindest wenige zur *assemblea* erschienene Aktionäre mit geringer Beteiligung über das Geschick der *S.p.A.* entscheiden können.

Für die Annahme des Beschlussgegenstandes ist dann die absolute Mehrheit erforderlich, also 50 % plus eine Stimme, Art. 2368 I S.2 c.c.

Scheitert eine Beschlussfassung an einem der beiden Quoren, ist gemäß Art. 2369 I c.c. eine zweite *convocazione* obligatorisch. In dieser wird nun gemäß Art. 2369 III c.c. auf ein *quorum costitutivo* verzichtet. Zum Erfordernis eines *quorum deliberativo* schweigt sich die Norm hingegen aus. Auch hier ist aber zur Annahme des Beschlussgegenstandes Zustimmung der Mehrheit der in der *assemblea* erschienenen Aktionäre, also 50 % plus eine Stimme notwendig[442].

---

[440] nachfolgend „die Gesellschaftsrechtsreform";

[441] CHIANTIA, S. 177;

[442] CAMPOBASSO, S. 326; vgl. auch das Beispiel bei CAROTA, CeI 1999, 337, 338;

b) *Assemblea straordinaria* (nicht börsennotiert)

Für die *assemblea straordinaria* einer nicht an der Börse notierten *S.p.A.* ist in der ersten *convocazione* vom Gesetzgeber direkt kein *quorum costitutivo* festgelegt. Dieses ergibt sich lediglich indirekt aus der Tatsache, dass sich das *quorum deliberativo* nicht anhand der in der *assemblea* erschienenen Aktien, sondern anhand der Quote des *capitale sociale* bestimmt[443]. So sind für einen positiven Beschluss gemäß Art. 2368 II S.1 c.c. 50 % plus eine aller Aktien erforderlich.

In der zweiten *convocazione* hingegen schreibt Art. 2369 III c.c. ein *quorum costitutivo* von mehr als einem Drittel des Grundkapitals vor. Für die Annahme des Beschlussgegenstandes ist ein *quorum deliberativo* von wenigstens zwei Dritteln des in der *assemblea* vertretenen Grundkapitals erforderlich.

c) *Assemblea straordinaria* (börsennotiert)

Bei der börsennotierten *S.p.A.* schreibt Art. 2368 II S.2 c.c. bereits in der ersten *convocazione* ein *quorum costitutivo* von wenigstens 50 % des Grundkapitals vor. In der zweiten *convocazione* bleibt es auch bei der *assemblea straordinaria* einer börsennotierten *S.p.A.* bei einem *quorum costitutivo* von mehr als einem Drittel. In der dritten *convocazione* hingegen ist ein *quorum costitutivo* von nur noch wenigstens einem Fünftel des Grundkapitals erforderlich, Art. 2369 VII c.c.

Als *quorum deliberativo* ist jeweils eine Mehrheit von wenigstens zwei Dritteln des in der *assemblea* vertretenen Grundkapitals erforderlich. Das für die Beschlussfassung erforderliche *quorum deliberativo* bestimmt sich jeweils im Verhältnis zum im Zeitpunkt der Beschlussfassung anwesenden Grundkapital. Für die Annahme eines Beschlusses müssen mindestens zwei Drittel des in der *assemblea* vertretenen Kapitals dafür stimmen, Art. 2368 II S.2 c.c. bzw. Art. 2369 III c.c.[444]

4. Auswirkung von Enthaltungen

Bei diesen Mehrheitserfordernissen stellt sich die Frage des Anknüpfungspunktes für das *quorum deliberativo* im Zusammenhang mit Enthaltungen.

a) Aktuelle Gesetzeslage

Art. 2368 III S.1 c.c. enthält die bisher in Art. 2373 IV c.c. a.F. enthaltene Regelung, wonach unfreiwillige Enthaltungen zur Berechnung der Bezugsgröße des *quorum costitutivo* herangezogen werden müssen. In S.2 wird nun *expressis verbis* klargestellt, dass dies gerade nicht für die Berechnung des *quorum deliberativo* gilt.

Daraus ergibt sich seit dem 1.1.2004 folgende Rechtslage: Prinzipiell kommt eine Enthaltung einer Neinstimme gleich, da für die Annahme eines Beschlussgegenstandes eine gewisse Quote von *voti favorevoli* verlangt werden. In dem Moment aber, da den Aktionär wegen eines Interessenkonflikts eine Pflicht zur Enthaltung trifft, ist seine Enthaltung als unfreiwillig anzusehen. Für die Bezugsgröße des *quorum deliberativo* wird dann gemäß Art. 2368 III S.2 c.c. die Enthaltung nicht berücksichtigt.

---

443 DI SABATO, S. 253; CAMPOBASSO, S. 326; GRIPPO, S. 376;

444 zum vor der Gesellschaftsrechtsreform geltenden Art. 126 IV T.U.F MARCHETTI, Società 1998, 557, 558;

Nur freiwillige Enthaltungen kommen also einer Neinstimme gleich, da sie nicht *voti favorevoli* sind, auf der anderen Seite aber in die Berechnungsgrundlage des *quorum deliberativo* mit einfließen. Unfreiwillige Enthaltungen sind auch keine *voti favorevoli,* sie werden aber auch nicht zur Berechnung des *quorum deliberativo* herangezogen und sind daher nicht den Neinstimmen gleich.

b) Gesetzeslage vor der Geselleschaftsrechtsreform

Der Wortlaut vor der Gesellschaftsrechtsreform war diesbezüglich nicht eindeutig. Diesem zufolge konnte das *quorum deliberativo* sich auf alle in der *assemblea* erschienenen, oder aber nur auf die abstimmenden Aktionäre beziehen[445]. Auch Art. 2373 IV c.c. a.F. half diesbezüglich nicht weiter, da er zum einen lediglich die Berechnung des *quorum costitutivo* betraf und zum anderen den Fall einer *astensione obbligatoria,* also einer unfreiwilligen Enthaltung, regelte[446].

Nach einer Ansicht sollten zumindest bei der *assemblea ordinaria* die Enthaltungen nicht in die Bezugsgröße des *quorum deliberativo* eingerechnet werden. Mit der Enthaltung brächte der Aktionär nämlich zum Ausdruck, dass er dem Beschlussgegenstand weder zustimmen noch ihn ablehnen wolle. Dieser Tatsache würde man aber nicht gerecht, wenn man die Enthaltungen im Endergebnis wie Neinstimmen behandeln würde. Dazu käme die Tatsache, dass es sich bei einer *S.p.A.* regelmäßig um eine Publikumsgesellschaft handelt, in der Entscheidungen im Interesse des Funktionierens der wirtschaftlichen Abläufe möglichst reibungslos getroffen werden müssten. Enthaltungen sollten daher nicht die Beschlussfassung blockieren können[447]. Nach dieser Ansicht wurden also die Enthaltungen nicht mitgezählt, es kam nur auf die absolute Mehrheit der abgegebenen Stimmen an[448].

Die wohl h.M. ging jedoch davon aus, dass sich das *quorum deliberativo* anhand aller in der *assemblea* erschienenen Aktionäre errechnete. Eine andere Ansicht würde dem Wortlaut des Art. 2368 I S.2 c.c. a.F. widersprechen, welcher schließlich eine *"maggioranza assoluta"* verlangte[449], die Mehrheit also gerade nicht lediglich auf die *votanti* bezog[450].

Auch die Auslegung des Art. 126 IV T.U.F. dahin gehend, dass als Referenzgröße nur auf die abgegebenen Stimmen abzustellen sei, hätte den Wortlaut der Norm gesprengt. Und zwar auf noch deutlichere Weise als dies bei der Auslegung des § 182 I S.1 AktG der Fall ist. Denn als *„bei der **Beschlussfassung** vertreten"* kann man u.U. wirklich nur die Stimmen ansehen, welche aktiv abgegeben worden sind. Unter das *"capitale rappresentato in **assemblea**"* musste aber auch dasjenige Kapital fallen, für welches das Stimmrecht nicht aktiv ausgeübt

---

445 ROSSI, Giur.comm. 1987, I, 536, 537;

446 LENER, TUCCI, S. 120 ff.; SACCHI in: COLOMBO, PORTALE, 3*, S. 201, 280;

447 PELLIZZI, Riv.dir.civ. 1967, I, 113, 204; CHIANTIA, S. 112; SACCHI in: COLOMBO, PORTALE, 3*, S. 201, 281 ff. jeweils für die *assemblea ordinaria*; MARTINES, CeI 1997, 1184, 1187 ff.; auch Trib. Milano, 9.11.1987, in: Giur.comm. 1988, II, 967, 972; Trib. Milano, 11.4.1988, in: Giur.it. 1988, I, 2, 305, 307; Trib. Napoli, 7.1.1999, in: Foro nap. 1999, 41, 42; jeweils ohne Begründung;

448 zum selben Ergebnis kommt auch CAROTA, CeI 1999, 337, 342 ff., die die sich enthaltenden Stimmen zwar zur Bezugsgröße hinzurechnen, sie aber auch je zur Hälfte zu den Ja- und Neinstimmen zählen will. Der Beschluss gilt dann als gefasst, wenn sich so die absolute Mehrheit des anwesenden Kapitals dafür ausspricht;

449 SERRA in: COLOMBO, PORTALE, 3*, S. 51, 134; CAMPOBASSO, S. 326 Fn. 2; GRIPPO, S. 375; LENER, TUCCI, S. 120;

450 Trib. Milano, 8.2.1988, in: Società 1988, 707. 711;

wird. Dieses Wortlautargument musste genauso für unfreiwillige Enthaltungen gelten[451], so dass auch in der *assemblea straordinaria* der börsennotierten *S.p.A.* diese den Neinstimmen gleich gestellt wurden.

Teilweise wurde bzgl. der Rechtsfolgen aber auch zwischen *astensione obbligatoria* und *astensione volontaria* unterschieden.

Sowohl Lit.[452] als auch Rspr.[453] sprachen sich dafür aus, dass diese unfreiwilligen Enthaltungen nicht mit eingerechnet werden dürften. Gerade daraus, dass Art. 2373 IV c.c. a.F. das *quorum deliberativo* nicht erwähnte, müsste im Umkehrschluss gefolgert werden, dass die *astensioni obbligatorie* dort nicht dazugezählt werden dürften. Dies wurde bereits in § 971 der Motive zum *Codice civile* ausdrücklich klargestellt. Außerdem bestünde andernfalls die Gefahr, dass die Gesellschaft in ihrer Entscheidungsfindung blockiert wäre, wenn sich die Mehrheit der Gesellschafter in einem Interessenkonflikt befände.

Gegen diese Ansicht wurden allerdings Einwände erhoben. Gerade in den Fällen, da das *quorum deliberativo* sich anhand des Anteils am Grundkapital und nicht anhand des in der *assemblea* anwesenden Kapitalanteils bestimme, wie dies bei der *assemblea straordinaria* oder bei der S.r.l.[454] der Fall war, wäre diese Ansicht nicht mit geltendem Recht vereinbar. Wenn das Gesetz nämlich an das Grundkapital anknüpfte, ließ sich der Wortlaut nicht dahin gehend verbiegen, dass nur das Grundkapital anzusetzen ist, welches sich nicht in einem Interessenkonflikt befinde[455]. Aber auch bei der *assemblea ordinaria* müsse die unfreiwillige Enthaltung in die Berechnungsgrundlage des *quorum deliberativo* mit einfließen, andernfalls wäre es einer unbedeutenden Minderheit bereits in der ersten *convocazione* möglich, Beschlüsse zu fassen[456].

Folge dieser Ansicht war, dass sowohl unfreiwillige als auch freiwillige Enthaltungen einer Neinstimme gleichkamen und so für die Annahme eines Beschlusses wirklich die erforderliche Anzahl von Jastimme erforderlich waren, wohingehen Enthaltungen, gleichgültig ob freiwillig oder unfreiwillig, faktisch den Neinstimmen zugerechnet wurden.

5. Möglichkeit einer Sperrminorität

Es stellt sich also die Frage, auf welche Art und Weise unter Zugrundelegung dieser Quoren eine Minderheit einen Beschluss blockieren kann.

a) *Assemblea ordinaria*

Umstritten ist, ob für eine Minderheit die Möglichkeit besteht, in der ersten *convocazione* einen Beschluss durch Verlassen der *assemblea* zu verhindern.

---

451 PATRONI GRIFFI, SANDULLI, SANTORO, S. 870 f.;

452 FERRI, S. 595;

453 Trib. Milano, 8.4.1982, in: Giur.it. 1983, I, 2, 842, 857; Cass.civ., I, 7.8.1959, n. 2489, in: Giust.civ. 1959, I, 2129, 2132 ff. (S.r.l.); Cass.civ., I, 23.3.1996, n. 2562, in: Foro it. 1997, I, 1933, 1938 (S.r.l.); Trib. Milano, 24.9.1990, in: Società 1991, 507, 508 (S.r.l.); Trib. Milano, 10.10.1991, in: Società 1992, 673 (S.r.l.);

454 vgl. Art. 2486 c.c. a.F.; beachte aber, dass die in Fn. 453 zitierten Entscheidungen fast alle Beschlüsse der *assemblea* einer S.r.l. zum Gegenstand haben;

455 SACCHI in: COLOMBO, PORTALE, 3*, S. 201, 285; COTTINO, S. 352;

456 Trib. Milano, 8.2.1988 in: Società 1988, 707, 711; SERRA in: COLOMBO, PORTALE, 3*, S. 51, 133 ff.; FERRI, S. 595;

aa) Blockade des *quorum costitutivo*

Für diesen muss nämlich nach dem soeben erörterten das *quorum costitutivo* mindestens 50 % des *capitale sociale* betragen. Geht man nun davon aus, dass dieses nicht nur einmal und endgültig zu Beginn der *assemblea*, sondern für jeden Beschluss einzeln festgestellt werden muss, kann das anwesende Grundkapital durch das Verlassen der Hauptversammlung durch eine Minderheit unter das *quorum costitutivo* absinken und ein Beschluss somit nicht gefasst werden.

Um eine solche Blockademöglichkeit zu verhindern, wird teilweise vertreten, das *quorum costitutivo* müsse nur einmal zu Beginn der Eröffnung der *assemblea* festgestellt werden, ein späteres Absinken des anwesenden Grundkapitals sei unerheblich[457]. Die Teilnahme an der *assemblea* sei lediglich ein Recht, jedoch keine Pflicht. Wenn ein Aktionär von diesem Recht keinen Gebrauch mache, dürfe dies nicht zu einer Blockade führen[458]. Außerdem zeige schon die Existenz zweier Quoren, dass das eine für die ordnungsgemäße Eröffnung, Diskussion etc. entscheidend ist, für die konkrete Beschlussfassung hingegen lediglich das *quorum deliberativo* relevant sein könne[459].

Nach anderer Ansicht muss hingegen auch das *quorum costitutivo* im Moment der Abstimmung gegeben sein[460]. Einem Aktionär könne kaum das Recht verweigert werden, auch zu diesem Zeitpunkt die Feststellung des (mangelnden) *quorum costitutivo* zu verlangen. Denn nur durch die Kombination beider Quoren könne sichergestellt werden, dass der Beschluss durch eine ausreichend hohe Beteiligung die Bindung der dissentierenden Gesellschafter an den Beschluss rechtfertige. Schließlich zeige sich das Erfordernis des *quorum deliberativo* auch im Moment der Beschlussfassung daran, dass der Gesetzgeber bei der *assemblea straordinaria* die Quoren verbunden habe. Durch das Abstellen auf das Grundkapital habe er deutlich gemacht, dass gerade bei der Abstimmung eine ausreichende Beteiligung sichergestellt werden muss[461].

Folgt man dieser letztdargestellten Auffassung, kann eine Minderheit durch Verlassen des Versammlungsortes die Beschlussunfähigkeit der *assemblea* herbeiführen. Wenn nämlich bei der Eröffnung der *assemblea* das *quorum costitutivo* nur knapp erreicht ist, und danach lediglich so viele Aktionäre zurückbleiben, dass sie gemeinsam nicht die Hälfte des Grundkapitals innehaben, scheitert eine Beschlussfassung am *quorum costitutivo*[462].

---

457 Noch unter Geltung des *Codice di commercio*: SRAFFA, Riv.dir.comm. 1906, II, 84, 86 ff; unter vor der Gesellschaftsrechtsreform geltendem Recht: Trib. Bologna, 12.10.1984, in: Giur. it. 1985, I, 2, 191; Trib. Milano, 9.11.1987, in: Giur.comm. 1988, II, 967, 972; Trib. Milano, 11.4.1988, in: Giur.it. 1988, I, 2, 305, 307; Trib. Napoli, 7.1.1999, in: Foro nap. 1999, 41, 42 (für die S.r.l.); BENAZZO, S. 555; SERRA in: COLOMBO, PORTALE, 3*, S. 51, 128 ff.; FRÈ, SBISA in: SCIALOJA, BRANCA, Art. 2325-2409, Art. 2368; S. 615 f.; MARTINES, CeI 1997, 1184, 1186;

458 LAURINI, Giur.comm. 2000, I, 655, 673 f.;

459 SERRA in: COLOMBO, PORTALE, 3*, S. 51, 130;

460 Noch unter Geltung des *Codice di commercio*: Trib. Verona, 23.11.1906, in: Riv.dir.comm. 1906, II, S. 84, 85 f.; SCIALOJA, Riv.dir.comm. 1906, I, 473 ff.; in Bezug auf die vor der Gesellschaftsrechtsreform geltende Rechtslage: BUONOCORE, Riv.soc. 1970, 291, 302 f.; CAMPOBASSO, S. 325; DI SABATO, S. 253;

461 CHIANTIA, S. 176 ff.;

462 so der Sachverhalt von Trib. Verona, 23.11.1906, in: Riv.dir.comm. 1906, II, S. 84, mit dem Unterschied, dass der damalige Art. 158 c.co. ein *quorum costitutivo* von drei Viertel des Grundkapitals erforderte; vgl. auch BUONOCORE, Riv.soc. 1970, 291, 301 ff.;

bb) Blockade des *quorum deliberativo*

In Bezug auf das *quorum deliberativo* ist eine Sperrminorität nur denkbar, wenn der oder die Inhaber von genau der Hälfte der Aktien, gegen den Beschluss stimmen. Bei der ersten *convocazione* ist für die Beschlussfassung nämlich eine Mehrheit von 50 % plus einer Stimme vom gesamten Grundkapital erforderlich. So kann man nach der dieser Arbeit zugrunde liegenden Definition einen Anteil von genau 50 % wieder als Sperrminorität ansehen, da mit diesem Anteil kein positiver Beschluss herbeigeführt (Art. 2368 II S.1 c.c.: "*...più della metà del capitale sociale...*"), sehr wohl aber verhindert werden kann. Es handelt sich dabei um einen Fall, der in erster Linie bei *S.p.A.* denkbar ist, deren Anteile von zwei Aktionären zu gleichen Teilen gehalten werden[463].

Andernfalls ist eine Sperrminorität nur dann denkbar, wenn die Satzung von der Möglichkeit des Art. 2368 I S.2 c.c. Gebrauch macht und ein höheres *quorum deliberativo* vorschreibt[464].

cc) Zweite *convocazione*

Das Gesetz sieht in Art. 2369 I c.c. aber selbst als Rechtsfolge für den Fall eines nicht erreichten Quorums eine obligatorische zweite *convocazione* der *assemblea* vor.

In dieser ist ein *quorum costitutivo* gemäß Art. 2369 III c.c. nicht mehr erforderlich und kann auch nicht durch die Satzung verlangt werden[465]. Selbst wenn man also der Auffassung folgt, wonach das *quorum costitutivo* die ganze *assemblea* über für jeden Beschluss vorliegen muss, kann eine Minderheit durch nachträgliches Verlassen der Hauptversammlung die Beschlussfassung lediglich verzögern, nicht jedoch verhindern[466].

Das *quorum deliberativo* bleibt hingegen bei der zweiten *convocazione* – wie oben festgestellt[467] – unverändert. Daraus ergibt sich, dass auch bei erneuter Einberufung der *assemblea* den Inhabern von genau 50 % der anwesenden Aktien eine Sperrminorität zukommt.

dd) Ergebnis

In der *assemblea ordinaria* kann eine Sperrminorität durch Blockieren des *quorum deliberativo* den Beschluss also lediglich verzögern. Eine Ausnahme besteht nur für einen einzelnen bzw. für eine Gruppe von Aktionären, welche Inhaber von genau der Hälfte der Aktien sind. Diese können einen Beschluss durch Blockade des *quorum deliberativo* tatsächlich verhindern.

---

[463] sog. *abus d'égalité*; PORTALE, EDP 1991, I, 153, 155; MARTINES, CeI 1997, 1184; GALGANO, S. 260; PREITE, S. 293 Fn. 106;

[464] zur Möglichkeit, das *quorum deliberativo* nach oben zu verändern vgl. SERRA in: COLOMBO, PORTALE, 3*, S. 51, 138 f.;

[465] BENAZZO, S. 506;

[466] BUONOCORE, Riv.soc. 1970, 291, 304 ff.;

[467] § 3.B.II.3.a), S. 89 f.;

b) *Assemblea straordinaria* (nicht börsennotiert)

aa) Erste *convocazione*

Bei der *assemblea straordinaria* ist eine Blockade des *quorum costitutivo* in der ersten *convocazione* nicht möglich, da auf ein solches in Art. 2368 II c.c. verzichtet wurde. In Bezug auf das *quorum deliberativo* kann eine Gruppe von Aktionären, welche genau die Hälfte der Aktien inne hat, aber wieder in der ersten *convocazione* einen Beschluss verhindern.

Dadurch kann eine Beschlussfassung zunächst lediglich verzögert werden, da auch für den Fall des Nichterreichens des *quorum deliberativo* die zweite Einberufung der *assemblea* gemäß Art. 2369 I c.c. zwingend vorgeschrieben ist.

bb) Blockade des *quorum costitutivo*

Bei dieser zweiten *convocazione* ist nun aber ein *quorum costitutivo* von mehr als einem Drittel des Grundkapitals erforderlich, so dass eine Blockade möglich ist, wenn zunächst nur wenig mehr als ein Drittel des Grundkapitals in der *assemblea* anwesend ist und eine Gruppe von Aktionären die *assemblea* sodann verlässt, so dass vor der eigentlichen Beschlussfassung das anwesende Grundkapital unter dieses Drittel sinkt[468].

Anders als bei der *assemblea ordinaria* ist im Anwendungsbereich des Art. 2369 c.c. auch kaum bestritten, dass das *quorum costitutivo* während jeder konkreten Abstimmung und nicht lediglich einmal zu Beginn der *assemblea* vorliegen muss[469]. Speziell ein Vergleich mit dem Wortlaut des Art. 2368 I S.2 c.c. legt dies nahe. Während dieser nämlich lediglich von einer *"maggioranza assoluta"* spricht, beziehen sich Art. 2368 II S.2, 2369 III c.c. auf das *"capitale rappresentata in assemblea"*, was darauf hindeutet, dass dies auch wirklich noch vertreten sein muss[470]. Andernfalls wäre infolge der Aufgabe des Grundkapitals als Referenzgröße keine ausreichend hohe Teilnahme sichergestellt, welche die Bindung der dissentierenden Aktionäre an den Beschluss rechtfertigen würde. Eine der Hauptziele des T.U.F., in dem diese Formulierung zunächst auftauchte, war aber gerade die Stärkung der Minderheitsrechte, wie schon die den Art. 125 ff. T.U.F. vorangestellte Überschrift zeigt[471].

cc) Blockade des *quorum deliberativo*

In der zweiten *convocazione* ist die Verhinderung eines positiven Beschlusses aufgrund des qualifizierten Mehrheitserfordernisses des Art. 2369 III c.c. von zwei Dritteln mittels einer echten Sperrminorität möglich. Eine solche Minderheit von knapp über einem Drittel kann das Zustandekommen eines positiven Beschlusses verhindern. Die gleiche Gruppe hätte selbst nicht die Möglichkeit, aktiv einen Beschluss zu fassen, fällt also unter die oben[472] aufgestellten Definition einer Sperrminorität. Auch durch die Satzung kann dieses Quorum nicht herabgesetzt, sondern allenfalls erhöht werden, Art. 2369 IV c.c.

---

468 § 3.B.II.3.b), S. 90 f.;

469 zur Vorgängernorm des Art. 2339 c.c. SANTAGATA in: CAMPOBASSO, T.U.F., Art. 126, S. 1036; a.A. SERRA in: ALPA, CAPRIGLIONE, Art. 126, S. 1162;

470 LAURINI, Giur.comm. 2000, I, 655, 674; vgl. aber MARCHETTI, Società 1998, 557, 558, der aus diesem Wortlaut die Anwesenheit des Grundkapitals im Moment der Beschlussfassung lediglich für die Berechnung des *quorum deliberativo* fordert, sich zur Frage der Notwendigkeit des *quorum costitutivo* zu diesem Zeitpunkt aber nicht äußert;

471 LAURINI in: MARCHETTI, BIANCHI, Art. 125, S. 952 f.;

472 § 1.B, S. 26 f.;

Die nun in Art. 2341-bis c.c. ausdrücklich vorgesehene Möglichkeit, *patti parasociali* abschließen zu können, verstärkt die Möglichkeit der Minderheiten, sich zu solchen Sperrminoritäten zu organisieren und die eigenen Rechte effektiv auszunutzen[473].

c) *Assemblea straordinaria* (börsennotiert)

Da bei der börsennotierten *S.p.A.* bereits in der ersten *convocazione* ein *quorum costitutivo* erforderlich ist und auch dann schon ein *quorum deliberativo* von mindestens zwei Dritteln erforderlich ist, besteht bereits in der ersten *convocazione* die Möglichkeit einer Sperrminorität entsprechend den oben genannten Grundsätzen. Das Gleiche gilt für die dritte *convocazione*.

6. Ergebnis

Während eine Minderheit bei der *assemblea ordinaria* eine Beschlussfassung also lediglich verzögern kann, ist es in der *assemblea straordinaria* durchaus möglich, dass aufgrund des *quorum deliberativo* von zwei Dritteln eine Sperrminorität systematisch eine Beschlussfassung verhindert. Blockadewirkung kommt dabei nicht nur Neinstimmen sondern auch Enthaltungen zu, soweit diese freiwillig sind.

III. Zusammenfassung und Vergleich

Es zeigt sich also, dass zwischen dem deutschen und dem italienischen Gesellschaftsrecht erhebliche Unterschiede in Bezug auf die Möglichkeiten der Bildung von Sperrminoritäten bestehen.

1. Unterscheidung bzgl. Notierung an der Börse

Zunächst einmal ist festzustellen, dass nur das italienische Recht hinsichtlich der erforderlichen Mehrheiten dahin gehend differenziert, ob die Aktiengesellschaft an der Börse notiert ist. Und auch nur in Italien besteht die Pflicht bzw. (bei der dritten *convocazione*) die Möglichkeit, bei Nichtzustandekommen eines positiven Beschlusses die *assemblea* ein weiteres Mal einzuberufen. In Deutschland gilt ein Beschluss bei Nichterreichen der erforderlichen Mehrheit als abgelehnt, ohne dass darauf die Hauptversammlung ein weiteres Mal einberufen werden muss.

2. Verschiedene Formen der *assemblea*

Ein weiterer Unterschied besteht in den verschiedenen Kompetenzbereichen der *assemblea ordinaria* und *assemblea straordinaria* in Italien. Während erstere gemäß Art. 2364 II c.c. einmal jährlich einberufen werden muss und in erster Linie über die laufenden Angelegenheiten der *S.p.A.* entscheidet, bleiben der *assemblea straordinaria* – grob zusammengefasst – die satzungsändernden Entscheidungen vorbehalten. Das AktG hingegen unterscheidet nicht zwischen ordentlicher und außerordentlicher Hauptversammlung, sondern weist dieser in § 119 I AktG die Beschlussfassung sowohl über laufende Angelegenheiten (etwa Nr. 2) als auch über Satzungsänderungen (Nr. 5) zu. Diese Unterschiede sind aber eher formaler Natur. Denn auch die Hauptversammlung ist gemäß § 120 I S.1 AktG mindestens einmal jährlich

---

[473] vgl. CARIELLO, Riv.soc. 1999, 718, 721 Rn. 5 und 739; zu den gleichwohl bestehenden Schwierigkeiten, eine Sperrminorität zu organisieren vgl. ENRIQUES, Giur.comm 1998, I, 680, 693 f.;

einzuberufen. Außerdem verlangt auch das AktG für die satzungsändernden Beschlüsse eine qualifizierte Mehrheit. Während in Italien die verschiedenen Beschlussgegenstände also von vornherein verschiedenen Formen der *assemblea* übertragen werden, ist in Deutschland zwar die selbe Hauptversammlung zuständig, an die einzelnen Beschlussgegenstände werden aber unterschiedliche Mehrheitserfordernisse geknüpft.

3. Quoren

Ein wesentlicher Unterschied zwischen den beiden Rechtsordnungen besteht in Bezug auf die erforderlichen Quoren. Die Art. 2368 ff. c.c. setzen für eine wirksame Beschlussfassung das Einhalten eines *quorum costitutivo* und eines *quorum deliberativo* voraus bzw. bestimmen das *quorum deliberativo* mittels des Grundkapitals als Berechnungsgrundlage. Daraus ergibt sich, dass jeder Beschluss von einem gewissen Mindestanteil des Stammkapitals getragen werden muss. Anders hingegen das AktG, wonach ein nach Kapitalbeträgen oder Anzahl der anwesenden Aktionäre bemessenes Quorum für die Beschlussfähigkeit der Hauptversammlung – von § 52 V S.2 AktG einmal abgesehen – nicht erforderlich ist, sondern lediglich durch die Satzung festgelegt werden kann. Nur in Deutschland ist es somit möglich, dass auch der Inhaber einer einzigen Aktie bei alleinigem Erscheinen in der Hauptversammlung einen positiven Beschluss für eine große, börsennotierte AG herbeiführt[474]. Dies wirkt sich in Bezug auf die Sperrminoritäten insofern praktisch aus, als dass Minderheiten nur in Italien die Möglichkeit haben, eine positive Beschlussfassung durch Verlassen der *assemblea* zu verhindern bzw. zumindest hinauszuzögern.

Regelmäßig ist in Italien für eine Sperrminorität eine Stimme mehr als ein Drittel der in der *assemblea* anwesenden Stimmen erforderlich. In Deutschland jedoch lediglich eine Stimme mehr als ein ein Viertel des bei der Beschlussfassung erforderlichen Grundkapitals, so dass eine Sperrminorität dort leichter zu erreichen ist.

4. Stimmenthaltungen

Besonders divergieren die beiden Rechtsordnungen in Bezug auf die Behandlung von Stimmenthaltungen. In Italien werden diese faktisch den Neinstimmen gleichgestellt, sofern es sich um freiwillige handelt. In Deutschland hingegen werden diese weder bei der Stimmzählung mitgerechnet, noch in die Berechnungsgrundlage des Mehrheitserfordernisses mit eingerechnet. Daraus ergibt sich, dass lediglich in Deutschland zur Ausübung einer Sperrminorität die Abgabe von Neinstimmen erforderlich ist. In Italien sind hingegen aufgrund der Hinzuzählung zur Vergleichsgröße des *quorum deliberativo* schon Enthaltungen ausreichend, was – wie zu zeigen sein wird – größere Probleme bei den Kriterien für einen Missbrauch[475], vor allem aber bzgl. der Rechtsfolgen[476] darstellt.

C. Missbrauch

Im Folgenden sollen nun die Grenzen der rechtmäßigen Ausübung dieser Sperrminoritäten untersucht werden. Dabei muss man sich vor Augen halten, dass Sperrminoritäten ganz bewusst vom Gesetzgeber zum Schutze der Minderheiten vorgesehen sind[477], also das

---

474 ZÖLLNER in: KöKo, AktG, § 133 Rn. 30 ff.;
475 siehe unten § 3.C.II.3.a), S. 132 ff.;
476 siehe unten § 3.D.II.4.c), S. 184 f.;
477 FERRARI, S. 144; vgl. auch CHIANTIA, S. 114 ff.;

Ausüben alleine keinesfalls schon als rechtsmissbräuchlich angesehen werden kann. Als Kehrseite der Medaille ist aber zu berücksichtigen, dass bei einem exzessiven Gebrauch von Sperrminoritäten und damit einhergehender Einschränkung des Mehrheitsprinzips die Hauptversammlung ihre Entscheidungsfähigkeit einbüßt[478]. Es gilt daher die Grenzen zwischen legitimem, den Zielen des Gesetzgebers entsprechendem Gebrauch auf der einen Seite und missbräuchlicher Ausübung der Sperrminoritäten auf der anderen Seite aufzuzeigen.

I. Deutschland

Die folgenden Erörterungen widmen sich der Frage, aufgrund welcher Kriterien eine Einschränkung des grds. freien Stimmrechts durch die Treupflicht möglich ist, und wie sich diese Kriterien auf eine Sperrminorität übertragen lassen.

1. Einschränkung des Stimmrechts aufgrund der Treupflicht

Weiter oben wurde bisher lediglich festgestellt, dass der einzelne Aktionär sowohl im vertikalen Verhältnis zur Gesellschaft als auch auf horizontaler Ebene in Bezug auf Beziehungen mit anderen Aktionären der gesellschaftsrechtlichen Treupflicht unterliegt[479], ohne dass auf den Inhalt und Umfang dieser Treupflicht im Aktienrecht konkret eingegangen worden wäre.

Allgemeingültige Aussagen zum Umfang der aktienrechtlichen Treupflicht im Rahmen der Ausübung des Stimmrechts lassen sich nur schwer treffen, da sich deren Anforderungen stark nach den Umständen des Einzelfalls richten. Entscheidend bei einer solchen Einzelfallbetrachtung ist die Berücksichtigung der – oft gegensätzlichen – Interessen aller Beteiligten, die nach dem Prinzip der Verhältnismäßigkeit gegeneinander abgewogen werden müssen.

a) Grundsatz der freien Stimmrechtsausübung

Am Beginn der Suche nach der Grenze zwischen legitimer und missbräuchlicher Sperrminorität muss man sich daher den Grundsatz der freien Stimmrechtsausübung vor Augen halten. Bei Abweichungen von diesem Grundsatz gilt es stets, das Regel-Ausnahme-Verhältnis zu berücksichtigen[480].

Das Stimmrecht stellt die gesellschaftsrechtliche Umsetzung der im Zivilrecht geltenden Privatautonomie dar und darf somit – zumindest *a priori* – keinerlei Einschränkung unterworfen sein[481]. Dieser Grundsatz geht auch aus dem AktG selbst hervor, welches insbesondere in § 117 VII Nr.1 AktG an die Ausübung des Stimmrechts keine Schadensersatzpflicht knüpft[482]. Beschränkungen dieses Stimmrechts bspw. in § 136 I AktG oder – wenn auch nur auf der Rechtsfolgenseite – § 243 II S.1 AktG werden ausdrücklich geregelt, wodurch deren Ausnahmecharakter hervorgehoben wird[483]. Jeder Gesellschafter soll grds. frei sein, seine

---

[478] HÜFFER in: MüKo, AktG, § 243 Rn. 48; FILLMANN, S. 123;
[479] vgl. § 2.A.I.4, S. 35 ff.;
[480] vgl. HENNRICHS, AcP 195 (1995), 221, 236;
[481] HÄSEMEYER, ZHR 160 (1996), 109, 125; SCHMIDT, ZGR 1982, 519, 523 f.;
[482] TIMM, WM 1991, 481, 484; WÜRDINGER, S. 74; AG Düsseldorf WM 1993, 164, 165; LG Düsseldorf WM 1993, 153, 162;
[483] MARSCH-BARNER, ZHR 157 (1993), 172, 177;

eigenen Interessen zu verfolgen[484], da gerade von dieser Kombination der Egoismen die Optimierung der Unternehmenspolitik erwartet wird[485]. Insofern muss auch eine gerichtliche Kontrolle eines Hauptversammlungsbeschlusses der vom Gesetzgeber gewünschten freien Willensbildung innerhalb der Gesellschaft ausreichenden Spielraum lassen[486]. Das unternehmerische Ermessen soll nämlich durch die Aktionäre, nicht durch die Gerichte ausgeübt werden[487]. Vor diesem Hintergrund lassen sich dem AktG daher zunächst auch keine Anhaltspunkte dafür entnehmen, dass nicht regelmäßig die formale Mehrheit auch die materiell richtige Mehrheit darstellt[488].

Das RG hatte diesen Grundsatz der freien Stimmrechtsausübung zunächst sehr streng verfolgt, in dem es ausführte, dass von der Mehrheit getragene Hauptversammlungsbeschlüsse für die Minderheit auch dann verbindlich seien, *„wenn sie dieser als verkehrt, wirtschaftlich nachteilig und die Bestrebungen der Minderheit schädigend"* erschienen[489]. Aber auch später ist die Rspr. nicht davon abgerückt, die freie Stimmrechtsausübung zumindest im Grundsatz hervorzuheben[490]. Diese Freiheit der Stimmrechtsausübung führt auch dazu, dass ein mit der nötigen Mehrheit gefasster Beschluss grds. keiner Rechtfertigung bedarf, er trägt vielmehr seine Rechtfertigung in sich[491].

b) Einschränkbarkeit des grds. freien Stimmrechts

An der uneingeschränkten Freiheit des Stimmrechts wurde schon bald Kritik laut, so dass die Rspr. später dieses uneingeschränkte Mehrheitsprinzip schrittweise relativiert hat. Bereits das RG hat in einer späteren Entscheidung eingeräumt, dass Sicherungen gegen Missbräuche der Mehrheitsherrschaft erforderlich seien[492]. Der BGH führte später aus, dass der Grundsatz der freien Stimmrechtsausübung sicherlich nicht soweit ginge, dass das Stimmrecht auch rechtsmissbräuchlich ausgeübt werden dürfe[493].

Hinsichtlich der Abstimmung im Rahmen der Hauptversammlung stellt sich die gesellschaftsrechtliche Treupflicht also als Verbot illoyaler Stimmrechtsausübung dar[494]. Diese auf den erste Moment recht griffig wirkende Formulierung besagt aber nicht mehr als das Verbot rechtsmissbräuchlicher Stimmrechtsausübung selbst und hilft daher nicht weiter, so lange man nicht nach inhaltlichen Kriterien sucht, um die Grenze zwischen legitimer Stimmrechtsausübung und Rechtsmissbrauch bzw. Illoyalität ziehen zu können.

aa) Bestimmung des Umfangs der Treupflicht anhand der Gesellschaftsform

In diesem Zusammenhang sind nun die Besonderheiten der AG zu berücksichtigen. Ohne eine solche individuelle, gesellschaftsformspezifische Betrachtungsweise verbirgt sich hinter

---

484 WÜRDINGER, S. 74; KROPFF in: GEßLER, HEFERMEHL, ECKARD, KROPFF, AktG, § 117 Rn. 27;
485 MERTENS, AcP 178 (1978), 227, 243;
486 RAISER, § 12 Rn. 48;
487 GRUNEWALD, FS Kropff, S. 95;
488 TIMM, ZGR 1987, 403, 404;
489 RGZ 68, 235, 245 f. – *Hibernia*;
490 vgl. BGHZ 14, 25, 37; BGH WM 1962, 811; außerdem die Fundstellen in Fn. 482;
491 BGHZ 76, 352, 353;
492 RGZ 132, 149, 162 – *Victoria*; vgl. FISCHER, FS Barz, S. 33; WIEDEMANN, GesR, § 8 I 1, S. 405;
493 BGHZ 14, 25, 37;
494 SCHMIDT, GesR, § 21 II 3, S. 616; ihm folgend TIMM, WM 1991, 481, 483;

dem Begriff der Treupflicht nämlich lediglich eine allgemeine Charakterisierung der Gesellschafterstellung ohne spezifischen Aussagegehalt[495].

Zur Bestimmung des Umfangs der Treupflicht und damit der Grenze des Missbrauchs wollen die meisten Stimmen weniger auf die rechtliche Form, sondern vielmehr auf die tatsächliche Struktur der Gesellschaft abstellen[496]. Autoren, die bei der Bestimmung zunächst von der Gesellschaftsform ausgehen, finden sich hingegen lediglich vereinzelt[497]. Bei ersterer Ansicht dürfte es sich jedoch um ein Überbleibsel aus der Rspr. des BGH handeln, welcher die horizontale Treupflicht in den Kapitalgesellschaften zunächst damit erklärte, diese könnten in einer Art und Weise organisiert seien, dass sie den Personengesellschaften von ihrer inneren Struktur recht nahe kämen[498]. In dem Moment, da man in Bezug auf die Treupflicht nicht vom Zweck des Vertrauensschutzes ausgeht, sondern vielmehr auf den Geltungsgrund der Rechtsbegrenzung[499] abstellt, verliert die innere Struktur erheblich an Bedeutung[500]. Sieht man richtigerweise die Mitgliedschaft als Geltungsgrund an, gilt es vielmehr, den Inhalt der sich aus dieser Mitgliedschaft ergebenden Pflichten anhand der Normen der jeweiligen Gesellschaftsform zu bestimmen. Erst dann kann man gegebenenfalls eine einer Personengesellschaft angenäherte personalistische Struktur zusätzlich wertend berücksichtigen.

bb) Wertung des Gesetzgebers

Wie oben schon erörtert[501], zeichnet sich die AG im Regelfall durch eine anonyme Struktur der Aktionäre untereinander aus, welche alle recht verschiedene, teilweise sogar gegensätzliche Interessen mit ihrer Beteiligung verfolgen und schon rechtlich wie faktisch wenig Einfluss auf das Erreichen des Unternehmensziels haben[502]. Auch ist eine geringere Bindung an den Verband, also die AG, gegeben, da – sieht man von der Ausnahme der Vinkulierung von Namensaktien ab – die Anteile jederzeit zum Börsen- oder Marktpreis wieder veräußert werden können[503]. So hat auch der BGH klargestellt, dass der Aktionär seine eigenen Interessen nicht hinter die Interessen der Gesellschaft zurückzustellen brauche[504].

(1) Sondervorteil

Gleichwohl lässt sich im deutschen Aktienrecht eine Norm finden, welche das Stimmrecht des Aktionärs beschränkt, nämlich § 243 II AktG, wonach ein Beschluss anfechtbar ist, der durch Stimmen zustande gekommen ist, mittels derer Sondervorteile zum Schaden der Gesellschaft erstrebt wurden.

Unter einem solchen Sondervorteil versteht man jedweden Vorteil, der nicht allen Gesellschaftern in der gleichen Situation zufließt[505]. Erstrebt der Aktionär mit seiner Stimmabgabe

---

495 ALTMEPPEN in: ROTH, ALTMEPPEN, GmbHG,§ 13 Rn. 49;
496 RAISER, § 12 Rn. 48; LUTTER, AcP 180 (1980), 84, 125; BUNGERT, DB 1995, 1749, 1751;
497 KORT, ZIP 1990, 294, 296;
498 zur GmbH: BGH NJW 1976, 191 – *ITT*; zur AG: BGH NJW 1988, 1579, 1582 – *Linotype*;
499 vgl. zum Doppelzweck: HÜFFER, FS Steindorff, S. 73 ff.; HENZE, BB 1996, 489, 492;
500 so auch TIMM, WM 1991, 481, 484;
501 § 2.A.I.3, S. 32 ff.;
502 vgl. zur gegenüber anderen Verbandsformen wenig intensiven allgemeinen Förderpflicht LUTTER, AcP 180 (1980), 84, 109 ff.;
503 HENZE, FS Kellermann, S. 150 f.;
504 BGHZ 14, 25, 38;
505 SCHMIDT, GesR, § 28 I 4 b); S. 802;

solche, begeht er eine „Todsünde“[506]. § 243 II AktG enthält zwar kein ausdrückliches Verbot einer derartigen Stimmabgabe, sondern regelt nur die Rechtsfolgenseite. Außerdem verbietet die Norm die Verfolgung des Sondervorteils nur, wenn sie geeignet ist, der AG oder den Mitaktionären einen Schaden zuzufügen[507]. Gleichwohl können daraus entsprechende Wertungen des Gesetzgebers erkannt werden.

(2) Treupflicht gegenüber der AG

Allgemein kann eine Verletzung der Treupflicht im vertikalen Verhältnis gegenüber der Gesellschaft durch die Abstimmung nur für solche Beschlussgegenstände in Frage kommen, welche uneigennützige, gesellschaftsbezogene Mitgliedschaftsrechte betreffen[508]. Denn – anders als bei den eigennützigen Mitgliedschaftsrechten – ist der Gesellschafter bei den uneigennützigen generell verpflichtet, die Interessen des Verbandes zu berücksichtigen. Eigene Interessen kann er hingegen nur verfolgen, wenn dadurch das Interesse des Verbandes nicht beeinträchtigt wird[509].

Diese Einschränkung kann jedoch für das Aktienrecht nur bedingt Anwendung finden. Der Vorstand der AG unterliegt nämlich nicht den Weisungen der Gesellschafter wie etwa die Geschäftsführer einer GmbH (vgl. § 37 I GmbHG), sondern hat unabhängig und in eigener Verantwortung die Gesellschaft zu leiten, § 76 I AktG. Diese Selbständigkeit in Verbindung mit der Organhaftung nach § 117 II AktG gewährleistet in ausreichendem Maße die Ausrichtung der Geschäftsführung am Verbandszweck der AG[510]. Eine Orientierung am Verbandszweck durch die Gesellschafter ist nach einer Ansicht bei der Abstimmung der AG daher regelmäßig gerade nicht erforderlich.

Nach anderer Ansicht soll hingegen auch im Aktienrecht in Bezug auf den Gegenstand der Beschlussfassung unterschieden werden. Danach muss die Ausübung des Stimmrechts hinsichtlich materiellrechtlich uneigennütziger bzw. zweckgebundener Beschlussgegenstände auch in der AG durchaus bis zu einem gewissen Grad auf den Verbandszweck abgestimmt werden[511]. Das gilt bspw. dann, wenn der Vorstand der Hauptversammlung eine Frage der Geschäftsführung gemäß § 119 II AktG zur Beschlussfassung vorlegt[512]. Ein solcher Beschluss steht mit der Zweckverfolgung der Gesellschaft in besonders engem Zusammenhang, so dass der darauf mittelbar durch das Stimmrecht Einfluss nehmende Gesellschafter diesen berücksichtigen muss.

Letztendlich ergibt sich aber in Bezug auf das Ergebnis kein Unterschied zwischen den beiden Ansichten. Selbst die Vertreter der Meinung, wonach das Stimmverhalten über gewisse Beschlussgegenstände am Verbandszweck auszurichten ist, erkennen das Grundprinzip der freien Stimmrechtsausübung an und wollen dem Aktionär daher einen weiten Ermessensspielraum bzgl. der Frage einräumen, was dem Verbandszweck am meisten förderlich ist. Eine Treupflichtverletzung gegenüber der AG soll wirklich erst dann in

---

506 FLUME, Juristische Person, § 7 III, S. 213; FLUME, ZIP 1996, 161, 164; ihm folgend: SCHMIDT, GesR, § 21 II 3 b), S. 615 f.;

507 vgl. unten § 3.D.II.1, S. 178 ff.;

508 HENZE, BB 1996, 489, 493; WINTER, S. 85;

509 ULMER in: Großkommentar HGB, § 105 Rn. 239;

510 WINTER, S. 99 f.;

511 LUTTER, ZGR 1991, 171, 179; WIEDEMANN, GesR, § 8 II 3 b, S. 434 f.;

512 HENZE, BB 1996, 489, 493; MARSCH-BARNER, ZHR 157 (1993), 172, 175 ff.; ZÖLLNER in: KöKo, AktG, § 243 Rn. 193;

Betracht kommen, wenn das Stimmrecht gezielt gegen die Interessen des Verbandes eingesetzt wird[513].

(3) Gerichtliche Beschlusskontrolle

Von der inhaltlichen Konkretisierung der Treupflicht zu trennen ist aber die Frage, ob deren Verletzung auch eine gerichtliche Beschlusskontrolle erlaubt. In Bezug auf eine Verletzung der vertikalen Treupflicht gegenüber der AG muss diese Frage nämlich verneint werden.

Selbst eine krasse Missachtung des Verbandszwecks durch treuwidrige Stimmrechtsausübung ist nämlich noch kein hinreichender Anfechtungsgrund, der eine inhaltliche Überprüfung des Beschlusses durch die Gerichte rechtfertigen würde. Andernfalls würde die Ausübung des Stimmrechts nicht der autonomen Beurteilung der Gesellschafter überlassen. Es gilt der Grundsatz, dass die unternehmerischen Entscheidungen nur ausnahmsweise justiziabel sein dürfen, wobei die Gerichte keine Zweckmäßigkeitskontrolle durchführen dürfen, sondern ihre Untersuchungen auf Ermessensfehler zu beschränken haben[514].

Der Meinung, wonach jede Mehrheitsentscheidung einer materiellen Rechtfertigung bedürfe[515], ist daher entschieden zu widersprechen. Andernfalls würde der Grundsatz, dass jeder nach seinem Urteil und, ohne Rechenschaft über seine Motive geben zu müssen, abstimmen kann[516], nicht in ausreichendem Maße zur Geltung kommen.

Daraus ergibt sich, dass der Aktionär im Rahmen der Stimmrechtsausübung regelmäßig durchaus seine persönlichen Interessen und Vorteile sanktionslos verfolgen kann[517], auch wenn er dazu für einen wirtschaftlich nachteiligen Beschluss stimmt[518]. Selbst wenn ein solches Verhalten einen Verstoß gegen die Treupflicht gegenüber der AG bedeutet, stellt dies noch keinen Legitimationsgrund für eine gerichtliche Inhaltskontrolle dar.

(4) Treupflicht gegenüber den Mitaktionären

Eine solche Legitimation ist erst ab dem Moment gegeben, da der Aktionär durch sein Stimmverhalten einen Sondervorteil erstrebt. Der Vorteil, den er sich von seiner konkreten Stimmabgabe verspricht, muss auch den anderen Aktionären zukommen, andernfalls entsteht diesen nämlich ein Nachteil.

Genau aus diesem Verbot, einen Sondervorteil zu erstreben, ergibt sich eine Einschränkung der Stimmrechtsausübung durch die horizontale Treupflicht gegenüber anderen Aktionären. Zwar beinhaltet § 243 II AktG neben dem Schaden der anderen Aktionäre auch einen Schaden der Gesellschaft als Tatbestandsvoraussetzung des Anfechtungsgrundes. Gleichwohl ist damit erst die Rechtsfolge des Strebens nach einem Sondervorteil gemeint. Ein solcher kann nur auf Kosten der Mitgesellschafter erfolgen, aber nicht zum Nachteil der Gesellschaft gereichen.

---

513 MARSCH-BARNER, ZHR 157 (1993), 172, 177;
514 LUTTER, ZGR 1991, 171, 175; WIEDEMANN, ZGR 1980, 147, 157;
515 WIEDEMANN, ZGR 1980, 147, 157; WIEDEMANN, GesR, § 8 II 3 b, S. 434;
516 HÄSEMEYER, ZHR 160 (1996), 109, 115;
517 WIEDEMANN, GesR, § 8 II 3 b, S. 434;
518 TIMM, WM 1991, 481, 484;

In dem Moment, da die Fassung eines Hauptversammlungsbeschlusses in die Rechte von Mitaktionären eingreift, indem bspw. ein der Mehrheit Vorteile gewährender Beschluss mit Nachteilen für die Minderheit verbunden ist, kann das Stimmrecht der Mehrheitsaktionäre beschränkt werden[519]. Der Beschluss trägt dann nicht mehr die Rechtfertigung in sich[520], sondern bedarf einer zusätzlichen Legitimation[521]. Dem steht auch nicht § 117 VII Nr.1 AktG entgegen[522]. Diese Norm betrifft nämlich nur die Frage der Sanktion, indem sie deutlich macht, dass keine Schadensersatzpflicht durch die Ausübung des Stimmrechts entstehen kann. Die methodische Vorfrage, ob dadurch eine Treupflichtverletzung begangen werden kann, bleibt davon jedoch unberührt[523].

Eine Treupflichtverletzung gegenüber der AG reicht als Legitimationsgrund für eine gerichtliche Kontrolle also gerade noch nicht aus, vielmehr muss dazu ein Aktionär mit seiner Stimmabgabe eine horizontale Treupflichtverletzung gegenüber seinen Mitaktionären begehen[524].

cc) Beweislast

Im Zusammenhang mit dieser Differenzierung ist auch die Darlegungs- und Beweislastverteilung zu betrachten. In Fällen, in denen kein Eingriff in die mitgliedschaftlichen Rechte der Mitaktionäre stattfindet, hat der anfechtende Aktionär vollumfänglich zu beweisen, dass ausnahmsweise doch rechtsmissbräuchliches Stimmverhalten vorliegt[525].

Nach der Rspr. gilt dies im Grundsatz auch dann, wenn mitgliedschaftliche Interessen anderer Gesellschafter beeinträchtigt werden. Allerdings gebiete es dann der Minderheitenschutz, dass die anfechtungsbeklagte AG die für die angefochtene Entscheidung maßgeblichen Gründe mittels der ihr zur Verfügung stehenden Unterlagen darlegt. Das evtl. Fehlen dieser rechtfertigenden Gründe müsse aber dann der anfechtende Aktionär beweisen, andernfalls entstehe eine *non-liquet*-Situation zu Lasten des anfechtenden Aktionärs[526].

Die Lit. geht teilweise noch weiter, indem sie der AG gänzlich die Beweislast für die sachliche Rechtfertigung auferlegen will[527]. Allerdings ist zu beachten, dass diese Darlegungs- und Beweislast natürlich nur in Bezug auf Tatsachen gilt. Die auf diesen Tatsachen beruhende unternehmerische Entscheidung muss lediglich vertretbar gewesen sein. Zeigt sich diesbezüglich kein klarer Verstoß gegen einen unternehmerischen Erfahrungsgrundsatz, geht dies wieder zu Lasten des Anfechtenden[528].

---

[519] HÜFFER, AktG, § 243 Rn. 24; HÜFFER in: MüKo, AktG, § 243 Rn. 57;

[520] so der Grundsatz in BGHZ 76, 352, 353;

[521] SCHMIDT, GesR, § 21 II 3 a), S. 614; vgl. MARTENS, FS Fischer, S. 445;

[522] so aber MARTENS, Treupflicht, S. 260 f.;

[523] DREHER, ZHR 157 (1993), 150, 154; FILLMANN, S. 106;

[524] WIEDEMANN, FS Heinsius, S. 963; FILLMANN, S. 161; insofern nicht klar differenzierend BISCHOFF, BB 1987, 1055, 1059 ff.;

[525] LUTTER, ZHR 153 (1989), 446, 470;

[526] BGH WM 78, 401 – *Kali + Salz* für einen Beschluss nach § 186 III AktG; vgl. auch TIMM, ZGR 1987, 403, 412 f.; LUTTER, ZGR 1979, 401, 412 f.;

[527] LUTTER, ZHR 153 (1989), 446, 470; HÜFFER, AktG, § 243 Rn. 64; HÜFFER, FS Fleck, S. 167; nach direktem und indirektem Eingriff in die Mitgliedschaftsrechte der Mitaktionäre differenzierend WIEDEMANN, FS Heinsius, S. 965;

[528] LUTTER, ZGR 1979, 401, 414;

dd) Verhältnismäßigkeitsprüfung

Als nach § 243 I AktG wegen Verletzung der Treupflicht anfechtbar wird ein Beschluss angesehen, welcher die Interessen der anderen Gesellschafter verkürzt, ohne dass er gleichzeitig dem Interesse der AG förderlich wäre[529]. Dabei wird das Interesse der Mitgesellschafter an ihrem beeinträchtigten Recht und das durch den Beschluss geförderte Interesse der Gesellschaft gegenübergestellt und im Rahmen einer Verhältnismäßigkeitsprüfung gegeneinander abgewogen[530]. Ein in die Rechte der Mitaktionäre eingreifender Beschluss bedarf also nicht nur der entsprechenden formellen Mehrheit, sondern muss zusätzlich aus dem Interesse der Korporation heraus sachlich notwendig und gerechtfertigt sein[531]. Es gilt also, dass ein Beschluss umso mehr aus dem gemeinsamen Ziel legitimiert werden muss, je stärker der Eingriff in die mitgliedschaftlichen Einzelinteressen ist[532].

Nur wenn dieses Übermaßverbot eingehalten und die Verhältnismäßigkeit gewahrt ist, darf in die mitgliedschaftlichen Rechte der Mitaktionäre eingegriffen werden. Es muss zunächst also ein spezifisches Interesse der Gesellschaft an dem Beschluss bestehen. Dieser muss zur Förderung jenes Interesses geeignet sein und muss das mildeste Mittel darstellen, also erforderlich sein. Und schließlich darf das Mittel der Benachteiligung der Mitaktionäre nicht außer Verhältnis zum Zweck der Förderung der Gesellschaftsinteressen stehen[533]. Das hat zur Folge, dass die abstimmende Mehrheit sich konkrete Alternativen überlegen muss, welche den Gesellschaftszweck zwar in gleicher Weise fördern, möglicherweise aber weniger in die mitgliedschaftlichen Rechte der Mitaktionäre eingreifen[534].

Ansätze zu einer solchen Verhältnismäßigkeitsprüfung im Gesellschaftsrecht finden sich bereits in der Rspr. des RG, die bei der Überprüfung von Mehrheitsbeschlüssen die Frage aufwirft, ob sich der damit verfolgte Zweck nicht auch in einer für die Minderheit schonenderen Form verwirklichen lasse[535].

ee) Gerichtliche Überprüfungsmöglichkeit

Weiter oben[536] wurde schon dargestellt, dass eine vertikale Treupflichtverletzung allein noch keine hinreichende Legitimierung für eine gerichtliche Überprüfung des Hauptversammlungsbeschlusses darstellt, da andernfalls vom Prinzip abgewichen würde, wonach die Stimmrechtsausübung im freien wirtschaftlichen Ermessen des Aktionärs steht.

---

[529] ZÖLLNER in: KöKo, AktG, § 243 Rn. 196;

[530] HÜFFER, AktG, § 243 Rn. 24; HÜFFER in: MüKo, AktG, § 243 Rn. 57; HENZE, BB 1996, 489, 494; LUTTER, ZGR 1979, 401, 402 ff.; LUTTER, ZHR 153 (1989), 446, 458; ZÖLLNER, Schranken mitgliedschaftlicher Stimmrechtsmacht, S. 351;

[531] BGH WM 1978, 401, 402 – *Kali + Salz*; diese Entscheidung scheint auf den ersten Blick im Widerspruch zu der vorzitierten (Fn. 520), chronologisch aber nachfolgenden Entscheidung zu stehen. Das Verhältnis wird aber deutlich, wenn man sich vor Augen führt, dass BGHZ 76, 352, 353 den Grundsatz enthält, BGH WM 1978, 401, 402 davon die Ausnahme für den Fall aufstellt, dass in die Mitgliedschaftsrechte anderer Mitaktionäre eingegriffen wird; vgl. dazu SCHMIDT, GesR, § 21 II 3 a), S. 614 f. sowie LUTTER, ZGR 1991, 171, 174 ff.;

[532] LUTTER, AcP 180 (1980), 84, 124;

[533] LUTTER, ZGR 1979, 401, 403 f.; FILLMANN, S. 157 ff.; ZÖLLNER in: KöKo, AktG, Einl. Rn. 55, § 243 Rn. 200 ff.;

[534] TIMM, ZGR 1987, 403, 407 Fn. 13a; vgl. BGH WM 78, 401, 403 – *Kali + Salz;*

[535] RGZ 107, 72, 75; RGZ 132, 149, 163 – *Victoria*;

[536] § 3.C.I.1.b)bb)(3), S. 102 f.;

Aus genau diesem Prinzip ergibt sich nun aber, dass selbst bei einem Verstoß gegen die horizontale Treupflicht gegenüber den anderen Gesellschaftern die gerichtliche Kontrollbefugnis nicht grenzenlos sein kann. Das Gericht soll prinzipiell ja gerade nicht sein eigenes Ermessen an die Stelle der Aktionäre setzen. Diese Frage wird insbesondere bei unternehmerischen Entscheidungen virulent. Für diese ist nämlich charakteristisch, dass sie unter Unsicherheit erfolgt, auf die Zukunft ausgerichtet ist und eine hohe Komplexität aufweist[537]. Alle der Entscheidung zugrunde liegenden Einzelheiten und wirtschaftlichen Unwägbarkeiten kann das Gericht nicht in seine materielle Überprüfung einbeziehen, ohne in zu starkem Maße in das freie wirtschaftliche Ermessen der Aktionäre einzugreifen[538].

Teilweise wird daher vertreten, eine gerichtliche Überprüfung dürfe nur in Extremfällen erfolgen. Nur wenn besonders deutlich würde, dass das Stimmrecht in wirtschaftlich unsinniger Weise ausgeübt worden sei, könne die Justiziabilität dieses Beschlusses ausnahmsweise zugelassen werden[539]. Diese Ansicht hat allerdings die große Schwachstelle, dass aus ihr nicht hervorgeht, ab welchem Grad der Treupflichtverletzung diese Deutlichkeit vorliegt, so dass sie der Rechtssicherheit alles andere als förderlich ist.

Eine andere Auffassung will danach differenzieren, ob es sich um eine Strukturentscheidung handelt, für die der Gesetzgeber bereits durch das Erfordernis einer qualifizierten Mehrheit einen gerechten Ausgleich zwischen den Interessen der Mehrheit und der Minderheit gefunden habe. Eine weitere Beschlusskontrolle durch das Gericht sei dann gerade nicht erforderlich[540]. Allerdings übersieht diese Ansicht, dass das qualifizierte Mehrheitserfordernis gerade Ausdruck der Tatsache ist, dass bei derartigen Entscheidungen regelmäßig Eingriffe in die mitgliedschaftlichen Rechte der Mitaktionäre vorliegen und diese somit besonders schutzbedürftig sind[541].

Nach anderer Ansicht soll daher bei einer Beeinträchtigung der mitgliedschaftlichen Rechte anderer Aktionäre in jedem Fall eine gerichtliche Ermessenskontrolle in Form der soeben dargestellten Verhältnismäßigkeitsprüfung stattfinden. Ein übermäßiger Eingriff in das unternehmerische Ermessen der Gesellschafter soll dadurch verhindert werden, dass die Beurteilung aus einer *ex-ante*-Sicht erfolgt. Das Gericht darf also gerade nicht überprüfen, ob der Beschluss sich nachträglich als ökonomisch sinnvoll herausgestellt hat, sondern nur, ob der Aktionär bei Stimmabgabe den Beschluss für angemessen und erforderlich halten durfte[542]. Da es sich bei Anwendung einer *ex-ante*-Sicht um eine Prognoseentscheidung handelt, steht dem einzelnen Aktionär ein weiter Ermessensspielraum zu, innerhalb dessen er keine Treupflichtverletzung begehen kann[543]. U.U. kann nämlich aus diesem Blickwinkel sowohl ein bestimmter Beschluss als auch dessen Ablehnung als wirtschaftlich sinnvoll erscheinen[544]. Das Gericht kann also nur eine negative Kontrolle dahin gehend vornehmen, ob

---

537 MUTTER, S. 23; vgl. auch BECKERHOFF, S. 76 f.;

538 HENZE, ZHR 162 (1998), 186, 189; vgl. HENNSLER, DZWiR 1997, 36, 38; ZÖLLNER, Schranken mitgliedschaftlicher Stimmrechtsmacht, S. 346;

539 GRUNEWALD, FS Kropff, S. 95;

540 TIMM, ZGR 1987, 403, 421 ff.;

541 vgl. WIEDEMANN, FS Heinsius, S. 961 f.;

542 BGH WM 1978, 401, 402 f. – *Kali + Salz*; LUTTER, ZGR 1979, 401, 405; LUTTER, JZ 1995, 1053, 1055; HENZE, ZHR 162 (1998), 186, 194; WINTER, S. 107; BECKERHOFF, S. 77 ff.; HÄSEMEYER, ZHR 160 (1996), 109, 114;

543 zum Bezugsrechtsausschluss WIEDEMANN in: Großkommentar AktG, § 186 Rn. 138;

544 LUTTER, JZ 1995, 1053, 1055;

die unternehmerische Entscheidung allgemeinen wirtschaftlichen Erfahrungssätzen klar entgegenstand[545].

c) Ergebnis

Die Treupflicht hat also im Aktienrecht den Inhalt, dass jeder Aktionär die gesellschaftsbezogenen Interessen der Mitaktionäre berücksichtigen muss[546]. Nur wenn in deren Rechte durch einen Beschluss in der Hauptversammlung eingegriffen wird, kann im Rahmen einer Anfechtung dieses Beschlusses nachträglich eine inhaltliche Kontrolle des Stimmrechts stattfinden. Diese Kontrolle muss jedoch auf Ermessensfehler beschränkt bleiben, eine unternehmerische Zweckmäßigkeitskontrolle darf gerade nicht stattfinden. Abzuwägen im Rahmen einer Verhältnismäßigkeitsprüfung ist die Treupflicht gegenüber der Gesellschaft mit der Treupflicht gegenüber den Mitaktionären[547].

2. Verpflichtung zur positiven Stimmabgabe

Die soeben zur Einschränkbarkeit des Stimmrechts gemachten Untersuchungen – obwohl so allgemein wie möglich gehalten – betreffen in erster Linie den Missbrauch der Mehrheitsmacht zu Lasten der Minderheit, also die Frage, ob sich aus der Treupflicht das Verbot ergeben kann, an einem Beschluss positiv mitzuwirken. Für den Missbrauch von Sperrminoritäten interessant ist aber in erster Linie, ob unter gewissen Umständen die Minderheit ein Verbot treffen kann, einen positiven Beschluss zu verhindern. Kann die Treupflicht der Minderheit also verwehren, von ihrer Blockademöglichkeit Gebrauch zu machen? Dabei soll die Problematik kurz im Recht der Personengesellschaften und der GmbH angerissen werden, um die dort gefundenen Ergebnisse hinsichtlich ihrer Anwendbarkeit in der AG untersuchen zu können.

Grds. hat die gesellschaftsrechtliche Treupflicht im Rahmen der Stimmrechtsausübung zunächst einmal rechtsbegrenzenden Charakter[548], die Gesellschafter sollen unter gewissen Umständen von ihnen eigentlich zustehenden Rechten um des lieben Friedens im Verband Willen keinen Gebrauch machen[549]. Allerdings kann sich die Treupflicht auch zur Pflicht verdichten, die mitgliedschaftlichen Interessen der anderen Gesellschafter wahrzunehmen[550], und so gebieten, einer Maßnahme zuzustimmen[551]. Genauso wie die Mehrheitsmacht durch die Treupflicht beschränkt werden kann, gibt es Situationen in denen auch die freie Ausübbarkeit des Vetorechts Grenzen finden muss. Dabei wird eine positive Stimmpflicht aber generell nur sehr zurückhaltend angenommen, um die Privatautonomie der Gesellschafter nur so wenig wie möglich einzuschränken.

---

545 LUTTER, ZGR 1979, 401, 414;

546 DREHER, ZHR 157 (1993), 150, 153; BGH ZIP 1992, 1464, 1470 – *IBH/Scheich Kamel*

547 LUTTER, ZGR 1979, 401 ff.; LUTTER, ZHR 153 (1989), 446, 458; ZÖLLNER, Schranken mitgliedschaftlicher Stimmrechtsmacht, S. 351;

548 WIEDEMANN, FS Heinsius, S. 351;

549 LUTTER, AcP 180 (1980), 84, 109; ZÖLLNER in: KöKo, AktG, § 243 Rn. 203;

550 LUTTER, AcP 180 (1980), 84, 124; LUTTER, JZ 1976, 225, 230; ZÖLLNER, Schranken mitgliedschaftlicher Stimmrechtsmacht, S. 353 ff.;

551 BGH NJW 1985, 974, 975; BGH NJW 1975, 1410, 1411;

a) Zustimmungspflicht in Personengesellschaften

Im Personengesellschaftsrecht wird diese Problematik anhand der Frage diskutiert, ob den einzelnen Gesellschafter eine Pflicht trifft, durch seine Stimme an Änderungen des Gesellschaftsvertrags mitzuwirken, mittels derer veränderten Umständen Rechnung getragen werden soll. Dabei knüpft die Rspr. eine solche Zustimmungspflicht an drei Voraussetzungen[552]:

Zunächst muss die Vertragsänderung zur Verwirklichung des Gesellschaftszwecks erforderlich sein, wie etwa zum Zweck der Erhaltung des gemeinsam Geschaffenen. Es stellt dies die objektive Voraussetzung einer positiven Stimmpflicht dar.

Weiter – als subjektive Voraussetzung – muss die Vertragsänderung dem einzelnen Gesellschafter auch zumutbar sein[553]. Es reicht also nicht, dass die Anpassung des Gesellschaftsvertrags an die veränderten Umstände absolut notwendig ist. Vielmehr muss die Auswirkung einer solchen Änderung auf den dissentierenden Gesellschafter im konkreten Einzelfall daraufhin untersucht werden, ob sie diesem auch zugemutet werden kann. Aus diesem subjektiven Kriterium ergibt sich, dass die Treupflicht, selbst bei drohender Liquidation der Gesellschaft, nicht verlangt, dass der Aktionär um jeden Preis der rettenden Maßnahme zustimmt[554].

Schließlich betont die Rspr. den Ausnahmecharakter einer solchen positiven Stimmpflicht, weshalb der Sachverhalt eine Besonderheit beinhalten muss, die die Abweichung von der Regel des freien Stimmrechts rechtfertigt. Grds. könne es nämlich nicht Aufgabe des Richters sein, durch Anerkennung einer Zustimmungspflicht ändernd in einen Gesellschaftsvertrag einzugreifen[555].

Nur wenn diese drei Voraussetzungen gegeben sind, muss der Gesellschafter einer Personengesellschaft aufgrund seiner gesellschaftsrechtlichen Treupflicht[556] einer Vertragsänderung zustimmen[557].

b) Zustimmungspflicht in der GmbH

Auch im GmbH-Recht wurde von der Rspr. die Möglichkeit einer positiven Stimmpflicht bejaht. Dabei ging es in erster Linie um diejenigen Fälle, in denen aufgrund der GmbH-Novelle von 1980 eine Kapitalerhöhung erforderlich wurde, um weiterhin über das nötige gesetzliche Mindestkapital zu verfügen. Der BGH verwies auf die Nähe einer personalistisch ausgestalteten GmbH zu den Personengesellschaften und bejahte unter Berufung auf die vorgenannten Urteile eine Zustimmungspflicht, wenn sich für den zustimmungsunwilligen

---

552 vgl. zur Zusammenfassung dieser Rspr. auch SCHMIDT, GesR, § 5 IV 2 a), S. 128; SCHMIDT, JuS 1987, 409; TIMM, WM 1991, 481, 484;

553 BGH NJW 1961, 724 f.; BGH NJW 1987, 952, 953;

554 TIMM, WM 1991, 481, 484;

555 BGHZ 44, 40, 42;

556 SCHMIDT, GesR, § 5 IV 2 a), S. 128; a.A. FLUME, Personengesellschaft, § 15 IV, S. 280, der es für paradox hält, die gesellschaftsrechtliche Treupflicht zu bemühen, und stattdessen mittels ergänzender Vertragsauslegung den Gesellschaftsvertrag den geänderten Umständen anpassen will; dies ist allerdings vor dem Hintergrund zu sehen, dass FLUME eine über die gesetzlichen Bestimmungen hinausgehende Treupflicht ohnehin für nicht existent hält, vgl. auch FLUME, ZIP 1996, 161, 165;

557 vgl. dazu näher NONN, S. 41 ff.;

Gesellschafter keinerlei Nachteile gegenüber dem Rechtszustand vor dem Inkrafttreten der GmbH-Novelle ergäben[558].

c) Zustimmungspflicht im Aktienrecht

Es stellt sich nun die Frage, ob sich die gezeigten Kriterien auch auf die Aktiengesellschaft übertragen lassen oder ob dem aktienrechtsspezifische Regelungen entgegenstehen.

Eine Zustimmungspflicht in der AG scheint fraglich, da nur für Personengesellschaften die aktive Zweckförderungspflicht in § 705 BGB ausdrücklich normiert ist und die positive Stimmpflicht im Rahmen der GmbH mit deren personalistischer Struktur und somit Nähe zu den Personengesellschaften erklärt wurde. Genau dieses Merkmal fehlt der AG aber im Regelfall. Eine Zustimmungspflicht in der Hauptversammlung kommt daher regelmäßig nicht in Betracht[559]. Den Aktionär trifft gemeinhin keine Pflicht, überhaupt abzustimmen. Zwar wurde soeben dargestellt, dass sich aus der Treupflicht ein Verbot illoyaler Stimmrechtsausübung herleiten lässt. Dies bedeutet aber noch nicht, dass diese auch ein Gebot beinhaltet, in einer bestimmten Weise abzustimmen[560].

Die Treupflicht hat daher in Bezug auf die Stimmrechtsbindung eher Appellcharakter[561]. Dennoch wird mittlerweile von diversen Autoren anerkannt, dass auch der Aktionär in Ausnahmefällen gehalten sein kann, an der Entstehung eines Beschlusses aktiv mitzuwirken[562]. Insbesondere im Rahmen von Sanierungsmaßnahmen einer AG könne den Aktionär u.U. eine Zustimmungspflicht zu den dazu notwendigen Beschlüssen treffen.

Sieht man jedoch von den seltenen Fällen ab, in denen die Beschlussfassung an die Zustimmung jedes einzelnen Aktionärs geknüpft ist[563], ist eine positive Zustimmungspflicht des Aktionärs gar nicht erforderlich. In Deutschland kann eine bloße Stimmenthaltung des bzw. der betreffenden Aktionäre ja nicht zur Blockade eines Beschlusses führen[564]. Für eine Sperrminorität müssen diese vielmehr ausdrücklich mit Nein stimmen. Für das Verbot, eine Sperrminorität zu missbrauchen, muss man also nicht eine im Aktienrecht nicht bestehende aktive Förderpflicht bemühen, sondern kann das Verbot illoyaler Stimmrechtsausübung heranziehen, welches ja auch im Aktienrecht vollumfänglich anerkannt ist. Es kann also nicht von einer positiven Stimmpflicht, sondern allenfalls von einer Enthaltungspflicht gesprochen werden[565].

Daraus ergibt sich, dass auch im Fall von qualifizierten Mehrheitserfordernissen jeder Aktionär ein Recht zum Desinteresse hat. Er braucht nicht aktiv an der Abstimmung teilzunehmen. Er kann auch zur Hauptversammlung erscheinen und sich enthalten, da seine

---

558 BGH WM 1986, 1348, 1349; BGH WM 1987, 841, 842; zustimmend: HUECK in: BAUMBACH, HUECK, GmbH-G, § 5 Rn. 62; FISCHER, LUTTER, HOMMELHOFF, GmbHG, § 5 Rn. 36 ff.; ULMER in: Großkommentar GmbHG, § 55 Rn. 31; WINTER, S. 180 f.;

559 LUTTER, AcP 180 (1980), 84, 109; HENZE, BB 1996, 489, 493; BRÄNDEL in: Großkommentar AktG, §1 Rn. 88; ZÖLLNER in: KöKo, AktG, Einl. Rn. 166; NIRK in: Hdb.AG I, Rn. 592;

560 SCHMIDT, GesR, § 21 II 3 c), S. 616;

561 HÄSEMEYER, ZHR 160 (1996), 109, 125;

562 BRÄNDEL in: Großkommentar AktG, § 1 Rn. 88; WIEDEMANN in: Großkommentar AktG, § 179 Rn. 157; MARSCH-BARNER, ZHR 157 (1993), 172, 179 ff.; TIMM, WM 1991, 481, 484; FILLMANN, S. 186;

563 siehe oben § 3.B.I.1, S. 85;

564 vgl. oben § 3.B.I.2, S. 86;

565 HENZE, BB 1996, 489, 493; HENZE, ZHR 162 (1998), 186, 192; SCHÄFER, ZHR 157 (1993), 192, 193; ZÖLLNER in: KöKo, AktG, § 179 Rn. 213; ungenau daher die in Fn. 562 genannten Autoren, die von einer Zustimmungspflicht sprechen;

Enthaltung nicht zum *„bei der Beschlussfassung vertretenen Grundkapital"* zählt. Die Treupflicht begrenzt lediglich das Recht des Aktionärs, sein Veto einzulegen[566].

d) Kriterien für Missbrauch der Sperrminorität

Im Folgenden gilt es nun zu entwickeln, unter welchen Voraussetzungen der Aktionär verpflichtet ist, das Zustandekommen eines positiven Beschlusses nicht zu verhindern. Dabei ist auch hier wieder der Grundsatz der freien Stimmrechtsausübung zu beachten, so dass die heranzuziehenden Kriterien den Ausnahmecharakter widerspiegeln müssen. Bezug nehmend auf die oben gefundenen Ergebnisse zur positiven Stimmpflicht in Personengesellschaft[567] und GmbH und zur Einschränkbarkeit des Stimmrechts in der AG soll dabei wieder von zwei Prämissen ausgegangen werden:

1. Eine positive Stimmpflicht erfordert, dass ein Beschluss für das Wohl der Gesellschaft bzw. der Gesellschafter unbedingt erforderlich ist.
2. Darüber hinaus, muss dieser Beschluss dem dissentierenden Aktionär auch zumutbar sein. Dabei ist zu berücksichtigen, dass im Aktienrecht der Gesellschafter seine eigenen Interessen bis zur Grenze eines Sondervorteils verfolgen kann[568].

Durch diese Voraussetzungen lässt sich der Rahmen des Missbrauchs einer Sperrminorität bereits grob abstecken. Erwähnt werden muss in diesem Zusammenhang noch, dass die Aktionäre gerade keine Treupflicht gegenüber den Gläubigern der Gesellschaft trifft[569]. Eine Einschränkung des freien Stimmrechts kann sich nur aus einer Treupflicht gegenüber den Mitgesellschaftern ergeben. Gegenüber den Gläubigern haften die Aktionäre lediglich mit ihrer Einlage.

Die inhaltliche Präzisierung des Missbrauchs einer Sperrminorität soll nun anhand der beiden Sachverhaltsbeispiele erfolgen, in denen das Zustandekommen eines Beschlusses für das Wohl der AG unbedingt erforderlich ist.

3. Sanierungen

Ein positiver Hauptversammlungsbeschluss kann zunächst bei der Sanierung einer sich in finanziellen Schwierigkeiten befindlichen AG erforderlich sein. Es ist daher unter den oben aufgestellten Prämissen zu untersuchen, inwieweit das Ausnutzen einer Sperrminorität zur Verhinderung der für diese Sanierung erforderlichen Maßnahmen rechtsmissbräuchlich sein kann. Da die damit verbundenen Beschlüsse zur Kapitalerhöhung oder -herabsetzung nämlich in der Hauptversammlung einer Dreiviertelmehrheit bedürfen (vgl. § 182 I S.1 AktG bzw. § 222 I S.1 AktG), entscheidet über die Durchführung einer solchen Sanierung nicht die objektive Sanierungsfähigkeit und damit das objektive Sanierungsinteresse, sondern die Kapitaleigner bzw. deren Mehrheit[570].

---

566 WIEDEMANN, FS Heinsius, S. 351;

567 § 3.C.I.2.a), S. 107 f.;

568 HÜFFER, AktG, § 179 Rn. 30; WIEDEMANN in: Großkommentar AktG, § 179 Rn. 157;

569 so aber offenbar HENNRICHS, AcP 195 (1995), 221, 256 f., wonach die Aktionäre kein rechtlich geschütztes Interesse an einem Forderungsverzicht der Gläubiger haben; ähnlich auch MARSCH-BARNER, ZIP 1996, 853, 856; und TIMM, WM 1991, 481, 485;

570 SCHMIDT, ZGR 1982, 519, 524;

a) Erhöhung des Grundkapitals

Eine Gesellschaft bedarf für Sanierungsmaßnahmen regelmäßig der Zuführung haftenden Kapitals um ihre Position am Markt durch weitere Akquisitionen oder Geschäftsausweitungen zu erhalten[571]. Sowohl der Beschluss zur Erhöhung des Grundkapitals (§ 182 I S.1 AktG) als auch der zur Schaffung genehmigten Kapitals (§ 202 I AktG) kann mit einer Sperrminorität von über 25 % des bei der Beschlussfassung vertretenen Kapitals verhindert werden.

b) Herabsetzung des Grundkapitals

Zur Sanierung eines Unternehmens kann aber auch – meist als Vorabschritt zu einer Kapitalerhöhung – eine Herabsetzung des Grundkapitals erforderlich sein. Dabei ist aber nur die vereinfachte Kapitalherabsetzung nach § 229 AktG von Bedeutung, da trotz Herabsetzung des Grundkapitals das Gesellschaftsvermögen erhalten bleibt. Durch sie wird nach großen geschäftlichen Verlusten oder Wertminderungen des Anlagevermögens das Grundkapital den tatsächlichen Verhältnissen angepasst, was verschiedene Gründe haben kann:

Zum einen ist eine Kapitalherabsetzung oft als Vorabschritt einer Kapitalerhöhung durch neue Aktien erforderlich, da gemäß § 9 I AktG die Ausgabe von Aktien zu einem geringeren Betrag als dem Nennbetrag nicht erfolgen darf. Dies ist jedoch kaum möglich, wenn die Altaktien wegen der Unterbilanz unter pari notieren[572]. Nach § 229 III i.V.m. § 222 IV S.1 AktG können nach Herabsetzung der Nennbeträge jedoch neue Aktien ausgegeben werden, die den gleichen Nennbetrag aufweisen. Aber selbst wenn eine Emission unter pari nicht erforderlich wäre, wird durch eine Kapitalherabsetzung erreicht, dass die bisher eingetretenen Verluste auch von den Inhabern alter Anteile getragen werden. Schließlich hat die Herabsetzung zur Folge, dass sich gemäß § 233 AktG die Ausschüttungssperre nach dem neuen Grundkapital richtet[573].

c) Eingriffe in die mitgliedschaftlichen Rechte der Aktionäre

Zum besseren Verständnis der nachfolgenden Ausführungen scheint an dieser Stelle eine kurze Darstellung geboten, wie sich die im Rahmen einer Sanierung erforderlichen Satzungsänderungen auf die mitgliedschaftlichen Rechte der Aktionäre auswirken.

aa) Kapitalerhöhung

Die Kapitalerhöhung durch Zuführung zusätzlichen Kapitals von außen hat zur Folge, dass die Beteiligungsquote des Aktionärs, der nicht von seinem Bezugsrecht aus § 186 I S.1 AktG Gebrauch machen kann oder will, verwässert. Oder andersherum ausgedrückt: Will er seine bisherige Beteiligungsquote behalten, trifft ihn eine Nachschusspflicht[574]. Eine solche Verwässerung der Beteiligungsquote wirkt sich zunächst negativ auf die Wirkung seiner Stimmkraft (vgl. § 136 I S.1 AktG) aus und kann u.U. den Verlust von Minderheitsrechten

---

[571] SCHMIDT, ZGR 1982, 519; MARSCH-BARNER, ZHR 157 (1993), 172, 180; WÜRDINGER, § 43, S. 207;

[572] LUTTER in: KöKo, AktG, Vorb. § 222 Rn. 5; WÜRDINGER, § 43, S. 207; TIMM, WM 1991, 481, 485; WENGER, ZIP 1993, 321, 323 und 325;

[573] SCHMIDT, ZGR 1982, 519, 520 f.; vgl. auch WENGER, ZIP 1993, 321, 324, der einen daraus entstehenden Nutzen für die Sanierung in Abrede stellt;

[574] HENZE, ZHR 162 (1998), 186, 194;

mit sich bringen. Außerdem entsteht daraus ein Nachteil bei der Gewinn und Liquidationsverteilung (vgl. §§ 60 I, 271 II AktG)[575].

bb) Kapitalherabsetzung

Der Eingriff in die Mitgliedschaftsrechte durch eine Kapitalherabsetzung ist regelmäßig wesentlich geringer.

Eine solche Kapitalherabsetzung geschieht bei Nennbetragsaktien regelmäßig durch die Herabsetzung des Nennbetrages der Aktien i.S.v. § 222 IV S.1 AktG. Anders als bei der Kapitalerhöhung bleibt die Beteiligungsquote des Aktionärs an der Gesellschaft gleich, ohne dass dieser wie bei der Ausübung des Bezugsrechts weiteres Kapital der Gesellschaft zur Verfügung stellen müsste. Die Macht- und Gewinnverteilungsproportionen bleiben daher unberührt, ein Eingriff in die Mitgliedschaftsrechte besteht nicht[576].

Stärker kann der Eingriff u.U. bei einer Zusammenlegung der Aktien i.S.v. § 222 IV S.2 AktG sein. Insbesondere bei Kleinaktionären besteht nämlich die Gefahr, dass diese nicht eine ausreichende und entsprechend dem Zusammenlegungsverhältnis glatt teilbare Anzahl an Aktienstücken hält, was zum Verbleib sog. Aktienspitzen führen kann. Allerdings ist hier dem Aktionärsinteresse dadurch hinreichend Rechnung getragen, dass eine solche Zusammenlegung lediglich dann erfolgen darf, wenn die Herabsenkung des Nennbetrages die Unterschreitung des Mindestnennbetrags i.S.v. § 8 II S.1 AktG zur Folge hätte und daher unzulässig wäre. Aber selbst wenn der Aktionär die sich aus den Spitzen ergebenden Teilrechte im Rahmen der Zusammenlegung noch veräußern bzw. die ihm fehlenden Anteile hinzuerwerben kann[577], ist hierin ein Eingriff zu sehen, da er in diesem Fall – will er einer Verwässerung seines Anteils vorbeugen – Kapital nachschießen muss. Insbesondere bei kleinen Aktiengesellschaften kann dieser Eingriff in die Mitgliedschaft nicht ganz unbeträchtliche Ausmaße annehmen.

Der stärkste Eingriff in die Mitgliedschaftsrechte durch eine Kapitalherabsetzung ist lediglich dann gegeben, wenn diese durch Einziehung der Aktien erfolgt. Auf diese Weise werden die Mitgliedschaften nämlich total vernichtet. Allerdings ist dies lediglich dann zulässig, wenn es in der ursprünglichen Satzung so geregelt ist oder aber durch eine spätere Satzungsänderung vor der Kapitalherabsetzung festgelegt wurde, § 237 I S.2 AktG[578].

cc) Eingriff in die Rechte der Mehrheit

Diese Ausführungen zeigen, dass durch Kapitalherabsetzung, vor allem aber durch eine Kapitalerhöhung teilweise bedeutende Eingriffe in die mitgliedschaftlichen Rechte der Aktionäre stattfinden. Dies ist auch der Grund, warum der Gesetzgeber für einen derartigen Hauptversammlungsbeschluss nicht die einfache Mehrheit genügen lässt, sondern die qualifizierte Dreiviertelmehrheit des § 182 I S.1 AktG bzw. § 222 I S.1 AktG verlangt. Durch

---

[575] HÜFFER, AktG, § 186 Rn. 2; LUTTER in: KöKo, AktG, § 186 Rn. 6; WIEDEMANN in: Großkommentar AktG, § 186 Rn. 13; BUNGEROTH in: GEßLER, HEFERMEHL, ECKARD, KROPFF, AktG, § 186 Rn. 84; HENZE, ZHR 162 (1998), 186, 193;

[576] OECHSLER in: MüKo, AktG, Vor § 222 Rn. 10; LUTTER in: KöKo, AktG, § 222 Rn. 14; HÜFFER, AktG, § 222 Rn. 14; LUTTER, ZHR 153 (1989), 446, 468; MARSCH-BARNER, ZIP 1996, 853, 855;

[577] HÜFFER, AktG, § 222 Rn. 23; LUTTER in: KöKo, AktG, § 222 Rn. 15; OECHSLER in: MüKo, AktG, § 226 Rn. 8 ff.;

[578] LUTTER in: KöKo, AktG, Vorb. § 222 Rn. 11; WÜRDINGER, § 40, S. 195 f.;

das Gewähren einer Sperrminorität bezweckt der Gesetzgeber, dass sich die Minderheit selbst vor derartigen Eingriffen in ihre mitgliedschaftlichen Rechte schützen kann.

Entscheidend im Zusammenhang mit der Untersuchung des Missbrauchs von Sperrminoritäten ist aber auch, wie sich das Ausüben der Sperrminorität zur Verhinderung von Sanierungsmaßnahmen auf die Rechte der übrigen Aktionäre auswirkt. Ist der Beschluss zur Durchführung dieser Maßnahmen für das Überleben der Gesellschaft erforderlich und verhindern ein oder mehrere Aktionäre mittels der ihnen zukommenden Sperrminorität von über einem Viertel diesen Beschluss, werden aufgrund des wirtschaftlichen Zusammenbruches der AG die Beteiligungen der anderen Aktionäre wertlos. Dies stellt einen gewaltigen Eingriff in die Rechte der Aktionäre dar, kommt doch diese Entwertung einem Entzug der Mitgliedschaft, also dem stärksten denkbaren Eingriff gleich.

d) Voraussetzungen eines Missbrauchs

Vor dem Hintergrund der verschiedenen Eingriffe in die Mitgliedschaftsrechte der diversen Aktionärsgruppen ist daher zu untersuchen, unter welchen Voraussetzungen das Blockieren des eine Sanierungsmaßnahme ermöglichenden Beschlusses missbräuchlich geschieht. Dabei geht es in erster Linie darum, die von der Durchführung einer Sanierungsmaßnahme bzw. deren Unterlassen betroffenen Rechte gegeneinander abzuwägen.

aa) Dringendes Erfordernis für das Wohl der Gesellschaft

Nach den oben aufgestellten Kriterien[579] ist Voraussetzung für ein Verbot, die Sanierung zu verhindern, zunächst einmal deren dringendes Erfordernis für das Wohl der Gesellschaft.

(1) Unabwendbarkeit des Zusammenbruchs ohne Sanierung

Dies kann in erster Linie nur dann der Fall sein, wenn die Sanierung für den Bestand der Gesellschaft notwendig, ohne sie also der Zusammenbruch der Gesellschaft unvermeidlich ist[580]. Denn nur durch einen solchen verliert die Beteiligung der Mitgesellschafter völlig ihren Wert. Für den Missbrauch der Sperrminorität reicht es demnach gerade nicht, dass mittels einer solchen Sanierungsmaßnahme (Kapitalerhöhung oder -herabsetzung) lediglich eine Verbesserung der Position am Markt möglich wäre. Dabei handelt es sich nämlich um eine unternehmerische Entscheidung, die in das freie Ermessen der gesetzlich vorgesehenen Dreiviertelmehrheit zu stellen ist. Die positiven oder negativen Folgen einer solchen unternehmerischen Entscheidung sind von den Aktionären hinzunehmen und müssen daher der Überprüfung durch die Gerichte entzogen werden.

Entscheidend in diesem Zusammenhang ist damit auch, welchen Grad die wirtschaftlichen Schwierigkeiten der Gesellschaft erreicht haben. Der Zeitpunkt der Durchführung bzw. Einleitung der Sanierungsmaßnahmen liegt nämlich bei der AG nicht in den Händen der Gesellschafter, sondern in denen des geschäftsführenden Vorstandes, vgl. § 76 AktG[581]. Sind die Maßnahmen nur vorbeugend, um bspw. strukturelle Schwächen auszugleichen, wird den Aktionär weniger eine Treupflicht zur Nichtverhinderung treffen. Eher trifft ihn eine solche Pflicht bei akut drohender Insolvenz oder gar bei Sanierungsmaßnahmen, die der Beseitigung

579 § 3.C.I.2.d), S. 109 f.;

580 MARSCH-BARNER, ZHR 157 (1993), 172, 180; SCHMIDT, GesR, § 5 IV 5 a), S. 134; SCHMIDT, ZIP 1980, 328, 336; SCHMIDT, ZGR 1982, 519, 525;

581 vgl. SCHMIDT, ZIP 1980, 328, 329;

einer bereits bestehenden Insolvenz dienlich sein sollen[582]. Je weiter die wirtschaftlichen Schwierigkeiten der AG also fortgeschritten sind, um so weniger Entscheidungsspielraum verbleibt dem Aktionär in Bezug auf die Ausübung seines Stimmrechts, da die Mitgliedschaft aller Gesellschafter als solche auf dem Spiel steht.

(2) Geeignetheit der Maßnahme

Weiter muss gerade die geplante Sanierungsmaßnahme zum Überleben der Gesellschaft geeignet sein. Sie muss also objektiv erwarten und nicht bloß subjektiv hoffen lassen, dass ihre Durchsetzung nachhaltig den Gesellschaftszweck sicherstellt[583]. Nicht nur muss also für das Überleben der Gesellschaft irgendeine Sanierungsmaßnahme *conditio sine qua non* sein, es muss vielmehr auch gerade die konkrete, den Beschlussgegenstand bildende Sanierungsmaßnahme geeignet sein, die wirtschaftlichen Schwierigkeiten zu beseitigen, da der Minderheitsgesellschafter keinen Eingriff in seine Rechte hinnehmen muss, wenn dies nicht dem Erhalt der Gesellschaft dient.

Das setzt voraus, dass die Sanierung korrekt und glaubwürdig betrieben wird und auf einem schlüssigen Gesamtkonzept beruht, welches Entwicklungsanalysen und -perspektiven in ausreichendem Maße mit einbezieht[584]. Dieses Gesamtkonzept ist deshalb so wichtig, da die Gesellschafter schließlich aufgrund einer *ex-ante*-Sicht über die Geeignetheit der Maßnahme urteilen müssen[585]. Nur aufgrund einer solchen Prognose kann der einzelne Gesellschafter die Erfolgsaussichten der zu beschließenden Maßnahme beurteilen und sich an ein daraus evtl. ergebendes Nein-Stimmverbot halten.

(3) Beispiel

Denkbar ist etwa der Fall einer AG, die aufgrund von wirtschaftlichen Schwierigkeiten nur noch über ein deutlich unter dem Grundkapital liegendes Eigenkapital verfügt und daher die Gläubiger der Gesellschaft im Rahmen eines Sanierungsplans einen teilweisen Forderungsverzicht von der Herabsetzung des Grundkapitals abhängig machen. Ist die Gesellschaft – aus einer *ex-ante*-Sicht betrachtet – gezwungen, ohne diesen Forderungsverzicht der Gläubiger Insolvenz anzumelden, kann aber gerade durch die Herabsetzung des Grundkapitals und den daraus folgenden Forderungsverzicht der wirtschaftliche Zusammenbruch abgewendet werden, besteht ein solch dringendes Erfordernis des Beschlusses für das Wohl der Gesellschaft[586].

Dieses Kriterium darf aber nicht darüber hinwegtäuschen, dass die vertikale Treupflicht gegenüber der Gesellschaft gerade nicht zu einer Einschränkung der freien Stimmrechtsausübung führen kann[587]. Eine solche ist nur dann gerechtfertigt, wenn ein Eingriff in die mitgliedschaftlichen Rechte der Mitaktionäre durch die Ausübung des Stimmrechts gegeben ist. Die Treupflicht zur Gesellschaft kann eine positive Stimmpflicht gerade nicht begründen[588]. Die AG genießt nämlich keinen allgemeinen Bestandsschutz und kann – die nötige

---

582 HÄSEMEYER, ZHR 160 (1996), 109, 126;

583 SCHMIDT, GesR, § 5 IV 5 a), S. 134; SCHMIDT, ZIP 1980, 328, 336; SCHMIDT, ZGR 1982, 519, 525; EIDENMÜLLER, S. 762 ff.;

584 HÄSEMEYER, ZHR 160 (1996), 109, 127 f.;

585 vgl. die Nachweise in Fn. 542;

586 vgl. den Sachverhalt von BGH NJW 1995, 1739, 1740 – *Girmes*;

587 vgl. oben § 3.C.I.1.b)bb)(4), S. 102 ff.;

588 BGH NJW 1994, 1739, 1743 – *Girmes*; HENZE, ZHR 162 (1998), 186, 192;

Dreiviertelmehrheit des § 262 I Nr.2 AktG vorausgesetzt – jederzeit aufgelöst werden[589]. Stattdessen kann sich eine solche Verpflichtung nur aus der Treupflicht gegenüber den anderen Gesellschaftern ergeben, deren Mitgliedschaftsrechte u.U. empfindlich durch eine solche Auflösung betroffen wären[590].

bb) Zumutbarkeit für dissentierenden Aktionär

Mit der Bejahung dieses dringenden Erfordernisses ist aber noch nichts bzgl. der Frage gesagt, ob dem dissentierenden Aktionär die Nichtverhinderung dieses Beschlusses auch zugemutet werden kann. Grundsätzlich ist nämlich auch bei einer sich in wirtschaftlichen Schwierigkeiten befindlichen AG von der Freiheit der Stimmrechtsausübung auszugehen, da andernfalls die Gefahr bestünde, dass man den durch die Sperrminorität bezweckten Schutz der Minderheit in sein Gegenteil verkehrt.

Auf der anderen Seite verbietet die Treupflicht aber auch, eine sinnvolle und von der Mehrheit angestrebte Sanierung aus eigennützigen Gründen zu verhindern[591]. Zu berücksichtigen ist nämlich § 262 I Nr. 2 AktG, welcher für die Auflösung einer AG ebenfalls ein Mehrheitserfordernis von drei Vierteln des bei der Beschlussfassung vertretenen Grundkapitals fordert[592]. Entsteht nun die Situation, dass weder für eine solche Auflösung der AG noch für die überlebensnotwendige Kapitalerhöhung/-herabsetzung die notwendige Dreiviertelmehrheit erreicht wird, läge es in der Hand der Minderheitsgesellschafter, durch ihre Stimmausübung die Auflösung der Gesellschaft herbeizuführen[593]. Die Minderheitsgesellschafter erreichen zwar nicht die für die Auflösung der Gesellschaft nach § 262 I Nr. 2 AktG erforderliche Mehrheit, ohne die überlebensnotwendige, von den Minderheitsaktionären aber verhinderte Kapitalherabsetzung bzw. -erhöhung ist der Vorstand aber verpflichtet, Insolvenz anzumelden. Daher ist in solch einer Situation die prinzipielle Freiheit, für die Auflösung stimmen zu können, noch kein Freibrief der Minderheit zur Zerschlagung eines Unternehmens[594]. Schließlich stellt die Liquidation der AG einen starken Eingriff in die Mitgliedschaftsrechte der anderen Aktionäre dar[595]. Die Ausnutzung einer Sperrminorität kann dann nicht willkürlich erfolgen, sondern bedarf einer sachlichen Rechtfertigung[596].

Bei der Suche nach Kriterien einer solchen Rechtfertigung wird man sich daher überlegen müssen, wie stark die Sanierung in die Rechte des dissentierenden Aktionärs eingreift und in welchem Verhältnis dieser Eingriff zur Chance einer Erhaltung der Mitgliedschaft der anderen steht.

(1) Auswirkung der Sanierung auf die Mitgliedschaft des Aktionärs

Eine Untersuchung der Eingriffsintensität ist jedoch nur hinsichtlich der mitgliedschaftlichen Rechte vorzunehmen. Solche Rechte des dissentierenden Aktionärs, die mit seiner

---

589 BGH NJW 1988, 1579, 1580;
590 BGH NJW 1995, 1739, 1743; Henze, ZHR 162 (1998), 186, 192;
591 BGH NJW 1995, 1739, 1743 – *Girmes*;
592 Schöne, WM 1992, 209, 212;
593 Schmidt, ZGR 1982, 519, 524;
594 BGH NJW 1995, 1739, 1743 – *Girmes*; Schmidt, GesR, § 5 IV 5 a), S. 134; Schöne, WM 1992, 209; Henze, ZHR 162 (1998), 186, 196;
595 vgl. oben § 3.C.I.3.c)cc), S. 111 f.;
596 Timm, WM 1991, 481, 484 f.; Marsch-Barner, ZHR 157 (1993), 172, 180 f.;

Eigenschaft als Gesellschafter der AG nichts zu tun haben, müssen selbstverständlich außen vor bleiben.

Fraglich in diesem Zusammenhang ist insbesondere, ob dem Aktionär ein Opponieren lediglich dann verboten werden kann, wenn er überhaupt keinen Eingriff in seine Mitgliedschaftsrechte zu befürchten hat, oder ob er solche bis zu einem gewissen Grad hinzunehmen hat, wie etwa bei einer Kapitalerhöhung die Verringerung seiner Beteiligungsquote bei Verzicht auf sein Bezugsrecht. Bei der GmbH hatte der BGH eine Zustimmungspflicht lediglich unter der Prämisse bejaht, dass sich für den zustimmungsunwilligen Gesellschafter durch die Annahme des Beschlusses keinerlei Nachteile ergäben[597]. Dieser Ansicht ist auch bei der AG zuzustimmen, wobei aber bei Sanierungsentscheidungen nicht auf den unmittelbaren Effekt der Kapitalerhöhung abgestellt werden darf, sondern vielmehr eine Gesamtschau anzustellen ist.

Entscheidender Anhaltspunkt für die Zumutbarkeit ist somit, ob der dissentierende Aktionär aufgrund der Durchführung der Maßnahme und des damit verbundenen Eingriffs in seine mitgliedschaftlichen Rechte schlechter gestellt wird als dies voraussichtlich bei dem sonst zu erwartenden wirtschaftlichen Zusammenbruch und der damit einhergehenden Auflösung und Liquidation der Gesellschaft der Fall wäre[598]. Ist im Rahmen eines ohne die Sanierungsmaßnahme erforderlichen Insolvenzverfahrens ersichtlich, dass das Unternehmen zerschlagen wird, und dass infolgedessen die Beteiligung des Aktionärs ohnehin wertlos wird, besteht auf der anderen Seite aber eine überwiegende Wahrscheinlichkeit, dass durch die Sanierungsmaßnahmen der Wert der Beteiligung zumindest teilweise erhalten bleibt, spricht dies dafür, dass von ihm verlangt werden kann, sich der Kapitalerhöhung bzw. -herabsetzung nicht zu widersetzen.

(2) Verhältnismäßigkeit

Ein weiteres Kriterium für die Zumutbarkeit der Nichtverhinderung des Sanierungsbeschlusses ist die Einhaltung des Grundsatzes der Verhältnismäßigkeit. Es stellt sich in diesem Zusammenhang die Frage, ob der durch die Sanierungsmaßnahme beabsichtigte Eingriff in die Rechte des dissentierenden Gesellschafters in vernünftiger Relation zu den Vorteilen für die Gesellschaft und die zustimmenden Gesellschafter steht. Relevant ist hierfür besonders die Frage der Erforderlichkeit: Gäbe es eine andere Maßnahme zur Rettung der Gesellschaft, welche in weniger starkem Maße in die Rechte der dissentierenden Aktionäre eingreift[599] oder aber in genauso starkem Maße eingreift, aber aussichtsreichere Sanierungschancen birgt[600]? Lautete im vorhergehenden Gliederungspunkt die Frage, wie sich die konkrete Sanierungsmaßnahme auf die Rechte des dissentierenden Aktionärs auswirkt, ob er also durch diese im Endeffekt besser gestellt wird als ohne, muss nun erörtert werden, ob er durch diese konkrete

---

597 vgl. oben § 3.C.I.2.b), S. 107;

598 HENZE, ZHR 162 (1998), 186, 195;

599 SCHMIDT, GesR, § 5 IV 5 a), S. 134; SCHMIDT, ZIP 1980, 328, 336; SCHMIDT, ZGR 1982, 519, 525; auffallend in diesem Zusammenhang ist, dass SCHMIDT, GesR, § 5 IV 2, S. 128 zunächst die Voraussetzung der Rspr. für eine Treupflicht, nämlich Erforderlichkeit einer Vertragsänderung und Zumutbarkeit für den einzelnen Aktionär aufgreift, im Rahmen der Mitwirkungspflicht in der Krise unter § 5 IV 5, S. 134 sowie in den anderen zitierten Publikationen diese Voraussetzungen jedoch durcheinander wirft;

600 HÄSEMEYER, ZHR 160 (1996), 109, 128; TIMM, WM 1991, 481, 485; SCHÖNE, WM 1992, 209, 212; beachte in diesem Zusammenhang, dass es sich nur um einen kurzfristigen Eingriff handeln darf; langfristig darf der dissentierende Aktionär gerade nicht schlechter als durch den wirtschaftlichen Zusammenbruch gestellt werden;

Sanierungsmaßnahme besser als durch eine andere gestellt wird. Entscheidend in diesem Zusammenhang sind die Wichtigkeit der betroffenen Interessen und der Grad der drohenden Interessenbeeinträchtigung auf der einen Seite und die Wahrscheinlichkeit des Erfolges der Sanierungsmaßnahme auf der anderen Seite[601].

Insbesondere ist abzuwägen, ob sich für den dissentierenden Aktionär die konkrete Maßnahme im Rahmen eines freien Sanierungsverfahrens vorteilhaft gegenüber einem gerichtlichen Sanierungsverfahren darstellt. Besteht nämlich die Aussicht für den Aktionär, dass aufgrund der zu beschließenden Sanierungsmaßnahmen weniger in seine mitgliedschaftliche Rechtsstellung eingegriffen wird, als dies im Rahmen eines gerichtlichen Insolvenzverfahrens zu erwarten ist, wird es regelmäßig dem Aktionär zumutbar sein, sich einer solchen Sanierungsmaßnahme nicht entgegenzustellen. Dabei sind auch die allgemeinen Vor- und Nachteile einer gerichtlichen gegenüber einer freien Sanierung zu berücksichtigen[602]. Erstere hat den Nachteil der Publizität mit allen geschäftsschädigenden Folgen, wie Unruhe und Misstrauen unter Kunden und Mitarbeitern, aber den Vorteil, dass der Insolvenzplan von neutraler Seite ausgearbeitet wird, was insbesondere dann relevant werden kann, wenn der Vorstand die Gesellschafter in der Hauptversammlung im Unklaren über die wirtschaftliche Situation und das Konzept der Sanierungsmaßnahme lässt[603].

cc) Konkrete Anwendung auf Kapitalerhöhung und -herabsetzung

Vor diesem Hintergrund lässt sich feststellen, dass es eher rechtsmissbräuchlich sein kann, sich mit der Ausübung des Stimmrechts gegen eine Kapitalherabsetzung zu wenden, als dies bei einem Beschluss über die Erhöhung des Grundkapitals der Fall ist. Grund dafür ist, dass eine Kapitalherabsetzung sehr viel weniger in die Rechte des (Minderheits-)Aktionärs eingreift[604]. Die Herabsetzung des Nominalwertes stellt nur den bilanziellen Nachvollzug der ohnehin schon eingetretenen Verluste dar[605]. Da somit mit einer Kapitalherabsetzung keine materielle Last für den opponierenden Aktionär verbunden ist, dürfte eine Blockade regelmäßig als rechtsmissbräuchlich zu werten sein[606]. Vorausgesetzt natürlich, die Herabsetzung ist erforderlich und geeignet, einen wirtschaftlichen Zusammenbruch der Gesellschaft zu vermeiden. Für die Zumutbarkeit maßgebend ist die Frage, ob die Voraussetzungen des § 222 IV S.2 AktG gegeben sind, die eine Zusammenlegung von Aktien erforderlich machen und diese auch nur ausnahmsweise gestatten, da diese einen etwas größeren – wenngleich immer noch geringen – Eingriff in die mitgliedschaftlichen Rechte darstellt[607].

Anders sieht der Fall aber im Rahmen der Kapitalerhöhung aus. Oft muss diese im Rahmen der Sanierungsmaßnahme gar nicht mehr von der Hauptversammlung beschlossen werden, wenn nämlich diese schon zu einem früheren Zeitpunkt den Vorstand nach § 202 I AktG ermächtigt hat, das Grundkapital bis zu einem bestimmten Nennbetrag zu erhöhen[608]. Andernfalls stellt aber die Kapitalerhöhung und die damit einhergehende Verringerung der prozentualen Beteiligung einen sehr viel gewichtigeren Eingriff in die mitgliedschaftlichen Rechte des Aktionärs dar, da der Aktionär – wie bereits dargestellt –

---

601 HENNRICHS, AcP 195 (1995), 221, 252;
602 vgl. zu den beiden verschiedenen Verfahren ausführlich EIDENMÜLLER, S. 51 ff. bzw. S. 264 ff.;
603 HÄSEMEYER, ZHR 160 (1996), 109, 128 f.;
604 siehe oben § 3.C.I.3.c), S. 110;
605 TIMM, WM 1991, 481, 485;
606 LUTTER, ZHR 153 (1989), 446, 468;
607 HENZE, ZHR 162 (1998), 186, 195;
608 vgl. den Sachverhalt von BGH NJW 1995, 1739, 1740 – *Girmes*; HENZE, ZHR 162 (1998), 186, 192;

seine prozentuale Beteiligung nur halten kann, wenn er von seinem Bezugsrecht Gebrauch macht. Nach einer Ansicht soll diese Wahl zwischen Nachschuss und Verwässerung der Beteiligung dem Aktionär stets zumutbar sein, so dass er sich aus diesem Grund nicht der Kapitalerhöhung widersetzen darf[609]. Richtiger ist es aber anzunehmen, dass dies für den Aktionär eine Wahl zwischen zwei Übeln darstellt und man so nicht von ihm *a priori* verlangen kann, für einen Beschluss zu stimmen, welcher ihn in eine derartige „Zwickmühle“ bringt. Abzustellen ist also auf den Nachteil, den der Aktionär erleidet, wenn er nicht von seinem Bezugsrecht aus § 186 I S.1 AktG Gebrauch macht. Dieser Nachteil ist dem dissentierenden Aktionär nur zuzumuten, wenn der Nachteil infolge der zu erwartenden Sanierung langfristig einen geringeren Eingriff in die Mitgliedschaft des Aktionärs darstellt, als durch die Zerschlagung des Unternehmens zu befürchten ist. Das Interesse der übrigen Aktionäre am Fortbestehen der Gesellschaft ist dann höher zu werten als die Beeinträchtigung des dissentierenden Gesellschafters[610]. Die Sperrminorität ist in diesem Fall als missbräuchlich anzusehen, wenn auch die anderen oben angeführten Kriterien gegen den oder die Minderheitsgesellschafter sprechen.

dd) Ergebnis

Entscheidendes Kriterium ist demnach die mangelnden Überlebensfähigkeit der Gesellschaft ohne die Sanierungsmaßnahme[611]. Die anderen weiter oben entwickelten Kriterien dürfen dagegen lediglich als modellhaft angesehen werden und sind kein starres Raster, um eine Stimmrechtsbindung des Aktionärs festzustellen. Insbesondere die Gewichtung – nicht zuletzt im Rahmen der Verhältnismäßigkeitsprüfung – ist stark von Wertungen im Rahmen des konkreten Einzelfalls abhängig[612].

Ist der wirtschaftliche Zusammenbruch der Gesellschaft ohne die Sanierungsmaßnahme nicht zu befürchten oder wenigstens nicht überwiegend wahrscheinlich, muss es beim Grundsatz der freien Stimmrechtsausübung bleiben. Dies gilt selbst dann, wenn die den Beschlussgegenstand bildende Maßnahme wirtschaftlich sinnvoll wäre, da der Aktionär prinzipiell wirtschaftlich unvernünftig abstimmen darf.

Je wahrscheinlicher aber ein solcher wirtschaftliche Zusammenbruch wird, desto eher ist dem Aktionär ein kurzfristiger Eingriff in seine mitgliedschaftlichen Rechte zuzumuten. Allerdings gilt dies nur, solange objektiv zu erwarten ist, dass diese mitgliedschaftlichen Rechte durch die Sanierungsmaßnahme langfristig weniger stark als durch die Zerschlagung der Gesellschaft beeinträchtigt werden[613]. Andernfalls kann das Ausüben der Sperrminorität nicht als missbräuchlich angesehen werden. Ist das Absehen von einer Blockade nach den oben geschilderten Kriterien dem Aktionär hingegen zumutbar, besteht die Vermutung, dass er mit seiner Gegenstimme einen Sondervorteil verfolgt, was nach der Wertung des § 243 II AktG gerade nicht zulässig ist. Die Gegenstimme stellt in so einem Fall eine Treupflichtverletzung gegenüber den Mitaktionären dar. Es liegt dann ein Missbrauch der Sperrminorität vor[614].

---

[609] SCHMIDT, GesR, § 5 IV 5 a), S. 134;
[610] vgl. HENZE, ZHR 162 (1998), 186, 194;
[611] MARSCH-BARNER, ZHR 157 (1993), 172, 180;
[612] HÄSEMEYER, ZHR 160 (1996), 109, 126 und 130; zu den Rechtsfolgen siehe unten § 3.D.I, S. 160 ff.;
[613] zur Kritik hieran siehe unten § 3.C.IV.2, S. 158 ff.;
[614] HÄSEMEYER, ZHR 160 (1996), 109, 130;

ee) Gerichtliche Überprüfungsmöglichkeit

Zu untersuchen ist allerdings auch im Zusammenhang mit dem Verbot, einen bestimmten Beschluss zu verhindern, inwieweit die Entscheidung des einzelnen Aktionärs überhaupt justiziabel ist, ohne in dessen unternehmerisches Ermessen einzugreifen. Weiter oben[615] wurde ja dargestellt, dass die aus einer *ex-ante*-Sicht zu treffende Prognoseentscheidung solange nicht gegen die Treupflicht verstößt, wie der Aktionär von der ökonomischen Geeignetheit seiner Stimmrechtsausübung ausgehen kann.

Aus diesem Grund wird vertreten, das Verhindern eines positiven Beschlusses könne erst dann eine Treupflichtverletzung darstellen, wenn es zur Rettung der Gesellschaft durch die den Beschlussgegenstand bildenden Maßnahmen keine Alternative gibt. Erst dann verenge sich nämlich die grundsätzliche Entscheidungsfreiheit zu einer Entscheidungspflicht[616]. Gibt es allerdings eine Alternative zu dem den Beschlussgegenstand bildenden Sanierungsplan, dürfe die Frage nach den wirtschaftlichen Erfolgschancen verschiedener Sanierungspläne nicht vor Gericht ausgetragen werden[617].

Diese Ansicht widerspricht nun dem oben[618] Vorgebrachten, wonach doch eine Treupflichtverletzung dann vorliegen soll, wenn ein anderer Beschluss aus einer *ex-ante*-Sicht weniger in die Gesellschafterrechte der Mitaktionäre eingreift bzw. im gleichen Maße eingreift, aber höhere Erfolgsaussichten bzgl. des Gelingens der Sanierung hat.

Die Rspr. hat im Girmes-Urteil nicht auf eine solche *ex-ante*-Sicht abgestellt, sondern will vielmehr die Erfolgsaussichten der Sanierung nach *„objektiver Einschätzung"* vornehmen. Zwar deutet *„Einschätzung"* auf eine *ex-ante*-Sicht hin, es soll aber eben nicht lediglich die subjektive Einschätzung des sein Stimmrecht ausübenden Aktionärs überprüft werden, sondern offenbar eine umfassende eigene, „objektive" Beurteilung des Sanierungsplans erfolgen. Außerdem will das Gericht überprüfen, ob nicht eine *„schonendere Sanierung möglich ist."*[619]

Festzuhalten bleibt, dass sich im deutschen Recht nur vereinzelt Stimmen finden, welche ein nur maßvolles Eingreifen der Gerichte in das unternehmerische Ermessen der Gesellschafter anmahnen. Von der überwiegenden Literaturmeinung und der Rspr. wird hingegen eine objektive Überprüfbarkeit des Beschlusses im Rahmen einer Ermessenskontrolle vertreten, bei der die wirtschaftlichen Erfolgsaussichten der Sanierungsmaßnahme eine entscheidende Rolle spielen. So stellt insbesondere die Beurteilung der Frage, ob keine schonendere Sanierung möglich ist, einen starken Eingriff von Seiten des Gerichts in die unternehmerische Freiheit der Aktionäre dar.

ff) Beweislast

Eng verknüpft mit der Problematik der gerichtlichen Überprüfungskompetenz ist die Frage nach der Verteilung der Beweislast. Der Anfechtungskläger hat jedenfalls die Tatsache zu beweisen, dass der positive Beschluss für die AG überlebensnotwendig war. Er muss also

---

[615] § 3.C.I.1.b)ee), S. 104 ff.;
[616] LUTTER, JZ 1995, 1053, 1055;
[617] GRUNEWALD, FS Kropff, S. 95;
[618] § 3.C.I.3.d)bb)(2), S. 115;
[619] BGH NJW 1995, 1739, 1743 – *Girmes* unter Verweis auf SCHMIDT, GesR, § 5 IV 5, S. 134;

darlegen, dass ohne die Sperrminorität ein Zugrundegehen der Gesellschaft nicht zu erwarten gewesen wäre[620].

Es stellt sich aber die Frage, ob dies auch für die Zumutbarkeit gilt. Nach den oben aufgestellten Regeln[621] würde insbesondere die AG für die die Verhältnismäßigkeit begründenden Tatsachen zumindest die Darlegungs-, nach Literaturmeinung auch die Beweislast tragen. Problematisch an dieser Ansicht ist jedoch, dass dann die Gesellschaft als nach § 246 II S.1 AktG Anfechtungsbeklagte die fehlende Zumutbarkeit einer Zustimmung beweisen müsste, obwohl die Kapitalmehrheit der Gesellschaft ja eigentlich von dieser Zumutbarkeit ausgeht. Es wäre also zu erwarten, dass die AG ihrer Darlegungslast nur in bewusst nachlässiger Art und Weise nachkommen würde, um so dem der Mehrheit zugehörenden Aktionär zu einem Klageerfolg zu verhelfen.

Dies wäre aber mit dem Minderheitenschutz, dem ja die Sperrminorität eigentlich dient, nicht zu vereinbaren, so dass die Darlegungs- und Beweislast für eine treupflichtwidrige Ausübung der Sperrminorität dem sich auf die Missbräuchlichkeit berufenden Aktionär obliegt.

4. Erhöhung des Mindestkapitals

Als weiterer Beispielsfall ist es auch im Aktienrecht denkbar, dass – vergleichbar mit der GmbH-Novelle von 1980 – der Gesetzgeber das Mindestkapital einer AG über die derzeit nach § 7 AktG erforderlichen 50.000 € hinaus erhöht und alle AGs, die diese Kapitalerhöhung nicht binnen einer bestimmten Frist beschließen, gesetzlich für aufgelöst erklärt. In einem solchen Fall würde eine Erhöhung des Grundkapitals für das Überleben notwendig[622], der dazu nötige Beschluss bedürfte einer Dreiviertelmehrheit, § 182 I S.1 AktG (i.V.m. § 207 I S.1 AktG), so dass eine Sperrminorität denkbar ist.

Auf einen solchen Fall wären die vom BGH zur durch die GmbH-Novelle tatsächlich entstandenen Parallelproblematik aufgestellten Grundsätze zu übertragen. Dem stünde insbesondere kaum die gegenüber der GmbH anonymere Struktur der AG entgegen, da es sich bei AGs mit einem Grundkapital von lediglich 50.000 € ohnehin um kleinere, nicht börsennotierte Gesellschaften handelt. Das Grundkapital einer börsennotierten Publikums-AG liegt aufgrund von § 2 I BörsZulV nämlich ohnehin weit über dem durch das AktG vorgeschriebenen Grundkapital.

Die Kapitalerhöhung wäre für das Wohl der Gesellschaft dringend erforderlich, mehr noch: überlebensnotwendig. Wird die Kapitalerhöhung nicht beschlossen, würde die AG nach Ablauf einer bestimmten Frist kraft Gesetz aufgelöst werden.

Nach den oben dargestellten Prämissen muss die Kapitalerhöhung für den Aktionär aber auch zumutbar sein, was lediglich dann der Fall ist, wenn ihm keine oder doch zumindest vernachlässigbare Nachteile gegenüber dem Rechtszustand vor Inkrafttreten der hypothetischen AG-Novelle entstehen[623].

---

[620] BGH NJW 1995, 1739, 1744 – *Girmes*;

[621] siehe § 3.C.I.1.b)cc), S. 103 f.;

[622] Beispiel nach LUTTER, ZHR 153 (1989), 446, 468 Fn. 134 sowie MARSCH-BARNER, ZHR 157 (1993), 172, 179;

[623] so zur GmbH: BGH WM 1986, 1348, 1349; BGH WM 1987, 841, 842;

Ein solcher Nachteil ist bei einer Erhöhung des Kapitals nach § 182 I AktG denkbar[624], da der Aktionär dann eine Verwässerung seiner Beteiligungsquote hinnehmen muss. Anders als bei den Sanierungsfällen, wo die Mitgliedschaft des nicht zustimmungswilligen Aktionärs nahezu wertlos ist, durch die entsprechenden Beschlüsse aber selbst die verwässerte Beteiligung eine Wertsteigerung gegenüber dem *status quo* erfahren kann, ist im vorliegend untersuchten Fall ja die Mitgliedschaft des Aktionärs nicht wertlos, nur weil durch Gesetz das Mindestkapital heraufgesetzt wurde. Der Aktionär kann also ein größeres Interesse an der Auflösung der Gesellschaft und Auszahlung seiner Liquidationsquote nach § 271 AktG haben. Eine Zustimmung ist ihm damit nicht zuzumuten.

Anders verhält es sich jedoch, wenn die Kapitalerhöhung nach § 207 AktG erfolgt, also die Kapital- und Gewinnrücklagen in Grundkapital umgewandelt werden. Der Aktionär muss dann kein Kapital nachschießen, um seine Beteiligungsquote zu halten, so dass ihm ohne Nachschuss keine Verwässerung seines Anteils und damit keine Nachteile drohen. In diesem Fall wäre es daher rechtsmissbräuchlich, von einer Sperrminorität Gebrauch zu machen.

II. Italien

Im Folgenden gilt es, nun auch im Bereich des italienischen Rechts die Kriterien zu bestimmen, anhand derer die missbräuchliche Ausübung einer Sperrminorität festgestellt werden kann. Dabei sind die oben[625] gemachten allgemeinen dogmatischen Ausführungen schon mehr auf das Stimmrecht präzisiert, da -anders als in Deutschland – eine übergeordnete, alle Aktionärsrechte bestimmende Treupflicht nicht existiert.

1. Grundsatz des freien Stimmrechts

Auch in Italien ist der Gesellschafter einer *S.p.A.* grds. frei in seiner Stimmrechtsausübung. In der *assemblea* gilt das Mehrheitsprinzip, Art. 2368 c.c.[626], so dass die Beschlussfassung gerade die Aufgabe hat, aus den in den verschiedenen Stimmen zum Ausdruck kommenden Interessen das *interesse della società* herauszufiltern[627].

Eine gerichtliche Kontrolle von Mehrheitsbeschlüssen der *assemblea* darf nur mit äußerster Zurückhaltung geschehen, da andernfalls der Privatautonomie der Gesellschaft nicht hinreichend Rechnung getragen würde. Eine Zensur von Versammlungsbeschlüssen darf gerade nicht stattfinden[628]. Ist ein Beschluss formell ordnungsgemäß mit der nötigen Mehrheit gefasst, sind die Gründe, welche die Mehrheit zu diesem Beschluss veranlasst haben, sowie die Auswirkungen auf die Gesellschafter regelmäßig unerheblich[629]. Die Gerichte dürfen Beschlüsse daher gerade nicht auf ihre Zweckmäßigkeit überprüfen und so ihre Entscheidung an Stelle derjenigen der Gesellschaft setzen[630].

---

624 vgl. dazu näher oben § 3.C.I.3.c)aa), S. 110;
625 § 2.B.I, S. 53 ff.;
626 PICONE, Società 1998, 949, 952; vgl. allgemein zum *principio di maggioranza* RESCIGNO, Riv.trim.dir.proc.civ. 1978, 814 ff.;
627 vgl. oben § 2.B.I.1.a)aa)(2), S. 55 ff.;
628 Cass.civ., 27.4.1990, n. 3535, in: Riv.dir.comm., 1991, II, 15, 21;
629 Cass.civ., I, 29.5.1986 n. 3628, in: Giust.civ. 1986, 2093, 2096, für den Fall einer Auflösung der Gesellschaft gemäß Art. 2448 I Nr.5 c.c. a.F.;
630 Cass.civ., 27.4.1990, n. 3535, in: Riv.dir.comm., 1991, II, 15, 21; App. Roma, 4.6.1990, in: Foro it. 1990, I, 2949; Trib. Catania, 12.9.1989, in: Giur.comm. 1991, II, 315. 318; Trib. Milano, 9.6.1994, in: Società 1995,

2. Einschränkbarkeit des Stimmrechts

Aus der Wertung des Art. 2373 I c.c. lässt sich in Einschränkung des gezeigten Grundsatzes jedoch entnehmen, dass das *interesse della società* der Stimmrechtsausübung des Aktionärs gewisse Grenzen setzt.

Einigkeit herrscht diesbezüglich darüber, dass dem Aktionär kein bestimmtes Abstimmungsverhalten vorgegeben ist. Das *interesse della società* dient lediglich als eine Art Orientierungshilfe hinsichtlich der groben Richtung, innerhalb derer der Aktionär aus den verschiedenen Wegen und Zielen frei wählen kann[631]. Beachtet werden muss auch, dass das Mehrheitssystem lediglich eingeschränkt, nicht jedoch aufgehoben werden kann. Der Minderheitenschutz darf auch nicht so weit gehen, dass das ordnungsgemäße Funktionieren der Gesellschaft nicht mehr gewährleistet ist[632]. Es muss also ein Gleichgewicht zwischen Minderheitenschutz und effizienter Führungsmöglichkeit gefunden werden[633].

a) Vorliegen eines *eccesso di potere*

Die Rspr. schränkte, wie oben dargestellt, die Mehrheitsmacht in der Hauptversammlung lange Zeit nach den Grundsätzen des *eccesso di potere* ein.

aa) Voraussetzungen

Die Anforderungen die sie an die Anfechtbarkeit eines Beschlusses gemäß Art. 2377 II c.c. a.F. stellte, lassen sich folgendermaßen zusammenfassen: Ein *eccesso di potere* lag vor, wenn:

- der Hauptversammlungsbeschluss in rechtswidriger und betrügerischer Art und Weise von den Mehrheitsgesellschaftern einzig dazu bestimmt ist, absichtlich die Rechte der anderen Gesellschafter zu beeinträchtigen[634];
- der Hauptversammlungsbeschluss keinerlei Rechtfertigung durch das Gesellschaftsinteresse findet, sondern lediglich auf die Verfolgung außergesellschaftlicher Ziele gerichtet ist[635];

Dabei wurde meist das Vorliegen beider Voraussetzungen gefordert[636], zuweilen hingegen ein *eccesso di potere* nur an eines dieser Kriterien geknüpft[637].

Deutlich wird aber, dass die Rspr. auch hier zwischen vertikalem Verhältnis zwischen Gesellschafter und Gesellschaft auf der einen Seite und horizontalem Verhältnis der Aktionä-

---

216, 218; CERVALE, Giust.civ. 1986, I, 2096, 2097 f.; FERRARI, S. 32 ff.; JAEGER, Interesse sociale, S. 110 f.; vgl. zum Problem der gerichtlichen Kontrolle ausführlicher weiter unten § 3.C.II.2.c), S. 126 ff.;

631 MAZZONI, Giur.comm. 1998, I, 485, 496; MENGONI, Riv.soc. 1956, 434, 458;

632 MAZZONI, Giur.comm. 1998, I, 485, 489;

633 MONTALENTI, Giur.comm. 1998, I, 329, 330;

634 Cass.civ., I, 5.5.1995, n. 4923, in: Società 1995, 1548, 1549; App. Roma, 4.6.1990, in: Foro it. 1990, I, 2949, 2951 f.; Trib. Milano, 6.10.1986, in: Società 1987, 384, 386; Cass.civ., I, 7.2.1979 n. 818, in: Dir. fall. 1979, II, 127; CAMPOBASSO, S. 351;

635 Cass.civ., 27.4.1990, n. 3535, in: Riv.dir.comm., 1991, II, 15, 22;

636 vgl. unter vielen: Cass.civ., I, 12.5.1951 n. 1177, in: Giur.it. 1951, I, 535, 538 f. (noch unter Geltung des Art. 163 c.co); Cass.civ., I, 29.5.1986 n. 3628, in: Società 1986, 1087, 1088; Cass.civ., I, 11.3.1993, n. 2958, in: Società 1993, 1049, 1053; Cass.civ., I, 4.5.1994, n. 4323, in: NGCC, 1995, I, S. 633, 636; Trib. Milano, 8.1.1987, in: Società 1987, 616, 618; Trib. Milano, 9.6.1994, in: Società 1995, 216;

637 vgl. die direkt bei den einzelnen Punkten angeführten Nachweise;

re untereinander auf der anderen Seite differenziert[638]. Der erste Punkt betrifft das Verhältnis der Aktionäre untereinander. Dabei kann aber keinesfalls davon gesprochen werden, dass bei jeder Beeinträchtigung der Gesellschafterrechte auch ein *eccesso di potere* vorläge. Vielmehr muss dieser Eingriff zum einen absichtlich (*intenzionalmente*) erfolgen, weiterhin aber auch noch rechtswidrig und betrügerisch (*arbitrario e fraudolento*) sein.

Bei Bejahung dieser Voraussetzung wird der zweite Punkt relevant, welcher das Verhältnis der Aktionäre zur Gesellschaft betrifft. Prinzipiell bedarf ein Beschluss nämlich nicht der Rechtfertigung, dass durch ihn das Gesellschaftsinteresse gefördert wird. Ist aber ein solcher absichtlicher und rechtswidriger Eingriff tatsächlich feststellbar, darf sich die Mehrheit gerade nicht mehr ausschließlich von Zielen lenken lassen, die mit dem *interesse della società* nichts zu tun haben. Das Ausschließlichkeitskriterium wird von der italienischen Rspr. sehr eng ausgelegt. Gerade vor dem Hintergrund des großen Ermessensspielraums bei unternehmerischen Entscheidungen genügt es, wenn auch nur irgendein Zusammenhang mit dem Gesellschaftsinteresse besteht[639]. Die Verfolgung dieses Gesellschafterinteresses muss noch nicht einmal Hauptbeweggrund der Mehrheit für die Beschlussfassung sein, um einen *eccesso di potere* auszuschließen[640].

Die Gesellschafter können also durchaus ein privates Interesse verfolgen, welches nichts mit der Förderung des Gesellschaftsinteresses zu tun hat, solange sie dadurch nicht die *interessi uti socii* der Mitgesellschafter verletzen. Liegt allerdings ein solcher Eingriff vor, muss dieser seine Rechtfertigung im *interesse della società* finden[641].

bb) Subjektiver Tatbestand

Aus den soeben dargestellten Voraussetzungen eines *eccesso di potere* ergibt sich, dass dieser nicht rein objektiv zu bestimmen ist, sondern auch einen subjektiven Tatbestand beinhaltet, nämlich die *"unica finalità fraudolenta"*. Es kommt gerade darauf an, dass die Stimmabgabe in betrügerischer Absicht erfolgt. Daraus ergibt sich, dass insbesondere die subjektiven Motive der Stimmabgabe zur Beantwortung der Frage wichtig sind, ob ein *eccesso di potere* im konkreten Fall vorliegt oder nicht[642].

Dieser Vorsatz muss sich darauf beziehen, dass zur Verfolgung eigener *interessi extrasociali* das Gesellschaftsinteresse geopfert wird. Wie jedoch im Anwendungsbereich des Art. 2373 II c.c. a.F. nicht Voraussetzung war, dass der potentielle Schaden der Gesellschaft vom Vorsatz der Mehrheit umfasst war, musste auch der Schaden der Mitgesellschafter nicht vom subjektiven Tatbestand der Mehrheitsgesellschafter umfasst sein[643].

---

[638] besonders deutlich differenzierend: Cass.civ., I, 29.5.1986 n. 3628, in: Società 1986, 1087, 1088, sowie auf diese Entscheidung Bezug nehmend Trib. Milano, 8.1.1987, in: Società 1987, 616, 618;

[639] diese Gliederung tritt in den oben zitierten Entscheidungen nicht ganz so deutlich hervor, wie diese Darstellung das suggerieren mag, stellt aber im Wesentlichen die Kriterien der Rspr. dar; vgl. PICONE, Società 1998, 949, 953; QUATRARO, FUMAGALLI, D'AMORA, Deliberazioni assembleari, S. 1948; AMITRANO, NGCC 1997, I, 455, 456;

[640] JAEGER, Interesse sociale, S. 207;

[641] CERRAI, MAZZONI, Riv.soc. 1993, 1, 77; IMBRENDA, Società 1995, 1549, 1551; vgl. CASSOTTANA, S. 27; CERVALE, Giust.civ. 1986, I, 2096, 2098; TETI, Riv.not. 1972, 770, 821;

[642] CASSOTTANA, S. 112; QUATRARO, ISRAEL, D'AMORA, QUATRARO, Operazioni sul capitale, S. 1949; PREITE in: COLOMBO, PORTALE, 3**, S. 3, 51; vgl. MENGONI, Riv.soc. 1956, 434, 452 f.; IMBRENDA, Società 1995, 1549, 1551; SANTAGATA in: CAMPOBASSO, T.U.F., Art. 126 S. 1041;

[643] TRIMARCHI, S. 186;

b) Verstoß gegen principio di buona fede e correttezza

Da in der Lit. und neuerdings auch in der Rspr. die Ansicht vorherrschend ist, wonach ein Missbrauch des Stimmrechts einen Verstoß gegen das *principio di buona fede e correttezza* darstellt, soll nun auf die Unterschiede der Missbrauchskriterien im Vergleich zum *eccesso di potere* eingegangen werden.

aa) Geringer Unterschied zum *eccesso di potere*

Auffallend ist, dass Lit. und Rspr. sich zwar lange mit der Frage auseinandersetzen, ob sich die Figur des *eccesso di potere* oder das *principio di buona fede e correttezza* dogmatisch besser in die geltende Rechtsordnung einfügen, kaum aber auf die unterschiedlichen praktischen Auswirkungen eingegangen wird. Die konkreten Voraussetzungen der beiden Rechtsfiguren werden entweder unterschiedslos gemeinsam behandelt[644] oder aber so knapp dargestellt, dass hinsichtlich der praktischen Auswirkungen keine Unterschiede ersichtlich sind.

Diese fehlende Erörterung des Inhalts der *buona fede* ist allerdings nicht auf das Gesellschaftsrecht bzw. die dortige Stimmrechtsausübung beschränkt. Es finden sich zahlreiche Aufsätze zum Thema, welche lange die historische Entwicklung, die systematische Einordnung und Anwendbarkeit des Rechtsinstituts untersuchen, ohne sich näher mit den praktischen Auswirkungen zu beschäftigen[645]. Der Begriff der *buona fede* ist daher allgemein wenig klar definiert[646].

Im Gesellschaftsrecht soll ein Verstoß gegen das *principio di buona fede e correttezza* dann vorliegen, wenn die Mehrheitsgesellschafter ihre Machtposition ausnützen, um zum Schaden der anderen Aktionäre sich selbst einen Vorteil zu verschaffen[647]. An anderer Stelle wird verlangt, der Beschluss müsse vom einzigen Ziel geleitet sein, einzelnen Mitaktionären einen Schaden zuzufügen[648].

bb) Subjektiver Tatbestand?

Diese Voraussetzungen unterscheiden sich nicht wesentlich von denjenigen, welche auch für das Vorliegen eines *eccesso di potere* gefordert werden. Insbesondere schwingt auch bei diesen Definitionen des *principio di buona fede e correttezza* ein subjektiver Tatbestand mit, von dem der eigene Vorteil und der gleichzeitige Nachteil der Minderheitsgesellschafter umfasst sein muss[649]. Gefordert wird bei der Ausübung des Stimmrechts also auch hier eine Art überschießender Innentendenz.

---

644 Cass.civ., I, 11.3.1993, n. 2958, in: Società 1993, 1049, 1053; QUATRARO, ISRAEL, D'AMORA, QUATRARO, Operazioni sul capitale, S. 1952 f.;

645 vgl. bspw. STOLFI, Riv.dir.comm. 1964, I, 163 ff.; RODOTÀ, BBTC 1965, I, 149, 159;

646 BIANCA, Riv.dir.civ. 1983, I, 205, 208;

647 Trib. Milano, 6.10.1986, in: Società 1987, 384: 386;

648 vgl. etwa CAMPOBASSO, S. 351;

649 siehe oben § 3.C.II.2.a)bb), S. 122, beachte in beiden Fällen, dass zwar der Nachteil der Mitgesellschafter, nicht aber der daraus folgende Schaden vom Vorsatz erfasst sein muss, weshalb die Definition von Trib. Milano, 6.10.1986, in: Società 1987, 384: 386 wenig präzise ist;

(1) Objektive Wirkung des Beschlusses

Im Gegensatz zu den oben dargestellten Definitionen wird das Gebot der *buona fede e correttezza* außerhalb des Gesellschaftsrechts aber überwiegend auf objektive Kriterien gestützt[650]. So verlangt *buona fede* unabhängig von konkreten vertraglichen Pflichten, auch die Interessen der anderen Vertragspartei zu berücksichtigen, wobei dies natürlich nicht verlangt werden kann, wenn es mit größeren persönlichen oder wirtschaftlichen Opfern verbunden ist[651]. Es geht vielmehr um einen Ausgleich der verschiedenen widerstreitenden Interessen[652]. Dabei muss insbesondere darauf abgestellt werden, ob es sich bei den eigenen bzw. bei den von der Gegenseite verfolgten Interessen um solche handelt, welche von der Rechtsordnung als schützenswert betrachtet werden[653]. Entscheidendes Kriterium ist aber nicht das mit der Ausübung des vertraglichen Stimmrechts verfolgte Ziel, es soll vielmehr dessen Ergebnis einer dahin gehenden Betrachtung unterzogen werden, inwieweit es auf die verschiedenen Interessen objektiv einwirkt[654].

Das *principio di buona fede e correttezza* muss demnach auch im Gesellschaftsrecht eine anhand der objektiven Rechtsordnung bestimmbare Verhaltensmaßregel darstellen, so dass die Frage, ob ein Gesellschafter sich bei der Abstimmung an diese gehalten habe, ebenfalls nach objektiven Kriterien zu messen ist[655]. Es ist also der Beschluss einer *ex-post*-Betrachtung zu unterziehen und zu untersuchen, ob das Abstimmungsverhalten der Aktionäre diesem durch die allgemeine Rechtsordnung vorgegebenen Verhaltenskodex entspricht.

Ein Verstoß gegen das *principio di buona fede e correttezza* liegt demnach vor, wenn die Stimmrechtsausübung nicht schutzwürdige *interessi extrasociali* des abstimmenden Aktionärs verfolgt und zugleich schutzwürdige *interessi uti socii* der übrigen Gesellschafter beeinträchtigt. Danach darf der Beschluss nicht gegen folgende Interessen der dissentierenden Gesellschafter verstoßen[656]:

- Gewinnmaximierung
- Verteilung des Gesellschaftsgewinns entsprechend der Beteiligung an der S.p.A.
- Zahlung eines Ausgleichs wenn das erste Gebot nur auf Kosten des zweiten erreicht werden kann
- Verbot, die Beteiligungsquoten zu ändern
- Zahlung eines Ausgleichs, wenn das erste Gebot nur auf Kosten des vierten erreicht werden kann.

(2) Kein völliger Verzicht auf subjektive Elemente

Daraus ergibt sich, dass für einen Verstoß gegen das *principio di buona fede e correttezza* nicht mehr die *unica finalità fraudolenta* von Seiten der Mehrheit erforderlich ist. Dieser

---

650 NATOLI, Riv.trim.dir.proc.civ. 1958, 18, 30;

651 Cass.civ., III, 9.3.1991, n. 2503, in: Foro it. 1991, I, 2077, 2081;

652 RESCIGNO, Riv.dir.civ. 1965, I, 205, 232;

653 BIANCA, Riv.dir.civ. 1983, I, 205, 209;

654 BUSNELLI, NAVARRETTA, Dir.priv. 1997, III, 171, 187 in Bezug auf die Figur des *abuso di diritto*, welche dort aber auf Art. 1175, 1375 c.c. gestützt wird, S. 177;

655 IMBRENDA, Società 1995, 1549, 1551;

656 PREITE, S. 214, sowie mit genauer gesetzlicher Herleitung S. 217 ff.; vgl. auch die ausführliche Darstellung bei CASSOTTANA, S. 120 ff.;

Verstoß wird also vorwiegend auf objektive Kriterien gestützt. Seine Bejahung kommt aber gleichwohl nicht gänzlich ohne subjektive Elemente aus[657], was an zwei Gründen liegt:

Zum einen wurde weiter oben[658] dargestellt, dass der Inhalt des *principio di buona fede e correttezza* wesentlich durch Art. 2373 I c.c. bestimmt wird, wonach ein Beschluss anfechtbar ist, welcher durch die Stimmen von Aktionären zustande kommt, welche sich in einem Interessenkonflikt befinden, sofern dieser Beschluss mit einem potentiellen Schaden für die Gesellschaft verbunden ist. Gerade dieses Interesse stellt aber ein subjektives Element des Stimmrechts dar, so dass sich die Frage stellt, ob die mit dem Stimmrecht verfolgten Ziele mit den Zielen der Gesellschaft vereinbar sind[659]. Hätte der Gesetzgeber auf dieses subjektive Element verzichten wollen, hätte er den potentiellen Schaden für die Gesellschaft als einzige Voraussetzung für ein Stimmverbot anführen können. Es handelt sich hierbei aber nur um ein eher schwaches Argument, bedenkt man, dass im Rahmen des *principio di buona fede e correttezza* Art. 2373 c.c. nur konkretisierende Funktion hat, ein Schutz der Minderheitsaktionäre aber gerade über den Anwendungsbereich hinaus erreicht werden soll. Die deutsche Treupflicht erfordert schließlich auch keinen subjektiven Tatbestand, obwohl § 243 II AktG einen solchen voraussetzt.

Zum anderen ist zu bedenken, dass die Stimmrechtsausübung als solche noch gar keinen unmittelbaren Einfluss auf die Interessen der Gesellschafter haben kann, weder auf die eigenen, noch auf die der Mitaktionäre. Eine solche Wirkung tritt erst durch den gesamten Beschluss bzw. durch dessen Vollzug ein. Der Stimmabgabe ist daher gerade eine überschießende Innentendenz eigen, da der einzelne Aktionär dadurch das Gesamtergebnis des Beschlusses und die Verfolgung seiner Interessen positiv zu beeinflussen sucht. Dieser Punkt ist besonders dann relevant, wenn man nicht den gesamten Beschluss, sondern lediglich die missbräuchlich abgegebenen Stimmen für rechtswidrig hält[660].

(3) Rechtsprechung

Das die Trendwende zur Anwendbarkeit von Art. 1375 c.c. vollziehende Urteil des Kassationshofes nimmt zur Frage des subjektiven Tatbestandes keine eindeutige Stellung. Auch diese Entscheidung beschäftigt sich ausführlich mit der Anwendbarkeit der Norm, ohne jedoch auf die sich daraus hinsichtlich der Voraussetzung und Rechtsfolge ergebenden Unterschiede zum *eccesso di potere* einzugehen. So heißt es erst, ein Beschluss könne zweifelsfrei dann nicht rechtmäßig sein, wenn er dazu bestimmt (*"preordinato")* sei, einigen Gesellschaftern auf Kosten anderer einen Vorteil zu gewähren[661], was ein subjektives Element zumindest erahnen lässt. Andernfalls wäre wohl von *"idoneo"* die Rede gewesen. Abschließend heißt es aber:

> *"La delibera assembleare, adottata a proprio esclusivo vantaggio dai soci di maggioranza di una società di capitali in danno di quelli di minoranza, è illegittima ed è impugnabile a norma dell'art. 2377 c.c."*[662]

---

[657] GAMBINO, Correttezza, S. 296; GUERRERA, Riv.soc. 2002, 181, 268 ff.;
[658] § 2.B.I.5.e)bb)(1), S. 72 f.;
[659] MENGONI, Riv.soc. 1956, 434, 452 f.; TRIMARCHI, S. 186;
[660] vgl. dazu näher unten § 3.D.II.4, S. 182 ff.;
[661] Cass.civ., I, 26.10.1995, n. 11151, in: NGCC 1997 I, S. 449, 453;
[662] „Der Hauptversammlungsbeschluss, welcher von den Mehrheitsgesellschaftern ausschließlich zum eigenen Vorteil und zum Schaden der Minderheitsgesellschafter gefasst worden ist, ist rechtswidrig und gemäß Art. 2377 c.c. anfechtbar.";

Die Formulierung des einzig zum eigenen Vorteil getroffenen Beschlusses lässt zwar die Interpretation zu, der Beschluss müsse getroffen sein, um einen eigenen Vorteil auf Kosten der Minderheitsaktionäre zu erlangen, deutet insgesamt aber wohl eher auf eine objektive Betrachtungsweise hin.

cc) Ergebnis

Auch wenn sich kaum ein Autor und leider auch nicht die Rspr. mit der Frage der konkreten Unterschiede zum *eccesso di potere* auseinandersetzt[663], scheint das *principio di buona fede e correttezza* auf einen subjektiven Tatbestand weitgehend zu verzichten und die Rechtmäßigkeit nach objektiven Gesichtspunkten berücksichtigen zu wollen.

Letztendlich ist die Frage, ob ein subjektiver Tatbestand erforderlich ist, in der gerichtlichen Praxis ohnehin nur von untergeordneter Bedeutung. Vor dem Hintergrund der nur eingeschränkten Untersuchungskompetenz der Gerichte besteht nämlich kein großer Unterschied zwischen den Ansichten[664].

c) Gerichtliche Entscheidungsgrundlage

Der Umfang dieser Untersuchungskompetenz ist nämlich umstritten. Es herrschen verschiedene Auffassungen darüber, inwieweit das Gericht den Inhalt des Beschlusses heranziehen darf, um die Voraussetzungen einer missbräuchlichen Stimmrechtsausübung festzustellen.

aa) Wahrung der Entscheidungsautonomie der Gesellschaft

Das Problem rührt daher, dass die oben aufgestellten Kriterien eine genaue Kontrolle des Beschlussinhalts erfordern. Es müsste eigentlich zunächst festgestellt werden, inwieweit dieser ausschließlich auf die Verfolgung außergesellschaftlicher Ziele gerichtet ist. Weiter spielt aber – zumindest im Rahmen des *eccesso di potere* – auch der subjektive Tatbestand eine Rolle. Das Gericht müsste demnach auch untersuchen, ob die Mehrheit den Beschluss gerade mit der Absicht fasste, in rechtswidriger Art und Weise in die Rechte der Mitaktionäre einzugreifen, ob also die *"unica finalità fraudolenta"* vorliegt.

Das Problem einer solchen Inhaltskontrolle ist allerdings die Privatautonomie der *S.p.A.*, welche in Art. 1322 I c.c. im italienischen Recht verankert ist[665] und gerade im Bereich unternehmenspolitischer Entscheidungen gewahrt sein muss. Grds. ist es nämlich die Aufgabe der *assemblea* bzw. der in ihr vertretenen Mehrheit zu bestimmen, was wirtschaftlich sinnvoll ist und im Gesellschaftsinteresse liegt, vgl. Art. 2364 I, 2365 c.c. Diese Kompetenz darf sich das Gericht gerade nicht anmaßen, indem es einen Beschluss auf seine Zweckmäßigkeit untersucht[666] oder sich gar mit möglichen Entscheidungsalternativen befasst[667]. Dazu würden

---

663 bezeichnend in diesem Zusammenhang AMITRANO, NGCC 1997, I, 455, 456, wo die Autorin auf die *"costruzione soggettiva dell'eccesso di potere"* eingeht, ohne bei den folgenden Ausführungen zu Art. 1375 c.c. zu dieser Frage Stellung zu nehmen;

664 vgl. dazu näher unten § 3.C.II.2.c)ee), S. 129 f.;

665 CASSOTTANA, S. 4; zur Anwendbarkeit der für den Vertrag geltenden Normen auf den Gesellschaftsvertrag und die S.p.A., vgl. oben § 2.B.I.5.b), S. 68 ff.;

666 App. Milano, 27.9.1983, in: Giur.comm. 1984, II, S. 426, 431; Trib. Milano, 6.10.1986, in: Società 1987, 384, 386; Trib. Catania, 12.9.1989, in: Giur.comm. 1991, II, 315, 318; Trib. Milano, 9.6.1994, in: Società 1995, 216, 218; ASCARELLI, Riv.trim.dir.proc.civ. 1951, 1145, 1161; JAEGER, Interesse sociale, S. 108; MAISANO, Eccesso di potere, S. 104 f.; GALGANO, S. 252; CERVALE, Giust.civ. 1986, I, 2096, 2097;

dem Gericht nämlich schon die technischen Möglichkeiten bzw. regelmäßig auch die wirtschaftlichen Kenntnisse fehlen[668].

Aus dieser Konstellation ergibt sich folgendes Dilemma: Auf der einen Seite ist es bzgl. der missbräuchlichen Stimmrechtsausübung äußerst schwierig zu beurteilen, ob ein Beschluss den Interessen der Gesellschaft zuwider läuft und gleichzeitig die mitgliedschaftlichen Rechte der Mitaktionäre zu verletzen bestimmt ist, ohne dass der Richter den Inhalt des Beschlusses einer näheren Überprüfung unterzieht. Auf der anderen Seite besteht aber die Gefahr, dass eine Überprüfung des Beschlussinhalts einen Eingriff in die Privatautonomie darstellt.

bb) Keine Inhaltskontrolle

In allen Entscheidungen der italienischen Rspr., welche sich mit der Anfechtung von Beschlüssen beschäftigen, findet sich daher zu Beginn der Urteilsgründe die mantrahaft wiederholte Formel, das Gericht dürfe keine Inhaltskontrolle des Beschlusses vornehmen[669]. Ein *sindacato di merito* sei unzulässig, vielmehr dürfe eine Untersuchung des Beschlusses durch das Gericht lediglich in Bezug auf die *legittimità formale* erfolgen[670].

Dies lässt sich auch auf den Wortlaut des Art. 2377 I c.c. stützen, welcher Beschlüsse lediglich dann für anfechtbar erklärt, wenn sie nicht mit dem Gesetz oder der Satzung vereinbar sind. Von inhaltlichen Mängeln ist in der Norm aber gerade nicht die Rede[671].

Ein *eccesso di potere* kann danach also lediglich dann vom Gericht angenommen werden, wenn zu seiner Feststellung keine inhaltliche Überprüfung der grds. freien Stimmrechtsausübung erforderlich ist[672]. Es wird deswegen angenommen, der die Anfechtbarkeit des Beschlusses begründende Gesetzesverstoß müsse für das Gericht ohne Überprüfung des Inhalts sofort, also *ictu oculi* sichtbar sein[673]. Der Gesetzesverstoß muss derart offensichtlich sein, dass kein vernünftiger Mensch den Beschluss für mit dem Gesellschaftsinteresse vereinbar halten kann[674]. Erst wenn solche *"sintomi di illiceità"* vorlägen, könne der Beschluss einer Inhaltskontrolle unterzogen werden[675].

RORDORF, Società 1986, 1089, 1091; ASQUASCIATI, Società 1995, 218, 220; CASSOTTANA, S. 113; FERRARI, S. 32 ff.; PICONE, Società 1998, 949, 954;

667 CARAMAZZA, Società 1987, 618, 620;

668 JAEGER, Interesse sociale, S. 108 f.;

669 vgl. neben zahlreichen anderen: Cass.civ., I, 29.5.1986 n. 3628, in: Giust.civ. 1986, 2093, 2095; Cass.civ., I, 4.5.1994, n. 4323, in: NGCC, 1995, I, S. 633, 636; Trib. Milano, 6.10.1986, in: Società 1987, 384, 386; Trib. Milano, 8.1.1987, in: Società 1987, 616, 618; Trib. Catania, 12.9.1989, in: Giur.comm. 1991, II, 315, 318; Trib. Milano, 9.6.1994, in: Società 1995, 216, 218; Cass.civ., I, 7.2.1979 n. 818, in: Dir. fall. 1979, II, 127, 133 f.;

670 für das Gesellschaftsrecht wurde diese vorher nur im italienischen Verwaltungs- und Prozessrecht gebräuchliche Unterscheidung erstmals von CARNELUTTI, Riv.dir.comm. 1926, I, 176 f. noch zu Art. 163 c.co. herangezogen;

671 CERVALE, Giust.civ. 1986, I, 2096, 2098; a.A. lediglich TETI, Riv.not. 1972, 770, 842 ff.;

672 Trib. Milano, 9.6.1994, in: Società 1995, 216; Trib. Milano, 6.10.1986, Società 1987, 384, 386; TAURINI, Società 1993, 1053, 1054;

673 TRIMARCHI, S. 187; vgl. auch DE BLASI, NGCC, 1995, I, 636, 637 f.;

674 TRIMARCHI, S. 187; JAEGER, Interesse sociale, S. 207;

675 QUATRARO, ISRAEL, D'AMORA, QUATRARO, Operazioni sul capitale, S. 1949;

cc) Inhaltsuntersuchung

In der Realität lassen viele Entscheidungen der italienischen Rspr. darauf schließen, dass der Grundsatz der *"insindacabilità nel merito"* einem Lippenbekenntnis gleich formelhaft jeder Urteilsbegründung vorangestellt wird, um dann unmittelbar im Anschluss sehr wohl auch den Inhalt des Beschlusses einer Untersuchung zu unterziehen[676]. Und tatsächlich: So klar sich die Trennung zwischen zulässiger Kontrolle der Gesetzes- und Satzungskonformität auf der einen und unzulässiger Kontrolle hinsichtlich der Zweckmäßigkeit des Beschlussinhalts auf der anderen Seite nämlich anhört, so schwierig kann doch im Einzelfall das Ziehen einer Grenzlinie sein.

Die Problematik wird besonders bei dem oben angeführten Beispiel der Kapitalerhöhung und dem Erfordernis des subjektiven Tatbestandes deutlich. Eine Kapitalerhöhung stellt nämlich selbstverständlich keinen Verstoß gegen das Gesetz dar, ist vielmehr von diesem ausdrücklich vorgesehen, vgl. Art. 2481 c.c. Betrachtet man sich aber den Inhalt des Beschlusses einschließlich seiner Ziele, kann sich ein Gesetzesverstoß ergeben: Weiß die Mehrheit nämlich, dass die Minderheit aufgrund fehlender Liquidität nicht von ihrem Optionsrecht gemäß Art. 2441 I c.c. Gebrauch machen kann, und wird damit ihr Ziel offensichtlich, die Beteiligung der Minderheit an der Gesellschaft proportional verringern zu wollen, enthält der Beschluss einen Verstoß gegen das Gesetz, wonach ein Gesellschafter nicht auf Kosten anderer einen Vorteil erlangen darf, vgl. Art. 2373 I c.c.

Es gibt also einen Graubereich, in dem eine Untersuchung des Beschlusses nicht eindeutig entweder unter den *controllo di legalità* oder den *controllo di merito* fällt. Das Beispiel macht deutlich, dass das Gericht zur Ermittlung eines Gesetzesverstoßes den Beschluss durchaus einer inhaltlichen Untersuchung unterziehen muss, da es noch nicht einmal die *"figure sintomatiche"* ohne eine solche erkennen kann[677]. Dieses Erfordernis der Überprüfung des Beschlusses auf seinen Inhalt hin hat der Theorie des *eccesso di potere* große Kritik eingebracht[678]. Allerdings übersieht die Kritik, dass auch für die Anhänger einer Inhaltsuntersuchung aus einem Inhaltsmangel selber nicht die Anfechtbarkeit des Beschlusses gefolgert werden darf, sondern die Inhaltsuntersuchung lediglich das Mittel sein kann, um den Zweck des Beschlusses festzustellen[679]. Entspricht dieser nicht dem vom Gesetz oder der Satzung gebilligten Zweck, liegt kein Inhaltsmangel, sondern ein *vizio di legittimità* vor[680]. Es kann also nicht überprüft werden, ob der Inhalt des Beschlusses ein bestimmtes vom Gericht für richtig gehaltenes Ziel verfolgt, sondern nur, ob das mit dem Beschluss verfolgte Ziel sich innerhalb des vom *interesse della società* gesteckten Rahmens bewegt[681].

Das Gericht darf den Beschluss also nur hinsichtlich seiner rechtswidrigen Zielsetzung in Bezug auf die Mitaktionäre sowie hinsichtlich der Frage, ob sich daraus eine Veränderung im

---

676 vgl. QUATRARO, ISRAEL, D'AMORA, QUATRARO, Operazioni sul capitale, S. 1949; PREITE in: COLOMBO, PORTALE, 3**, S. 3, 52 f.;

677 BATTI, Società 1996, 297, 298; DE BLASI, NGCC, 1995, I, 636, 637; vgl. zur gesamten Diskussion auch JAEGER, Interesse sociale, S. 110 ff., MAISANO, Eccesso di potere, S. 105 ff.; IMBRENDA, Società 1995, 1549, 1950; CASSOTTANA, S. 114;

678 vgl. GAMBINO, Correttezza, S. 84;

679 AMITRANO, NGCC 1997, I, 455, 456;

680 CARNELUTTI, Riv.dir.comm. 1926, I, 176, 178 und 180 f.: *"l'esame della convenienza non rappresenta se non il mezzo per scoprire il fine dell'atto, il cui contrasto col fine voluto dalla legge ne vizia non la convenienza, ma la legittimità"*; ihm folgend SIMONETTI, NGCC 2000, II, 479, 488 f.; zu Art. 2373 c.c. a.F. auch MENGONI, Riv.soc. 1956, 434, 452; TRIMARCHI, S. 188;

681 JAEGER, Interesse sociale, S. 206;

Verhältnis der Gesellschafter untereinander ergibt, untersuchen[682]. Das Gericht kann dazu sämtliche mit dem Beschluss zusammenhängende Tatsachen heranziehen, welche auf einen *vizio di legittimità* schließen lassen. So kann es etwa untersuchen, ob die Minderheit über die notwendige Liquidität verfügt, um von ihrem Optionsrecht Gebrauch zu machen, in welcher finanziellen Verfassung sich die Gesellschaft befindet[683], etc.

dd) Subjektiver Tatbestand

Das erkennende Gericht muss aber nicht zusätzlich in die Beweisaufnahme hinsichtlich der subjektiven Intention der Abstimmenden treten, um einen *eccesso di potere* feststellen zu können. Diese Intention muss bereits aus dem Inhalt des Beschlusses oder zumindest aus dessen äußerlich erkennbarem Kontext ersichtlich sein[684]. Das Gericht kann sich darauf beschränken, anhand des objektiven Inhalts des Beschlusses auf die dahinter stehenden Motive induktiv zu schließen[685].

Ein Beweis dieser subjektiven Merkmale kann also indirekt als sog. *prova per presunzioni* geführt werden[686]. Ein starkes Indiz dafür ist etwa das völlige Fehlen von Erklärungen der Mehrheitsgesellschafter hinsichtlich des Nutzens eines bestimmten Beschlusses für die Gesellschaft[687]. Es liegt dann nämlich die Vermutung nahe, dass ein solcher – wird ein Nutzen für die Gesellschaft auch später nicht in der Verhandlung dargelegt – ausschließlich zum Schaden der Gesellschafter unter gleichzeitiger Verfolgung von *interessi extrasociali* der Mehrheit getroffen wurde[688]. Ist auf der anderen Seite hingegen objektiv erkennbar, dass ein Beschluss zwar einen Eingriff in die mitgliedschaftlichen Rechte anderer Aktionäre darstellt, er aber auch gleichzeitig dem *interesse della società* dient, ist der Schaden der Mitgesellschafter schon nicht mehr das einzige Motiv der Stimmabgabe (*"**unica** finalità fraudolenta"*).

ee) Inhaltskontrolle bei Anwendung des Art. 1375 c.c.

Die soeben aufgestellten Grundsätze in Bezug auf den Kontrollmaßstab von in der *assemblea* gefassten Beschlüssen wurden von der Rspr. für die Figur des *eccesso di potere* entwickelt[689].

Auch in dem auf Art. 1375 c.c. gestützten Urteil betont die Rspr., dass die Bejahung dieses Tatbestandes ohne jeglichen *sindacato di merito* erfolgt sei[690]. Aber auch hier kann dies nur

---

682 PREITE in: COLOMBO, PORTALE, 3**, S. 3, 94; PREITE, S. 170;

683 Cass.civ., I, 12.5.1951, n. 1177, in: Giur.it. 1951, I, 535, 539; Trib. Napoli 25.2.1998, in: Foro it. 1999, I, 1026, 1054;

684 CASSOTTANA, S. 113;

685 Trib. Milano, 12.9.1991, in Società 1992, 93;

686 Trib. Milano, 6.10.1986, in: Società 1987, 384, 386; AMITRANO, NGCC 1997, I, 455, 457; CASSOTTANA, S. 115;

687 Trib. Milano, 9.6.1994, in: Società 1995, 216, 218; Trib. Firenze, 29.4.1953, in: Riv.dir.comm., 1953, II, 396, 402; allerdings beide in Zusammenhang mit einem Bezugsrechtsausschluss, für den Art. 2441 V c.c. eine Rechtfertigung durch das *interesse della società* erfordert;

688 Trib. Milano, 9.6.1994, in: Società 1995, 216, 218; nur scheinbar im Widerspruch hierzu steht die Entscheidung Cass.civ., I, 29.5.1986 n. 3628, in: Società 1986, 1087, 1089, wo es heißt, bei einem auf die vorzeitige Auflösung der Gesellschaft gerichteten mit der nötigen Mehrheit ordnungsgemäß gefassten Beschluss verböte es sich, nach den Motiven der Mehrheit zu fragen: Der Fall weist nämlich die Besonderheit auf, dass abgesehen von dem Mehrheitsbeschluss i.S.v. Art. 2448 I Nr.5 c.c. a.F. auch der Auflösungsgrund des Art. 2448 I Nr.2 c.c. a.F. gegeben war;

689 ausgehend vom Ansatz in CARNELUTTI, Riv.dir.comm. 1926, I, 176, 178 ff.;

im Grundsatz gelten. Denn auch bei Anwendung des Art. 1375 c.c. muss das Gericht feststellen, ob der Beschluss darauf gerichtet ist, der Mehrheit einen Vorteil auf Kosten der Minderheit zu verschaffen[691]. Dies kann genauso wie im Rahmen des *eccesso di potere* nur durch eine Betrachtung des Inhalts erreicht werden[692].

Ein wirklicher Unterschied zum *eccesso di potere* ergibt sich also auch nicht aus der Entbehrlichkeit eines subjektiven Tatbestandes im Rahmen von *buona fede e correttezza*. Da auf den subjektiven Tatbestand ohnehin nur von objektiv vorliegenden Tatsachen geschlossen wird und eine Beweisaufnahme hinsichtlich der Motive der Mehrheitsgesellschafter unterbleibt, spielt es im Endeffekt kaum eine Rolle, ob man einen subjektiven Tatbestand im Rahmen des *principio di buona fede e correttezza* für erforderlich hält. Ob man nämlich die objektiven Merkmale alleine zur Bestimmung der Rechtsmissbräuchlichkeit heranzieht oder aber von diesen auf ein bestimmtes Motiv schließt, macht im Endeffekt keinen Unterschied[693].

ff) Beweislast

Die italienischen Gerichte waren sehr zurückhaltend bei der Annahme eines *eccesso di potere*. Dies ergibt sich auf der einen Seite aus dem weiten Ermessensspielraum, den sie den Gesellschaftern hinsichtlich der Frage der wirtschaftlichen Geeignetheit zubilligen und auf der anderen Seite aus dem Erfordernis des subjektiven Tatbestandes, wonach die Beschlussfassung einzig dem Ziel eines betrügerisch und rechtswidrigen Eingriffs in die Gesellschafterrechte der Mitaktionäre dienen muss. Dafür obliegt nämlich gemäß Art. 2697 c.c. dem Anfechtenden die Beweislast[694], woran meist die Anfechtbarkeit eines Beschlusses der *assemblea* scheitert[695].

Das Gleiche gilt weitgehend auch bei Anwendung des *principio di buona fede e correttezza*. Auch dort trifft den anfechtenden Aktionär nämlich die Beweislast bzgl. des Vorliegens des Anfechtungsgrunds. Für eine missbräuchliche Stimmrechtsausübung muss er nachweisen, dass die betreffenden Aktionäre mittels ihres Stimmverhaltens nicht auch nur im Mindesten die Verfolgung von *interessi uti socii* bezweckten.

Eine Beweislasterleichterung wird lediglich von einigen Vertretern des *eccesso di potere* befürwortet, denen zufolge für die Anfechtbarkeit schon das Vorhandensein einer *"figura sintomatica"* ausreichen soll. Bei Anwendung des *principio di buona fede e correttezza* hingegen seien diese *"figure sintomatiche"* lediglich ein Indiz, welches eine Inhaltsuntersu-

---

690 Cass.civ., I, 26.10.1995, n. 11151, in: Giur.comm. 1996, II, 329, 334; außerdem: Trib. Como, 1.6.2000, in: Giur.comm. 2002, II, 125, 128;

691 Cass.civ., I, 26.10.1995, n. 11151, in: Giur.comm. 1996, II, 329, 332;

692 AMITRANO, NGCC 1997, I, 455, 456;

693 PREITE in: COLOMBO, PORTALE, 3**, S. 3, 47 und S. 94;

694 QUATRARO, ISRAEL, D'AMORA, QUATRARO, Operazioni sul capitale, S. 1952 f.; PICONE, Società 1998, 949, 954; CASSOTTANA, S. 173 ff.; DE BLASI, NGCC, 1995, I, 636, 638; PREITE in: COLOMBO, PORTALE, 3**, S. 3, 108 f.;

695 Cass.civ., I, 5.5.1995, n. 4923, in: Società 1995, 1548, 1549; App. Milano, 27.9.1983, in: Giur.comm. 1984, II, S. 426, 430; Trib. Catania, 12.9.1989, in: Giur.comm. 1991, II, 315, 318 f.; Trib. Milano, 12.9.1991, in Società 1992, 93, 94; Trib. Milano, 28.1.1998, in: Società 1998, 946, 948; CAMPOBASSO, S. 351; RORDORF, Società 1986, 1089, 1091; TAURINI, Società 1993, 1053, 1054;

chung erlaube, darüber hinaus aber eine Untersuchung der konkret beeinträchtigten Interessen verlange[696]. Die Rspr. scheint diese feine Unterscheidung nicht zu treffen[697].

gg) Ergebnis

Die Untersuchung der angeführten Urteile zeigt, dass das Verbot der Inhaltskontrolle zwar in jedem Urteil einleitend als Prinzip angeführt wird, jedoch nicht absolut zu verstehen ist. Wie aufgezeigt ist es nämlich nicht nur erlaubt, sondern geradezu erforderlich, den Inhalt eines Beschlusses einer Untersuchung zu unterziehen, um seine Gesetzeswidrigkeit feststellen zu können.

Der italienischen Rspr. kann aber keine Inkonsequenz vorgeworfen werden, wenn man das Verbot der Inhaltskontrolle dahin gehend versteht, dass es dem Gericht nicht erlaubt sein kann, seine eigene Ermessensentscheidung an die Stelle derjenigen der *assemblea* zu setzen[698]. Das Gericht darf den Inhalt eines Beschlusses zwar untersuchen, aber keiner Kontrolle unterziehen. Es darf diesen Inhalt nur als Mittel heranziehen, um die Gesetzmäßigkeit eines Beschlusses zu überprüfen. Anders ausgedrückt darf der Inhalt des Beschlusses Werkzeug aber nicht Objekt der Kontrolle sein.

Ein Beschluss kann in Italien also gerade nicht mit der Begründung angefochten werden, ein anderer Beschluss würde das erstrebte Ziel mit einem geringeren Eingriff in die Rechte der Mitgesellschafter erreichen. Die Gerichte sollen eben gerade keine allgemeine Instanz zur Überprüfung von mit der nötigen Mehrheit gefassten Beschlüssen sein. Andernfalls bestünde die Gefahr, dass jeder Beschluss in der Hoffnung angefochten wird, dass die Ermessensentscheidung des Gerichts günstiger als die der Mehrheit ausfällt[699]. Dagegen ist die Begründung, aus dem Inhalt des Beschlusses ergeben sich gesetzeswidrige Ziele, zulässig.

3. Verpflichtung zur positiven Stimmabgabe

Nach den vorangegangenen Ausführungen zur Einschränkbarkeit des freien Stimmrechts ist die im Rahmen dieser Untersuchung eigentlich relevante Frage zu erörtern, inwieweit sich auch ein Verpflichtung zur positiven Stimmabgabe aus dem *eccesso di potere* und dem *principio di buona fede e correttezza* ergeben können. Oben wurde dargelegt, dass sich grds. auch für den einzelnen Aktionär Einschränkungen seiner Rechte ergeben können und somit diese Rechtsfiguren auch auf Minderheiten anwendbar sind[700]. In Bezug auf das Stimmrecht ergibt sich aus den genannten Figuren nämlich nicht lediglich eine Beschränkung der Mehrheitsmacht, sondern allgemein des Mehrheitsprinzips[701]. Daraus folgt, dass grds. auch in Italien nicht nur formal ordnungsgemäß zustande gekommene Mehrheitsentscheidungen an einem materiellen Fehler leiden können, sondern eben auch nach formellen Gesichtspunkten

---

696 GAMBINO, Correttezza, S. 310 f.; ihm folgend, jeweils mit genauer Darstellung der *"figure sintomatiche"* PREITE, S. 170 f.; PREITE in: COLOMBO, PORTALE, 3**, S. 3, 93 f.; CHIANTIA, S. 128 f.; außerdem PASQUARIELLO, Giur.comm. 2002, II, 129, 148 f.;

697 vgl. insofern die vorzitierten Entscheidungen zum *eccesso di potere* und Cass.civ., I, 26.10.1995, n. 11151, in: Giur.comm. 1996, II, 329 ff. zum *principio di buona fede e correttezza*; andeutungsweise lediglich bei Trib. Como, 1.6.2000, in: Giur.comm. 2002, II, 125, 128;

698 vgl. Trib. Catania, 12.9.1989, in: Giur.comm. 1991, II, 315, 318;

699 TAURINI, Società 1987, 386, 387; Taurini, Società 1993, 1053, 1054; Anm. zu Trib. Genova, 19.1.1988, Società 1988, 273, 276;

700 § 2.B.II.2, S. 79 ff.;

701 vgl. PICONE, Società 1998, 949, 952;

ordnungsgemäß abgelehnte Beschlüsse. Im folgenden muss daher nur auf die Besonderheiten im Zusammenhang mit solchen *minoranze di blocco* eingegangen werden.

a) Aktive Förderpflicht?

Es ist umstritten, ob das im Rahmen von *eccesso di potere* und *principio di buona fede e correttezza* zu beachtende Gesellschaftsinteresse in Bezug auf die freie Stimmrechtsausübung lediglich einschränkenden Charakter hat, oder ob vielmehr das Abstimmungsverhalten zwar dem freien Ermessen des Aktionärs anheim gestellt wird, dieser dabei aber gehalten ist, sich vom gemeinsamen Ziel lenken zu lassen[702]. Angesprochen ist damit die Frage der aktiven Förderpflicht.

Diese Frage ist insofern noch wesentlicher als im deutschen Recht, als dass in Italien schon mittels bloßer Enthaltung das Zustandekommen eines positiven Beschlusses verhindert werden kann. Anders als in Deutschland, wo vom einzelnen Aktionär lediglich verlangt werden muss, nicht mit Nein zu stimmen, ist es erforderlich, dass der Gesellschafter einer italienischen *S.p.A.* ggf. mit Ja stimmt, um eine missbräuchliche Blockade zu verhindern. Dies gilt gemäß Art 2368 III S.2 c.c. jedenfalls dann, wenn er sich nicht in einem Interessenkonflikt befindet.

Auf den ersten Blick kann die Abgabe einer Jastimme von ihm aber nur dann verlangt werden, wenn ihn eine aktive Förderpflicht trifft. Dabei muss die Frage, ob der Aktionär durch sein Stimmverhalten das Gesellschaftsinteresse fördern muss, von der Frage getrennt werden, ob er überhaupt zur Abstimmung verpflichtet ist. Ist der Aktionär nämlich nicht verpflichtet, das Gesellschaftsinteresse zu fördern, so kann von ihm erst recht nicht verlangt werden, von seinem Stimmrecht überhaupt Gebrauch zu machen. Unzulässig wäre allerdings der Umkehrschluss: Bejaht man die Frage, hinsichtlich der Pflicht, das Gesellschaftsinteresse aktiv zu verfolgen, kann daraus noch nicht gefolgert werden, dass der Aktionär überhaupt abstimmen muss[703].

Die Frage, ob sich der Aktionär bei der Stimmrechtsausübung von der Förderung des Gesellschaftsinteresses leiten lassen muss, wurde weiter oben eingehend erläutert, mit dem Ergebnis, dass es sich bei der Stimmrechtsausübung um ein *diritto*, nicht aber um ein *dovere* handelt[704]. Eine positive Stimmpflicht würde demnach ausfallen. Dem geltenden Recht lässt sich eine eindeutige Antwort auf diese Frage aber nicht entnehmen[705]: Auf der einen Seite geht Art. 2247 c.c. bei Gesellschaften allgemein und damit auch für die *S.p.A.* von einer gemeinsamen Ausübung einer wirtschaftlichen Tätigkeit aus[706]. Der Begriff *"esercizio"* deutet dabei eher auf eine aktive Tätigkeit hin. Auf der anderen Seite verbietet Art. 2373 I c.c. in gewissen Fällen des Interessenkonflikts lediglich die Ausübung des Stimmrechts, gebietet aber gerade nicht, entsprechend dem Gesellschaftsinteresse zu stimmen. Allein schon die Existenz dieses Streites zeigt jedenfalls, dass das Prinzip, wonach den Aktionär keinerlei aktive Förderpflicht trifft, nicht ganz so sakrosankt im italienischen Aktienrecht verwurzelt ist, wie das in Deutschland der Fall ist.

---

702 MAZZONI, Giur.comm. 1998, I, 485, 496;
703 PREITE, S. 95;
704 siehe § 2.B.I.2.d), S. 62 ff.;
705 PREITE, S. 126;
706 JAEGER, Interesse sociale, S. 188;

Dass der Aktionär bei der Stimmrechtsausübung nicht nur durch das Interesse der Gesellschaft beschränkt sei, sondern sich daran positiv zu orientieren habe, wurde in erster Linie von den Begründern des *eccesso di potere* vertreten[707]. Mit einer Anwendung des *principio di buona fede e correttezza* anstelle des *eccesso di potere* zur Begrenzung der Stimmrechtsmacht ist aber noch nicht gesagt, dass gleichzeitig der Gedanke, der Aktionär müsse das Gesellschaftsinteresse fördern, im italienischen Recht untergegangen wäre. Vielmehr erwähnt gerade das diese Wendung vollziehende Urteil des Kassationshofes, dass die Stimmrechtsausübung zwar grds. ins freie Ermessen des Aktionärs gestellt sei, aber gleichwohl dazu bestimmt sei, das gemeinsame Ziel zu verfolgen[708].

Da sich somit weder dem Gesetzeswortlaut noch dem Schrifttum eine eindeutige Lösung entnehmen lässt, gilt es, sich der Frage ergebnisorientiert zu nähern. Aus der Tatsache nämlich, dass eine Minderheit schon durch bloße Enthaltung eine Sperrminorität ausüben kann, ergibt sich, dass diese Enthaltungen unter gewissen Voraussetzungen auch missbräuchlich sein können. Um in so einem Fall aber der *S.p.A.* bzw. den den Beschluss befürwortenden Aktionären einen ausreichenden Schutz zukommen zu lassen, muss unter bestimmten Voraussetzungen den Aktionär die Pflicht treffen, mittels seiner Stimme das Gesellschaftsinteresses zu verfolgen.

Dabei muss nicht einmal eine Pflicht zur Förderung des Gesellschaftsinteresses herangezogen werden. Stützt man sich auf die Figur des *eccesso di potere*, liegt die Betonung weniger auf der Stimmpflicht als vielmehr auf der Einschränkung der durch das Vetorecht dem Minderheitsaktionär zukommenden Macht, nur dass dieses Veto eben schon durch Enthaltung ausgeübt werden kann. Folgt man dieser Theorie nicht, ergibt sich aus dem *principio di correttezza e buona fede* in erster Linie eine Verpflichtung zur Zusammenarbeit mit den anderen Aktionären[709]. Eine evtl. Stimmpflicht ist damit vor allem Ausdruck der allgemeinen Rücksichtnahme gegenüber den Mitgesellschaftern, betrifft also eher die horizontale Ebene.

Das Fehlen einer allgemeinen Förderpflicht hinsichtlich seines Stimmverhaltens in der *assemblea* muss auch im italienischen Aktienrecht als Grundsatz gelten[710]. So kann vom Aktionär keinesfalls verlangt werden, überhaupt an der *assemblea* teilzunehmen[711]. Nimmt er teil, ist er auch durchaus in seiner Stimmrechtsausübung frei und kann sich auch enthalten. Lediglich ausnahmsweise kann von ihm die Zustimmung zu einem Beschluss aus Rücksichtnahme gegenüber den Mitgesellschaftern verlangt werden. Dies allerdings nicht, weil ihn eine Pflicht trifft, den Gesellschaftszweck zu fördern, sondern weil er durch seine Enthaltung oder gar Neinstimme die Verfolgung des Gesellschaftszwecks beeinträchtigen würde. Setzt man den Schwerpunkt der Betrachtung also nicht auf die Unterscheidung zwischen aktivem Tun und Unterlassen, sondern darauf, dass keine Handlung – gleichgültig ob in einem Tun oder Unterlassen bestehend – das Erreichen des Gesellschaftszwecks gefährden darf, scheint der

---

[707] vgl. die Nachweise oben in Fn. 302;

[708] Cass.civ., I, 26.10.1995, n. 11151 – *Stilgraf*, in: Giur.comm. 1996 II S. 329, 333: "*...in base alla considerazione che il voto, pur essendo rimesso al libero apprezzamento di ciascuno, è pur sempre attribuito in funzione del perseguimento di uno scopo comune.*";

[709] JAEGER, Giur.comm. 1996, II, 334, 336;

[710] MAZZONI, Giur.comm. 1998, I, 485, 498 f., ohne jedoch auf die Problematik der Blockade durch Enthaltung einzugehen; in Bezug auf missbräuchliche Mehrheitsentscheidungen CERRAI, MAZZONI, Riv.soc. 1993, 1, 73;

[711] a.A. CASSOTTANA, S. 75, der auch einen Missbrauch durch Nichterscheinen zur *assemblea* für möglich hält, in diesem Zusammenhang aber nicht auf die Problematik der aktiven Förderpflicht eingeht und deshalb auch bei einem Missbrauch durch Enthaltung kein Problem sieht;

Gegensatz zwischen grundsätzlicher Ablehnung einer aktiven Förderpflicht und der Bejahung einer Pflicht zur Abgabe einer Jastimme nicht unüberwindbar.

Ob in Italien tatsächlich eine aktive Förderpflicht des einzelnen Aktionärs besteht, kann letztendlich dahingestellt bleiben. Jedenfalls wird diese nicht in dem Maße abgelehnt, dass sie der Pflicht des einzelnen Aktionärs entgegenstehen würde, in Einzelfällen eine Jastimme abzugeben.

b) Kriterien

Es gilt die Voraussetzungen ausfindig zu machen, unter denen vom Aktionär einer *S.p.A.* ausnahmsweise eine positive Stimmpflicht verlangt werden kann.

Vorauszuschicken in diesem Zusammenhang ist, dass die Problematik bisher – abgesehen von der oben zitierten Entscheidung unter Geltung des *Codice di commercio*[712] – noch nicht italienische Gerichte beschäftigt hat[713] und sich somit noch keine klare Linie herausbilden konnte. Auch von den Autoren, welche sich mit dieser Problematik bisher auseinandergesetzt haben, gehen die wenigsten detailliert auf die Voraussetzungen einer missbräuchlichen *minoranza di blocco* ein[714] bzw. beschränken sich die meisten auf eine Untersuchung der Situation in anderen Ländern, vor allem in Frankreich, wo die missbräuchliche Sperrminorität die Gerichte beschäftig hat[715]. Vor diesem Hintergrund ist also insbesondere zu untersuchen, inwieweit die von der italienischen Lehre und Rspr. entwickelten Kriterien für einen Missbrauch der Mehrheitsmacht auf die *minoranza di blocco* zu übertragen sind und inwieweit vielleicht die in Deutschland entwickelten Voraussetzungen auch in Italien angewandt werden können.

Der Übertragbarkeit der im Rahmen des Missbrauchs der Mehrheitsmacht entwickelten Kriterien ist – wie oben bereits angemerkt – nichts entgegenzusetzen. Bei der Einschränkung des grds. freien Stimmrechts kann es schließlich keinen Unterschied machen, ob der das Stimmrecht Ausübende Angehöriger einer Minderheit oder der Mehrheit ist[716].

Folgt man also dem *eccesso di potere* liegt eine missbräuchliche Sperrminorität dann vor, wenn sie in rechtswidriger und betrügerischer Art und Weise von den Mehrheitsgesellschaftern einzig dazu bestimmt ist, absichtlich die Rechte der anderen Gesellschafter zu beeinträchtigen und gleichzeitig keinerlei Rechtfertigung durch das Gesellschaftsinteresse findet, sondern lediglich auf die Verfolgung außergesellschaftlicher Ziele gerichtet ist[717]. Schließt man sich mit der Lit. und der neueren Rspr. dem *principio di buona fede e correttezza* an, ist eine Verweigerung der Zustimmung dann missbräuchlich, wenn mit ihr *interessi extrasociali* auf Kosten von *interessi uti socii* der Mitaktionäre verfolgt werden[718]. Egal welcher der beiden Auffassungen man folgt, zeigt sich, dass die Ausübung einer Sperrminorität entgegen dem Gesellschaftsinteresse so lange nicht als rechtsmissbräuchlich

---

[712] Trib. Verona, 23.11.1906, in: Riv.dir.comm. 1906, II, 84;
[713] FERRARI, S. 141;
[714] vgl. etwa FERRARI, S. 140 ff., der ausführlich die Problematik untersucht, aber keine Abgrenzung zur legitimen Ausübung des Stimmrechts vornimmt, oder MAZZONI, Giur.comm. 1998, I, 485, 501, der lediglich darauf hinweist, dass die Minderheit den gleichen Einschränkungen ihres Stimmrechts wie die Mehrheit unterworfen ist; genauso ANGELICI, Riv.dir.comm. 1998, I, 207, 227 Fn. 50;
[715] MARTINES, CeI 1997, 1184, 1207 ff.; PORTALE, EDP 1991, I, 153, 155 ff.; FERRARI, 142;
[716] MARTINES, CeI 1997, 1184, 1200; MAZZONI, Giur.comm. 1998, I, 485, 496; RORDORF, FS Salafia, S. 170;
[717] vgl. oben § 3.C.II.2.a)aa), S. 121 ff.;
[718] vgl. oben § 3.C.II.2.b)bb)(1), S. 124 f.;

angesehen werden kann, wie der Aktionär mit seiner Gegenstimme ein legitimes *interesse uti socii* verfolgt[719]. In diesem Fall macht der Aktionär nämlich von der Sperrminorität gerade im Sinne des Gesetzgebers Gebrauch.

Allerdings ist sich die italienische Lit. einig, dass auch im italienischen Aktienrecht ein Missbrauch der Sperrminorität regelmäßig nur dann in Betracht kommt, wenn der Beschluss bzw. die durch diesen herbeizuführende Änderung der Satzung unverzichtbar ist und daher eine für das Überleben der *S.p.A.* notwendige Maßnahme darstellt[720]. Daraus ergibt sich, dass für eine missbräuchliche Sperrminorität noch nicht die Beeinträchtigung jedweden Gesellschafterinteresses der Mitaktionäre ausreicht, sondern vielmehr das Interesse, über die Dauer der Investition in die Gesellschaft bestimmen zu können, betroffen sein muss.

Ausgehend von diesen Überlegungen sind nun verschiedene Arten von Beschlüssen genauer auf die Voraussetzungen eines Minderheitsmissbrauchs zu untersuchen.

4. Absinken des Gesellschaftskapitals unter das gesetzliche Mindestkapital

Eine Zustimmungspflicht des einzelnen Aktionärs kann sich im Rahmen eines gemäß Art. 2447 c.c. zu fassenden Beschlusses über Kapitalmaßnahmen ergeben.

Erste Voraussetzung für Art. 2447 c.c. ist, dass aufgrund von Verlusten das *capitale* sich um ein Drittel reduziert hat. Unter dem Begriff des *capitale* wird im italienischen Recht die Summe der zu leistenden Einlagen verstanden[721]. Es ermittelt sich also durch Addierung des Nennwerts sämtlicher Aktien, so dass es sich um das Äquivalent des deutschen Stammkapitals handelt. Es darf nicht mit dem *patrimonio* gleichgesetzt werden, worunter man die Differenz zwischen Aktiva und Passiva der Gesellschaft versteht[722]. Gerade bei den Art. 2446, 2447 c.c. bringt der italienische Gesetzgeber diese Begriffe jedoch selbst durcheinander. Unter *capitale* ist hier gerade nicht das Stammkapital, also der Nennwert sämtlicher Aktien zu verstehen, da dieses sich ja nicht aufgrund von Verlusten, sondern ausschließlich aufgrund einer Änderung des Gesellschaftsstatuts verringern kann. *Capitale* ist im Rahmen des Art. 2447 c.c. also vielmehr im Sinne von *patrimonio sociale* zu verstehen[723].

Zweite Tatbestandsvoraussetzung des Art. 2447 c.c. ist, dass das *capitale* (i.S.v. *patrimonio*) unter den Wert des in Art. 2327 c.c. festgesetzten gesetzlichen Mindestkapitals von 100.000 € fällt.

Bei kumulativem Vorliegen dieser beiden[724] Voraussetzungen liegt ein Auflösungsgrund vor, wenn nicht in einer von den *amministratori* einzuberufenden *assemblea* die Aktionäre entweder die den Verlusten entsprechende Reduzierung und gleichzeitige Erhöhung des

---

[719] vgl. CHIANTIA, S. 114;

[720] MARTINES, CeI 1997, 1184, 1201 ff. gestützt auf die franz. Rspr., welche auf das italienische Recht übertragbar ist (S. 1210); MARCHETTI, Società 1998, 557, 558; FERRARI, S. 146; CASSOTTANA, S. 73; MAZZONI, Giur.comm. 1998, I, 485, 501; SANTAGATA in: CAMPOBASSO, T.U.F., Art. 126 S. 1041;

[721] App. Milano, 30.6.1954, in: Riv.dir.comm. 1955, II, 221, 227; PITTER in: CIAN/TRABUCCHI, Art. 2327 I Rn. 1; WEIGMANN in: Dig.disc.priv., Sez.comm., XIV, S. 338, 359; AMATO, Dir.fall. 1987, II, 260, 261;

[722] Cass.civ., 8.3.1959, n. 444, in: Dir.fall. 1960, II, 5, 18; CAMPOBASSO, S. 84;

[723] NOBILI, SPOLIDORO in: COLOMBO, PORTALE, 6*, S. 195, 198;

[724] Trib. Roma, 3.7.1989, in: Società 1989, 1089; QUATRARO, ISRAEL, D'AMORA, QUATRARO, Operazioni sul capitale, S. 755; NOBILI, SPOLIDORO in: COLOMBO, PORTALE, 6*, S. 195, 373 ff. Fn. 3; NICCOLINI in: COLOMBO, PORTALE, 7***, S. 247, 300; RORDORF, Società 1983, 870, 876; FERRARA jr., CORSI, S. 588 Fn. 2;

Kapitals auf den gesetzlichen Mindestwert oder die Umwandlung der AG beschließen, Art. 2484 I Nr.4 c.c. i.V.m. Art. 2447 c.c.[725].

Im italienischen Recht darf also das Gesellschaftskapital nicht unter das gesetzliche Mindeststammkapital sinken. Geschieht dies, ist zur Erhaltung der Gesellschaft eine Kapitalerhöhung oder Umwandlung in eine Personengesellschaft notwendig. Dabei schreibt der italienische Gesetzgeber die vorherige Herabsetzung des Grundkapitals vor, ein Vorgang, welcher in Deutschland nur dann erforderlich ist, wenn eine Neuausgabe von Aktien am Verbot der Unter-pari-Emission des § 9 I AktG scheitern würde[726].

a) Kompetenz der *assemblea straordinaria*

Da diese das Grundkapital betreffenden Maßnahmen eine Änderung der Satzung darstellen, ist dafür die *assemblea straordinaria* zuständig, Art. 2365 c.c[727], so dass bei an der Börse notierten *S.p.A.* durch Art. 2369 c.c. die Möglichkeit einer Sperrminorität gegeben ist.

b) Positiver Beschluss für das Fortbestehen der *S.p.A.* unverzichtbar

In Bezug auf die Auflösung der *S.p.A.* ist der genaue Zusammenhang von Art. 2447 c.c. und Art. 2484 I Nr.4 c.c. umstritten. Teilweise wird vertreten, bei Vorliegen des Tatbestandes des Art. 2447 c.c. läge ein Auflösungsgrund vor, jedoch lediglich unter der aufschiebenden Bedingung, dass die *assemblea straordinaria* die Herabsetzung des Kapitals unter nicht gleichzeitiger Anhebung auf das gesetzliche Minimum des Art. 2327 c.c. beschließt[728]. Die Gegenmeinung[729] hingegen sieht bei Vorliegen des Tatbestandes des Art. 2447 c.c. den Auflösungsgrund voll verwirklicht und erblickt im Beschluss zur Herabsetzung und Erhöhung des *capitale sociale* auf das gesetzliche Minimum des Art. 2327 c.c. bzw. zur Umwandlung der Gesellschaft eine auflösende Bedingung[730].

Die Annahme eines Auflösungsgrundes unter aufschiebender Bedingung wird mit dem Wortlaut des Art. 2447 c.c. begründet. Die Norm spreche von *"riduzione"* statt von *"perdita del capitale"*, so dass letztendlich erst der Herabsetzungsbeschluss, nicht aber bereits der Kapitalverlust den Auflösungsgrund darstellen dürfe. Darüber hinaus wird vertreten, der Gesetzgeber hätte die Norm nicht bereits unter die *Sezione X* (*"Delle modificazioni dell'atto costitutivo"*) gestellt, wenn er die Auflösung nicht erst an den Beschluss, sondern bereits an das Vorliegen des Tatbestandes des Art. 2447 c.c. hätte knüpfen wollen[731].

---

[725] zu den einzelnen Entscheidungsalternativen vgl. QUATRARO, ISRAEL, D'AMORA, QUATRARO, Operazioni sul capitale, S. 760; NOBILI, SPOLIDORO in: COLOMBO, PORTALE, 6*, S. 195, 388; zur Frage, ob der Auflösungsgrund bei Vorliegen der beiden Voraussetzungen automatisch vorliegt und lediglich von der *assemblea* aufgehoben werden kann oder ob ein Auflösungsgrund erst nach Beschluss der *assemblea* vorliegt, die in Art. 2447 c.c. vorgesehenen Maßnahmen nicht treffen zu wollen, vgl. QUATRARO, ISRAEL, D'AMORA, QUATRARO, Operazioni sul capitale, S. 758 m.w.N.;

[726] vgl. oben § 3.C.I.3.b), S. 110;

[727] FERRI, S. 941;

[728] Cass.civ., I, 19.10.1955, n. 3308 in: Giur.it. 1956, I, 1, 218; vgl. auch: NICCOLINI in: COLOMBO, PORTALE, 7***, S. 247, 310 f.;

[729] Cass.civ., I, 28.6.1980, n. 4089, in: Giust.civ. 1981, I, 1745, 1749; zuletzt: Cass.civ., I, 17.9.1997, n. 9252, in: NGCC 1998, I, 915, 920; Cass.civ., I, 5.5.1995, n. 4923, in: Giur.comm. 1996, II, 354, 356; Cass.civ., I, 29.10.1994, n. 8928, in: Giust.civ. 1995, I, 1895, 1896; NOBILI, SPOLIDORO in: COLOMBO, PORTALE, 6*, S. 195, 377 ff.;

[730] NOBILI, SPOLIDORO in: COLOMBO, PORTALE, 6*, S. 195, 379 f.;

[731] NICCOLINI in: COLOMBO, PORTALE, 7***, S. 247, 310 f.; MAISANO, Scioglimento, S. 116;

Vor dem Hintergrund der Erreichung des Schutzziels des Art. 2485 I c.c. scheint jedoch die Gegenansicht überzeugender. Art. 2447 c.c. schützt nämlich nicht nur die Gesellschafter, sondern auch Dritte, vor allem die Gläubiger der *S.p.A.* Die *amministratori* könnten nun aber ihre sich aus Art. 2485 I S.2 c.c. ergebende Haftung umgehen, indem sie die Einberufung der *assemblea* entgegen ihrer Pflicht aus Art. 2447 c.c. (*"senza indugio"*) hinauszögern. Die Gläubiger könnten sich dann nicht an den *amministratori* schadlos halten. Das oben angeführte Wortlautargument muss vor diesem Hintergrund zurücktreten, insbesondere weil der Gesetzgeber selbst in Art. 2447 c.c. keine klare Trennung der Begriffe *"riduzione"* und *"perdita"* aufrecht erhält[732].

Letztendlich besteht ein Unterschied zwischen den beiden Auffassungen lediglich im Hinblick auf den Zeitpunkt des Vorliegens des Auflösungsgrundes. Jedenfalls ist bei Vorliegen des Tatbestandes des Art. 2447 c.c. das oben erwähnte Kriterium gegeben, dass eine solche Änderung der Satzung für das Fortbestehen der Gesellschaft unverzichtbar ist. Trifft die *assemblea* nämlich keinen positiven Beschluss – sei es bzgl. einer Kapitalreduzierung und -erhöhung, sei es bzgl. der Umwandlung – bleibt als Alternative nur die automatische Auflösung der *S.p.A.*

c) Zumutbarkeit der Zustimmung für den dissentierenden Aktionär

Folgt man nun weiterhin dem bei den Ausführungen zur AG untersuchten Schema für eine Zustimmungspflicht des Aktionärs, stellt sich als nächstes die Frage, ob es dem dissentierenden Aktionär auch zuzumuten ist, die Auflösung der Gesellschaft zu verhindern[733]. Diese Untersuchung muss auch im italienischen Teil an Hand der involvierten Interessen der *S.p.A.* bzw. deren Mehrheit auf der einen Seite und des dissentierenden Aktionärs auf der anderen Seite erörtert werden.

aa) *Interesse della società* am Fortbestehen

Es stellt sich die Frage, ob die sich ohne einen Beschluss i.S.v. Art. 2447 c.c. aus Art. 2484 I Nr.4 c.c. ergebende Auflösung gegen das *interesse della società* gerichtet ist.

(1) Vertikales Verhältnis Aktionär – *S.p.A.*

Eine vertikale Rücksichtnahmepflicht auf die Interessen der Gesellschaft setzt voraus, dass man der *S.p.A.* unabhängig von entsprechenden Mehrheitsverhältnissen ein Interesse am eigenen Fortbestehen zubilligt.

Eine Bejahung eines entsprechenden Interesses der Gesellschaft würde aber einen Rückfall in das Gedankengut der *teoria istituzionalista* darstellen[734]. Wollte man der Gesellschaft ein Interesse am eigenen Fortbestehen einräumen, stünde dies außerdem in Widerspruch mit Art. 2484 I Nr.6 c.c. Denn dann würde jeder Aktionär, der für die Auflösung der Gesellschaft stimmt, sich im Konflikt mit diesem Gesellschaftsinteresse i.S.v. Art. 2373 I c.c. befinden. Dies hätte dann zur Konsequenz, dass ein solcher Auflösungsbeschluss stets nach Art. 2373 I

---

[732] NOBILI, SPOLIDORO in: COLOMBO, PORTALE, 6*, S. 195, 378;
[733] siehe oben § 3.C.I.2.d), S. 109 f.;
[734] PORTALE, Riv.dir.priv., II, 1997, 550, 555;

i.V.m. Art. 2377 c.c. anfechtbar wäre[735]. Es ist offensichtlich, dass das nicht die Absicht des Gesetzgebers gewesen sein kann[736].

(2) Horizontales Verhältnis der Gesellschafter untereinander

Denkbar ist aber eine vertikale Rücksichtnahmepflicht auf die Interessen der Mitaktionäre, wurde doch oben ausführlich erörtert, dass sich das *interesse della società* nach der in der Lit. vorherrschenden Meinung aus den Interessen der Aktionäre zusammensetzt, welches sie gerade in ihrer Eigenschaft als Gesellschafter der *S.p.A.* verfolgen[737]. Ein *interesse della società* am eigenen Fortbestehen kann sich der *teoria contrattualista* nach also dann ergeben, wenn die Mehrheit der Gesellschafter aufgrund ihres Interesses *uti socii* für ein Fortbestehen stimmt.

Ein *interesse della società* am Fortbestehen besteht selbst dann, wenn sich eine Mehrheit in der *assemblea* gegen ein Fortbestehen ausspricht, diese Mehrheit aber nur aufgrund von Motiven zustande kommt, welche der Verfolgung von *interessi extrasociali* dient. Die italienische Rspr. ist zwar bei einem Auflösungsbeschluss sehr zurückhaltend mit der Annahme eines *eccesso di potere*, weil sonst der gesetzliche vorgesehene Auflösungsbeschluss gemäß Art. 2484 I Nr.6 c.c. Gefahr liefe, regelmäßig an diesem Mangel zu leiden, und dieser daher nur ganz ausnahmsweise angenommen werden darf. Gleichwohl hat sie in zwei Fallgruppen diesen Tatbestand bei Auflösung einer prosperierenden Gesellschaft bejaht[738]:

Zum einen, wenn die Mehrheit die Gesellschaft lediglich auflöst, um unmittelbar im Anschluss eine Gesellschaft mit gleichem Zweck, jedoch ohne einen Minderheitsaktionäre zu gründen. Es handelt sich dann *de facto* weniger um eine Auflösung der Gesellschaft als vielmehr um den Ausschluss eines Gesellschafters[739]. Die andere Fallgruppe betrifft den Sachverhalt, in dem die Mehrheitsgesellschafter die Gesellschaft auflösen, um sie auf diese Weise als Konkurrenten einer anderen Gesellschaft vom Markt zu verbannen, die ebenfalls von diesen Mehrheitsgesellschaftern gehalten wird, und an der sie ein vorrangiges Interesse haben[740].

Ein *interesse della società* am eigenen Fortbestehen ergibt sich in diesen Fällen also aus dem schützenswerten kollektiven Interesse der Gesellschafter, welche gerade keine *interessi extrasociali* sondern ein *interesse uti socii* verfolgen. Betroffen ist hier nämlich das Interesse über die Dauer der eigenen Investition gemäß den eigenen finanziellen Bedürfnissen bestimmen zu können. In beiden Fällen beeinträchtigt die Mehrheit dieses Interesse, wobei sie gleichzeitig Ziele verfolgt, die nicht unter die schützenswerten Gesellschaftsinteressen subsumierbar sind. Es liegt somit – abhängig von der befolgten Theorie – ein Fall von *eccesso di potere* bzw. ein Verstoß gegen die Art. 1175, 1375 c.c. vor.

---

735 Trib. Milano, 28.1.1998, Società 1998, 946, 947; Trib. Milano, 29.1.1998, in: Foro pad. 1998, I, 432; PREITE in: COLOMBO, PORTALE, 3**, S. 3, 22; PICONE, Società 1998, 949, 952; vgl. aber PELLIZZI, Riv.dir.civ. 1967, I, 113, 195 ff., der aus diversen die S.p.A. betreffenden Normen einen *favor diuturnitatis* herleiten will;

736 zum Interesse der Gesellschaft am eigenen Fortbestehen in Frankreich: CASSOTTANA, S. 76 f.;

737 § 2.B.I.1.a)aa)(4), S. 57;

738 NICCOLINI in: COLOMBO, PORTALE, 7***, S. 247, 340; PORTALE, Riv.dir.priv., II, 1997, 550, 552;

739 Cass.civ., I, 29.5.1986 n. 3628, in: Società 1986, 1087, 1089, wo ein *eccesso di potere* mangels Nachweis eines solchen Sachverhalts abgelehnt wird;

740 Cass.civ., I, 26.10.1995, n. 11151 in: Giur.comm. 1996, II, 329;

(3) Ergebnis

Daraus ergibt sich, dass zwar die Gesellschaft selbst kein abstraktes Interesse am eigenen Fortbestehen haben kann, weshalb ein die Auflösung der Gesellschaft favorisierender Aktionär sich nicht in einem vertikalen Konflikt mit der *S.p.A.* befinden kann. Denkbar ist aber sehr wohl ein horizontaler Konflikt mit den übrigen Aktionären, wenn für die Auflösung zur Verfolgung von *interessi extrasociali* gestimmt wird.

bb) Interesse des dissentierenden Aktionärs

Für die Sperrminorität ergibt sich daraus, dass natürlich auch im italienischen Recht der bzw. die Minderheitsaktionäre nicht verpflichtet sind, die *S.p.A.* um jeden Preis zu retten. Eine solche Pflicht ist entsprechend dem gerade Erörterten dann zu verneinen, wenn der Gesellschafter mit seiner Enthaltung oder Gegenstimme ein schützenswertes Gesellschafterinteresse verfolgt. Stellt die mangelnde Zustimmung hingegen die Verfolgung eines *interesse extrasociale* dar, ist es dem Aktionär sehr wohl zumutbar, mit Ja zu stimmen. Er darf diese *interessi extrasociali* ja gerade nicht auf Kosten seiner Mitgesellschafter verfolgen.

Zu berücksichtigen ist in diesem Zusammenhang daher auch in Italien der Eingriff, den eine Kapitalerhöhung in die Gesellschafterrechte des von der Sperrminorität Gebrauch machenden Aktionärs darstellt.

(1) Beibehalten der Quote

Genauso wie in Deutschland wird der Aktionär einer *S.p.A.* bei einer Kapitalerhöhung vor die Wahl gestellt, ob er zur Erhaltung der Höhe seiner Beteiligung an der *S.p.A.* von seinem Optionsrecht gemäß Art. 2441 I c.c. Gebrauch macht, oder ob er sich mit einer prozentualen Verringerung seines Anteils am Grundkapital zufrieden gibt, dafür aber auch kein Kapital nachschießen muss. Will er seine ursprüngliche Quote behalten, muss er nachschießen. Dieses Interesse, seine Beteiligungsquote, auch ohne finanziell nachzuschießen, behalten zu können, steht dem Aktionär gerade in seiner Eigenschaft als Gesellschafter zu und kann daher mit der Stimmrechtsausübung uneingeschränkt verfolgt werden.

(2) Quote am Liquidationserlös

Dies gilt selbst für den Fall, dass das Beharren auf diesem Interesse die Auflösung der Gesellschaft nach sich zieht. Bei einer solchen Liquidation steht dem Gesellschafter nämlich gemäß Art. 2350 I c.c. ein seiner Quote entsprechender Anteil am *patrimonio sociale* zu. Das Interesse am Erhalt dieses Liquidationsanteils, ohne zunächst Geld nachschießen zu müssen, ist ein schützenswertes Gesellschafterinteresse. Genauso ist es schützenswertes Interesse des Aktionärs, über den Zeitpunkt der Auflösung durch die Stimmabgabe beschließen zu können[741]. Daraus wird deutlich, dass der Aktionär, welcher sich durch seine Stimme gegen die Kapitalerhöhung auf das gesetzliche Mindestkapital wendet, durchaus legitime Gesellschafterinteressen verfolgt.

cc) Ergebnis

Stellt man nun die Interessen des dissentierenden Aktionärs auf der einen Seite und das der Gesellschaft bzw. der übrigen Aktionäre auf der anderen Seite gegenüber, kommt man zu dem

---

[741] siehe oben § 2.B.I.1.a)aa)(2), S. 55 ff.;

Ergebnis, dass es einem Gesellschafter nicht zuzumuten ist, einem Beschluss i.S.v. Art. 2447 c.c. gegen seinen Willen zuzustimmen. Sähe man dies anders, würde dies dem Aktionär einen erheblichen Nachteil bringen, wenn die Gesellschaft nämlich auch nach den von Art. 2447 c.c. verlangten Kapitalmaßnahmen nicht in die Gewinnzone zurückkehrt, sondern die Sanierung scheitert. Hat sich der Aktionär entschlossen, Geld nachzuschießen, ist dieses verloren, ohne dass die Liquidationsquote notwendigerweise größer ist. Hat er hingegen von seinem Optionsrecht keinen Gebrauch gemacht, ist nun seine Liquidationsquote geringer als zuvor. Zu diesem Risiko kann der Aktionär einer *S.p.A.* nicht gezwungen werden. Durch seine Neinstimme beeinträchtigt er zwar die *interessi uti socii* der übrigen Aktionäre verfolgt aber gleichzeitig eigene schützenswerte Gesellschafterinteressen.

dd) Keine Inhaltskontrolle

Es stellt sich die Frage, ob an diesem Ergebnis auch festzuhalten ist, wenn alle Anzeichen dafür sprechen, dass nach der Kapitalerhöhung auf das gesetzliche Mindestkapital die *S.p.A.* in absehbarer Zeit wieder Gewinne einfährt und daher der dissentierende Aktionär in Zukunft mehr Dividende erwarten kann, als ihm unter der gegenwärtigen Verfassung der Gesellschaft an Liquidationsquote zusteht.

Wegen des grundsätzlichen Verbots der Inhaltskontrolle in Italien, ist es für die dortigen Gerichte aber lediglich in Bezug auf die Feststellung der Unabwendbarkeit des Zusammenbruchs problemlos möglich, die notwendigen Feststellungen zu treffen. Das Gericht kann nämlich die finanzielle Situation einer *S.p.A.* anhand der Bilanz prüfen[742], um dann festzustellen, ob ohne das Fassen eines Art. 2447 c.c. entsprechenden Beschlusses die Voraussetzungen des Art. 2484 I Nr.4 c.c. vorliegen.

Etwas anderes ergibt sich aber hinsichtlich der Zumutbarkeit für den dissentierenden Aktionär. Zunächst einmal ist nämlich festzustellen, dass es sich bei der Aussage über den Erfolg einer Sanierungsmaßnahme lediglich um eine Prognose, nicht aber um eine sichere Vorhersage handeln kann. Weiter kann der dissentierende Aktionär ein größeres Interesse am sofortigen Erhalt seiner geringen Liquidationsquote als an zukünftigen über einen längeren Zeitraum (vielleicht) höheren Dividenden haben, etwa weil er sich in momentanen Liquiditätsschwierigkeiten befindet.

Genau dabei handelt es sich um eine Frage der *convenienza economica*, deren Überprüfung dem Gericht gerade nicht gestattet ist, weil es dann eine Inhaltskontrolle des Beschlusses vornehmen müsste. Zum einen müsste das Gericht nämlich untersuchen, ob das Interesse des den Beschluss blockierenden Aktionärs am sofortigen Erhalt der Liquidationsquote wirklich berechtigt ist. Dazu müsste das Gericht auch prüfen, ob der Beschlussinhalt wirklich zur Sanierung und damit zum Überleben der *S.p.A.* geeignet ist. Dies würde aber einen Eingriff in das freie Ermessen der Gesellschafter und damit in die Entscheidungsautonomie der Gesellschaft darstellen[743]. Das Gericht darf gerade nicht eine Sperrminorität für missbräuchlich erklären, weil es – im Gegensatz zu dieser Minderheit – nach eigenem Ermessen selbst die verhinderten Beschlüsse für geeignet hält, die *S.p.A.* zu sanieren. Die Beurteilung der Frage, ob eine Maßnahme wirtschaftlich sinnvoll ist, soll ja gerade der sich in der *assemblea* konkret herausbildenden Mehrheit überlassen werden.

---

[742] Cass.civ., I, 12.5.1951, n. 1177, in: Giur.it. 1951, I, 535, 539;

[743] siehe oben § 3.C.II.2.c)bb), S. 127 f.;

Auch wenn oben[744] bereits festgestellt wurde, dass das Verbot, den Inhalt einer Entscheidung der *assemblea* einer gerichtlichen Kontrolle zu unterziehen, nicht allzu streng gehandhabt wird[745], wäre hier die Grenze doch deutlich überschritten.

ee) Keine Abwägung

Die fehlende Möglichkeit einer Inhaltskontrolle ist auch der Grund, warum italienische Gerichte keine Abwägung vornehmen können.

Stützt man einen Mangel auf die Figur des *eccesso di potere*, ist eine solche Abwägung ohnehin nicht vorgesehen, da ein Beschluss lediglich dann als anfechtbar gilt, wenn eine das Beschlussergebnis beeinflussende Gruppe von Aktionären mit *"unica finalità fraudolenta"* handelt. Es muss ihr also einzig um die Benachteiligung der dissentierenden Aktionäre gehen.

Anders verhält es sich hingegen beim *principio di buona fede e correttezza* gemäß den Art. 1375, 1175 c.c. Dieses beinhaltet nämlich keineswegs die allgemeine Pflicht, die Interessen anderer zu berücksichtigen[746]. Vielmehr geht es darum, die Interessen der verschiedenen Vertragsparteien untereinander bestmöglich im Rahmen einer Abwägung auszugleichen[747]. Dabei sind zum einen die Wichtigkeit des betroffenen Interesses, zum anderen die Stärke des Eingriffs in dieses Interesse zu berücksichtigen[748]. Aber genau diese Abwägung der Interessen kann – wie soeben dargestellt – aufgrund des Verbots der Inhaltskontrolle nicht stattfinden. Das Gericht kann nur zwischen *interessi extrasociali* und *interessi uti socii* unterscheiden. Sind auf beiden Seiten lediglich letztere betroffen, wird die Entscheidung quantitativ anhand der Mehrzahl der abgegebenen Stimmen getroffen[749]. *Interessi uti socii* sind nämlich alle in gleicher Weise schutzwürdig, ohne dass zwischen den verschiedenen Interessen allgemein oder im konkreten Einzelfall eines stärker als ein anderes gewichtet wird[750].

ff) Ausschluss des Optionsrechts

Wenn dem Aktionär aber schon bei Einräumung des gesetzlichen Optionsrechts die Zustimmung nicht zuzumuten ist, muss dies erst recht gelten, wenn das Optionsrecht ausgeschlossen wird.

Es wird nämlich teilweise vertreten, dass ein solcher Optionsrechtsausschluss im Rahmen der nach Art. 2447 c.c. notwendigen Maßnahmen gemäß Art. 2441 V c.c. möglich ist. Ein entsprechendes *interesse della società* ergebe sich daraus, dass Art. 2447 c.c. zur Abwendung der Liquidation der *S.p.A.* nicht nur die Herabsetzung des Kapitals, sondern auch die gleichzeitige (*"contemporaneo"*) Erhöhung des Kapitals fordere. Daraus wird nun teilweise gefolgert, dass für den Eintritt der auflösenden Bedingung nicht nur der entsprechende Beschluss, sondern auch die sofortige Unterzeichnung und Leistung der entsprechenden Einlagen erforderlich seien. Nur so käme den Gläubigern entsprechender Schutz zu, da Art. 2447 c.c. ja nicht vorschreibe, innerhalb welcher Frist die Einlagen sonst zu leisten seien.

---

744 § 3.C.II.2.c)gg), S. 131;
745 GUERRERA, Riv.soc. 2002, 181, 269 und 281;
746 GAMBINO, Correttezza, S. 294;
747 RESCIGNO, Riv.dir.civ. 1965, I, 205, 232;
748 BUSNELLI, NAVARRETTA, Dir.priv. 1997, III, 171, 190;
749 JAEGER, Interesse sociale, S. 201 f.;
750 PICONE, Società 1998, 949, 950;

Erst wenn auch die Einlagen geleistet seien, könne den Gläubigern der Gesellschaft zugemutet werden, auf die unbeschränkte Haftung der *amministratori* nach Art. 2485 I S.2 c.c. zu verzichten[751]. Dem sich aus dieser Ansicht ergebenden Erfordernis, schnell handeln zu müssen, steht aber die 30-Tage-Frist des Art. 2441 II S.2 c.c. entgegen, wenn – wie regelmäßig der Fall – nicht sämtliche Aktionäre in der *assemblea* zugegen sind und sofort die neuen Aktien zeichnen[752]. Das durch die Mehrheitsentscheidung manifeste *interesse della società* am eigenen Fortbestehen überwiege daher das Interesse des einzelnen Gesellschafters am Halten seiner Quote.

Wenn man daher einen solchen Optionsrechtsausschluss entgegen der starken Gegenmeinung für zulässig hält, heißt dies aber noch lange nicht, dass dem dissentierenden Gesellschafter zugemutet werden kann, einer entsprechenden Kapitalerhöhung auch zuzustimmen. Bei einer derartigen Kapitalerhöhung ist dem Aktionär nämlich überhaupt nicht die Möglichkeit gegeben, seine Quote am Kapital zu erhalten. Wenn der Gesellschafter also dagegen stimmt, verfolgt er ein legitimes *interesse uti socii*. Da eine Abwägung der verschiedenen Gesellschafterinteressen gegeneinander durch die italienischen Gerichte ja gerade nicht stattfindet, kann auch nicht das Interesse der übrigen Gesellschafter am Fortbestehen für höherrangig erklärt werden.

gg) Totalverlust des Gesellschaftskapitals

Eine Zustimmungspflicht zu einem Beschluss i.S.v. Art. 2447 c.c. kann sich aber dann ergeben, wenn die wirtschaftliche Lage der *S.p.A.* derart schlecht ist, dass bei einer Auflösung die Liquidationsquote Null betragen würde.

(1) Anwendbarkeit des Art. 2447 c.c.

Dabei stellt sich zunächst einmal die Frage, ob Art. 2447 c.c. überhaupt anwendbar ist, wenn die Verluste das gesamte *capitale sociale* aufgebraucht haben bzw. sogar darüber hinaus gehen.

Dies wurde lange Zeit von weiten Teilen der Lit. verneint, da bei einem solchen Totalverlust des Gesellschaftskapitals der Auflösungsgrund des Art. 2484 I Nr.2 c.c. vorläge. Es sei der Gesellschaft ohne *capitale sociale* unmöglich, den Gesellschaftszweck zu verfolgen. Wollte man in diesem Fall Art. 2484 I Nr.4 i.V.m. Art. 2447 c.c. anwenden, käme dies einem Ausschluss derjenigen Gesellschafter aus der *S.p.A.* gleich, welche von ihrem Optionsrecht keinen Gebrauch machen. Die alten Aktien verlieren aufgrund der Kapitalherabsetzung auf Null ja an Wert, so dass das Grundkapital nach der Erhöhung auf das Mindestkapital nur noch von denjenigen Aktionären gehalten wird, welche ihr Optionsrecht ausgeübt haben[753]. Es ist aber gerade eines der Grundprinzipien des Aktienrechts, dass der Aktionär nach Leistung

---

[751] Trib. Udine, 25.1.1994, in: Società 1994, 531; Trib. Udine, 10.6.1993, in: Dir.fall. 1993, II, 965, 967 f.; RORDORF, Società 1983, 870, 876; a.A.: NOBILI, SPOLIDORO in: COLOMBO, PORTALE, 6*, S. 195, 403, mit Verweis auf den Wortlaut des Art. 2447 c.c., der lediglich von *"deliberazione"* spricht; in der Rspr.: App. Firenze, 15.10.1986, in: Giur.comm. 1988, II, 399; App. Milano, 28.2.1975, in: Giur.comm. 1975, II, 778, 782; Trib. Catania, 25.10.1990, in: Società 1991, 812, 813; Trib Verona, 9.7.1988, in: Società 1988, 1276, 1277; Trib. Lecce, 18.10.1986, in: Società 1987, 57; Trib. Verona, 27.9.1985, in: Società 1986, 301;

[752] LECCESE in: PERLINGIERI, Art. 2247, S. 573; a.A.: NOBILI, SPOLIDORO in: COLOMBO, PORTALE, 6*, S. 195, 403, mit der Begründung, die unbeschränkte Haftung der *amministratori* würde bei Leistung der Einlagen rückwirkend wegfallen;

[753] App. Milano, 30.6.1954, in: Riv.dir.comm. 1955, II, 221, 227; vgl. auch MENGONI, Riv.dir.comm. 1955, I, 108, 112; SIMONETTO, Riv.dir.civ. 1957, II, 331, 337;

seiner Einlage gerade keine weiteren Leistungen erbringen muss, um seinen Gesellschafterstatus zu halten. Aus diesem Grund müsse *"perdita"* klar von der *"riduzione"* unterschieden werden[754], wie ja auch der Wortlaut des Art. 2447 c.c. suggeriere[755]. Da ein Gesellschafter gerade nicht gegen seinen Willen aus der Gesellschaft ausgeschlossen werden kann, bedürfe es der Zustimmung sämtlicher Gesellschafter, eine einfache Mehrheit sei gerade nicht ausreichend[756].

Mittlerweile herrscht aber weitgehend Einigkeit, dass auch im Fall des Totalverlustes des *capitale sociale* Art. 2484 I Nr.4 i.V.m. Art. 2447 c.c. Anwendung finden kann[757]. Selbst wenn man nämlich von einem Ausschluss des Aktionärs gegen seinen Willen ausgeht, spricht nichts dagegen, dass der Gesetzgeber von diesem grundsätzlichen Verbot eine Ausnahmeregelung bestimmen kann, wie etwa Art. 2441 V c.c. zeigt[758]. Bei genauerer Betrachtung ist ein solcher Ausschluss gar nicht im Beschluss der Kapitalerhöhung zu sehen. Vielmehr ist nämlich bereits durch den Kapitalverlust, die Gesellschafterstellung des Aktionärs vollkommen wertlos geworden. Der Beschluss der Kapitalherabsetzung vollzieht diesen Kapitalverlust lediglich nach, greift aber nicht in die Rechte des Aktionärs ein. Das Mitgliedschaftsrecht besteht bei einem Totalverlust des *capitale sociale* nämlich nur noch aus dem damit verbunden Optionsrecht[759]. Übt der Aktionär dieses nicht aus, macht er vom einzig ihm aufgrund der Mitgliedschaft verbliebenen Recht keinen Gebrauch. Erst dadurch entsteht der endgültige Ausschluss aus der Gesellschaft[760]. Aber selbst wenn man darin einen so starken Eingriff in das Gesellschafterrecht des dissentierenden Aktionärs sieht, dass normalerweise dessen Zustimmung erforderlich wäre, hindert nichts den Gesetzgeber daran, in diesem konkreten Fall, eben doch die (qualifizierte) Mehrheit genügen zu lassen[761].

Es ist also gerade keine einstimmige Entscheidung erforderlich. Die Art. 2447 c.c. entsprechenden Beschlüsse können vielmehr mit der normalen Mehrheit der *assemblea straordinaria* gefasst werden[762].

(2) Kein schützenswertes Interesse des Aktionärs

Die bisherigen Untersuchungen haben gezeigt, dass bei einem Totalverlust des Kapitals die im Rahmen des Art. 2447 c.c. durchzuführende Kapitalerhöhung keinen derart starken Eingriff in die Rechte des einzelnen Aktionärs darstellt, dass sie nur mit Zustimmung jedes Aktionärs erfolgen kann. Damit sich bei einem solchen Beschluss aber auch eine Zustim-

---

754 SIMONETTO, Riv.dir.civ. 1957, II, 331, 341;

755 zu weiteren gegen eine Anwendbarkeit des Art. 2447 c.c. im Fall des Totalverlustes vorgebrachten Argumenten vgl. neben den bereits zitierten auch PROVINCIALI, Dir.fall.1960, II, 5 ff.; ROMANO PAVONI, Riv.dir.comm. 1954, II, 80 ff.;

756 ROMANO PAVONI, Riv.dir.comm. 1954, II, 80, 83; FERRI, S. 944 f.;

757 Cass.civ., I, 19.10.1955, n. 3308 in: Giur.it. 1956, I, 1, 218; Cass.civ., I, 28.6.1980, n. 4089, in: Giust.civ. 1981, I, 1745, 1749; Trib. Milano, 21.5.1953, in: Riv.dir.comm. 1954, II, 80 ff.; AMATO, Dir.fall. 1987, II, 260, 262 ff.; vgl. auch die Zusammenfassung bei PAVONE LA ROSA, Riv.soc. 1960, 1083, 1112 ff. sowie jüngeren Datums: NOBILI, SPOLIDORO in: COLOMBO, PORTALE, 6*, S. 195, 381 ff. und QUATRARO, ISRAEL, D'AMORA, QUATRARO, Operazioni sul capitale, S. 756 ff.;

758 MENGONI, Riv.dir.comm. 1955, I, 108, 112;

759 MENGONI, Riv.dir.comm. 1955, I, 108, 110; vgl. auch Cass.civ., I, 19.10.1955, n. 3308, in: Giur.it 1956, I, 1, 218 f.;

760 Cass.civ., 8.3.1959, n. 444, in: Dir.fall. 1960, II, 5, 21 f.; MIGNOLI, Riv.dir.comm. 1955, II, 223, 228;

761 MENGONI, Riv.dir.comm. 1955, I, 108, 112;

762 Cass.civ., I, 28.6.1980, n. 4089, in: Giust.civ. 1981, I, 1745, 1751; Cass.civ., I, 8.3.1959, n. 444, in: Dir.fall. 1960, II, 5, 24; Cass.civ., I, 15.2.1954, n. 368, in: Riv.dir.comm. 1955, II, 221;

mungspflicht ergeben kann, darf überhaupt kein Eingriff in die schützenswerten Interessen des Aktionärs vorliegen, da andernfalls seine Gegenstimme oder Enthaltung gerade keine Verfolgung eines *interesse extrasociale* darstellt, und damit auch kein Missbrauch denkbar ist.

Solche schützenswerten Interessen scheinen bei einem Totalverlust des Gesellschaftskapitals gerade nicht betroffen. Das Optionsrecht ist lediglich ein Recht und keine Pflicht, so dass den Aktionär auch über seine bereits erbrachte Einlage keine Nachschusspflicht trifft. Da sein Anteil vollkommen wertlos ist, kann er auch kein Interesse daran haben, in der Gesellschaft zu verbleiben, ein Ausschluss aus der Gesellschaft würde ihm keinen vermögenswerten Nachteil bringen. Auch kann sich in diesem Fall der Aktionär nicht darauf berufen, er wolle lieber die Liquidationsquote ausgezahlt haben. Bei einem Totalverlust des Gesellschaftskapitals beträgt diese nämlich Null, da die Gesellschaft mangels Kapitals solches auch nicht verteilen kann.

Unter dieser Voraussetzung kann sich die Position des Aktionärs also nur verbessern. Übt er sein Optionsrecht nicht aus, verliert er zwar seine Gesellschafterstellung, allerdings nur eine wertlose. Macht er hingegen von seinem Optionsrecht Gebrauch, besteht die Möglichkeit, dass sein Anteil infolge einer erfolgreichen Sanierung wieder einen Wert gewinnt, der über dem nachgeschossenen Betrag liegt. Die Zustimmung zur Kapitalerhöhung ist dem Gesellschafter daher bei einem totalen Verlust des Gesellschaftskapitals zuzumuten. Stimmt er unter dieser Voraussetzung gegen die im Rahmen des Art. 2447 c.c. zur Abwendung der Liquidation erforderlichen Maßnahmen, liegt die Vermutung der Verfolgung eines *interesse extrasociale* nahe.

(3) Zerschlagungswert als entscheidendes Kriterium

Diese Aussage lässt sich so lange aufrecht erhalten, wie man davon ausgeht, dass bei einem Totalverlust des Gesellschaftskapitals auch die Liquidationsquote gleich Null beträgt. Allerdings sind Fälle denkbar, in denen die *S.p.A.* Werte besitzt, welche über die in der Bilanz aufgeführten hinausgehen und so dem einzelnen Gesellschafter bei Liquidation der Gesellschaft, durchaus einen Anteil zukommen lassen würden, welcher über Null liegt[763].

In der Lit. wird zur Verdeutlichung das Beispiel eines von einer *S.p.A.* mit geringem Gesellschaftskapital betriebenen, aber gleichwohl prosperierenden Restaurants angeführt. Wird nun dieses Restaurant vollkommen durch einen Brand zerstört, ist das *capitale sociale* völlig verloren. Um es weiterbetreiben zu können, ist die Beschaffung von neuem Kapital notwendig. Ist dieses aber durch Ausgabe neuer Aktien aufgebracht, ist davon auszugehen, dass das Restaurant aufgrund seines Namens und Kundenstammes wieder eine ähnlich florierende Geschäftstätigkeit ausüben wird wie vor dem Brand. Genau dies sind nämlich den Erfolg einer Gesellschaft entscheidend beeinflussende Faktoren, welche jedoch nicht in der Bilanz auftauchen[764]. Bei einer Liquidation der Gesellschaft könnte allein daraus aber noch Kapital zu schlagen sein, so dass dem dissentierenden Aktionär dann trotz Totalverlusts des *capitale sociale* noch eine über Null liegende Liquidationsquote zustehen würde.

In der Praxis wird es zwar äußerst selten vorkommen, dass der Zerschlagungswert über dem in der Bilanz ausgewiesenen Gesellschaftskapital liegt, da evtl. vorhandene Mehrwerte

---

[763] vgl. FERRI, S. 943 f.; SIMONETTO, Riv.dir.civ. 1957, II, 331, 335; NOBILI, SPOLIDORO in: COLOMBO, PORTALE, 6*, S. 195, 396;

[764] Beispiel nach SIMONETTO, Riv.dir.civ. 1957, II, 331, 335;

durch andere Posten ausgeglichen werden, welche weniger als in der Bilanz ausgewiesen wert sind[765]. Gleichwohl ist nicht von der Hand zu weisen, dass in diesem Fall der Aktionär ein legitimes Interesse an der Liquidation der Gesellschaft haben kann. Und zwar genau aus dem oben genannten Grund, dass er den sofortigen Erhalt der Liquidationsquote späteren Dividenden vorzieht. Von einem auf purer Sturheit beruhenden Missbrauch der Sperrminorität kann dann nicht die Rede sein[766].

Es zeigt sich an diesem Beispiel also, dass relevantes Kriterium für eine Zustimmungspflicht zu einem nach Art. 2447 c.c. zu fassenden Beschluss nicht der Totalverlust des Gesellschaftskapitals ist, sondern vielmehr entscheidend sein muss, ob der Zerschlagungswert des Unternehmens gleich Null beträgt. Nur dann nämlich kann der Aktionär kein legitimes Gesellschafterinteresse an der Zerschlagung des Unternehmens haben.

(4) *Interesse extrasociale* auch bei Ausschluss des Optionsrechts

Fraglich ist aber, ob es dem Aktionär auch bei einem Ausschluss des Optionsrechts zuzumuten ist, für die Kapitalerhöhung zu stimmen. Oben[767] wurde nämlich erörtert, dass bei einem Totalverlust des Gesellschaftskapitals das Mitgliedschaftsrecht nur noch in dem ihm verbleibenden Optionsrecht besteht.

Teilweise wird nun vertreten, auch eine Kapitalerhöhung unter Optionsrechtsausschluss beeinträchtige den dissentierenden und damit ausgeschlossenen Gesellschafter nicht, da die Alternative für ihn ja lediglich die Auflösung der Gesellschaft ist, bei der ihm wegen des Totalverlustes des Kapitals eine Liquidationsquote von Null zusteht. Selbst wenn mit dem Kapital der zeichnenden Aktionäre die Gesellschaft später wieder Gewinne erwirtschaftet, sind diese Gewinne einzig und allein Früchte des von den neuen Aktionären gezeichneten Kapitals[768].

Von der herrschenden Auffassung wird allerdings sehr wohl ein Eingriff in die Gesellschafterrechte des Aktionärs angenommen, und zwar ein derartig gravierender, dass teilweise nicht nur die Anfechtbarkeit eines solchen Beschlusses, sondern gar dessen Nichtigkeit angenommen wird[769]. Die Gegenansicht sei zu sehr auf die rein wirtschaftliche Seite beschränkt. Auch wenn die Aktie des dissentierenden Gesellschafters zum Zeitpunkt der Beschlussfassung einen Wert von Null hat, heiße das noch nicht, dass sein Recht der Mitgliedschaft völlig aufgelöst ist. Es müsse ihm also die Möglichkeit gegeben werden, auch Kapital nachzuschießen, um so später an dessen Früchten auch teilnehmen zu können.

Dieser Ansicht ist zuzustimmen. Selbst wenn man nämlich mit der Mindermeinung bei Totalverlust des Gesellschaftskapitals im Rahmen eines Beschlusses nach Art. 2447 c.c. einen Optionsrechtsausschluss zulassen will, setzt dieser zumindest die nötige Mehrheit voraus. Die generelle Zulässigkeit des Optionsrechtsausschlusses zieht noch lange nicht die Pflicht des einzelnen Aktionärs nach sich, einem solchen auch zuzustimmen. Er verfolgt mit der Verweigerung seines Konsenses gerade keine *interessi extrasociali*, so dass ihm eine Zustimmung zu einer Kapitalerhöhung unter Optionsrechtsausschluss nicht zugemutet werden kann.

---

765 NOBILI, SPOLIDORO in: COLOMBO, PORTALE, 6*, S. 195, 396;

766 SIMONETTO, Riv.dir.civ. 1957, II, 331, 336;

767 § 3.C.II.4.c)gg)(1), S. 142 ff.;

768 NOBILI, SPOLIDORO in: COLOMBO, PORTALE, 6*, S. 195, 399, wobei die dort aufgestellte Auffassung insofern widersprüchlich ist, als dass es zunächst heißt, es fände kein Eingriff in die Gesellschafterrechte des dissentierenden Aktionärs statt, um dann im Anschluss zu erwähnen, dass der Aktionär ja anfechten könne;

769 Tib. Napoli, 4.5.1995, in: Società 1996, 575; Trib. Como, Società 1992, 697, 699;

hh) Besondere Konstellation des Einzelfalls

Dabei sind die soeben aufgestellten Grundsätze aber selbstverständlich nicht als unverrückbare, eiserne Regeln zu verstehen. Auch hier darf man sich nicht auf eine generalisierende Betrachtung beschränken, sondern muss der besonderen Konstellation des Einzelfalls Aufmerksamkeit zukommen lassen.

Von diesen Grundsätzen verschieden ist die Situation nämlich unter Umständen dann, wenn deutlich wird, dass die Minderheitsaktionäre mit der Verweigerung ihrer Zustimmung gar nicht die soeben dargestellten schützenswerten Gesellschafterinteressen im Sinn haben, sondern mit der Verhinderung der Fortführung der *S.p.A.* ausschließlich *interessi extrasociali* verfolgen. Bspw. können nicht nur wie im oben angeführten Beispiel[770] die Inhaber einer Mehrheit, sondern genauso die Inhaber einer Sperrminorität gleichzeitig Gesellschafter eines Konkurrenzunternehmens sein, dessen wirtschaftlicher Erfolg ihnen wichtiger ist[771]. Es ist überflüssig zu erwähnen, dass auch für eine Minderheit die Förderung eines Konkurrenzunternehmens nicht ein solches schützenswertes Gesellschafterinteresse darstellen kann. Wenn im Fall der Mehrheit, welche sich über die Interessen der Minderheit zum eigenen Vorteil hinwegsetzen will, der Beschluss an einem Fehler leidet, muss dies erst recht gelten, wenn die Minderheit sich aus dem gleichen Grund über die Interessen der Mehrheit hinwegsetzen will. Stimmt nämlich eine (einfache) Mehrheit für den Erhalt der Gesellschaft aus berechtigten Interessen *uti socii*, so kann es nicht angehen, dass eine Minderheit von lediglich über einem Drittel der in der *assemblea* anwesenden Aktionäre zur Verfolgung von *interessi extrasociali* diesen Erhalt verhindert.

Als Beispiel sei hier eine börsennotierte *S.p.A.* mit 30.000 Aktien angeführt, von denen 21.000 (also mehr als die Hälfte) in der *assemblea straordinaria* vertreten sind. Stimmen für die nach Art. 2447 c.c. erforderliche Kapitalherabsetzung und -erhöhung 12.000 Aktionäre, haben diese zwar die einfache Mehrheit, nicht aber die erforderliche Zweidrittelmehrheit. Verfolgen die übrigen Aktionäre mit ihrer Enthaltung oder Neinstimme nicht das Ziel, sofort ihre Liquidationsquote zu erhalten (*interesse uti socii*), sondern die Förderung eines Konkurrenzunternehmens, an dem sie ebenfalls beteiligt sind (*interesse extrasociale*), stellen deren Neinstimmen bzw. Enthaltungen einen Verstoß gegen das *principio di buona fede e correttezza* dar.

5. Genehmigung der Jahresbilanz

Denkbar ist auch die missbräuchliche Blockade der Genehmigung der Jahresbilanz, obwohl diese dem *principio di chiarezza* i.S.v. Art. 2423 II c.c. vollauf entspricht und auch sonst ordnungsgemäß erstellt ist.

Die Genehmigung der Jahresbilanz obliegt bei *S.p.A.* ohne *consiglio di sorveglianza* nach Art. 2364 I Nr. 1 c.c. der *assemblea ordinaria*. Daraus ergibt sich, dass eine Sperrminorität lediglich einer Gruppe von Aktionären zusteht, welche genau die Hälfte sämtlicher Aktien inne hat[772].

---

[770] siehe § 3.C.II.4.c)aa)(2), S. 138 f.;

[771] vgl. den Sachverhalt des Gutachtens von PORTALE, Riv.dir.priv., II, 1997, 550;

[772] vgl. MARTINES, CeI 1997, 1184; GALGANO, S. 260; PREITE, S. 293 Fn. 106;

a) Notwendigkeit für das Fortbestehen

Die Genehmigung durch die *assemblea ordinaria* gemäß Art. 2364 I Nr.1 c.c. ist der letzte Schritt der Bilanzerstellung und führt zum Tatbestand des *"bilancio sociale"*, wie er von vielen Normen des *Codice civile* vorausgesetzt wird. Nur durch sie kann bspw. der Kapitalverlust i.S.v. Art. 2446, 2447 c.c. festgestellt werde. Die Bilanz dient ferner der Bestimmung der gesetzlichen Rückstellung, Art. 2430 c.c., der Höhe der maximal ausschüttbaren Dividende, Art. 2433 II c.c., etc.[773] Aus der Wichtigkeit der Bilanz für die Gesellschaft und der Voraussetzung ihrer Genehmigung durch die *assemblea ordinaria* für ihre Existenz, wird deutlich, dass bei mangelnder Genehmigung über einen längeren Zeitraum hinweg, eine *impossibilità di funzionamento* vorliegt, was einen Auflösungsgrund nach Art. 2484 I Nr.3 c.c. darstellt[774]. Deswegen ist auch das Kriterium erfüllt, dass das Zustandekommen dieses Beschlusses für das Überleben der Gesellschaft notwendig ist[775].

b) Zumutbarkeit der Zustimmung

Gleichwohl kann es dem Aktionär aber natürlich nicht verwehrt sein, gegen die Genehmigung der Bilanz zu stimmen, wenn diese an einem Fehler leidet, etwa weil ein Verstoß gegen das *principio di chiarezza* oder gegen das *principio della rappresentazione veritiera e corretta* vorliegt[776].

Wenn allerdings ein solcher Mangel nicht vorliegt bzw. vom gegen die Genehmigung stimmenden Aktionär noch nicht mal geltend gemacht wird, liegt die Vermutung nahe, dass dieser mit seiner Gegenstimme ein *interesse extrasociale* verfolgt[777]. Daraus lässt sich folgern, dass ein Aktionär seine Zustimmung zur Bilanz nicht völlig grundlos verweigern darf, sondern einen konkreten Mangel zumindest rügen muss. Ein schützenswertes Interesse des Aktionärs an der Verweigerung der Genehmigung ist andernfalls nicht ersichtlich, so dass diese sich als pure Schikane darstellt[778].

c) Gesellschaftsrechtsreform

Eine Änderung durch die Gesellschaftsrechtsreform hat sich insofern ergeben, als dass die durch diese eingeführte Fassung des *Codice civile* in Art. 2409-octies c.c. die Möglichkeit vorsieht, eine *S.p.A.* mit einem *consiglio di sorveglianza* zu gründen. Ist diese Möglichkeit gewählt worden, obliegt diesem die Genehmigung der Bilanz gemäß Art. 2409-terdecies cc. Die Genehmigung der Bilanz erfolgt also nicht mehr durch die Gesellschafter, so dass diese auch keine Blockademöglichkeit haben.

6. Erhöhung des Mindestkapitals durch Gesellschaftsrechtsreform

In Italien wurde durch die Gesellschaftsrechtsreform das Mindestkapital in Art. 2327 c.c. von bisher 100.000 € auf 120.000 € erhöht. Es stellt sich die Frage, ob dies eine Pflicht der

---

773 COLOMBO in: COLOMBO, PORTALE, 7*, S. 21, 434 f.;
774 NICCOLINI in: COLOMBO, PORTALE, 7***, S. 247, 282 ff.;
775 vgl. JAEGER, Interesse sociale, S. 189;
776 vgl. dazu COLOMBO in: COLOMBO, PORTALE, 7*, S. 21, 57 ff.;
777 GALGANO, CeI 1996, 1, 6 f.;
778 diesen *"mero spirito di chicane"* hat Trib. Milano, 7.5.1987, in: Giur.comm. 1987, II, 812 als Kriterium des Missbrauchs eines Minderheitsrechts (Einberufung der *assemblea* gemäß Art. 2367 I c.c.) aufgestellt;

Gesellschafter mit sich bringen kann, einer Kapitalerhöhung zuzustimmen, die das Grundkapital der Gesellschaft den neuen gesetzlichen Mindestanforderungen anpasst.

a) Relevanz bei nicht an der Börse notierten *S.p.A.*

Diese Situation kann allenfalls bei nicht an der Börse notierten *S.p.A.* auftreten. Um die Aktien an der Börse notieren zu lassen, schreibt Art. 4 der deliberazione CONSOB 23.12.1998, n. 11768[779] nämlich ein Mindestkapital von 5.000.000 € vor. Eine börsennotierte Gesellschaft wird daher nicht in die Verlegenheit kommen, dass ihr Grundkapital geringer als das durch die Gesellschaftsrechtsreform vorgeschriebene ist. Da Art. 2369 III c.c. nun aber auch bei der nicht an der Börse notierten Gesellschaft in der zweiten *convocazione* eine Zweidrittelmehrheit vorschreibt, kann es in diesem Zusammenhang sehr wohl zu Sperrminoritäten kommen.

b) Verfolgte Interessen

Es wurde aufgezeigt, dass die Stimme gegen eine Kapitalerhöhung durchaus die Verfolgung von *interessi uti socii* darstellt, droht doch bei Nichtgebrauchmachung vom Optionsrecht nach Art. 2441 I c.c. eine Verwässerung des eigenen Anteils. Fraglich ist, ob dies auch der Fall ist, wenn die Kapitalerhöhung gemäß Art. 2481-ter c.c. unter Umwandlung von Rücklagen erfolgt. In diesem Fall erfolgt eine Verwässerung gerade nicht, wie Art. 2481-ter II c.c. deutlich macht. Vor diesem Hintergrund ließe sich argumentieren, dass eine Blockade eines solchen Kapitalerhungsbeschlusses als missbräuchlich angesehen werden muss.

Diese Ansicht berücksichtigt aber nicht die Tatsache, dass eine Kapitalerhöhung Einfluss auf die Höhe der auschüttbaren Dividenden hat, vgl. Art. 2430 c.c. Der Aktionär muss daher befürchten, künftig evtl. weniger Dividende ausgeschüttet zu bekommen. Das Interesse an einer möglichst hohen Dividende ist aber gerade das zentrale dem Aktionär gerade in seiner Eigenschaft als Gesellschafter zustehende Interesse. In diesem Zusammenhang ist außerdem abermals darauf hinzuweisen, dass auch das Erstreben der Auflösung der Gesellschaft und die damit verbundene Verteilung der Liquidationsquote durchaus als ein *interesse uti socii* zu betrachten ist. Verfolgt der Gesellschafter ein solches kann seine Stimme aber nicht rechtsmissbräuchlich sein.

c) Ergebnis

Daraus folgt, dass die Blockade eines Kapitalerhöhungsbeschlusses zur Erreichung des neuen gesetzlichen Mindestkapitals nicht missbräuchlich sein kann, es sei denn es treten Indizien hinzu, die die Verfolgung eines *interesse extrasociale* deutlich machen, wie etwa wieder die Förderung eines Konkurrenzunternehmens.

7. Zustimmung zur Fortführung der Gesellschaft

Eine Besonderheit des italienischen Rechts enthielt Art. 2328 I S.2 Nr.11 c.c. i.V.m. Art. 2448 I Nr.1 c.c. a.F. Im Gegensatz zu allen anderen europäischen Staaten gab es in Italien nicht die Möglichkeit, eine *S.p.A.* auf unbestimmte Dauer zu gründen. Laut

---

[779] G.U. 23.12.1998, n. 303, S. 51 ff., geändert durch *deliberazione* CONSOB 20.4.2000, n. 12497 in: G.U. 2.5.2000, n. 100, S. 55 ff.;

Art. 2328 I S.2 Nr.11 c.c. a.F. musste die Satzung die Angabe enthalten, auf welche Dauer die Gesellschaft gegründet ist. Nach Ablauf dieser Zeit wurde die Gesellschaft gemäß Art. 2448 I Nr.1 c.c. a.F. aufgelöst[780]. Dabei waren sich die italienische Rspr. und Lit. einig, dass es aufgrund dieser klaren Vorgabe durch den Gesetzgeber unzulässig war, in der ursprünglichen Satzung festzulegen, dass die Gesellschaft über diesen Zeitpunkt hinaus automatisch verlängert wird[781].

Die Gesellschaftsrechtsreform schafft nun auch die Möglichkeit, eine *S.p.A.* auf unbestimmte Dauer zu gründen. Der bisherige Art. 2328 I S.2 Nr.11 c.c. a.F. wird durch Art. 2328 I S.2 Nr.13 c.c. ersetzt. Das folgende Problem stellt sich in Zukunft also nur noch bei *S.p.A.*, bei denen von der Möglichkeit, sie auf unbestimmte Dauer zu gründen, kein Gebrauch gemacht worden ist und so der Auflösungsgrund des Art. 2484 I Nr.1 besteht.

Das Fortbestehen der Gesellschaft über das Enddatum hinaus kann nämlich nur durch eine nachträgliche Änderung der Satzung verlängert werden, was gemäß Art. 2365 I c.c. einen Beschluss durch die *assemblea straordinaria* erforderlich macht[782] und somit wieder die Möglichkeit der Verhinderung durch eine Sperrminorität schafft.

Auch hier ist wieder zu untersuchen, ob das Blockieren eines solchen Beschlusses missbräuchlich sein kann.

a) *Interesse della società*

Auch bei dieser Fallgruppe ist das erwähnte Kriterium gegeben: eine entsprechende Änderung der Satzung ist für das Fortbestehen der Gesellschaft unverzichtbar. Auch lässt sich die Unverzichtbarkeit dieses Beschlusses ohne die Untersuchung seines Inhalts feststellen. Es genügt ein Blick in die Satzung der *S.p.A.* Und auch hier gilt natürlich, dass die Gesellschaft selbst kein abstraktes Interesse an ihrem Fortbestehen hat.

Denkbar wäre es aber auch hier, dass sich eine Verpflichtung zur Zustimmung zur Fortsetzung der Gesellschaft aus dem Verbot der Verfolgung von *interessi extrasociali* ergibt. Auf den ersten Blick kann das Ausüben einer Sperrminorität vor allem deswegen missbräuchlich erscheinen, weil es – im Gegensatz zum Fall des Absinkens des Gesellschaftskapitals unter das gesetzliche Mindestkapital – möglich ist, dass eine *S.p.A.* bei Ablauf der in der Satzung vorbestimmten Frist große Gewinne erwirtschaftet.

Gleichwohl gilt auch hier, dass selbst ohne Fristablauf ein Auflösungsbeschluss i.S.v. Art. 2484 I Nr.6 c.c. zunächst einmal keiner Rechtfertigung bedarf. Indem der Gesellschafter gegen die Fortführung der Gesellschaft stimmt, verfolgt er nämlich das legitime Interesse, über die Dauer seiner Investition bestimmen zu können. Der Wunsch, lieber sofort die Liquidationsquote zu erhalten, als später an den Dividendenausschüttungen zu partizipieren, kann daher nicht als ein *interesse extrasociale* angesehen werden. Dies muss um so mehr gelten, wenn ohnehin ein Auflösungsgrund gegeben ist, der lediglich durch den Beschluss ausgehebelt werden soll. Prinzipiell kann es der Minderheit also nicht verwehrt werden, gegen die Fortführung einer prosperierenden *S.p.A.* zu stimmen. Das heißt aber noch nicht, dass die Minderheit mittels ihrer Sperrminorität *interessi extrasociali* verfolgen darf.

---

[780] vgl. dazu PORTALE, Riv.dir.priv., II, 1997, 550 f.;

[781] BUONOCORE, Riv.dir.comm. 1958, II, 294, 304; FERRI, S. 958; NICCOLINI in: COLOMBO, PORTALE, 7***, S. 247, 252 f. Fn. 14; PORTALE, Riv.dir.priv., II, 1997, 550, 551; Trib. Sassari, 18.12.1956, in: Riv.dir.comm. 1958, II, 294; App. Torino, I, 10.2.1984, in: Giur.piemontese 1984, 410, 412;

[782] FERRI, S. 957;

b) Verstoß gegen Art. 2328 I S.2 Nr.11 c.c. i.V.m. Art. 2448 I Nr.1 c.c.?

Es stellt sich aber die Frage, ob ein Missbrauch der Sperrminorität im Fall der Abstimmung über die Verlängerung des Bestehens der *S.p.A.* über das nach Art. 2328 I S.2 Nr.11 c.c. in der Satzung bestimmte Ende hinaus überhaupt denkbar ist.

aa) Möglichkeit des Missbrauchs auch bei weiterem Auflösungsgrund i.S.v. Art. 2448 I c.c.

Auf den ersten Blick handelt es sich auch bei der Abstimmung über eine Verlängerung der Aktivität der *S.p.A.* um einen Beschluss der *assemblea*, bei dem nicht ersichtlich ist, warum er ausnahmsweise nicht den Regeln des *eccesso di potere* bzw. dem Prinzip von *buona fede e correttezza* unterliegen sollte.

Auch scheint zunächst unerheblich, dass der Auflösungsgrund bereits unabhängig von einer Abstimmung der *assemblea* gegeben ist, diese den Auflösungsgrund also nur zunichte machen soll. Der Fall ist, was das Merkmal eines neben der Abstimmung bestehenden Auflösungsgrundes betrifft, vergleichbar mit dem Sachverhalt der oben bereits mehrfach erwähnten Entscheidung des Kassationshofes[783], wo neben dem von der Mehrheit gefassten Beschluss der *assemblea* (Art. 2348 I Nr.5 c.c.) noch ein weiterer Auflösungsgrund (Art. 2348 I Nr.2 c.c.) gegeben war. Das Gericht hat in dieser Entscheidung zwar das Vorliegen eines *eccesso di potere* verneint, weil in Anbetracht des weiteren Auflösungsgrundes die Motive der Mehrheit keiner näheren Untersuchung unterzogen werden dürften. Gleichwohl wird dort angemerkt, ein *eccesso di potere* könne auch bei einem Auflösungsbeschluss vorliegen, wenn damit in rechtswidriger und betrügerischer Absicht Interessen verfolgt würden, die vom Gesellschaftsinteresse divergieren.

Daraus lässt sich folgern, dass die italienische Rspr. selbst bei Vorliegen eines vom Auflösungs- bzw. Nichtfortführungsbeschluss zu unterscheidenden Auflösungsgrundes grds. einen *eccesso di potere* bzw. Verstoß gegen das Prinzip von *buona fede e correttezza* für denkbar hält.

bb) Ausnahme: Art. 2328 I S.2 Nr.11 c.c. i.V.m. Art. 2448 I Nr.1 c.c.

Eine diesbezügliche Ausnahme stellt aber der Auflösungsgrund des Art. 2448 I Nr.1 c.c. dar. Der Gesetzgeber hat nämlich durch Art. 2328 I S.2 Nr.11 c.c. gerade die Möglichkeit der Gründung einer *S.p.A.* auf unbefristete Zeit ausgeschlossen. Wenn diese Frist abgelaufen ist, hat er die Auflösung einzig davon und eben gerade nicht von einem Mehrheitserfordernis abhängig gemacht.

Dabei besteht ein gravierender Unterschied zu dem zuvor erörterten Auflösungsgrund des Art. 2448 I Nr.4 c.c. In diesem reagiert die *assemblea* nämlich auf ein nachträglich eingetretenes Ereignis, indem sie entscheidet, ob trotz dieses Ereignisses der Gesellschaftszweck weiterverfolgt werden soll. Der Auflösungsgrund des Art. 2448 I Nr.1 c.c. ist hingegen von Anfang an Bestandteil der einstimmig zu beschließenden Satzung, die Verfolgung des Gesellschaftszwecks somit von vornherein auf eine bestimmte Zeit beschränkt. Die Gründungsgesellschafter haben also schon zu Beginn festgelegt, dass ab einem gewissen Zeitpunkt, der Gesellschaftszweck eben gerade nicht mehr verfolgt werden soll. Daher haben die Gesellschafter kein schützenswertes Interesse an einem Fortbestand der *S.p.A.* über das Enddatum hinaus, da sie von Anfang an entweder durch Gründung oder späteren Erwerb die

---

[783] Cass.civ., I, 29.5.1986 n. 3628, in: Società 1986, 1087, 1089;

Gesellschafterstellung nur zeitlich begrenzt erlangt haben. Auch wenn die Gründungsgesellschafter ohne gesetzlichen Zwang ein Enddatum für die Gesellschaft bestimmen, gilt das Gleiche. Es kann keinen Unterschied machen, ob die zeitliche Befristung aufgrund einer gesetzlichen Pflicht oder einer freien Wahlmöglichkeit erfolgte.

Ein Gesellschafter, der gegen die Fortführung der Gesellschaft stimmt, beeinträchtigt also kein legitimes Gesellschafterinteresse der Aktionäre, welche die Frist des Art. 2328 I S.2 Nr.11 c.c. verlängern wollen. Er darf damit im Fall des Art. 2448 I Nr.1 c.c. auch seine persönlichen mit der Gesellschaft nicht zusammenhängenden Interessen verfolgen, wie bspw. das der Förderung eines von ihm ebenfalls gehaltenen Konkurrenzunternehmens.

Man kann folglich bei der Verhinderung der Fortführung einer *S.p.A.* über das in der Satzung festgelegte Enddatum nur unter Ignorierung von Art. 2328 I S.2 Nr.11 c.c. i.V.m. Art. 2448 I Nr.1 c.c. vom rechtsmissbräuchlichen Ausüben einer Sperrminorität sprechen[784]. Das gilt selbst dann, wenn man diese Norm für rechtspolitisch verfehlt hält, da die Beurteilung dieser Frage nicht Aufgabe der Judikative sondern der Legislative ist.

c) Anwendungsvorrang des Europarechts?

Ein anderes Ergebnis ergibt sich auch nicht unter dem Aspekt des Anwendungsvorrangs des Europarechts. Art. 2 e) Rl. 77/91/EWG geht wie selbstverständlich von der Möglichkeit aus, eine Kapitalgesellschaft nur auf bestimmte Zeit gründen zu können. Eine Verpflichtung für die Mitgliedstaaten, die Gründung auch auf unbestimmte Zeit ermöglichen zu müssen, ist daher nicht ersichtlich.

III. Vergleich

1. Freiheit der Stimmrechtsausübung

Beide Rechtsordnungen gehen von der grundsätzlichen Freiheit der Stimmrechtsausübung aus.

a) Freiheit der Stimmrechtsausübung in Deutschland stärker betont

In Deutschland ist lediglich in § 243 II AktG eine Einschränkung der Ausübung des Stimmrechts dahin gehend enthalten, dass der Aktionär keine Sonderinteressen verfolgen darf. Die Zurückhaltung des deutschen Gesetzgebers hinsichtlich der Einschränkung des Stimmrechts zeigt sich aber schon daran, dass die Norm dem Aktionär nicht direkt eine derartige Stimmrechtsausübung verbietet, sondern lediglich die Rechtsfolge der Anfechtbarkeit daran knüpft[785], dies jedoch auch nur bei Vorsatz.

Auch Art. 2373 I c.c. regelt lediglich die Rechtsfolgenseite. Nur vor In-Kraft-Treten der Gesellschaftsrechtsreform verbat Art. 2373 I c.c. a.F. ausdrücklich eine Ausübung des Stimmrechts bei Vorliegen eines Konfliktes zwischen dem persönlichen Interesse und dem Interesse der AG. Ein solches ausdrückliches Stimmrechtsverbot enthält das deutsche Recht lediglich für ein konkretes Beispiel eines Interessenkonflikts, nämlich das Gebot des *nemo*

---

784 PORTALE, Riv.dir.priv., II, 1997, 550, 554 f.;
785 HÄSEMEYER, ZHR 160 (1996), 109, 117;

iudex in causa propria des § 136 I S.1 AktG, welcher als Äquivalent von Art. 2373 II S.1 c.c. angesehen werden kann[786].

Aber auch vor In-Kraft-Treten der Gesellschaftsrechtsreform trat dieser Unterschied so deutlich lediglich aus dem Wortlaut der jeweiligen Gesetzestexte hervor. Denn auch wenn der Gesetzgeber ursprünglich in allen Fällen des Art. 2373 I c.c. a.F. ein Stimmverbot vorsah[787], war nach herrschender Auffassung im Fall des Art. 2373 I c.c. ein solches nur unter den zusätzlichen Voraussetzungen des Abs. 2 gegeben[788].

b) In Italien Einschränkung wegen vertikaler Rücksichtnahmepflicht möglich

Deutlich wird jedenfalls, dass nach italienischer Gesetzeslage eine Stimmabgabe gegen die Interessen der Gesellschaft einen Anfechtungsgrund darstellt, wohingegen im deutschen Aktienrecht durch die Stimmabgabe eine vertikale Treupflichtverletzung gegenüber der Gesellschaft zwar möglich ist, diese aber im Rahmen der AG noch keine hinreichende Legitimierung für eine gerichtliche Überprüfung darstellt, da der Aktionär eben prinzipiell auch gegen die Interessen der Gesellschaft stimmen kann. Von der konzeptionellen Idee des Gesetzgebers her hat in Deutschland die Freiheit des Stimmrechts damit ein noch höheres Gewicht, als dies in Italien der Fall ist.

c) Keine direkte Anwendbarkeit von § 243 II AktG und Art. 2373 c.c.

Bei einer die Gesellschafterinteressen von Mitaktionären beeinträchtigenden Beschlussfassung ist regelmäßig zwar weder § 243 II AktG noch Art. 2373 c.c. direkt anwendbar, in beiden Fällen bestimmt jedoch das dahinter stehende Grundprinzip die Grenzen der freien Stimmrechtsausübung. Während das deutsche Aktienrecht die Verfolgung eines Sondervorteils verbietet, sieht die italienische Rechtsordnung die Grenze der Ausübung eines Gesellschafterrechts in dem Moment erreicht, wo sich der Aktionär dadurch in Konflikt mit dem Gesellschaftsinteresse befindet. Die italienische Norm knüpft also am vertikalen Verhältnis *azionista – s.p.a.* an, wohingegen der deutsche Paragraph das horizontale Verhältnis des Aktionärs zu seinen Mitaktionären betrifft. Verboten ist das Erstreben eines Sondervorteils gegenüber den Mitgesellschaftern.

Dabei darf der unterschiedliche Wortlaut aber nicht darüber hinwegtäuschen, dass im Endeffekt das Gleiche gemeint ist. Der Sondervorteil muss nämlich *„zum Schaden der Gesellschaft oder der anderen Aktionär"* verfolgt werden. Zwischen einem Sondervorteil, also einem nicht jedem Aktionär zustehenden Vorteil zum Schaden der Gesellschaft und einem *"interesse in conflitto con quello della società"* besteht somit kein wirklicher Unterschied. Bei Verfolgung eines Sondervorteils zum Schaden der Gesellschaft liegt vielmehr auch ein Interessenkonflikt mit dieser vor. Zwar wird – zumindest nach Meinung der Rspr. – von Art. 2373 c.c. weder ein Interessenkonflikt mit den anderen Aktionären, noch ein lediglich bei diesen eintretender Schaden abgedeckt, das dahinter stehende Prinzip umfasst aber sehr wohl auch den horizontalen Konflikt[789].

---

[786] vgl. MENGONI, Riv.soc. 1956, 434, 452;
[787] ENRIQUES, Giur.comm. 1994, II, 125, 130;
[788] vgl. zum Zusammenhang von Art. 2373 Abs.1 und Abs.2 a.F. unten § 3.D.II.1, S. 178 ff.;
[789] CASSOTTANA, S. 95 f.; vgl. auch GALGANO in: CICU, MESSINEO, III, 1, S. 454 f.;

2. Kriterien für missbräuchliche Stimmrechtsausübung

Hinsichtlich der Frage, wann ein solch horizontaler Konflikt vorliegt und daher die Ausübung des Stimmrechts als missbräuchlich anzusehen ist, besteht der eigentliche, sich auch in der Praxis stark auswirkende Unterschied zwischen den beiden Rechtsordnungen.

a) Treupflicht und Verbot, interessi extrasociali zu verfolgen

Der Ansatzpunkt ist dabei noch relativ ähnlich:

Das deutsche Aktienrecht wendet als Grenze des grds. freien Stimmrechts die gesellschaftsrechtliche Treupflicht an, aufgrund derer der Aktionär nicht die mitgliedschaftlichen Interessen der Mitgesellschafter beeinträchtigen darf, wenn dies nicht durch die Förderung des Gesellschaftsinteresses gerechtfertigt ist.

In Italien verwehrt das *principio di buona fede e correttezza* dem Aktionär einer *S.p.A.*, die legitimen Gesellschafterinteressen zu beeinträchtigen, solange er dabei nicht selbst ihm in seiner Eigenschaft als Gesellschafter zustehende Interessen verfolgt. Aus diesen kollektiven *interessi uti socii* setzt sich nämlich das *interesse della società* zusammen, welches einen solchen Eingriff rechtfertigt.

b) Abwägung der involvierten Interessen

Völlig unterschiedlich wird der nächste Schritt gehandhabt, nämlich die Gegenüberstellung der verschiedenen involvierten Interessen.

In Italien wird dabei lediglich zwischen *interessi uti socii* und *interessi extrasociali* unterschieden. Ein Missbrauch des Stimmrechts liegt danach dann vor, wenn damit vom Aktionär ein *interesse extrasociale* verfolgt wird und ein entsprechender Beschluss die *interessi uti socii* eines oder mehrer Mitgesellschafter beeinträchtigt. In dem Moment aber, da der Aktionär mit seiner Stimme bei aller Beeinträchtigung der Gesellschafterinteressen der Mitaktionäre auch ein eigenes geschütztes Gesellschafterinteresse verfolgt, ist kein Raum mehr für einen Missbrauch. Eine Untersuchung der Auswirkung auf die Gesellschafterrechte der Mitgesellschafter erübrigt sich dann. Eine Abwägung dieser Interessen ist den italienischen Gerichten gerade verwehrt[790].

Auch in Deutschland liegt natürlich ein Missbrauch des Stimmrechts vor, wenn ein Aktionär zur Verfolgung seiner privaten Sonderinteressen die Mitgliedschaftsrechte seiner Mitaktionäre beeinträchtigt. Der Eingriff in die Gesellschafterrechte der übrigen Aktionäre ist dann nämlich gerade nicht durch das Gesellschaftsinteresse gerechtfertigt. Stellt das deutsche Gericht hingegen fest, dass der Aktionär zwar mitgliedschaftliche Interessen seiner Mitgesellschafter beeinträchtigt, dabei aber eigene schutzwürdige Gesellschafterinteressen verfolgt, hat dies noch nicht automatisch das Nichtvorliegen eines Missbrauchs zur Konsequenz. Vielmehr muss das Gericht zunächst die verschiedenen involvierten Interessen im Rahmen einer Verhältnismäßigkeitsprüfung gegeneinander abwägen. Wesentlicher Schritt hierbei ist die Frage, ob der Gesellschafter sein Interesse nicht auch mittels eines Beschlusses verfolgen kann, welcher in die Rechte der dissentierenden Gesellschafter in geringerem Maße eingreift. Die deutschen Gerichte setzen sich also sehr genau mit dem Beschlussinhalt und den sich daraus ergebenden Konsequenzen für die Interessen der einzelnen Gesellschafter auseinander.

---

[790] PREITE in: COLOMBO, PORTALE, 3**, S. 3, 47 und 52;

Just dieser letzte Schrift ist dem italienischen Gericht verwehrt, da dies eine Inhaltskontrolle darstellen würde. Eine Aussage darüber, ob ein anderer Beschluss wirtschaftlich genauso sinnvoll wäre, dabei aber weniger in die Rechte der Mitgesellschafter eingreifen würde, darf das Gericht in Italien nicht treffen. Genauso wenig darf es eine Aussage darüber treffen, welche der verschiedenen involvierten legitimen Gesellschafterinteressen im konkreten Fall höher zu bewerten sind. Dies soll nämlich nicht qualitativ beurteilt werden, sondern rein quantitativ nach der die Mehrheit bildenden Stimmzahl. Selbst wenn das durch die Stimme beeinflusste Beschlussergebnis stark in die Rechte der anders abstimmenden Aktionäre eingreift, ist dies nach Auffassung der italienischen Gerichte legitim, da die *assemblea* gerade die Aufgabe hat, aus den widerstreitenden Egoismen eine „Marschrichtung" herauszukristallisieren. So lange es sich um einen Egoismus bzgl. eines sich aus der Gesellschafterstellung ergebenden Rechts handelt, sehen die italienischen Gerichte keine Veranlassung, dieses Beschlussergebnis zu korrigieren.

Auch in Deutschland wird zwar sporadisch von der Lit. erwähnt, dass das Gericht einen Beschluss nicht auf seine unternehmenspolitische Zweckmäßigkeit untersuchen und seine eigene diesbezügliche Meinung an die Stelle der Meinung der Hauptversammlung setzen darf. Die Rspr. nimmt sich aber bei Beeinträchtigung der mitgliedschaftlichen Interessen der Mitaktionäre das Recht heraus, einen Beschluss sehr genau in Bezug auf die damit verfolgten und die damit beeinträchtigten Interessen zu untersuchen. Insbesondere die Beurteilung der Frage, ob durch eine andere, weniger stark in die Mitgliedschaftsrechte der Mitaktionäre eingreifende Maßnahme das Gesellschaftsinteresse genauso hätte gefördert werden können, stellt einen starken Eingriff in die Privatautonomie der Aktionäre dar. Noch nicht einmal die von der Lit. bei dieser Untersuchung geforderte Beschränkung auf eine *ex-ante*-Sicht tritt in der Rspr. klar hervor. Obwohl also von der gesetzgeberischen Grundkonzeption die Freiheit des Stimmrechts in Italien aufgrund des Wortlauts des Art. 2373 I c.c. a.F. weniger hoch angesetzt zu sein schien, zeigt sich bei näherer Betrachtung, dass aufgrund des dort herrschenden Verbotes, *interessi uti socii* untereinander abzuwägen eine Kontrolle von die Interessen der Mitaktionäre beeinträchtigenden Beschlüssen nur sehr viel zurückhaltender erfolgt.

Zusammenfassend stellt sich der Unterschied in den beiden Rechtsordnungen folgendermaßen dar: In Italien darf ein Aktionär nicht *interessi extrasociali* auf Kosten von *interessi uti socii* seiner Mitaktionäre verfolgen. Dies gilt auch in Deutschland. Nur darf dort der Aktionär nicht nur keine Sonderinteressen auf Kosten der Mitgliedschaftsrechte der Mitaktionäre verfolgen. Es ist ihm darüber hinaus auch verwehrt, ihm in seiner Eigenschaft als Gesellschafter zustehende Interessen zu verfolgen, wenn diese außer Verhältnis zu den durch den Beschluss beeinträchtigten Mitgliedschaftsrechten seiner Mitaktionäre stehen.

c) Subjektiver Tatbestand

Interessant in diesem Zusammenhang ist auch ein kurzer vergleichender Hinweis auf den subjektiven Tatbestand. Eine Treupflichtverletzung fordert nicht das Vorliegen eines subjektiven Tatbestandes. Entscheidend ist, dass der Aktionär die Rücksichtnahmepflicht gegenüber den Gesellschaftern objektiv verletzt hat. Dies gilt in Italien nur dann, wenn man den Mangel eines Beschlusses der *assemblea* als einen Verstoß gegen das *principio di buona fede e correttezza* wertet. Stützt man einen Mangel jedoch auf die Figur des *eccesso di potere*, muss die *unica finalità fraudolenta*, also ein subjektiver Tatbestand vorliegen. Dieser dogmatische Unterschied wirkt sich jedoch in der Praxis kaum aus, da die italienischen Gericht ohnehin von objektiven Tatsachen auf das Vorliegen der subjektiven Voraussetzungen schließen, darüber also nicht eigens Beweis erheben.

3. Aktive Förderpflicht

Vom Ergebnis her herrscht in beiden Ländern Einigkeit, dass eine aktive Förderpflicht den Aktionär nicht treffen soll. Dabei ist dieses Prinzip aber in Deutschland sehr viel ausgeprägter und als absolut sakrosankt zu betrachten. Dies ergibt sich daraus, dass Deutschland das Recht der AG in einem eigenständigen Gesetz kodifiziert hat, wohingegen in Italien die *S.p.A.* im *Codice civile* in das Gesellschaftsrecht eingebettet ist. Anwendung findet somit auch auf die *S.p.A.* Art. 2247 c.c., dessen Wortlaut *"per l'esercizio in comune di un'attività economica"* auf eine aktive Beteiligung hindeutet.

Im Rahmen der Untersuchung von missbräuchlichen Sperrminoritäten kommt diesem Punkt deshalb entscheidende Bedeutung zu, weil in Italien bereits durch bloße Enthaltung der in der *assemblea* anwesenden Minderheitsaktionäre das Zustandekommen eines positiven Beschlusses verhindert werden kann. Zur Verhinderung einer Blockade muss man diesen folglich eine positive Stimmpflicht auferlegen. Um das Nichtabgeben einer Jastimme als missbräuchlich deklarieren zu können, ist daher die Anerkennung – wenn auch in engen Grenzen – einer positiven Förderpflicht dogmatische Voraussetzung. In Deutschland lässt sich hingegen das Nichtvorhandensein einer positiven Förderpflicht auch in diesem Zusammenhang aufrecht erhalten, da durch bloße Enthaltung alleine ein Beschluss nicht verhindert werden kann und man so vom Aktionär zur Verhinderung einer Blockade lediglich das Unterlassen der positiven Stimmabgabe fordern muss.

4. Kriterien für missbräuchliche Sperrminorität

Aufgrund des Falls „Girmes" haben die Kriterien einer missbräuchlichen Sperrminorität in Deutschland eingehende Untersuchung durch Rspr. und Lit. erfahren, wohingegen die italienischen Gerichte bisher noch keinen entsprechenden Fall zu entscheiden hatten, so dass dort noch keine eingehende Befassung mit dem Thema stattgefunden hat.

a) Unverzichtbarkeit für das Fortbestehen der Gesellschaft

Allerdings sehen beide Rechtsordnungen das Ausüben einer Sperrminorität nur dann als evtl. missbräuchlich an, wenn der zu fassende Beschluss für das Fortbestehen der Gesellschaft unverzichtbar ist. Nur wenn also ohne die Annahme des zu fassenden Beschlusses die Gesellschaft ihren Zweck nicht mehr erfüllen kann und daher ihre Auflösung bevorstünde, kann vom Aktionär verlangt werden, das Zustandekommen dieses Beschlusses nicht zu verhindern. Dabei haben beide Rechtsordnungen gemein, dass sich eine Zustimmungspflicht nicht aus einer vertikalen Treu- bzw. Rücksichtnahmepflicht gegenüber der Gesellschaft ergeben kann, da diese kein Interesse am eigenen Fortbestehen innehat. Eine Zustimmungspflicht kann sich nur aus einer horizontalen Rücksichtnahmepflicht gegenüber den Mitaktionären ergeben. Nur deren mehrheitliches Interesse, die Gesellschaft fortführen zu wollen, kann dieser zugerechnet werden. Es handelt sich dabei nämlich um das schützenswerte Gesellschafterinteresse, über die Dauer der Investition der eigenen Mittel in die Gesellschaft entscheiden zu können.

b) Zumutbarkeit

Der bei den Kriterien für die missbräuchliche Stimmrechtsausübung geschilderte Unterschied hinsichtlich der Bewertung der involvierten Interessen wirkt sich auch stark bei der Bestimmung der Missbräuchlichkeit einer Sperrminorität aus. Während in Deutschland auch hier eine Abwägung der verschiedenen Interessen stattfindet, beschränken sich Rspr. und Lehre in Italien darauf, diese unter das Begriffspaar *interesse uti socii* und *interesse extrasociale* zu subsumieren. Letzteres darf dann mit der Beschlussblockade nicht verfolgt werden, wenn dabei ersteres der Mitgesellschafter beeinträchtigt wird. In dem Moment aber, da der Gesellschafter mit seiner Neinstimme ein schützenswertes Gesellschafterinteresse verfolgt, ist es unerheblich, wie stark in die Rechte der Mitgesellschafter eingegriffen wird. Die Anfechtungsklage stellt gerade kein Instrument zur Beurteilung der Frage dar, welches dieser *interessi uti socii* höher zu gewichten ist.

c) Auswirkung auf Sanierungsfälle

Sehr deutlich wird die praktische Auswirkung dieser unterschiedlichen gerichtlichen Prüfungskompetenz bei der Zustimmung zur Kapitalerhöhung im Rahmen eines Sanierungsplanes.

In Italien ist ein gegen eine Sanierungsmaßnahme gerichtetes Stimmverhalten bereits dann nicht mehr missbräuchlich, wenn der Aktionär damit ein eigenes schützenswertes Gesellschafterinteresse verfolgt. Dabei wird die Freiheit der unternehmerischen Entscheidung so hoch gehalten, dass nur die unmittelbaren Auswirkungen des Beschlusses in die Beurteilung der Frage einfließt, ob die schützenswerten Interessen des dissentierenden Aktionärs beeinträchtigt werden. Sich mittelbar und langfristig auswirkende Folgen des Beschlusses bleiben außer Betracht.

Ganz anders in Deutschland. Bzgl. der Frage der Beeinträchtigung der Interessen des dissentierenden Aktionärs und damit der Zumutbarkeit der Zustimmung wird eine langfristige Betrachtung angestellt. Der Sanierungsplan kann vom Gericht daraufhin untersucht werden, ob seine Durchführung wirklich das Überleben der Gesellschaft zu sichern geeignet ist und ob sich aller Voraussicht nach aus einer solchen geglückten Sanierung insgesamt Vorteile für die Gesellschafterstellung des dissentierenden Aktionärs ergeben werden. Erst wenn eine solche Gesamtbetrachtung ergibt, dass dem Gesellschafter aus dem Beschluss langfristig keine Nachteile entstehen bzw. nur solche entstehen, die gegenüber dem Interesse der Mehrheit an der Fortführung der Gesellschaft zurückstehen müssen, liegt eine missbräuchliche Blockade eines Beschlusses vor.

d) Girmes nach italienischem Recht

Hätte sich der Girmes-Fall in Italien abgespielt, hätten die italienischen Gerichte also nicht die Erfolgsaussichten der Sanierung in ihre Überlegung mit einbezogen, da dies ja einen Eingriff in die unternehmerische Entscheidungsfreiheit darstellt. Schon gar nicht hätten sie sich die Frage nach einer schonenderen Sanierungsmaßnahme gestellt. Zu beachten ist aber, dass im Girmes Fall die Minderheitsaktionäre ihre Zustimmung nicht der Schaffung von genehmigtem Kapital, sondern der Kapitalherabsetzung verweigerten. Da letztere im konkreten Fall keinen Eingriff in die Mitgliedschaftsrechte darstellte und so die Verhinderung dieses Beschlusses keine schützenswerten Gesellschafterinteressen verfolgte, wäre wohl auch das italienische Gericht von der Missbräuchlichkeit der Sperrminorität ausgegangen. Dies natürlich nur, wenn man die Kapitalherabsetzung als für das Überleben der Gesellschaft als notwendig betrachtet.

5. Genehmigung der Jahresbilanz und Zustimmung zur Fortführung der Gesellschaft

Im Gegensatz zu Italien spielen in Deutschland Sperrminoritäten im Zusammenhang mit der Genehmigung der Jahresbilanz und der Zustimmung zur Fortführung der Gesellschaft über die ursprünglich festgesetzte Dauer hinaus keine Rolle. Dies liegt vor allem daran, dass in Deutschland zunächst der Aufsichtsrat den Jahresabschluss feststellt, § 172 AktG.

6. Beweislast

Unterschiede ergeben sich auch in Bezug auf die Beweislast. In Italien obliegt diese stets dem anfechtenden Aktionär. Dieser muss jede einzelne Tatbestandsvoraussetzung darlegen und beweisen[791].

In Deutschland erfolgt hier eine etwas differenziertere, wenn auch nicht ganz einheitliche Betrachtung. Greift ein Beschluss in die Mitgliedschaftsrechte der Mitaktionäre ein, obliegt der Gesellschaft die Beweislast für die Rechtmäßigkeit eines Beschlusses. Allerdings kann dies nur bei einer missbräuchlichen Mehrheitsentscheidung gelten. Der Missbrauch durch eine Sperrminorität hingegen muss genauso wie in Italien vom Anfechtungs- bzw. Schadensersatzkläger dargelegt und bewiesen werden.

Gleichwohl dürfte in Italien der Nachweis der Missbräuchlichkeit schwieriger sein, da nachgewiesen werden muss, dass der Aktionär mit seiner Stimmrechtsausübung noch nicht einmal das unbedeutendste Gesellschafterinteresse verfolgt.

IV. Stellungnahme

1. Aktive Förderpflicht

Auch wenn in Italien das Prinzip der Abwesenheit einer aktiven Förderpflicht nicht so sakrosankt wie in Deutschland ist, gilt es nach den angestellten Erörterungen dort im Grundsatz ebenfalls. Damit ist aber schlecht die Tatsache vereinbar, dass es bereits durch Enthaltung möglich ist, einen Beschluss zu verhindern, der für die Gesellschaft überlebensnotwendig ist. Den Aktionär dennoch zu einer positiven Stimmabgabe zu verpflichten, erfordert einen dogmatischen Klimmzug, indem man nicht auf das aktive Tun/Unterlassen abstellt, sondern auf die Einschränkung der Freiheit, einen Beschluss blockieren zu dürfen.

Zu beachten ist, dass durch die Gesellschaftsrechtsreform in Bezug auf die unfreiwilligen Enthaltungen eine Änderung erfolgt ist. Art. 2368 III S.2 c.c. stellt klar, dass diese nicht zur Berechnungsgrundlage des *quorum deliberativo* hinzugezählt werden. Zwar gilt dies nicht auch für freiwillige Enthaltungen. Dies ist aber eigentlich auch insofern nicht notwendig, als dass jede Enthaltung als unfreiwillig angesehen werden kann, die nach den erörterten Kriterien als missbräuchlich anzusehen ist, weil sie einen notwendigen Beschluss verhindert.

In der Praxis wirft dies aber Probleme auf, weil der *presidente dell'assemblea* regelmäßig mit der spontanen Beantwortung der Frage überfordert sein wird, ob eine Zustimmungspflicht im konkreten Fall vorliegt oder nicht[792]. Die unterschiedliche Behandlung der *astensione obbligatoria* und *astensione volontaria* muss daher als wenig geglückt gelten.

a) Gesetzesänderung in Italien

Vor diesem Hintergrund wäre eine Gesetzesänderung im italienischen Recht dahin gehend wünschenswert, dass Enthaltungen unabhängig davon, ob sie freiwillig oder unfreiwillig erfolgen, nicht in die Berechnungsgrundlage des *quorum deliberativo* einfließen. Auf diese

---

[791] Unterschiede ergeben sich nur bei der Anfechtung eines Bezugsrechtsausschlusses i.S.v. Art. 2441 V c.c., wo die Gesellschaft die Rechtfertigung durch das *interesse della società* zumindest darlegen muss, vgl. Trib. Milano, 9.6.1994, in: Società 1995, 216, 218; Trib. Firenze, 29.4.1953, in: Riv.dir.comm., 1953, II, 396, 402;

[792] vgl. näher unten § 3.D.II.1, S. 178 ff.;

Art müsste man in Italien wie in Deutschland den Aktionär nur zu einer Enthaltung, nicht aber zu einer Zustimmung verpflichten.

b) Gesetzesänderung in Deutschland

Auch in Deutschland wäre eine klarstellende Änderung des Wortlauts erstrebenswert. Aus der Formulierung *„des bei der Beschlussfassung vertretenen Grundkapitals“* lässt sich nämlich die von Lit. und Rspr. anerkannte Beschränkung auf die tatsächlich abgegebenen Stimmen nicht zwangsläufig entnehmen.

2. Ausgleich der verschiedenen Interessen

Sowohl der in Deutschland praktizierte Weg, die verschiedenen Gesellschafterrechte gegeneinander im Rahmen einer Verhältnismäßigkeitsprüfung abzuwägen, als auch die in Italien herrschende Ansicht, nur zwischen *interessi uti socii* und *interessi extrasociali* zu unterscheiden, haben gewichtige Argumente auf ihrer Seite.

Die italienische Ansicht wird in erster Linie mit dem Argument hintermauert, das Gericht dürfe nicht seine Ansicht an die Stelle des Entscheidungsfindungsprozesses der *assemblea* setzen. Dieser Auffassung ist insofern Recht zu geben, als Sanierungsmaßnahmen eine unternehmerische Entscheidung beinhalten, die sich prinzipiell gerichtlicher Überprüfung entziehen muss. Insbesondere bei komplexeren, langfristig angelegten Sanierungsmaßnahmen wird dazu dem Gericht regelmäßig auch der notwendige Sachverstand fehlen.

Für die in Deutschland praktizierte Abwägung spricht aber die differenziertere Betrachtung der mannigfaltigen innerhalb einer AG vorhandenen Interessen. Lediglich nach legitimen Gesellschafter- und illegitimen Privatinteressen zu unterscheiden, stellt eine extreme Vereinfachung des komplexen Interessengeflechts dar. Dies hat nämlich zur Folge, dass es bei entgegenstehenden Gesellschafterinteressen lediglich auf die Zahl der Aktionäre ankommt, die das jeweilige Interesse mit ihrer Stimme verfolgen, ohne dass in irgendeiner Weise die Frage Berücksichtigung fände, wie gewichtig das Gesellschafterinteresse des anders abstimmenden Aktionärs anzusetzen ist und wie stark der Beschluss dieses Gesellschafterrecht beeinträchtigt. Ein die unterschiedliche Gewichtung der Gesellschafterinteressen berücksichtigender Ausgleich der verschiedenen widerstreitenden Interessen kann durch eine Abwägung im Rahmen einer Verhältnismäßigkeitsprüfung erfolgen.

Eine Entscheidung bzgl. der Frage, welcher der beiden Ansichten man den Vorzug gibt, muss sich also danach richten, ob man der Entscheidungsautonomie der Hauptversammlung/ *assemblea* den Vorzug einräumen und damit eine gerichtliche Kontrolle nur sehr restriktiv zulassen will, oder ob man dem einzelnen Aktionär effektiven Schutz vor Beschlüssen einräumen will, die entgegen der von ihm abgegebenen Stimme mehr als notwendig in seine Gesellschafterrechte eingreifen.

Von der deutschen Vorliebe für die Verhältnismäßigkeitsprüfung ausgehend ist man geneigt, der durch eine Abwägung zustande kommenden differenzierteren Betrachtungsweise der deutschen Gerichte den Vorzug zu geben, statt sich auf die bloß zweidimensionale Betrachtungsweise der italienischen Gerichte zu beschränken. Allerdings wiegt gerade das in Italien vorgebrachte Argument schwer, den Gerichten würde es regelmäßig am wirtschaftlichen Wissen fehlen, um den Sachverhalt ausreichend beurteilen zu können.

Dies zeigt besonders deutlich das Girmes-Urteil, wo von den Gerichten – wie auch von den übrigen diese Entscheidung kommentierenden Juristen – überhaupt nicht die völlige Irrelevanz der Kapitalherabsetzung bemerkt wurde[793]. Zwar hatte das Gläubigerkonsortium einen Forderungsverzicht von dieser abhängig gemacht, allerdings aus wirtschaftlich nicht nachvollziehbaren Gründen. Die Eröffnung des Vergleichsverfahrens konnte somit kaum dem seine Sperrminorität ausübenden Aktionär angelastet werden. Vor diesem Hintergrund scheint es nur wenig zweckmäßig, dem Gericht eine diesbezügliche Entscheidungskompetenz zuzugestehen. Dies muss selbst dann gelten, wenn das Gericht seine Untersuchungskompetenz auf eine *ex-ante*-Sicht und auf eine Überprüfung auf Widersprüche mit wirtschaftlichen Erfahrungssätzen beschränkt. Eine Prognoseentscheidung nachträglich auf ihre Vertretbarkeit zu überprüfen, ist zwangsläufig mit erheblicher Rechtsunsicherheit verbunden.

Die italienische Ansicht, nur danach zu unterscheiden, ob mit der Stimmrechtsausübung *interessi uti socii* oder *interessi extrasociali* verfolgt werden, scheint daher vorzugswürdig, berücksichtigt sie doch in stärkerem Maße die Privatautonomie der Gesellschafter und der Gesellschaft. Dafür spricht auch die Förderung des anzustrebenden „schlanken Staates". Die Gerichte sollen gerade nicht zu einer Überprüfung der Privatautonomie herhalten müssen, sondern ihre Funktion auf die Verhinderung konkreter Rechtsbeeinträchtigung beschränken. Vor diesem Hintergrund scheint es auch nicht angebracht, in Italien bzgl. der Missbräuchlichkeit der Stimmrechtsausübung eine Beweislasterleichterung einzuführen. Dies würde die Privatautonomie nämlich wieder einschränken.

Auch in Deutschland wäre daher eine restriktivere Handhabung der Beschlusskontrolle durch die Gerichte wünschenswert. Insbesondere die Beurteilung der Frage, ob nicht der gleiche wirtschaftliche Erfolg durch eine andere weniger in die Rechte der dissentierenden Gesellschafter eingreifenden Maßnahme erreicht werden kann, stellt eine Einschränkung der wirtschaftlichen Entscheidungsautonomie der Aktionäre dar. So könnte auch der Widerspruch vermieden werden, dass gemäß der deutschen gesetzlichen Regelung die Freiheit des Stimmrechts zwar höher hängt[794], *de facto* aber eine Einschränkung dieser Freiheit leichter als in Italien erfolgen kann[795].

D. Sanktionen

Oben wurde dargestellt, dass bzgl. der dogmatischen Grundlage kein entscheidender Unterschied zwischen dem Missbrauch der Mehrheitsmacht und dem Missbrauch der Minderheitsmacht besteht, beides vielmehr nach den gleichen Regeln zu behandeln ist[796]. Diese Aussage kann aber keine uneingeschränkte Geltung bzgl. der Rechtsfolgen einer missbräuchlichen Blockade durch die Minderheit in der Hauptversammlung beanspruchen. Anders als bei einem missbräuchlichen Stimmverhalten durch die Mehrheit, kommt nämlich kein positiver Beschluss zustande, ein solcher wird vielmehr verhindert.

Wie sich dies auf die Rechtsfolgen in den beiden Ländern auswirkt, soll Gegenstand der nun folgenden Untersuchung sein.

---

[793] in diesem Zusammenhang sehr instruktiv WENGER, ZIP 1993, 321, 322 ff. insbesondere S. 325; a.A. LUTTER, JZ 1995, 1053, 1055;

[794] siehe oben § 3.C.III.1.b), S. 152;

[795] § 3.C.III.2.b), S. 153;

[796] vgl. § 2.A.II.2, S. 44 ff. bzw. § 2.B.II.2, S. 79 ff.;

I. Deutschland

In Deutschland gilt es hinsichtlich der Rechtsfolgen einer treuwidrig ausgeübten Sperrminorität, zunächst § 243 AktG einer genaueren Untersuchung zu unterziehen. Bei der Untersuchung einer möglichen Schadensersatzpflicht wird das Augenmerk hingegen in erster Linie auf § 117 VII Nr.1 AktG zu richten sein. Besonderes Interesse wird dabei der Frage gelten, in welchem Verhältnis Anfechtung und Schadensersatz zueinander stehen.

1. Übergehen der treupflichtwidrigen Neinstimmen

Als Rechtsfolge der Ausübung einer rechtsmissbräuchlichen Sperrminorität wird von einigen Autoren die Nichtigkeit der einzelnen treuwidrigen Stimmen angenommen. Dem Hauptversammlungsvorsitzenden soll daher die Macht zukommen, bei der Feststellung über die Beschlussfassung i.S.v. § 130 II AktG[797] die treupflichtwidrig abgegebenen Neinstimmen schlichtweg nicht mitzuzählen[798], was den meist in der Praxis beschrittenen Weg darstellt[799]. Zu beachten ist in diesem Zusammenhang, dass diese Stimmen weder zu den Neinstimmen gerechnet, noch als bei der Beschlussfassung vertretenes Grundkapital angesehen werden dürfen. Rechnet man die Neinstimmen nämlich zur Bezugsgröße hinzu, erhält ein Beschluss nämlich u.U. nicht die bspw. nach § 222 I S.1 AktG erforderliche Kapitalmehrheit[800].

Das Problem daran, die Entscheidung über die treupflichtkonforme bzw. treupflichtwidrige Stimmrechtsausübung in die Hände des Vorsitzenden der Hauptversammlung zu legen, dürfte in erster Linie darin bestehen, dass dieser sich bei der Bevorzugung der einen Gruppe sofort dem Verdacht der Parteilichkeit ausgesetzt sehen wird[801]. Aber davon ganz abgesehen, stellt es auch einen vollkommen überparteilichen Vorsitzenden vor erhebliche Schwierigkeiten, *ad hoc* die genaue Grenzziehung zwischen legitimer und treuwidriger Stimmrechtsausübung vorzunehmen. Im Gegensatz zu den eindeutigen und daher leicht zu erkennenden gesetzlichen Stimmverboten des § 136 I AktG, ist die treupflichtwidrige Stimmrechtsausübung nicht auf den ersten Blick, sondern erst nach genauer Abwägung als solche zu erkennen. Während bei Einschlägigkeit des § 136 I AktG der Aktionär nämlich gar nicht mitstimmen darf, kann er dies bei der Treupflicht unterliegenden Beschlüssen sehr wohl tun, aber eben nur in eine bestimmte Richtung.

In den Zuständigkeitsbereich des Hauptversammlungsleiters fällt daher nur die Feststellung eines generellen Stimmverbotes, sonst wird er sich auf das Zählen der Stimmen beschränken müssen. Eine Überprüfung jeder einzelnen Stimme auf ihre Treuwidrigkeit würde überdies den zeitlichen Rahmen jeder Hauptversammlung sprengen. Sähe man dies anders, würde man dem Ausnahmecharakter der Treupflichtverletzung nicht gerecht werden. Eine Ausnahme wäre allenfalls bei solchen Stimmen denkbar, die den Makel der Treuwidrigkeit auf der Stirne tragen, wobei sich selbst bzgl. dieses Kriteriums größere Abgrenzungsprobleme ergeben können.

---

[797] vgl. dazu HÜFFER, AktG, § 130 Rn. 22;

[798] HÜFFER, AktG, § 130 Rn. 22; WIEDEMANN in: Großkommentar AktG, § 179 Rn. 157; SCHMIDT, GesR, § 21 II 3 c), S. 616;

[799] SCHMIDT, ZIP 1980, 328, 336 Fn. 106;

[800] HÜFFER, AktG, § 179 Rn. 31; ZÖLLNER in: KöKo, AktG, § 179 Rn. 213; BUNGEROTH/HEFERMEHL in: GEßLER, HEFERMEHL, ECKARD, KROPFF, AktG, § 179 Rn. 198; allgemein auch ZÖLLNER, Schranken mitgliedschaftlicher Stimmrechtsmacht, S. 359;

[801] STEINER, § 6 Rn.8, S. 54;

Über diese praktischen Schwierigkeiten hinaus bestehen aber auch Bedenken in Bezug auf die Vereinbarkeit dieser Lösung mit dem geltenden Aktienrecht. Dieses sieht als Rechtsfolge treuwidrig abgegebener Stimmen in § 243 AktG nämlich lediglich die Anfechtbarkeit des Hauptversammlungsbeschlusses vor. Der Gesetzgeber hat also nur eine nachträgliche Kontrolle durch die Gerichte geregelt, nicht jedoch eine gleichsam vorbeugende Beurteilungskompetenz der einzelnen Stimme durch den Vorsitzenden der Hauptversammlung[802]. Aus diesem Grunde kann auch auf die AG nicht die zur Parallelproblematik in der GmbH-Gesellschafterversammlung ergangene Rspr.[803] übertragen werden, wonach treupflichtwidrige Stimmen nicht mitzuzählen sind. Das GmbHG kennt eine dem § 243 AktG entsprechende Anfechtung gerade nicht[804].

Dem Leiter der Hauptversammlung ist es also verwehrt, treuwidrige Stimmen zu ignorieren[805].

2. Anfechtbarkeit

Stattdessen sieht das deutsche Recht in § 243 II AktG als Folge eines Beschlusses, der durch solche Stimmen zustande kam, die der Verfolgung eines Sondervorteil eines oder mehrerer Aktionäre dienten, die Anfechtbarkeit vor. Zu beachten ist dabei aber, dass eine Anfechtbarkeit wegen Verletzung der allgemeinen gesellschaftsrechtlichen Treupflicht nicht auf § 243 II AktG gestützt wird, sondern dies vielmehr eine *„Verletzung des Gesetzes"* i.S.v. § 243 I AktG darstellt[806]. Die Anfechtung ist so nicht an die engen Tatbestandsmerkmale, insbesondere nicht an den subjektiven Tatbestand von § 243 II AktG geknüpft. Das egoistische Streben nach einem Sondervorteil bildet vielmehr nur ein Regelbeispiel zu § 243 I AktG[807].

a) Statthaftigkeit bei negativem Beschluss

Einer Anfechtbarkeit steht auch nicht entgegen, dass es sich um einen durch eine Sperrminorität verhinderten Beschluss handelt. Wenngleich nicht über den zur Abstimmung stehenden Beschlussgegenstand eine positive Entscheidung herbeigeführt wurde, handelt es sich doch um einen existenten Beschluss, der die Ablehnung des Beschlussgegenstandes zum Inhalt hat. Auch der negative Beschluss ist somit ein Hauptversammlungsbeschluss. Obwohl der Wortlaut des § 133 I AktG gegenteiliges suggeriert, gilt dies selbst für den Fall, dass die

---

[802] zum Unterschied zwischen Anfechtbarkeit des Hauptversammlungsbeschlusses und Anfechtbarkeit der einzelnen Stimme vgl. ZÖLLNER, Schranken mitgliedschaftlicher Stimmrechtsmacht, S. 359 ff.;

[803] vgl. OLG Hamburg ZIP 1991, 1430, 1432; LG Düsseldorf DB 1994, 1028, 1029;

[804] beachte aber dass die §§ 241 ff. AktG dennoch analog auf die Gesellschafterversammlung der GmbH angewandt werden können, LUTTER/HOMMELHOFF, GmbHG, Anhang § 47 Rn. 1; dies ist aber eben gerade nicht vom Gesetz vorgegeben;

[805] TIMM, WM 1991, 481, 486; MARSCH-BARNER, ZHR 157 (1993), 172, 189; OELRICHS, GmbHR 1995, 863, 866 ff.; vgl. auch STÜTZLE, WALGENBACH, ZHR 155 (1991), 516, 536, die ein Mitzählen der treupflichtwidrigen Stimmen aus den gerade genannten Gründen für die zweckmäßigste Alternative halten, grds. dem Hauptversammlungsleiter aber das Recht zubilligen wollen, diese zu ignorieren;

[806] vgl. HÜFFER in: MüKo, AktG, § 243 Rn. 53; HÜFFER, AktG, § 53a Rn. 21, § 243 Rn. 24; NIRK in: Hdb.AG I, Rn. 594; LUTTER, JZ 1995, 1053, 1055; SCHMIDT, GesR, § 28 IV 5 d), S. 858; LG Düsseldorf WM 1993, 153, 161;

[807] HÄSEMEYER, ZHR 160 (1996), 109, 117;

ablehnenden Stimmen keine Mehrheit bilden, sondern lediglich das Entstehen einer qualifizierten Mehrheit verhindern[808]. Eine Anfechtung ist also durchaus möglich[809].

Vor diesem Hintergrund zeigt sich auch, dass eine Anfechtung nach § 243 AktG nicht davon abhängig ist, ob man dem Hauptversammlungsleiter das Recht oder gar die Pflicht einräumt, treuwidrige Stimmen zu übergehen. Lässt man dies nämlich entgegen der oben vertretenen Auffassung zu, kann der so zustande gekommene positive Hauptversammlungsbeschluss ebenfalls angefochten werden, und zwar mit der Begründung, der Hauptversammlungsleiter habe die abgegebenen Stimmen zu Unrecht als treupflichtwidrig angesehen und somit trotz der erreichten Sperrminorität den Beschluss als angenommen bestätigt. Ein Unterschied besteht also hinsichtlich der Frage, wem die Anfechtungslast zufällt, nämlich den Inhabern der als (vermeintlich) treupflichtwidrig übergangenen Stimmen oder aber denjenigen Aktionären, welche einen Beschluss durch die missbräuchliche Sperrminorität blockiert sehen[810].

b) Rechtsfolge der Anfechtung

Im Fall der Anfechtung des den Beschlussgegenstand ablehnenden Beschlusses muss man sich allerdings vor Augen führen, welche Konsequenz diese Anfechtung hat. Das einer nach § 246 AktG erhobenen Anfechtungsklage stattgebende Urteil erklärt den Beschluss für nichtig, § 248 I S.1 AktG. Es handelt sich also um ein Gestaltungsurteil, welches die materielle Rechtslage dahin gehend ändert, dass ein vorher lediglich anfechtbarer Beschluss gänzlich aus der Welt geschafft wird, § 241 Nr.5 AktG[811]. Die Tatsache, dass ein ablehnender Beschluss mit rückwirkender Kraft als nicht gefasst gilt, heißt aber noch lange nicht, dass der Beschluss als angenommen betrachtet werden kann[812].

Die Anfechtungsklage kann bzgl. des Hauptversammlungsbeschlusses nämlich lediglich den *status-quo-ante* herstellen, also den Beschluss vernichten. Eine andere Gestaltungswirkung hat das Urteil nicht. Stimmt eine Sperrminorität also etwa gegen eine Kapitalherabsetzung und wird gegen dieses Urteil eine erfolgreiche Anfechtungsklage angestrengt, so hat das Urteil lediglich die Wirkung, dass der Beschluss als nicht gefasst gilt. Keineswegs jedoch hat das Urteil eine dahin gehende Gestaltungswirkung, dass die Kapitalherabsetzung als beschlossen gilt[813].

Dieses Beispiel zeigt, dass eine reine Anfechtungsklage selbst bei Erlangung eines rechtskräftigen Gestaltungsurteils – zumindest allein – kein geeignetes Mittel gegen den Missbrauch einer Sperrminorität sein kann.

3. Positive Beschlussfeststellungsklage

Einige Autoren wollen daher im Fall eines durch eine treupflichtwidrige Sperrminorität verhinderten Beschlusses die Anfechtungsklage mit einer positiven Feststellungsklage

---

808 HÜFFER, AktG, § 133 Rn. 5; ZÖLLNER in: KöKo, AktG, § 133 Rn. 6; ECKARDT in: GEßLER, HEFERMEHL, ECKARD, KROPFF, AktG, § 133 Rn. 14; SEMLER in: Münch.Hdb.GesR. IV, § 39 Rn. 2, S. 514 f.;

809 RGZ 122, 102, 107; RGZ 142, 123, 130; RGZ 146, 71, 72 f.; RGZ 146, 385, 388; HÄSEMEYER, ZHR 160 (1996), 109, 117; ZÖLLNER in: KöKo, AktG, § 133 Rn. 6; vgl. auch NONN, S. 105 f.;

810 vgl. OELRICHS, GmbHR 1995, 863, 869; TIMM, WM 1991, 481, 486;

811 HÜFFER, AktG, § 248 Rn. 4; HÜFFER in: MüKo, AktG, § 248 Rn. 12; ZÖLLNER in: KöKo, AktG, § 248 Rn. 4 f.;

812 RGZ 146, 71, 72 f.; HÜFFER, AktG, § 243 Rn. 42; ZÖLLNER, ZGR 1982, 623, 634 f.;

813 LG Düsseldorf ZIP 1991, 932, 937;

verbinden. Diese solle mit dem Antrag erhoben werden, dass die entsprechende positive Beschlussfassung ohne die treupflichtwidrigen Neinstimmen als erfolgt gilt[814]. Dadurch soll das durch Ignorierung dieser Stimmen „richtige“ Ergebnis bestätigt werden.

a) Statthaftigkeit

Das RG hatte in einer Entscheidung eine mit einer Anfechtungsklage verbundene positive Beschlussfeststellungsklage als unstatthaft abgewiesen, da sie zeitlich unbeschränkt erhoben werden und Rechtskraft auch nur *inter partes* erlangen könne, was im Gegensatz zur Anfechtungsklage (vgl. §§ 246 I, 248 I S.1 AktG) erhebliche Rechtsunsicherheit nach sich ziehen würde[815].

Dem steht aber das Schutzbedürfnis der Aktionäre entgegen, deren Beschluss aufgrund treuwidriger Stimmrechtsausübung abgelehnt wird. Ein Aktionär könnte allenfalls bei Halten eines Anteils von 5 % des Grundkapitals erneut eine Hauptversammlung nach § 122 I S.1 AktG einberufen, wobei aber ungewiss bliebe, ob sich die Mehrheitsverhältnisse in der Zwischenzeit nicht verschoben haben, bzw. ob der Hauptversammlungsleiter die treupflichtwidrigen Stimmen nicht abermals wertet[816]. Dies macht die positive Beschlussfeststellungsklage erforderlich. Allerdings muss sichergestellt werden, dass jedem die Stimmrechtsausübung betreffenden Urteil Rechtskraft nicht nur zwischen den Prozessparteien zukommt, sondern sich auf alle Gesellschafter erstreckt[817]. Dies kann erreicht werden, indem man § 248 I S.1 AktG analog anwendet[818], wobei dann aufgrund der Gestaltungswirkung fraglich ist, ob die positive Beschlussfeststellungsklage auf § 256 ZPO gestützt werden kann. Wohl eher ist sie als analoge Anwendung des § 243 AktG anzusehen[819].

b) Berechnungsgrundlage der erforderlichen Mehrheit

In diesem Zusammenhang ist darauf hinzuweisen, dass die Ignorierung der missbräuchlichen Neinstimmen nur dann zu einem positiven Beschluss führen kann, wenn man die ignorierten Stimmen auch nicht zum *„bei der Beschlussfassung vertretenen Grundkapital“* rechnet. Andernfalls können die verbleibenden Jastimmen nämlich nicht zur Annahme des Beschlusses führen, da sie trotz ignorierter Neinstimmen nicht die erforderliche Dreiviertelmehrheit bilden.

Es wurde bereits dargelegt, dass Enthaltungen nicht als bei der Beschlussfassung vertretenes Grundkapital angesehen werden[820], sehr wohl aber die abgegebenen Ja- und Neinstimmen. Fraglich ist, ob davon eine Ausnahme für treupflichtwidrige Neinstimmen zulässig ist. Der Wortlaut scheint dies nicht zuzulassen. Muss dieser schon bei Nichthinzuzählung von Enthaltungen als strapaziert gelten, ist bezüglich der treupflichtwidrigen

---

814 ZÖLLNER, Schranken mitgliedschaftlicher Stimmrechtsmacht, S. 405 ff.; LUTTER, ZHR 153 (1989), 446, 468; HÄSEMEYER, ZHR 160 (1996), 109, 120; SCHMIDT, AG 1980, 169 ff.; HÜFFER, AktG, § 246 Rn. 42; HÜFFER in: MüKo, AktG, § 246 Rn. 76 f.;

815 RGZ 142, 123, 128; ablehnend auch noch GODIN/WILHELMI, AktG, § 248 Anm. 2;

816 BGH AG 1980, 187, 188; ZÖLLNER, ZGR 1982, 623, 625;

817 HÄSEMEYER, ZHR 160 (1996), 109, 119;

818 BGH AG 1980, 187, 189; BGH AG 2001, 587, 588; Bejahung der positiven Feststellungsklage bei der GmbH: BGHZ 88, 320, 329; BGHZ 97, 28, 30 f.;

819 SCHMIDT, AG 1980, 169, 170; ZÖLLNER, ZGR 1982, 623, 628; vgl. auch NONN, S. 113 ff.;

820 siehe oben § 3.B.I.2, S. 86 f.;

Neinstimmen die Grenze der Auslegbarkeit überschritten. Es ist schließlich gerade nicht von bei der Beschlussfassung gültig vertretenem Grundkapital die Rede.

Gleichwohl herrscht breite Übereinstimmung, dass auch treupflichtwidrige Neinstimmen als nicht bei der Beschlussfassung vertreten gelten. Dies wird als so selbstverständlich vorausgesetzt, dass die sich mit der Frage der positiven Beschlussfeststellungsklage auseinander setzenden Autoren auf die Problematik noch nicht einmal eingehen[821].

Der Wortlaut der §§ 182 I S.1, 222 I S.1 AktG steht der Feststellung eines positiven Beschlusses durch das Gericht somit nicht entgegen.

c) Keine „Beschlussfassung durch das Gericht“

Das Gericht ist also in der Lage, den durch den Hauptversammlungsleiter fehlerhaft festgestellten Beschluss durch den „richtigen“ zu ersetzen. Dies ist lediglich dann möglich, wenn das durch den Hauptversammlungsleiter festgestellte Beschlussergebnis nicht das tatsächliche widerspiegelt, weil Stimmen mitgezählt wurden, welche entweder nach § 136 I S.1 AktG oder aufgrund ihrer Treupflichtwidrigkeit hätten ignoriert werden müssen[822].

Insbesondere in letzterem Fall besteht die Gefahr, dass das Gericht seine eigene Meinung an die Stelle der Willensbildung der Hauptversammlung setzt. Denn gerade bei einer Treupflichtverletzung ist der Übergang von einer rein formellen zu einer Inhaltskontrolle fließend. Es muss in diesem Zusammenhang also daran erinnert werden, dass eine Beschlussfeststellung infolge einer Inhaltskontrolle durch das Gericht lediglich dann hinreichend legitimiert ist, wenn durch den zu überprüfenden Beschluss in die Mitgliedschaftsrechte der anderen Aktionäre eingegriffen wird. Dabei darf das Gericht nicht in das unternehmerische Ermessen der Hauptversammlung eingreifen und ein Beschlussergebnis feststellen, welches nach seiner eigenen Auffassung zu einer Förderung des Unternehmenszwecks beitragen würde. Es darf hingegen lediglich das Ergebnis feststellen, welches durch Ignorieren der treupflichtwidrigen und daher nichtigen Stimmen auch vom Hauptversammlungsleiter i.S.v. § 130 II AktG hätte festgestellt werden können.

Darüber hinaus kann das Gericht auch nicht einen Beschluss für gefasst erklären, welcher an anderen Anfechtungs- oder gar Nichtigkeitsgründen leidet, vorausgesetzt natürlich, diese Gründe wurden als Tatsachen in den Prozess eingeführt[823].

4. Klage auf Unterlassen der Stimmabgabe

Umstritten ist, ob eine Klage auf Unterlassen der Stimmabgabe in eine bestimmte Richtung vor der Hauptversammlung statthaft wäre, wenn sich in deren Vorfeld bereits die missbräuchliche Stimmrechtsausübung abzeichnet.

Dies wird teilweise bejaht[824], weil dadurch den Gesellschaftern die Möglichkeit gegeben wird, schon vor der Beschlussfassung eine rechtsmissbräuchliche Stimmausübung zu verhindern, was unter Umständen den Bestand der Gesellschaft sichern kann[825].

---

[821] vgl. etwa LUTTER, ZHR 153 (1989), 446, 468; HÄSEMEYER, ZHR 160 (1996), 109, 120; HÜFFER, AktG, § 246 Rn. 42; HÜFFER in: MüKo, AktG, § 246 Rn. 76;

[822] vgl. ZÖLLNER, Schranken mitgliedschaftlicher Stimmrechtsmacht, S. 366 ff.;

[823] ZÖLLNER, ZGR 1982, 623, 630;

Teilweise wird – unabhängig von der Frage der Statthaftigkeit – eine solche Klage nicht für sachdienlich gehalten, da gerade in den Sanierungsfällen dadurch Rechtsschutz erst viel zu spät zu erlangen sei[826]. Ehe ein solcher Anspruch klageweise durchgesetzt werden könne, sei die AG gezwungen, Insolvenz anzumelden. Diese Argumentation ist allerdings nur von begrenzter Stichhaltigkeit, wenn man zulässt, dass das von der ZPO zur Verfügung gestellte Instrumentarium des einstweiligen Rechtsschutzes auch im Gesellschaftsrecht Anwendung findet und so ein Aktionär von der Stimmabgabe durch eine einstweilige Verfügung abgehalten werden kann[827].

Aber auch abgesehen davon ist eine solche Klage stets als unbegründet abzuweisen, da sich in Publikumsgesellschaften die Treupflicht für Stimmabgaben nur mit dem realen Vollzug der Meinungsbildung und Abstimmung konkretisieren lässt[828]. So kann bspw. eine Neinstimme gegen einen Sanierungsplan treupflichtwidrig sein, wenn die Mehrheit der Aktionäre diese Sanierung will, nicht hingegen, wenn sich lediglich eine vernachlässigbare Minderheit für eine Sanierung ausspricht[829]. Außerdem kommt auch hier die Problematik der Rechtskraftwirkung zum Tragen. Mangels einer § 248 I S.1 AktG vergleichbaren Regelung, käme einer solchen Verurteilung auf Zustimmung wieder lediglich Rechtskraft zwischen den Parteien zu. Die erforderliche *inter-omnes*-Wirkung würde einem solchen Urteil gerade fehlen[830].

5. Schadensersatz

Schließlich ist zu untersuchen, inwieweit eine treupflichtwidrige Stimmabgabe Schadensersatzpflichten auslöst.

a) Anspruchsgrundlage

Zunächst gilt es, die richtige Anspruchsgrundlage zu ermitteln.

aa) § 826 BGB

Unstrittig kann sich ein solcher Anspruch auf Schadensersatz aus § 826 BGB ergeben. Es ist kein Grund ersichtlich, warum ein Aktionär, welcher sein Stimmrecht in sittenwidriger Art und Weise zu einer vorsätzlichen Schädigung benutzt, nicht der Schadensersatzpflicht aus dieser Norm unterworfen sein sollte. Dieser deliktsrechtliche Anspruch bleibt von gesell-

---

824 LUTTER, ZHR 153 (1989), 446, 468, der jedoch verkennt, dass im deutschen Aktienrecht eine positive Zustimmungspflicht gerade nicht erforderlich ist (siehe oben § 3.C.I.2.c), S. 108 f.;); anders in der GmbH, vgl. BGHZ 98, 276, 278;

825 NONN, S. 124;

826 TIMM, WM 1991, 481, 486;

827 vgl. LG Düsseldorf WM 1993, 153, 162; prinzipiell bejahend, aber zu zurückhaltender Anwendung mahnend HÜFFER in: MüKo, AktG, § 243 Rn. 143 f.; im Einzelnen ist in Bezug auf den einstweiligen Rechtsschutz im Gesellschaftsrecht insbesondere wegen des Verbots der Vorwegnahme der Hauptsache noch vieles ungeklärt, vgl. v. GERKAN, ZGR 1985, 167 ff.; DAMM, ZHR 154 (1990), 413, 430 ff., insbesondere 435 ff.;

828 HÄSEMEYER, ZHR 160 (1996), 109, 119 f.;

829 vgl. oben § 3.C.I.3.d)bb), S. 114;

830 HÄSEMEYER, ZHR 160 (1996), 109, 119; bei der GmbH in BGHZ 98, 276 handelte es sich gerade nicht um eine Publikumsgesellschaft, vielmehr hielt der Zustimmung begehrende Gesellschafter selbst 50% der Anteile;

schafts- bzw. aktienrechtlichen Normen unberührt und ist davon unabhängig anwendbar[831]. So wird teilweise vertreten, ein Schadensersatzanspruch lasse sich – auch vor dem Hintergrund des § 117 VII Nr.1 AktG – ausschließlich auf § 826 BGB stützen[832].

Problematisch an dieser Norm ist jedoch die Tatsache, dass es im Einzelfall schwer sein dürfte, die Sittenwidrigkeit und den Vorsatz der Schadenszufügung im Prozess nachzuweisen, so dass § 826 BGB kaum dienlich sein wird, um die Folgen einer missbräuchlichen Stimmrechtsausübung wieder gutzumachen[833].

bb) § 823 I BGB

An anderer Stelle wurde vertreten, ein Schadensersatzanspruch könne auf § 823 I BGB gestützt werden[834]. Es besteht in Rspr.[835] und Lit.[836] nämlich weitgehend Einigkeit, dass die Geschäftsanteile an einer Aktiengesellschaft als sonstiges Recht i.S. dieser Vorschrift zu betrachten sind. Jede Verkürzung der in dem „sonstigen" Recht der Mitgliedschaft zusammengefassten Herrschafts-, Teilhabe- und Vermögensfunktion stelle somit einen deliktischen Eingriff dar[837]. Der Vorteil der Anerkennung einer solchen spezifischen Verkehrspflicht für fremdes Vermögen liegt darin, dass deren Einhaltung durch § 823 I BGB nicht nur gegen vorsätzliches, sondern genauso gegen fahrlässiges Handeln (§ 276 I S.1 BGB) geschützt wird.[838].

Nach zustimmungswürdiger überwiegender Auffassung liegt eine Verletzung der Mitgliedschaft aber lediglich dann vor, wenn deren rechtlicher Bestand selbst beeinträchtigt wird. Eine Beeinträchtigung des Inhalts der Mitgliedschaft ist nicht ausreichend[839]. Im Gegensatz zu anderen von § 823 I BGB geschützten Rechtsgütern wird die Mitgliedschaft nämlich in ihrer konkreten Ausgestaltung erst durch den Gesellschaftsvertrag bzw. die Satzung definiert. Aufgrund dieser Gestaltungsfreiheit lässt sich im Gesellschaftsrecht die Mitgliedschaft abstrakt nicht bestimmen[840]. Die Norm ist aber auch deshalb im Gesellschaftsrecht nicht anwendbar, weil das Deliktsrecht im Innenverhältnis durch spezifische gesellschaftsrechtliche Normen überlagert wird[841].

---

[831] BGH NJW 1995, 1739, 1746 – *Girmes*; HÜFFER, AktG, § 117 Rn. 42; MERTENS in: KöKo, AktG, § 117 Rn. 47;

[832] FLUME, ZIP 1996, 161, 165, der einen Missbrauch der Stimmrechtsmacht aber nicht auf die Treupflicht bzw. deren Verletzung stützen will; ähnlich auch ALTMEPPEN, NJW 1995, 1749, 1750;

[833] ZÖLLNER, Schranken mitgliedschaftlicher Stimmrechtsmacht, S. 426; HEERMANN, ZIP 1994, 1243, 1249; vgl. außerdem OECHSLER in: STAUDINGER, 13. A., § 826 Rn. 285;

[834] MERTENS, FS Fischer, S. 468 f., der ebenfalls daneben eine eigenständige Treupflicht nicht anerkennen will;

[835] RGZ 158, 248, 255; und vorher RGZ 100, 274, 278 für die Anteile an einer GmbH;

[836] HABERSACK, Mitgliedschaft, S. 146; MERTENS in: MüKo, BGB, § 823 Rn. 152; MERTENS in: HACHENBURG, § 43 Rn. 105;

[837] dies gilt jedenfalls dann, wenn diese nicht die bloße Folge der Schmälerung des Wertes des Gesellschaftsvermögens ist, vgl. RGZ 158, 248, 255; zum sog. Reflexschaden vgl. weiter unten § 3.D.I.5.g), S. 176 ff.;

[838] MERTENS, FS Fischer, S. 461, 468;

[839] THOMAS in: PALANDT, § 823 Rn. 27; ZEUNER in: SOERGEL, 12. A., § 823 Rn. 60; WINTER, S. 54 f.;

[840] WINTER, S. 54 f.; TEICHMANN, FS Mühl, S. 677;

[841] WIEDEMANN, Übertragung und Vererbung von Mitgliedschaftsrechten, S. 39; LUTTER, AcP 180 (1980), 84, 142;

cc) Positive Verletzung der gesellschafterlichen Pflichten

Die Treupflicht enthält im deutschen Gesellschaftsrecht die Pflicht, die Belange der Gesellschaft sowie der Mitgesellschafter zu berücksichtigen. Es ist dies eine typische Nebenpflicht i.S.d. § 243 II BGB. Die Verletzung dieser Nebenpflicht führt somit zu einem Schadensersatzanspruch nach § 280 I S.1 BGB[842].

b) Notwendigkeit

Das Bedürfnis, dem durch treupflichtwidrige Stimmabgabe seiner Mitaktionäre geschädigten Gesellschafter einen Schadensersatzanspruch zuzugestehen, ergibt sich aus der Tatsache, dass Anfechtungs- und Beschlussfeststellungsklage den erlittenen Nachteil regelmäßig nicht ausgleichen können. Gerade in Sanierungsfällen besteht nämlich die Problematik, dass, kommt der Hauptversammlungsbeschluss hinsichtlich des außergerichtlichen Sanierungsplans nicht zustande, die Drei-Wochen-Frist des § 92 II S.1 AktG abgelaufen ist, innerhalb derer der Vorstand die Eröffnung des Insolvenzverfahrens beantragen muss. Ein Abwarten der Entscheidung des mit der Anfechtungsklage bzw. der positiven Beschlussfeststellungsklage befassten Gerichts kommt daher regelmäßig nicht in Betracht[843]. Der Vorstand muss vielmehr schon vorher die Eröffnung des Insolvenzverfahrens beantragen.

Insofern kann es also erforderlich sein, einen Schadensersatzanspruch zuzulassen, um den dem Aktionär aufgrund der Treupflichtverletzung entstandenen Nachteil auszugleichen.

c) Schadensersatz trotz §§ 117 VII Nr.1, 243 AktG?

Zu prüfen ist aber, ob trotz dieser Notwendigkeit eines Schadensersatzanspruchs nicht aktienrechtliche Besonderheiten einer Schadensersatzpflicht des treuwidrig abstimmenden Aktionärs entgegenstehen.

aa) Ausschließlichkeit der Rechtsfolge des § 243 AktG?

Weiter oben[844] wurde festgestellt, dass für einen auf treupflichtwidriger Stimmrechtsausübung beruhenden Beschluss vom Gesetzgeber in § 243 AktG lediglich die Anfechtbarkeit dieses Beschlusses vorgesehen ist. Allerdings lässt sich aus der Existenz dieser Norm keineswegs schließen, dass es sich um die einzig denkbare Sanktion handeln soll[845].

bb) Ausschluss von Schadensersatz gemäß § 117 VII Nr.1 AktG?

Gegen eine Schadensersatzpflicht könnte aber § 117 VII Nr.1 AktG sprechen, wonach ein Anspruch auf Schadensersatz dann ausgeschlossen ist, wenn der in § 117 I AktG beschriebene Tatbestand durch die Ausübung des Stimmrechts in der Hauptversammlung geschieht. Es wird aus dieser Norm nämlich teilweise geschlossen, dass den Aktionär, von den Fällen des § 826 BGB abgesehen, generell keine Schadensersatzpflicht aufgrund seiner Stimmabgabe treffen soll. Wenn dies nämlich für die Beeinflussung von Vorstand, Aufsichtsrat etc. gälte, müsse eine Schadensersatzpflicht auch bei der Stimmrechtsausübung in Bezug auf eine

---

[842] vgl. zur Rechtslage vor der Schuldrechtsreform LUTTER, JZ 1995, 1053, 1055, der von einer Schadensersatzpflicht wegen positiver Verletzung der gesellschafterlichen Pflichten ausgeht;

[843] TIMM, WM 1991, 481, 486; vgl. näher zur Frage des Verhältnisses von Sanierungsbemühungen und der Frist des § 92 II S.1 AktG UHLENBRUCK, ZIP 1980, 73, 75 f.; SCHMIDT, ZIP 1980, 328, 331;

[844] § 3.D.I.2, S. 161 ff.;

[845] DREHER, ZIP 1993, 332, 335;

Satzungsänderung ausgeschlossen sein. Zweck des § 117 VII Nr.1 AktG ist es, allgemein die freie Willensbildung in der Hauptversammlung zu gewährleisten. Die Aktionäre sollen gerade nicht befürchten müssen, sich durch ihr Stimmverhalten unübersehbaren Haftungsrisiken auszusetzen[846].

cc) Einschränkende Auslegung des § 117 VII Nr.1 AktG

Nach der Gegenauffassung ist die Norm jedoch aufgrund der oben dargestellten Notwendigkeit einer Schadensersatzpflicht zur Wiedergutmachung des durch die treupflichtwidrige Stimmabgabe verursachten Nachteils rechtspolitisch verfehlt und daher restriktiv auszulegen[847]. Infolge einer solchen restriktiven Auslegung lasse sich der Norm keineswegs entnehmen, dass eine Schadensersatzpflicht als Sanktion für treupflichtwidrige Stimmrechtsausübung generell ausgeschlossen ist. Es ist daher mit verschiedenen dogmatischen Begründungen versucht worden, den Anwendungsbereich des § 117 VII Nr.1 AktG einzuschränken.

(1) Einschränkung bzgl. Einfluss

Eine Einschränkung ergebe sich bereits aus dem Wortlaut, wonach nur diejenige Stimmrechtsausübung nicht Schadensersatz begründend sein kann, welche Vorstand, Aufsichtsrat etc. zu schädigendem Verhalten bestimmen soll. Damit greife die Vorschrift nur für die Abstimmung über Geschäftsführungsmaßnahmen ein, nicht jedoch bei Hauptversammlungsbeschlüssen über Satzungsänderungen wie bspw. Kapitalmaßnahmen[848].

(2) Einschränkung bei treupflichtwidriger Stimmrechtsausübung

Durch § 117 AktG solle in erster Linie die Gesellschaft vor Einflüssen auf die autonome Willensbildung innerhalb der Verwaltung der AG geschützt werden, wohingegen der Schutz der Mitaktionäre gerade nicht Zweck der Norm sei. Aus diesem Grund sei auch § 117 VII Nr.1 AktG nicht bei der Verletzung von deren mitgliedschaftlichen Rechten heranzuziehen[849]. Dafür spreche auch, dass zur Zeit der Verabschiedung des AktG 1965 das Bestehen einer Treupflicht der Aktionäre untereinander noch nicht anerkannt war, der Gesetzgeber daher noch nicht an die Sanktion einer solchen Treupflichtverletzung denken konnte. § 117 AktG beträfe lediglich das Deliktsrecht[850]. Die Norm gälte daher lediglich bei nicht treupflichtwidrigen und somit nicht nach § 243 II AktG anfechtbaren Beschlüssen[851].

(3) Kritik

Schon das Wortlautargument vermag nicht vollständig zu überzeugen, kann man doch in der Abstimmung über Kapitalmaßnahmen eine Veranlassung des Vorstandes sehen, die betreffende Kapitalerhöhung im Handelsregister eintragen zu lassen bzw. dies nicht zu tun,

---

846 LG Düsseldorf WM 1993, 153, 162; LUTTER, ZHR 153 (1989), 446, 456; MARTENS, Treupflicht, S. 260 f.; HENNSLER, ZHR 157 (1993), 91, 120 f.; WINTER, S. 147 Fn. 93; WENGER, ZIP 1993, 321, 328; ohne Begründung auch ZÖLLNER in: KöKo, AktG, § 243 Rn. 195; ZÖLLNER, WINTER, ZHR 158 (1994), 59, 73 f.;

847 TIMM, WM 1991, 481, 487; WIEDEMANN, GesR, § 8 II 4, S. 436; WIEDEMANN, JZ 1976, 392, 394; FILLMANN, S. 266;

848 DREHER, ZIP 1993, 332, 335; MARSCH-BARNER, ZHR 157 (1993), 172, 190;

849 TIMM, WM 1991, 481, 487; SCHÖNE, WM 1992, 209, 213;

850 DREHER, ZIP 1993, 332, 335 f.;

851 TIMM, WM 1991, 481, 487; SCHÖNE, WM 1992, 209, 213;

vgl. § 83 II AktG. Auch das Argument, § 117 AktG habe lediglich den Zweck, die Gesellschaft, nicht aber die Mitgesellschafter zu schützen, wird schon durch den Wortlaut des § 117 I S.1 AktG widerlegt, wonach auch das Veranlassen einer zum Schaden der Aktionäre gereichenden Handlung für tatbestandsmäßig erklärt wird. Zudem macht § 117 VII Nr.1 AktG keinen Sinn, wenn man seinen Anwendungsbereich für den Fall einer treupflichtwidrigen Stimmrechtsausübung ausschließt: Ist die Stimmrechtsausübung nämlich treupflichtwidrig, soll der Anwendungsbereich von § 117 VII Nr.1 AktG nicht eröffnet sein. Ist der Beschluss hingegen ohne treupflichtwidrige Stimmen zustande gekommen, ist der Anwendungsbereich der Norm zwar gegeben, es besteht aber gar kein Bedürfnis für ihre Anwendung, weil mangels Treupflichtwidrigkeit ein Schadensersatzanspruch ja ohnehin nicht entstehen kann.

dd) Verhältnis zur Anfechtung

Es bleibt somit festzuhalten, dass sich keine wirklich überzeugenden Argumente für eine Einschränkung des Anwendungsbereichs von § 117 VII Nr.1 AktG finden lassen. Auch wenn man die Norm für rechtspolitisch verfehlt halten mag, ist sie Teil des geltenden Gesetzes, ihre Beseitigung liegt ausschließlich in der Macht der Legislative[852]. Die Gesetzgebungsmaterialien weisen jedenfalls deutlich darauf hin, dass eine Haftung des Aktionärs für sein Stimmrechtsverhalten nicht vorgesehen war, der Schutz vor einem Missbrauch des Stimmrechts vielmehr durch § 243 AktG bzw. in krassen Fällen durch § 826 BGB als ausreichend betrachtet wurde[853].

Genau bei diesem Verhältnis von § 117 VII Nr.1 AktG und § 243 AktG untereinander[854] kann nun aber angesetzt werden, wurde doch oben bereits festgestellt, dass die Anfechtbarkeit des Beschlusses keinen hinreichenden Schutz vor dem Missbrauch der Sperrminorität darstellt, weil die Anfechtung regelmäßig einer Eintragung dieses Beschlusses ins Handelsregister im Wege steht. Gerade in Sanierungsfällen kommt das Abwarten des Anfechtungsurteils jedoch aufgrund der Frist des § 92 II S.1 AktG häufig nicht in Betracht. Wenn aber deswegen Insolvenz und Liquidation der AG drohen, ist dem Aktionär mit der Anfechtung nicht geholfen[855].

§ 117 VII Nr.1 AktG kann demnach lediglich dann eingeschränkt werden, wenn der Schutz des § 243 AktG – entgegen dem ursprünglichen Dafürhalten des Gesetzgebers – nicht mehr ausreichend ist, um eine Gruppe von Aktionären vor missbräuchlicher Stimmrechtsausübung zu schützen. Ein Anspruch auf Schadensersatz ist somit subsidiär gegenüber der Möglichkeit der Korrektur des Beschlussergebnisses durch Anfechtung. Nur wenn Aktionäre sich nicht durch die Anfechtung alleine ausreichend gegen einen missbräuchlichen Eingriff in ihre mitgliedschaftlichen Rechte schützen können, kommt eine Schadensersatzpflicht in Betracht[856]. Wenn die Anfechtung diesen Schaden nur teilweise gut machen kann, so muss diesbezüglich vorrangig Anfechtungsklage erhoben werden. Nur der Teil, welcher damit nicht wieder gutgemacht wird, kann dann durch eine Schadensersatzklage geltend gemacht werden.

---

852 HENNRICHS, AcP 195 (1995), 221, 269 f.;

853 BT-Drucks. IV/171, 147;

854 vgl. NIRK in: Hdb.AG I, Rn. 1662;

855 WENGER, ZIP 1993, 321, 328;

856 BGH NJW 1995, 1739, 1745 – *Girmes*; ZÖLLNER, WINTER, ZHR 158 (1994), 59, 74; HENNSLER, ZHR 157 (1993), 91, 121; HÄSEMEYER, ZHR 160 (1996), 109, 117 und 125; BECKERHOFF, S. 94 ff; noch weitergehend HENNRICHS, AcP 195 (1995), 221, 270 f., demzufolge bei der Frage, ob § 243 AktG ausreichenden Rechtsschutz bietet, vor dem Hintergrund der Frist des § 92 II AktG auch die Möglichkeit des einstweiligen Rechtsschutzes einzubeziehen ist;

Dieses Erfordernis der vorrangigen Anfechtung ergibt sich schon aus den allgemeinen Grundsätzen des Schadensersatzrechts, wonach den Geschädigten eine Schadensminderungspflicht trifft, vgl. § 254 II S.1 BGB[857]. Aber auch das Aktienrecht lässt in § 243 AktG erkennen, dass es die Anfechtbarkeit und nicht das Schadensersatzrecht als natürliche Folge eines gesetzes- oder satzungswidrigen Beschlusses sieht[858]. Darüber hinaus verlangt auch die gesellschaftsrechtliche Treupflicht, nicht Schadensersatz zu fordern, wo eine Beseitigung der Beeinträchtigung der Mitgliedschaftsrechte auch durch eine Anfechtung erreichbar ist[859]. Es gilt das Verbot des „Dulde und liquidiere!"

d) Voraussetzungen

Nach Klärung der grundsätzlichen Möglichkeit eines Schadensersatzanspruchs aufgrund treuwidriger Stimmabgabe ist nun das nähere Augenmerk auf die Voraussetzungen eines solchen Schadensersatzanspruchs zu richten.

aa) Fristgerechte Anfechtungsklage

Umstritten ist bereits, ob für das Geltendmachen von Schadensersatz die fristgerechte Erhebung einer Anfechtungsklage auch dann Voraussetzung ist, wenn diese zur Erlangung des Rechtsschutzziels aus den oben dargestellten Gründen ungeeignet ist[860].

(1) Anfechtungsklage

Nach den oben erfolgten Untersuchungen ist ein Schadensersatzanspruch wegen treupflichtwidriger Stimmabgabe ohnehin nur dann möglich, wenn eine Anfechtung den erfolgten Schaden nicht wieder gut zu machen vermag. In diesen Fällen wäre es aber reiner Formalismus, wollte man zusätzlich zu einer Klage auf Schadensersatz eine für den Kläger völlig nutzlose Anfechtungsklage verlangen. Ist wie im Girmes-Urteil anschließend an das Nichtzustandekommen des Kapitalherabsetzungsbeschlusses die Eröffnung des Vergleichsverfahrens beantragt bzw. Insolvenz angemeldet worden, und ist als Folge die AG zerschlagen worden, muss es als unsinnig betrachtet werden, für die Geltendmachung eines Schadensersatzanspruchs auch die Anfechtung des Beschlusses zu verlangen. Dies gilt auf jeden Fall dann, wenn die Konkurseröffnung noch innerhalb der Frist des § 246 I AktG geschieht[861].

(2) Frist des § 246 I AktG

Von der Problematik, ob überhaupt Anfechtungsklage erhoben werden muss, ist aber die Frage zu trennen, ob eine Klage auf Schadensersatz auch an die Frist des § 246 I AktG gebunden ist.

Dies wird teilweise mit der Begründung bejaht, nur so könne der Rechtssicherheit ausreichend Rechnung getragen werden. Aus einem unanfechtbaren und daher wirksamen

---

[857] SCHOLZ, GmbHG, § 47 Rn. 30; MARSCH-BARNER, ZHR 157 (1993), 172, 191;
[858] LUTTER, ZHR 153 (1989), 446, 468;
[859] MARSCH-BARNER, ZHR 157 (1993), 172, 191;
[860] vgl. zur Parallelproblematik in der GmbH: WINTER, S. 320 ff. m.w.N.;
[861] BGH NJW 1995, 1739, 1745 – *Girmes*; vgl. ZÖLLNER, Schranken mitgliedschaftlicher Stimmrechtsmacht, S. 428 ff.;

Beschluss[862] dürfe keine Schadensersatzpflicht hergeleitet werden. Der bei der Stimmrechtsausübung gegen die Treupflicht verstoßende Aktionär müsse nach Ablauf der Monatsfrist des § 246 I AktG sicher gehen können, nicht mehr zur Leistung von Schadensersatz herangezogen zu werden.

Diese Ansicht berücksichtigt jedoch nicht hinreichend den Unterschied in Bezug auf das Rechtsschutzziel zwischen Anspruch auf Schadensersatz und Anfechtungsklage. Für letztere ist aufgrund ihrer *inter-omnes*-Wirkung gemäß § 248 I S.1 AktG die Monatsfrist des § 246 I AktG im Interesse der Rechtssicherheit dringend erforderlich. Ein Schadensersatz zubilligendes Urteil entfaltet seine Rechtskraft hingegen gemäß § 325 ZPO lediglich *inter partes* und betrifft nicht die Wirksamkeit des Beschlusses. Darauf kann sich die Allgemeinheit einschließlich der Parteien des Schadensersatzprozesses verlassen[863]. Eine Rechtmäßigkeitskontrolle findet also nur in Bezug auf die Rechtsfolge des Schadensersatzes statt[864]. Warum aber auch bzgl. des Schadensersatzanspruchs die Rechtssicherheit eine kürzere Verjährung als die gesetzliche nach § 195 BGB erforderlich machen soll, ist nicht ersichtlich.

bb) Verschulden

Der nächste Prüfungspunkt gilt der Frage, welcher Verschuldensmaßstab für das Bestehen eines Schadensersatzanspruchs wegen Treupflichtverletzung anzulegen ist. Dabei ist dieser Prüfungspunkt streng von der Pflichtverletzung zu unterscheiden[865].

(1) Vorsatz

In Übereinstimmung mit weiten Teilen der Lit. hat die Rspr. zum Girmes-Fall[866] zumindest bei einer treuwidrigen Stimmrechtsausübung für das Bestehen eines Schadensersatzanspruchs als Voraussetzung Vorsatz gefordert. Wobei er dieses Erfordernis wiederum aus § 117 VII Nr.1 AktG bzw. der dieser Norm zugrunde liegenden Wertung herleitet. Der Aktionär soll ja bei der Stimmrechtsausübung grds. frei sein, seine eigenen Interessen zu verfolgen[867], solange noch nicht die Schwelle zum Sondervorteil erreicht ist. Der dieses Verbot aussprechende § 243 II AktG setzt aber einen Tatbestand mit „überschießender Innentendenz" voraus. Der Aktionär muss bei der Stimmrechtsausübung den Sondervorteil *zu erlangen suchen*, was aufgrund des klaren Wortlauts zumindest bedingten Vorsatz erfordert[868]. Lässt man jetzt in teleologischer Reduktion des Wortlauts des § 117 VII Nr.1 AktG einen Schadensersatzanspruch zu, so ist dieser wenigstens auf vorsätzliches Verhalten zu reduzieren, um das Haftungsrisiko der Aktionäre, deren Teilnahme an der Hauptversammlung

---

862 zur Erinnerung: auch das Ablehnen eines Beschlussgegenstandes stellt einen Beschluss dar, vgl. oben § 3.D.I.2, S. 161;

863 MARSCH-BARNER, ZHR 157 (1993), 172, 190 f.;

864 diesbezüglich nicht hinreichend differenzierend: FILLMANN, S. 266 ff.;

865 GRUNEWALD, FS Kropff, S. 93;

866 LG Düsseldorf WM 1993, 153, 157; BGH NJW 1995, 1739, 1746; OLG Düsseldorf WM 1996, 1366, 1367;

867 KROPFF in: GEßLER, HEFERMEHL, ECKARD, KROPFF, AktG, § 117 Rn. 27; vgl. dazu ausführlicher oben § 3.C.I.1.a), S. 98 f.;

868 HÜFFER, AktG, § 243 Rn. 34; HÜFFER in: MüKo, AktG, § 243 Rn. 85; ZÖLLNER in: KöKo, AktG, § 243 Rn. 223; RegE zu § 243, abgedruckt bei KROPFF Bruno, Aktiengesetz, S. 329; vgl. diesbezüglich aber GRUNEWALD, FS Kropff, S. 94 und BECKERHOFF, S. 99, die beide mit Recht darauf hinweisen, dass eine Anfechtung wegen Treupflichtverletzung auf § 243 I AktG gestützt wird und somit für diese Anfechtung gerade kein Vorsatz erforderlich ist; § 243 II AktG kann in diesem Zusammenhang also nur wertend herangezogen werden;

ja grds. erwünscht ist, auf ein annehmbares Maß zu reduzieren, um so der Intention des Gesetzgebers Rechnung zu tragen[869].

(2) § 276 BGB

Der geschilderten Ansicht ist von Seiten der Lit. teilweise widersprochen worden. Es sei in diesem Zusammenhang nicht einzusehen, warum gerade bei der Ausübung des Stimmrechts nicht der allgemeine Verschuldensmaßstab des § 276 BGB gelten soll, welcher für ein Verschulden auch Fahrlässigkeit genügen lässt[870]. Durch dieses Vorsatzerfordernis bliebe das Schwert der Treupflicht im Aktienrecht stumpf[871].

In der Tat ist bereits mangels nachweisbarem Vorsatz des Stimmrechtsvertreters, welcher den Aktionären über § 278 BGB zugerechnet werden könnte, eine Klage der geschädigten Aktionäre abgewiesen worden[872].

(3) Stellungnahme

Der Meinung, welche den allgemeinen Verschuldensmaßstab des § 276 BGB für eine Schadensersatzpflicht des einzelnen Aktionärs heranziehen will, kann trotz der Vorteile einer scharfen Waffe nicht gefolgt werden, da sie die aktienrechtlichen Besonderheiten, insbesondere § 117 VII Nr.1 AktG, zu wenig berücksichtigt. Oben[873] wurde als Hauptargument für eine wirkungsbezogene Treupflicht die Gefahr genannt, ein Aktionär ließe sich nicht mehr zur Teilnahme an der Hauptversammlung bewegen, wenn er infolge der Ausübung seines Stimmrechts befürchten müsste, Schuldner bedeutender Schadensersatzforderungen zu werden[874]. Das Vorsatzerfordernis stellt nun ein geeignetes Korrektiv für die Tatsache dar, dass eine solche Haftung auch ohne Stimmrechtsbündelung bei Erreichen einer bloßen Zufallsmehrheit möglich ist. Da zumindest den Kleinaktionär keine Pflicht trifft, sich mit den anstehenden Entscheidungen der Hauptversammlung inhaltlich auseinander zusetzen[875] und es ihm somit meist am Wissen bzgl. der treupflichtwidrigen Auswirkungen seiner Stimme fehlen wird, ist die Gefahr einer Haftung als sehr gering anzusehen. Dass dadurch aus der Treupflicht ein „stumpfes Schwert“ wird, ist im Rahmen des Aktienrechts vom Gesetzgeber gerade so beabsichtigt.

Auch ist nicht der Ansicht zu folgen, welche die Einschränkung der Haftung dadurch erreichen will, dass sie zwar Fahrlässigkeit i.S.v. § 276 BGB genügen lässt, dabei jedoch bei der Ermittlung des Sorgfaltsmaßstabs auf die Unerfahrenheit des Kleinanlegers abstellt. Bei der Ermittlung des Sorgfaltsmaßstabs des § 276 II BGB ist nämlich nicht auf die individuelle Fähigkeit einer bestimmten Person abzustellen, sondern vielmehr ein objektiv-abstrakter Maßstab anzulegen[876]. Es wäre weder mit dem Erfordernis der Rechtssicherheit noch mit dem

---

869 GRUNEWALD, FS Kropff, S. 98; HÄSEMEYER, ZHR 160 (1996), 109, 118; LUTTER, JZ 1995, 1053, 1055; HENNSLER, DZWiR 1995, 430, 432;

870 BECKERHOFF, S. 99; HENNRICHS, WuB II A. § 135 AktG 1.95, 1995, 731, 734; differenzierend ZÖLLNER in: KöKo, AktG, § 243 Rn. 180 f., der lediglich bei Abstimmung über Geschäftsführungsangelegenheiten Fahrlässigkeit genügen lassen will;

871 HENNRICHS, WuB II A. § 135 AktG 1.97, 1997, 223, 225;

872 OLG Düsseldorf WM 1996, 1366, 1367 f. – *Girmes*;

873 § 2.A.II.2.c)bb)(1), S. 48 f.;

874 BGH NJW 1995, 1739, 1746 – *Girmes*; ZÖLLNER, Schranken mitgliedschaftlicher Stimmrechtsmacht, S. 430;

875 GRUNEWALD, FS Kropff, S. 94;

876 HEINRICHS in: PALANDT, § 276 Rn. 15; HENNSLER, DZWiR 1995, 430, 432;

Gleichbehandlungsgebot des § 53a AktG vereinbar, wenn man den Sorgfaltsmaßstab für jeden Aktionär entsprechend seiner Beteiligung und seiner konkreten Kenntnis von ökonomischen Zusammenhängen individuell bestimmen würde[877]. Überdies müsste man bei Annahme eines solchen individuellen Sorgfaltsmaßstabes behaupten, dass der Kleinanlegers bei der Stimmrechtsausübung objektiv gar keinen Treupflichtverstoß begangen hat. Da aber für die Anfechtung nach § 243 I AktG der gleiche Maßstab hinsichtlich der Pflichtwidrigkeit angelegt werden muss[878], wäre dann auch noch nicht einmal eine Anfechtung möglich[879].

Erachtet man jedoch Vorsatz für erforderlich, kann man konkret darauf abstellen, ob der von seinem Stimmrecht Gebrauch machende Aktionär wusste, welche Auswirkungen seine Stimme auf die Mitgliedschaftsrechte der Mitaktionäre haben würde. Dabei wird dieses Wissen bei einem Kleinanleger, welcher seine Stimme ungebündelt abgibt, in der Regel zu verneinen sein. Ein professioneller Anleger mit hoher Beteiligung wird sich hingegen nur schwerlich darauf berufen können, er sei sich der Auswirkungen auf das Mitgliedschaftsrecht seiner Mitgesellschafter nicht bewusst gewesen, da er sich schon im eigenen Interesse besser auf die Hauptversammlung vorbereiten wird. Es wird in der Regel daher wenigstens Eventualvorsatz anzunehmen sein[880]. Das Vorsatzerfordernis erlaubt also viel eher eine individuelle, vom Status des Aktieninhabers abhängige Betrachtung, als dies bei einer Anwendung des Sorgfaltsmaßstabs des § 276 BGB der Fall wäre.

(4) Bezugspunkte des Vorsatzes

Der BGH hatte im Girmes-Fall lediglich Vorsatz als Voraussetzung für eine Schadensersatzforderung verlangt, ohne näher zu konkretisieren, worauf sich dieser Vorsatz beziehen müsse[881]. Erst das OLG Düsseldorf, an das der Rechtsstreit zum Zweck weiterer Sachverhaltsaufklärung nach § 565 I S.1 ZPO a.F. zurückverwiesen wurde, verlangte, dass sich der Vorsatz nicht nur auf die Pflichtwidrigkeit der Stimmrechtsausübung beziehen müsse, sondern vielmehr auch der Schaden der Mitaktionäre aufgrund des Wertverlustes der Aktien davon umfasst zu sein habe[882].

Grundsatz im Haftungsrecht ist aber, dass sich das Verschulden nur auf das rechtswidrige Verhalten, nicht hingegen auf den Schadenseintritt beziehen muss[883]. § 826 BGB etwa ist von diesem Grundsatz eine Ausnahme, um die Haftung aufgrund des unbestimmten Begriffs der Sittenwidrigkeit nicht ausufern zu lassen. Fraglich ist, was im Gesellschaftsrecht eine solche Ausnahme begründen könnte.

Das OLG, das das Verhältnis von Regel und Ausnahme genau andersherum auslegt, begründet seine Ansicht damit, dass die horizontale Treupflicht das Gebot beinhalte, die gesellschaftsbezogenen Interessen der Mitaktionäre nicht zu beinträchtigen, was gleichbedeutend mit dem Verbot sei, diesen Schaden zuzufügen. Dieser Ansicht dürfte aber nicht zuzustimmen sein, weil sie nicht zwischen Verletzung der mitgliedschaftlichen Interessen und

---

877 so aber BECKERHOFF, S. 101;

878 GRUNEWALD, FS Kropff, S. 97; beachte, dass die Anfechtung wegen Treupflichtverletzung auf § 243 I AktG gestützt wird und daher gerade nicht der subjektive Tatbestand des § 243 II AktG erforderlich ist, vgl. oben § 3.D.I.2, S. 161 sowie die Anm. in Fn. 868;

879 GRUNEWALD, FS Kropff, S. 98;

880 GRUNEWALD, FS Kropff, S. 98;

881 vgl. BGH NJW 1995, 1739, 1746 – *Girmes*;

882 OLG Düsseldorf WM 1996, 1366, 1367;

883 OLG Düsseldorf WM 1996, 1366, 1367; HENNSLER, DZWiR 1997, 36, 37;

daraus folgendem Schaden differenziert. Genauso wie man im Rahmen eines Anspruchs aus §§ 280, 241 II, 282 BGB nicht in der Vertragsverletzung bereits den Schaden sehen kann, darf auch nicht der Eingriff in die mitgliedschaftlichen Interessen mit dem daraus kausal entstehenden Schaden gleichgesetzt werden. Die horizontale Treupflicht untersagt nämlich einen unverhältnismäßigen Eingriff in die Rechte der Mitaktionäre, sie beinhaltet aber kein allgemeines Schädigungsverbot i.S.d. *neminem laedere*[884].

Ein auf die Schädigung gerichteter Vorsatz ist demzufolge nicht erforderlich[885].

e) Anspruchsinhaber

Nachdem die bisherigen Untersuchungen ergeben haben, dass ein Schadensersatzanspruch für treupflichtwidrige Stimmabgabe durchaus denkbar ist, sofern mittels einer Anfechtungsklage der daraus entstandene Schaden nicht wieder gutzumachen ist, muss geklärt werden, wer Inhaber eines solchen Schadensersatzanspruches ist.

aa) Aktivlegitimation

Anspruchsinhaber ist der Gesellschafter, der in seinen mitgliedschaftlichen Rechten beeinträchtigt worden ist. Aus der Anerkennung der horizontalen Treupflicht folgt, dass das missbräuchliche Ausüben einer Sperrminorität eine Verletzung gegenüber dem Mitgesellschafter darstellt. Deshalb muss auch nicht darauf eingegangen werden, ob dem § 147 I S.1 AktG zu entnehmen ist, dass der Einzelaktionär auch nicht zur Verfolgung von solchen Ansprüchen der AG befugt ist, welche nicht unmittelbar vom Wortlaut der Norm gedeckt sind[886]. Es geht gerade nicht darum, ob der Aktionär in Prozessstandschaft einen Anspruch der Gesellschaft geltend machen darf. Aus der Verletzung der horizontalen Treupflicht entsteht dem Aktionär ein eigener Anspruch[887], ein Fall der *actio pro socio* liegt daher nicht vor[888].

bb) Leistung an die Gesellschaft

Aus der Feststellung, dass der Einzelaktionär Inhaber des Schadensersatzanspruchs ist, kann aber noch nicht gefolgert werden, dass dieser Anspruch auch auf Leistung in sein Privatvermögen gerichtet ist.

Hat eine treupflichtwidrig ausgeübte Sperrminorität den Zusammenbruch der Gesellschaft zur Folge, so handelt es sich bei dem Schaden der Aktionäre lediglich um einen Reflex aus dem Schaden der Gesellschaft. Man spricht in diesem Zusammenhang von der Problematik des Doppelschadens[889]. Aufgrund des Zusammenhangs von Anteilswert und Gesellschaftsvermögen hat der wirtschaftliche Zusammenbruch der AG auch den völligen Wertverfall der Aktien zur Folge. Dies gilt uneingeschränkt für nicht börsennotierte Aktiengesellschaften[890]. Aber selbst bei solchen, deren Aktien an der Börse gehandelt werden, und deren Unterneh-

---

[884] HENNRICHS, WuB II A. § 135 AktG 1.97, 1997, 223, 224; so auch GRUNEWALD, FS Kropff, S. 98, die aber dennoch vom Ergebnis her ein Erstrecken des Vorsatzes auf den Schaden für richtig hält;
[885] TIMM, WM 1991, 481, 487;
[886] vgl. RAISER, ZHR 153(1989), 1, 24 f.;
[887] BUNGERT, DB 1995, 1749, 1755 f.;
[888] MERTENS, FS Fischer, S. 475;
[889] vgl. HÜFFER, AktG, § 93 Rn. 19;
[890] vgl. KOWALSKI, S. 47;

menswert daher nicht präzise durch den Börsenwert repräsentiert ist[891], stellt der Aktionärsschaden eine reflexive Folgewirkung der Gesellschaftseinbuße dar[892].

Dieser Zusammenhang von Anteilswert und Gesellschaftsvermögen hat zur Folge, dass bei Ersatz des dem Gesellschaftsvermögen entstanden Schaden mittelbar auch der Wert der Aktien wieder die vor dem schädigenden Ereignis liegende Höhe erlangt. Nach ganz überwiegender Meinung ist daher der Schadensersatzanspruch des in seinen mitgliedschaftlichen Rechten beeinträchtigten Aktionärs nicht auf Leistung in sein Privatvermögen, sondern auf Leistung in das Gesellschaftsvermögen gerichtet. Könnte der Aktionär direkt Leistung an sich selbst verlangen, läge ein Verstoß gegen § 57 I S.1 AktG vor, wonach den Aktionären die Einlagen nicht zurückgewährt werden dürfen. Weiter stünde dem der Grundsatz der Kapitalerhaltung und Zweckbindung des Gesellschaftsvermögens entgegen[893]. Das ergibt sich auch aus dem Grundsatz der Naturalrestitution i.S.d. § 249 S.1 BGB, wonach der Schaden dort wieder gut gemacht werden muss, wo er entstanden ist, nämlich primär im Gesellschaftsvermögen[894].

Ein Anspruch auf Leistung eines Schadensersatzanspruchs direkt in das Privatvermögen des Gesellschafters kommt folglich erst dann in Betracht, wenn ihm über den Reflexschaden aus der Entwertung des Gesellschaftswertes hinaus ein eigener Schaden entstanden ist[895]. § 117 I S.2 AktG liegt insoweit ein generelles Prinzip zugrunde[896].

cc) Auch bei fehlendem Anspruch der Gesellschaft

Eine Besonderheit besteht bei den Sanierungsfällen insofern, als das Verhindern der Sanierung gerade keine Treupflichtverletzung gegenüber der Gesellschaft darstellt. Diese hat kein schützenswertes Interesse am eigenen Fortbestehen, andernfalls würde ein Beschluss nach § 262 I Nr.2 AktG stets eine Verletzung der vertikalen Treupflicht gegenüber der AG darstellten. Insofern kann der Gesellschaft selbst auch kein Schadensersatzanspruch zukommen. Eine Verletzung der horizontalen Treupflicht hat für einen Schadensersatzanspruch ohnehin nur dann eine eigenständige Bedeutung, wenn nicht gleichzeitig Interessen der Gesellschaft berührt sind. Nur dann ist nämlich ein Schadensersatzanspruch der AG nicht vorrangig zu behandeln[897].

Nichtsdestoweniger muss aber auch in den Fällen, in welchen die Gesellschaft keinen eigenen Anspruch mangels Treupflichtverletzung ihr gegenüber hat, der Aktionär auf Leistung an die Gesellschaft klagen[898]. Es kommt nämlich nicht darauf an, ob der Gesell-

---

891 KOWALSKI, S. 109 ff.;

892 MARTENS, ZGR 1972, 254, 279;

893 BGH NJW 1995, 1739, 1747 – *Girmes*; BGH ZIP 1987, 29, 32; BRANDES, FS Fleck, S. 17; MARTENS, ZGR 1972, 254, 277; MERTENS, FS Lange, S. 570;

894 MERTENS, FS Fischer, S. 474 f., demzufolge ein Anspruch auf Leistung an den Gesellschafter in Höhe des diesem entstandenen Reflexschadens aber denkbar ist; die von ihm in diesem Zusammenhang aufgezählten Probleme sind bei fehlendem Anspruch der Gesellschaft irrelevant;

895 SCHICK, ZIP 1991, 938, 940; SCHÖNE, WM 1992, 209, 213; MERTENS in: KöKo, AktG, § 93 Rn. 175; HEFERMEHL in: GEßLER, HEFERMEHL, ECKARD, KROPFF, AktG, § 93, 97; für die GmbH: RAISER in: HACHENBURG, § 14 Rn. 61;

896 BUNGERT, DB 1995, 1749, 1755; RAISER, ZHR 153(1989), 1, 24;

897 BGH ZIP 1992, 1464, 1470 f. – IBH/Scheich Kamel; BUNGERT, DB 1995, 1749, 1753; HENZE, FS Kellermann, S. 152;

898 BGH NJW 1995, 1739, 1747 – *Girmes*;

schaft auch ein Anspruch zusteht. Entscheidend ist vielmehr, dass der AG ein Schaden entstanden ist und der Schaden des Gesellschafters einen Reflex dieses Schadens darstellt.

dd) Auch nach Beantragung der Insolvenz

Ein weiterer Sonderfall bei den Sanierungsfällen besteht insofern, als dass in dem Zeitpunkt, da der Gesellschafter den Schadensersatz geltend macht, das Unternehmen regelmäßig bereits Insolvenz angemeldet hat. In solch einem Fall wird daher teilweise vertreten, der Gesellschafter habe ausnahmsweise einen Anspruch auf Leistung von Schadensersatz in sein Privatvermögen. Ein Schadensausgleich durch Leistung an die Gesellschaft sei dann nämlich nicht mehr möglich[899].

Dem kann nicht zugestimmt werden. Vielmehr würde durch eine solche Leistung in das Privatvermögen des Aktionärs diesem ein Vorabbefriedigungsrecht außerhalb des Insolvenzverfahrens zugebilligt[900]. Nicht befriedigte Forderungen sind daher an die Konkursmasse im Wege der Nachtragsverteilung gemäß § 203 InsO zu erfüllen[901].

ee) Ergebnis

Der Aktionär macht also keinen Anspruch der Gesellschaft, sondern einen eigenen geltend. Gleichwohl ist dieser Anspruch – selbst im Fall der zwischenzeitlich eingetretenen Insolvenz – lediglich auf Leistung an die Gesellschaft, nicht aber auf Leistung in das Privatvermögen des Gesellschafters gerichtet.

f) Anspruchsgegner

Anspruchsgegner sind lediglich die Aktionäre, welche ihr Stimmrecht vorsätzlich in treupflichtwidriger Weise ausgeübt haben[902].

g) Höhe

Ein großes Problem stellt schließlich die Bestimmung der durch die rechtsmissbräuchliche Stimmrechtsausübung verursachten Schadenshöhe dar.

aa) Entkoppelung des Anteils-Marktwertes vom Wert des Unternehmens

Scheitert die Sanierung einer AG aufgrund einer treupflichtwidrigen Sperrminorität und muss infolgedessen Insolvenz angemeldet werden, verliert die Aktie regelmäßig vollständig ihren Wert. Um nun den Wert dieses Schadens bestimmen zu können, muss man aber feststellen, welchen Wert diese Unternehmensbeteiligungen vorher hatten. Gerade bei börsennotierten Unternehmen bereitet die Wertfeststellung aufgrund des teilweise großen Unterschiedes zwischen Nennwert und Börsenkurs der Aktien größere Schwierigkeiten[903]. Teilweise findet eine weitgehende Entkoppelung des Anteils-Marktwertes vom Wert des Unternehmens statt. Der Börsenwert wird nämlich nur zum Teil vom reellen Unternehmens-

---

899 SCHICK, ZIP 1991, 938, 940;
900 SCHÖNE, WM 1992, 209, 214; KOWALSKI, S. 176 ff.;
901 BGH NJW 1995, 1739, 1747 – *Girmes*;
902 ZÖLLNER, WINTER, ZHR 158 (1994), 59, 75; MARSCH-BARNER, ZHR 157 (1993), 172, 191;
903 TIMM, WM 1991, 481, 486 Fn. 49;

wert bestimmt. In starkem Maße fließen auch Spekulationen ein, welche auf zukünftigen Gewinnerwartungen, Kursentwicklungschancen und sogar bloßen Gerüchten fußen[904].

bb) Keine Auswirkung auf die Schadenshöhe des Aktionärs

Gerade die Ausführungen der mit dem Girmes-Fall beschäftigten Gerichte zeigt die sich daraus ergebenden Schwierigkeiten auf.

So war das LG Düsseldorf der Ansicht, der Schaden könne nicht anhand der Kursverluste berechnet werden. Der Kurswert der Aktie stelle lediglich ein Indiz für den Wert der Unternehmensbeteiligung dar[905], setze sich aber aus einer Vielzahl von Faktoren zusammen, welche vom Unternehmenswert völlig unabhängig seien[906]. Es handle sich bei der Aktie um ein vom Unternehmenswert losgelöstes selbständiges Objekt des Geschäftsverkehrs[907]. Ein Feststellung der Schadenshöhe könne aus diesen Gründen nur unter Zugrundelegung des tatsächlichen Wertes der Aktiengesellschaft erfolgen[908].

Unklar bleibt indes, was das Gericht unter dem *tatsächlichen Wert* versteht. Es suggeriert damit, dass es einen absoluten Wert für jeden Kaufgegenstand und damit auch für Unternehmensbeteiligungen geben müsse. Dem kann nicht zugestimmt werden. Auf einem freien Markt, wofür die Aktienbörse geradezu ein Paradebeispiel darstellt, bilden sich Werte durch das Zusammenspiel von Angebot und Nachfrage. Dass beides durch Spekulationen beeinflusst wird, widerspricht dem nicht, sondern bestätigt es sogar. Selbst ein grundloses Gerücht, welches ohne einen wahren Hintergrund zu haben, die Aktienkurse in bedeutendem Umfang beeinflusst, ist nämlich Teil dieses Marktes. Es ist daher nicht einzusehen, warum man den durch diesen Markt zustande gekommenen Preis als verschieden vom tatsächlichen Wert anzusehen hat. Stattdessen diesen Wert durch das Gericht festsetzen zu lassen, widerspricht den Grundsätzen einer marktwirtschaftlichen Ordnung[909]. Aus diesem Grund hat der BGH entschieden, dass die Schadenshöhe anhand der Börsenkurse zu bestimmen sei, selbst wenn diese durch spekulative Momente bestimmt wäre[910].

cc) Probleme bei der Ermittlung des Reflexschadens

Die Loskoppelung der Aktienwerte vom Wert des Unternehmens stellt demzufolge kein Problem bei der Ermittlung der Schadenshöhe dar. Sie wirft aber Schwierigkeiten bei der Bestimmung der Höhe des Reflexschadens auf. Denn wenn der Schaden der Gesellschaft ausgeglichen wird, bedeutet dies aufgrund der zahlreichen anderen spekulativen Momente noch lange nicht, dass dadurch auch der durch den Kursverlust entstandene Schaden des Aktionärs wieder gutgemacht ist. Geht der Schaden des Gesellschafters durch den Kursverlust nämlich über den anteilsmäßig auf ihn entfallenden Schaden der Gesellschaft hinaus, so

---

904 KOWALSKI, S. 107;
905 LG Düsseldorf WM 1993, 153, 163 f.; AG Düsseldorf WM 1993, 164, 166; vgl. i.d.S. auch BGHZ 70, 117, 120 f., der in Kursschwankungen außerrechtliche Zufälligkeiten sieht, welche keine geschützte Rechtsposition zu begründen vermögen;
906 LG Düsseldorf WM 1993, 153, 163 f.;
907 OLG Düsseldorf WM 1996, 1366, 1371;
908 LG Düsseldorf WM 1993, 153, 163;
909 WENGER, ZIP 1993, 321, 327;
910 BGH NJW 1995, 1739, 1746 – *Girmes*; zustimmend BUNGERT, DB 1995, 1749, 1755;

handelt es sich eben nicht mehr um einen Reflexschaden. Für diesen Teil kann der Aktionär auf Leistung des Schadensersatzes direkt in sein Privatvermögen klagen[911].

Ein Anspruch auf Leistung des Schadensersatzanspruchs direkt in das Privatvermögen des Gesellschafters kommt folglich erst dann in Betracht, wenn ihm über den Reflexschaden aus der Entwertung des Gesellschaftswertes hinaus ein eigener Schaden entstanden ist. Wie hoch dieser ist, steht erst dann fest, wenn der Schaden am Gesellschaftsvermögen behoben wurde und die Börse Zeit hatte, darauf zu reagieren. Der nach diesem Ausgleich verbleibende Kursverlust gegenüber dem Zeitpunkt vor dem schädigenden Ereignis, ist die Höhe des Nicht-Reflexschadens[912]. Kann eine solche Reaktion der Börse nicht mehr abgewartet werden, weil das Unternehmen in der Zwischenzeit Insolvenz angemeldet hat, ist der Anteil hypothetisch zu ermitteln[913].

h) Zusammenfassung und Ergebnis

Der Aktionär hat im deutschen Aktienrecht also dann einen Schadensersatzanspruch, wenn der ihm entstandene Nachteil durch eine Anfechtungsklage bzw. durch Anfechtungsklage in Kombination mit einer positiven Beschlussfeststellungsklage nicht ausgeglichen werden kann. Voraussetzung ist allerdings, dass der Missbrauch des Stimmrechts vorsätzlich erfolgte. Leistung in sein Privatvermögen kann der Gesellschafter nur für den Teil verlangen, welcher nicht einen Reflex aus dem Schaden der Gesellschaft darstellt. Sonst muss er auf Leistung an die Gesellschaft klagen.

II. Italien

Weiter gilt es, auch im italienischen Recht die Rechtsfolgen einer missbräuchlich ausgeübten Sperrminorität zu erörtern[914]. Während – wie oben erwähnt[915] – sich die Lit. nur wenig Gedanken über die konkreten Voraussetzungen des Minderheitsmissbrauchs macht, wird das Problem der sich daraus ergebenden Rechtsfolgen sehr eingehend und kontrovers diskutiert. Einigkeit scheint lediglich dahin gehend zu bestehen, dass es sich bei der Frage nach der Sanktion um die schwierigste Frage im Zusammenhang mit den *minoranze di blocco* handelt[916].

1. Ausschluss des Stimmrechts durch den *presidente dell'assemblea*

Auch in Italien sitzt gemäß Art. 2371 I c.c. ein *presidente* der *assemblea* vor, welchem die Aufgabe der Leitung derselben zufällt. In seinen Kompetenzbereich fällt es auch, Aktionäre, welchen kein Stimmrecht allgemein oder bei einer bestimmten Beschlussfassung zusteht, von der Abstimmung auszuschließen.

Auch in Italien wird vertreten, dass der *presidente dell'assemblea* Aktionäre, die ihr Stimmrecht in missbräuchlicher Art und Weise einsetzen, gar nicht erst zur Abstimmung

---

911 KOWALSKI, S. 111 ff.; a.A.: MERTENS in: KöKo, AktG, § 93 Rn. 175, allerdings für einen Fall, in dem die Gesellschaft einen eigenen Anspruch inne hat;

912 KOWALSKI, S. 114 f.;

913 BGH NJW 1995, 1739, 1746 – *Girmes*;

914 zu den Rechtsfolgen eines Stimmrechtsmissbrauchs durch die Mehrheit vgl. den Überblick bei QUATRARO, ISRAEL, D'AMORA, QUATRARO, Operazioni sul capitale, S. 1944 ff.;

915 § 3.C.II.3.b), S. 134 f.;

916 PORTALE, EDP 1991, I, 153, 173; MARCHETTI, Società 1998, 557, 558; MAZZONI, Giur.comm. 1998, I, 485, 501; FERRARA jr., CORSI, S. 681 Fn. 681;

zulassen darf, um so einen Mehrheitsmissbrauch bzw. – im Fall der vorliegenden Untersuchung die eigentliche Frage – eine missbräuchliche Sperrminorität gar nicht erst entstehen zu lassen.

a) Theorie des Stimmverbots aus Art. 2373 I c.c. a.F.

Es stellt sich in diesem Zusammenhang aber die Frage, ob ein Aktionär, welcher sich in einem Interessenkonflikt befindet – sei es mit der Gesellschaft oder mit anderen Gesellschaftern – von der Stimmabgabe tatsächlich gänzlich ausgeschlossen ist, oder aber nur nicht in eine bestimmte Richtung abstimmen darf.

Die Anhänger der ersten Ansicht stützen sich vor allem auf den Wortlaut des Art. 2373 I c.c. a.F., wonach der Aktionär bei Beschlüssen, in denen er sich in einem Interessenkonflikt mit der *S.p.A.* befindet, sein Stimmrecht nicht ausüben darf. Dieses Wortlautargument galt natürlich insbesondere dann, wenn man – entgegen der Rspr. – von Art. 2373 c.c. a.F. auch den Interessenkonflikt der Aktionäre untereinander umfasst sah. Aber auch wenn man diese Norm lediglich als Ausdruck eines generellen Prinzips ansah, wonach das Stimmrecht des Aktionärs in bestimmten Fällen eingeschränkt werden kann, ließ sich vertreten, dass ein solcher genereller Stimmrechtsausschluss bereits durch den *presidente dell'assemblea* durchgesetzt werden könne[917]. Als Argument wurde angeführt, Art. 2373 I c.c. a.F. habe andernfalls keine eigenständige Bedeutung. Außerdem ergebe sich diese Lösung aus einem Vergleich mit Art. 2391 I c.c. i.V.m. Art. 2631 I c.c. a.F. Letztere Norm enthielt eine Sanktion für die mangelnde Enthaltung eines sich in einem Interessenkonflikt befindlichen *amministratore* und zwar, wie Art. 2631 II c.c. a.F. zeigte, unabhängig von der Frage, ob der Gesellschaft daraus ein Schaden entstand. Art. 2391 I c.c. a.F. war ansonsten aber vollständig parallel zu Art. 2373 I c.c. a.F. und konnte sich daher nur in Bezug auf die Rechtsfolge unterscheiden, nicht aber in Bezug auf die Pflicht, sich in jedem Fall zu enthalten[918].

b) Art. 2373 I c.c. i.V.m. Abs. 2 zu verstehen

Wie oben bereits kurz erörtert[919] wurde aber bereits vor In-Kraft-Treten der Gesellschaftsrechtsreform nach ganz h.M. Art. 2373 I c.c. keine eigenständige Bedeutung mehr beigemessen. Es herrschte weitgehend Einigkeit, dass sich aus dieser Norm lediglich unter den zusätzlichen Voraussetzungen des Art. 2373 II c.c. eine nachträgliche Anfechtbarkeit ergeben könne.

Würde man nämlich dem *presidente dell'assemblea* bereits die Macht zuerkennen, Aktionäre bei Vorliegen eines Interessenkonfliktes von vornherein von der Abstimmung auszuschließen, würde das die zur Anfechtung Berechtigten in ihrer Entscheidungsfreiheit bzgl. der Frage beeinträchtigen, ob sie den Beschluss für ungültig erklärt haben wollen oder seine Gültigkeit trotz Interessenkonflikts anerkennen. Dem Präsidenten darf also lediglich eine Ordnungsfunktion zukommen, nicht hingegen die Aufgabe, zwischen den Gesellschaftern bestehende Konflikte zu lösen[920]. Dazu kommt, dass für den Fall, dass sich sämtliche Gesellschafter in dem gleichen Interessenkonflikt befinden, kein einziger sein Stimmrecht

---

917 App. Roma, 1948, in: Dir.fall. 1948, II, 26 f.; CASSOTTANA, S. 70; COTTINO, S. 362;
918 TRIMARCHI, S. 180 ff.;
919 § 3.C.III.1.a), S. 151 f.;
920 FERRI, S. 627 ff.;

ausüben dürfte und so die *S.p.A.* beschlussunfähig würde. Dabei vertritt die h.M. gerade die Meinung, dass bei Einstimmigkeit des Beschlusses eine Anfechtbarkeit nach Art. 2377 c.c. nicht gegeben ist.

Daraus folgt, dass dem *presidente dell'assemblea* nicht die Kompetenz zufällt, Aktionäre von vornherein vom Stimmrecht auszuschließen. Genauso wie in Deutschland ergibt sich aus Art. 2373 I c.c. a.F. bzw. dem dahinter stehenden Prinzip kein generelles Stimmverbot, sondern lediglich das Verbot, in einer bestimmten, die Gesellschaft bzw. die anderen Gesellschafter schädigenden Art und Weise abzustimmen. Da der *presidente dell'assemblea* aber vorher nicht die Abstimmungsintention des Einzelnen kennt, kann es ihm auch nicht erlaubt sein, den Aktionär von vornherein von der Abstimmung auszuschließen. Im Vorfeld der Abstimmung obliegt die Beurteilung, ob ein Aktionär sich im Interessenkonflikt befindet, einzig und allein diesem Aktionär selbst[921].

Aus einem Interessenkonflikt kann also lediglich eine Einschränkung, nicht aber ein Ausschluss des Stimmrechts folgen. Dies gilt unabhängig davon, ob es sich um einen Interessenkonflikt mit der Gesellschaft handelt, welcher in den direkten Anwendungsbereich des Art. 2373 I c.c. a.F. fällt, oder ob ein Konflikt mit den Interessen der Mitaktionäre zu befürchten ist.

c) Bestätigung durch Gesellschaftsrechtsreform

Bestätigt wird diese Ansicht nun durch die Neufassung des Art. 2373 c.c. im Rahmen der Gesellschaftsrechtsreform, durch die die beiden ersten Absätze des bisherigen Art. 2373 I c.c. zu einem einzigen zusammengefasst werden, so dass nun auch durch den Wortlaut klar wird, dass ein Interessenkonflikt allein kein eigenständiges Stimmverbot auslösen soll.

2. Anfechtbarkeit nach Art. 2377 I c.c.

a) Rechtsfolge des Stimmrechtsmissbrauchs

Regelmäßig ist ein (Mehrheits-)Beschluss, welcher am Mangel des *eccesso di potere* leidet, nicht nichtig, sondern lediglich anfechtbar gemäß Art. 2377 I c.c.[922] Dies geht als allgemeines Prinzip aus Art. 2373 I i.V.m. Art. 2377 c.c. für alle Beschlüsse hervor, in denen Aktionäre ein *interesse extrasociale* auf Kosten der anderen Gesellschafter verfolgen[923]. Es mangelt dem Beschluss dann an *conformità della legge o dell'atto costitutivo* i.S.d. letzteren Norm. Das Gleiche gilt auch, wenn man im Stimmrechtsmissbrauch einen Verstoß gegen das

---

921 Cass.civ., I, 17.10.1955, n. 3241, in: Giur.it. 1956, I, 1, 487, 494 ff.; Cass.civ., 8.5.1992, n. 5498, in: Giur.comm. 1993, II, 351, 355; App. Bologna, 10.10.1947, in: Giur.it. 1948, I, 2, 81, 84; App. Venezia, 14.1.1993 in: Società 1993, 937; MENGONI, Riv.soc. 1956, 434, 449 ff.; ENRIQUES, Giur.comm. 1994, II, 125, 131 ff.; GAMBINO, Correttezza, S. 251 ff.; SENA, S. 388, 401; CHIANTIA, S. 63 f.; PREITE in: COLOMBO, PORTALE, 3**, S. 3, 116 ff.; GRIPPO, S. 391 f.; FERRARA jr., CORSI, S. 482 ff.; CAMPOBASSO, S. 349; SIMONETTI, NGCC 2000, II, 479, 484 ff.; a.A. CENNI, CeI 1993, 847, 867 f.;

922 vgl. unter vielen Cass.civ., I, 7.2.1979 n. 818, in: Dir.fall. 1979, II, 127, 128; Cass.civ., I, 29.5.1986 n. 3628, in: Società 1986, 1087, 1088; App. Torino, 26.4.1960, in: Giust.civ. 1961, 884, 891; App. Milano, 27.9.1983, in: Giur.comm. 1984, II, S. 426, 430 f.; Trib. Milano, 9.6.1994, in: Società 1995, 216, 218; ASQUINI, Riv.soc. 1959, 617, 631; PICONE, Società 1998, 949, 954; AMITRANO, NGCC 1997, I, 455, 456 f.; a.A.: DETTI, Giust.civ. 1962, IV, 285, 300 ff., der zumindest für die Fälle, in denen die nötige Mehrheit nur auf falscher Berechnung bzw. Auszählung beruht, Nichtigkeit annimmt;

923 GALGANO, in: GALGANO, VII, S. 232 f.;

principio di correttezza e buona fede sieht. In diesem Fall sind die Art. 1175, 1375 c.c. verletzt, so dass der Beschluss ebenfalls nicht mit dem Gesetz in Einklang steht[924].

Zur Anfechtung sind die Aktionäre, welche an der *assemblea* nicht teilgenommen bzw. gegen den Beschluss gestimmt haben, die *amministratori*, das *consiglio di sorveglianza* sowie das *collegio sindacale* berechtigt, Art. 2377 I c.c.[925]

Seit dem In-Kraft-Treten der Gesellschaftsrechtsreform besteht gemäß Art. 2377 II c.c. ein Recht zur Anfechtung eines Beschlusses der *assemblea* durch die Aktionäre nur noch dann, wenn der oder die anfechtungswilligen Aktionäre einen Kapitalanteil von 1 ‰ bei börsennotierten bzw. von 5 % bei nicht börsenotierten *S.p.A.* innehaben. Andernfalls wird den Aktionären lediglich ein Recht auf Schadensersatz zugebilligt.

Dem der Anfechtungsklage stattgebenden Urteil kommt *inter-omnes*-Wirkung zu, Art. 2377 VI S.1 c.c.

b) Statthaftigkeit bei negativem Beschluss

Auch in Italien stellt sich das Problem, ob die Anfechtbarkeit auch dann die geeignete Sanktion ist, wenn das Zustandekommen eines positiven Beschlusses durch die Minderheit missbräuchlich verhindert wurde. Es ist umstritten, ob auch ein solcher negativer Beschluss unter den Tatbestand des Art. 2377 I c.c. fällt und damit anfechtbar ist.

Viele Autoren sprechen sich dagegen aus, einen Beschluss negativen Inhalts als gefasst anzusehen, da bei einer *minoranza di blocco* ein Beschlussgegenstand eben gerade nicht angenommen sei und es demnach gänzlich an einem Beschluss fehle, welcher zunichte gemacht werden könne[926].

An anderer Stelle wird hingegen vertreten, auch ein negativer Beschluss sei ein Beschluss. Dem Gesetz lasse sich gerade nicht entnehmen, dass Art. 2377 I c.c. auf solche *deliberazioni* beschränkt sein soll, in denen der Beschlussgegenstand angenommen wird. Das ergab bereits ein Vergleich mit der Anfechtbarkeit aus Art. 2373 II i.V.m. Art. 2377 II c.c. a.F. Hat dort ein sich in einem Interessenkonflikt mit der *S.p.A.* befindlicher Mehrheitsaktionär durch seine Stimmrechtsausübung einen Beschluss verhindert, ist nicht einzusehen, warum dieser negative Beschluss nicht anfechtbar sein soll[927]. Wie oben dargestellt wurde, kann auch solch ein abgelehnter Beschlussgegenstand einen Verstoß gegen das Gesetz oder die Satzung darstellen. Die Anfechtbarkeit eines solchen Beschlusses sei auch vom Ergebnis her betrachtet notwendig, da nur so den Mehrheitsaktionären ausreichender Schutz vor der Blockade durch die Minderheitsaktionäre zukommen könne[928]. Jedenfalls bei Nichterreichen der in Art. 2368 II S.2 c.c. und Art. 2369 III c.c. vorgesehenen Zweidrittelmehrheiten könne eine Anfechtbarkeit nicht verneint werden. In so einem Fall hat der Beschluss ja eine (einfache) Mehrheit von Jastimmen erlangt, die Annahme des Beschlussgegenstandes scheitert somit

---

[924] Cass.civ., I, 26.10.1995, n. 11151, in: NGCC 1997 I, S. 449, 455; GAMBINO, Correttezza, S. 147;

[925] vgl. zu den Voraussetzungen der Anfechtungsklage vor In-Kraft-Treten der Gesellschaftsrechtsreform ZANARONE in: COLOMBO, PORTALE, 3**, S. 187, 377 ff.;

[926] SANTAGATA in: CAMPOBASSO, T.U.F., Art. 126 S. 1041; FERRI, S. 636; WEIGMANN in: Dig.disc.priv., Sez.comm., XIV, S. 338, 396; CAMPOBASSO, S. 351 f. ohne Begründung; PORTALE, EDP 1991, I, 153, 159 f. unter Hinweis auf die franz. Rechtslage;

[927] FERRI-LUZZI, S. 53 f. Fn. 138;

[928] FERRARI, S. 148; RORDORF, FS Salafia, S. 171; RORDORF, Società 1999, 809, 812; TRIMARCHI, S. 62 ff.;

lediglich an der qualifizierten Mehrheit[929]. Letztendlich ist aber egal, ob eine positive Beschlussfassung lediglich an der qualifizierten oder der einfachen Mehrheit scheitert.

Ein Beschluss liegt in jedem Fall vor. Dass dieser einen negativen Inhalt hat, kann einer Anfechtbarkeit nicht entgegenstehen.

c) Rechtsfolge der Anfechtung

Unabhängig davon, wie man sich hinsichtlich der Anfechtbarkeit der sog. *deliberazioni negative* entscheidet, stellt sich die Frage, ob dem Anfechtenden mit der Anfechtung eines negativen Beschlusses überhaupt gedient sein kann. In der italienischen Lit. wird zwar vereinzelt vertreten, die Ungültigerklärung eines negativen Beschlusses durch das Gericht habe gleichzeitig die Annahme dieses Beschlusses zur Folge[930]. Aber auch in Italien muss gelten, dass die Anfechtungsklage lediglich die Wiederherstellung des *status-quo-ante* bewirken kann, also der Beschluss dann lediglich als nicht abgelehnt, keineswegs aber als angenommen gilt[931]. Die Anfechtungsklage ist dem Rechtsschutzziel der Mehrheit, welche am qualifizierten Mehrheitserfordernis des Art. 2369 c.c. gescheitert ist, somit nicht förderlich[932].

3. Art. 1105 IV c.c. analog

Vereinzelt ist vertreten worden, einen positiven Beschluss mittels einer analogen Anwendung des Art. 1105 IV c.c. zu erreichen[933]. Diese Norm räumt jedem Teilhaber an einer Gemeinschaft das Recht ein, das Gericht anzurufen, damit dieses die notwendigen Verwaltungsangelegenheiten durchführt, welche für das Gemeinschaftsgut notwendig aber mangels Mehrheit nicht durchführbar sind.

Für eine solche analoge Anwendung fehlt es indes schon an der vergleichbaren Rechtslage. Im Rahmen von Art. 1105 IV c.c. geht es nämlich nur um Fragen der laufenden Verwaltung. Bei einer *minoranza di blocco* handelt es sich – da der Tatbestand ja nur bei Entscheidungen der *assemblea straordinaria* denkbar ist – nicht um Fragen der laufenden Verwaltung, also der Geschäftsführung sondern stets um Änderungen der Satzung. Die Anwendung von Art. 1105 IV c.c. käme somit einem unzulässigen *a-minore-ad-maius*-Schluss gleich[934].

4. Anfechtbarkeit der einzelnen Stimme

Um dennoch den Aktionären die Möglichkeit zu geben, trotz des missbräuchlichen Ausübens einer Sperrminorität von Seiten einer Minderheit, einen positiven Beschluss zu erlangen, wird von einigen Autoren die Meinung vertreten, dieses Ergebnis lasse sich durch Anfechtung nicht etwa des ganzen Beschlusses, sondern lediglich der missbräuchlichen Neinstimmen erreichen.

---

929 RORDORF, FS Salafia, S. 173;
930 FERRARI, S. 148;
931 vgl. oben § 3.D.I.2, S. 161 ff.;
932 RORDORF, FS Salafia, S. 171 f.; RORDORF, Società 1999, 809; FERRARA jr., CORSI, 23.13, S. 681 Fn. 681;
933 PELLIZZI, Riv.dir.civ. 1967, I, 113, 141 Fn. 98;
934 PORTALE, EDP 1991, I, 153, 173 f.;

a) Diskussionsstand

Dass auch die einzelne Stimme anfechtbar ist, wird teilweise von der Lit. bestritten, da das Gesetz in Art. 2377 I c.c. nur die Anfechtbarkeit des gesamten Beschlusses ermöglicht[935]. Die italienische Rspr. hat aber schon seit langem anerkannt, dass die einzelne Stimme dann anfechtbar ist, wenn gerade diese an einem Mangel leidet[936]. In dem Zusammenhang hat nun der Streit zwischen *eccesso di potere* und *principio di correttezza e buona fede* praktische Auswirkungen. War bisher gerade im Bereich der Voraussetzungen des Missbrauchs kein wirklicher, vor allem kein einheitlich anerkannter Unterschied auszumachen, kommt es nun bei den Rechtsfolgen entscheidend darauf an, welcher Theorie man folgt. Ein *eccesso di potere* stellt nämlich einen Mangel des ganzen Beschlusses dar, so dass auch nur dieser insgesamt angefochten werden kann. Ein Verstoß gegen die Art. 1175, 1375 c.c. betrifft hingegen lediglich die Stimme, welche zur Verfolgung von *interessi extrasociali* abgegeben wurde[937]. Nur wenn man dieser Theorie folgt, können also die einzelnen Stimmen der blockierenden Minderheit angefochten werden.

Das Gericht kann somit jede einzelne Stimme einer Untersuchung unterziehen, ob die Verweigerung der Zustimmung zu einem für die *S.p.A.* überlebensnotwendigen Beschluss einen Verstoß gegen das *principio di correttezza e buona fede* darstellt. Bei Bejahung dieser Frage kann es diese einzelnen Stimmen für nichtig erklären, so dass es theoretisch denkbar ist, dass die verbleibenden, nicht missbräuchlich abgegebenen Stimmen die für die Annahme des Beschlusses nötige Mehrheit darstellen.

So einfach diese Lösung auf den ersten Blick scheinen mag, tauchen bei näherer Untersuchung Bedenken angesichts zweier Probleme auf. Dies besteht zum einen in der Anfechtbarkeit von Enthaltung, zum anderen in der Berechnung des *quorum deliberativo*.

b) Anfechtbarkeit von Enthaltungen

Weiter oben wurde festgestellt, dass im Gegensatz zum deutschen Recht die Minderheit bereits mittels Enthaltungen eine Sperrminorität ausüben kann[938]. Eine Enthaltung besteht aber gerade darin, dass weder eine Ja- noch eine Neinstimme vom Aktionär abgegeben wird. Wo eine Stimmabgabe aber nicht erfolgt, kann eine solche auch nicht angefochten werden.

Daraus ergibt sich, dass in den Fällen, da die Sperrminorität lediglich durch Enthaltung ausgeübt wird, auch die Anfechtbarkeit der einzelnen Stimmen nicht zur Feststellung eines positiven Beschlusses führen kann. Das Gericht müsste die Stimme vielmehr für abgegeben erklären. Eine Anwendung des Art. 2932 I c.c., dem Äquivalent des deutschen § 894 ZPO, steht aber entgegen, dass das Gericht nicht seine Meinung an die Stelle derjenigen des Gesellschafters setzen darf, da dies einen unzulässigen Eingriff in die Privatautonomie darstellen würde[939].

---

935 RORDORF, FS Salafia, S. 173;

936 Cass.civ., 15.11.1967, in: Riv.dir.comm. 1968, II, 106, 107 f.; a.A.: RORDORF, FS Salafia, S. 173;

937 JAEGER in: FENGHI, SANTA MARIA, S. 890, 910 f.; JAEGER, Giur.comm. 1996, II, 334, 336; MARTINES, CeI 1997, 1184, 1209 f.; MAZZONI, Giur.comm. 1998, I, 485, 501 f.; GALGANO, S. 260 f.; vgl. auch di *ipotesi di lavoro* bei GALGANO, CeI 1996, 1, 7;

938 siehe § 3.B.II.4.a), S. 90 ff.;

939 PORTALE, EDP 1991, I, 153, 176;

c) *Quorum deliberativo*

Das Hauptproblem der bloßen Anfechtung der einzelnen Stimmen besteht aber hinsichtlich der Wahrung des *quorum deliberativo*.

aa) Berechnungsgrundlage des *quorum deliberativo*

Damit eine Sperrminorität erreicht wird, muss das dazu nötige Aktienpaket so groß sein, dass allein durch Abstimmung der restlichen Aktien gerade nicht die durch das *quorum deliberativo* geforderte Mehrheit zustande kommt. Werden nun die diese Blockade verursachenden Stimmen für ungültig erklärt, ist damit noch kein positiver Beschluss erreicht. Die übrigen Stimmen stellen dann zwar u.U. die Mehrheit der übrigen abgegebenen Stimmen dar, erreichen aber gleichwohl nicht das notwendige *quorum deliberativo*, da nach der Anfechtung einzelner Stimmen nicht mehr *voti favorevoli* vorhanden sind, die Bezugsgröße aber unverändert bleibt[940].

Als Beispiel sei eine *S.p.A.* angeführt, deren Grundkapital auf 27 Aktien aufgeteilt ist. In der zweiten convocazione sind zwölf Aktien in der *assemblea straordinaria* vertreten, so dass das *quorum costitutivo* von einem Drittel erreicht ist. Für einen überlebensnotwendigen Beschluss stimmen sechs Aktionäre mit Ja, drei mit Nein und drei enthalten sich, zwei davon unfreiwillig, da sie sich in einem Interessenkonflikt befindet.

Stellt das Gericht nun fest, dass die drei Neinstimmen missbräuchlich abgegeben wurden, kann es diese für ungültig erklären. Die Stimmen gelten aber gleichwohl als *"rappresentato in assemblea"*, so dass nach wie vor sechs *voti favorevoli* nicht die erforderliche Zweidrittelmehrheit im Verhältnis zu den zwölf in der Hauptversammlung vertretenen Aktien darstellen.

Um einem *blocco di minoranza* entgegenwirken zu können, wäre es daher erforderlich, die missbräuchlichen Stimmen nicht nur für ungültig zu erklären, sondern diese auch nicht in Berechnungsgrundlage des *quorum deliberativo* einfließen zu lassen. Es wären dann auch nur sechs *voti favorevoli* vorhanden, die Berechnungsgrundlage würde sich ohne die missbräuchlichen Stimmen aber auf neun reduzieren, so dass die erforderliche Zweidrittelmehrheit gegeben wäre.

bb) Diskussionsstand vor der Gesellschaftsrechtsreform

Unter der Gesetzeslage vor der Gesellschaftsrechtsreform, war es daher nicht möglich, durch Anfechtung einzelner Stimmen zu einem positiven Beschluss zu gelangen.

(1) *Società non quotate*

Entsprechend obiger Ausführungen[941] flossen nicht nur freiwillige, sondern auch unfreiwillige Enthaltungen in die Berechnungsgrundlage des *quorum deliberativo* ein, was dazu führte, dass Enthaltungen unabhängig von ihrer Freiwilligkeit zur Blockade eines positiven Beschlusses führen konnten. Selbst bei Zulassen der Anfechtung von Enthaltungen, konnte diese Anfechtung nicht zu einem positiven Beschluss führen.

---

[940] PORTALE, EDP 1991, I, 153, 175 f.; MAZZONI, Giur.comm. 1998, I, 485, 502; RORDORF, FS Salafia, S. 173; vgl. zur Berechnung des *quorum deliberativo* bereits oben § 3.B.II.3, S. 89 ff.;

[941] § 3.B.II.4.b), S. 91 ff.;

Für die missbräuchlich abgegebene Neinstimme konnte insofern nichts anderes gelten. Wenn sich der Aktionär nämlich schon durch eine Enthaltung in Konflikt mit den Mitaktionären befand und dadurch eine Blockade auslöste, musste dies erst recht für den Aktionär gelten, der sich mit seiner Neinstimme noch weiter vom Interesse der Mitaktionäre distanzierte. Es wäre ein Wertungswiderspruch, wenn die hinsichtlich des Beschlussgegenstandes Gleichgültigkeit signalisierende Enthaltung eine höhere Blockadewirkung als die bewusste Gegenstimme auslösen würde. Außerdem konnte auch im Zusammenhang mit missbräuchlichen Neinstimmen zumindest bei der *assemblea straordinaria* der Wortlaut der Art. 2368 III, 2369 III c.c. a.F. nicht dahingehend ausgelegt werden, dass nur das Gesellschaftskapital anzusetzen ist, für welches das Stimmrecht nicht missbräuchlich ausgeübt wurde[942]. Was die missbräuchliche Neinstimme bei der *assemblea ordinaria* betraf, so hätte eine im Vergleich zur *assemblea straordinaria* unterschiedliche Behandlung einer Grundlage im Gesetz bedurft, welche sich gerade nicht finden ließ. Zwar tauchte vereinzelt in der Lit. das Argument auf, die Notwendigkeit, Blockaden durch Minderheitsaktionäre zu verhindern, gebiete es, missbräuchliche Neinstimmen nicht dem *quorum deliberativo* hinzuzurechnen[943]. Mit der geltenden Gesetzeslage war diese Forderung aber nicht vereinbar.

(2) *Società quotate*

Es stellt sich ferner die Frage, wie dieses Problem im Anwendungsbereich des Art. 126 T.U.F., also bei der *assemblea straordinaria* der börsenotierten *S.p.A.* zu behandeln war. Rspr. ist zu dieser Frage keine ergangen.

Zunächst ist festzustellen, dass das *quorum deliberativo*, wie heute in Art. 2368 II S.2, 2369 III, VII c.c., nicht anhand des gesamten Gesellschaftskapitals ermittelt wurde, so dass das soeben im Rahmen der *assemblea straordinaria* bei der nicht börsennotierten *S.p.A.* genannte Wortlautargument gegen eine Mitzählung der missbräuchlich abgegebenen Stimmen keine Gültigkeit beanspruchen konnte.

Anders als bei der *assemblea ordinaria*, wo der Wortlaut des Art. 2368 I S.2 c.c. a.F. lediglich von der *"maggioranza assoluta"* sprach, nannte Art. 126 IV T.U.F. – wie heute in Art. 2368 II S.2, 2369 III, VII c.c. – als Bezugsgröße des *quorum deliberativo* jedoch ausdrücklich die in der *assemblea* anwesenden Stimmen. Eine denkbare Lösung bei dieser Formulierung wäre allenfalls, als Berechnungsgrundlage des *quorum deliberativo* nicht das *"capitale rappresentato"* sondern lediglich das *"capitale validamente rappresentato"* heranzuziehen. Unter dieses würden nämlich gerade nicht diejenigen Stimmen fallen, welche einen Verstoß gegen das *principio di correttezza e buona fede* bedeuten[944]. Mit der Für-ungültig-Erklärung dieser Stimmen würde sich somit gleichzeitig das *quorum deliberativo* verringern, der Beschluss könnte als angenommen gelten.

Allerdings ist diese Ansicht nur schwerlich mit dem Wortlaut des Art. 126 IV T.U.F., bzw. mit den Art. 2368 II S.2, 2369 III, VII c.c. vereinbar, sprechen diese Normen doch generell vom in der *assemblea* vertretenen Kapital und gerade nicht vom gültig vertretenen Kapital. Die soeben dargelegte Meinung würde also die Grenzen der noch zulässigen Auslegung sprengen. Hinzu kommt, dass der Wortlaut das Kapital und nicht die Stimme als Anknüp-

---

[942] vgl. bereits oben § 3.B.II.4, S. 90;
[943] GALGANO, CeI 1996, 1, 7; GALGANO, S. 261; MARTINES, CeI 1997, 1184, 1210;
[944] vgl. SANTAGATA in: CAMPOBASSO, T.U.F., Art. 126 S. 1043; GALGANO, S. 261;

fungspunkt vorschreibt[945]. Das Kapital ist aber unabhängig davon ordnungsgemäß in der *assemblea* vertreten, wie das aufgrund des Kapitals dem Aktionär gemäß Art. 2351 I c.c. zukommende Stimmrecht später ausgeübt wird.

Jedenfalls im Anwendungsbereich des Art. 126 T.U.F. war es somit nicht möglich, missbräuchlich abgegebene Stimmen nicht zum *"capitale rappresentato in assemblea"* zu rechnen, so dass eine Anfechtung der einzelnen Stimmen nicht zu einem positiven Beschluss führen konnte[946].

cc) Unfreiwillige Enthaltung gemäß Art. 2368 III S.2 c.c.

Wie oben[947] bereits dargestellt, werden seit In-Kraft-Treten der Gesellschaftsrechtsreform unfreiwillige Enthaltungen gemäß Art. 2368 III S.2 c.c. nicht zur Berechnungsgrundlage das *quorum deliberativo* hinzugezählt.

(1) Auswirkung auf Blockade durch Enthaltungen

Wird die Bezugsgröße des *quorum deliberativo* durch Herausrechnung der unfreiwilligen Enthaltungen reduziert, kann dies dazu führen, dass die erforderliche Zweidrittelmehrheit gegeben ist.

Als Beispiel soll wieder von der aus 27 Aktien bestehenden *S.p.A.* ausgegangen werden, zu deren *assemblea straordinaria* in zweiter *convocazione* zwölf Aktionäre erschienen sind. Abgegeben wurden sechs Jastimmen, drei (rechtmäßige) Neinstimmen und drei unfreiwillige Enhaltungen. Rechnet man die unfreiwilligen Enhaltungen gemäß Art. 2368 III S.2 c.c. nicht zur Berechnungsgrundlage des *quorum deliberativo*, stellen die sechs Jastimmen gegenüber den neun zu berücksichtigenden Aktionären die erforderliche Zweidrittelmehrheit dar.

Oben wurde aber dargestellt, dass eine Enthaltung nicht angefochten werden kann[948]. In solch einem Fall wäre dann eher eine auf Art. 2377 c.c. analog gestützte positive Beschlussfeststellungsklage nach dem deutschen Vorbild Erfolg versprechend. Es muss ja nicht die Enthaltung aus der Welt geschafft, sondern lediglich das *quorum deliberativo* neu berechnet werden.

(2) Auswirkung auf Blockade durch Neinstimmen

Fraglich ist, welche Auswirkung Art. 2368 III S.2 c.c. auf eine missbräuchliche Blockade durch Neinstimmen hat. Die Norm regelt dem Wortlaut ja gerade nicht, dass auch unrechtmäßige Stimmen nicht zur Berechnungsgrundlage des *quorum deliberativo* hinzugezählt werden dürfen. Gleichwohl muss eine wertende Betrachtung zu genau diesem Ergebnis führen.

Wenn nämlich schon eine unfreiwillige Enthaltung nicht in die Berechnungsgrundlage des *quorum deliberativo* einfließt, muss dies erst recht gelten, wenn ein Aktionär entgegen der Pflicht, sich der Stimme zu enthalten, mit Nein gestimmt hat. Das unrechtmäßig Verhalten darf nicht mehr Einfluss auf das Beschlussergebnis haben als das rechtmäßige.

---

945 MAZZONI, Giur.comm. 1998, I, 485, 502; PORTALE, EDP 1991, I, 153, 175 f.;
946 SANTAGATA in: CAMPOBASSO, T.U.F., Art. 126 S. 1043;
947 § 3.B.II.4.a), S. 90 ff.;
948 § 3.D.II.4.b); S. 183 ff.;

d) Positive Feststellungsklage

Anders als nach der bisherigen Rechtslage kann die Anfechtung einer Einzelstimme also durchaus ein wirksames Mittel gegen eine missbräuchliche Sperrminorität darstellen. Ohne die Berücksichtigung dieser blockierenden Stimmen für das *quorum deliberativo* kann die Annahme des Beschlussgegenstandes festgestellt werden.

Zu beachten ist in diesem Zusammenhang aber die Tatsache, dass es nicht ausreichend ist, die Neinstimme für ungültig erklären zu lassen. Vielmehr muss auch das *quorum deliberativo* neu berechnet werden, um zu einem positiven Beschluss zu gelangen. Dies wird besonders deutlich, bei einem durch unfreiwillige Enthaltungen verhinderten Beschluss, bei dem der *presidente dell'assemblea* die Unfreiwilligkeit der Stimmen nicht erkannt hat. Hier können nicht etwa die Enthaltungen angefochten werden, es muss lediglich das *quorum deliberativo* neu berechnet werden.

Es sollte daher auch in Italien eine positive Feststellungklage auf Art. 2377 I c.c. analog gestützt werden.

Zu berücksichtigen ist die Tatsache, dass bzgl. der Anfechtung eines Beschlusses gemäß Art. 2377 II c.c. die Anfechtungsberechtigung vom Innehaben einer bestimmten Quote abhängig gemacht wird, die Aktionäre andernfalls gemäß Art. 2377 III c.c. auf die Geltendmachung von Schadensersatz verwiesen werden[949]. Das dahinter stehende Motiv des Gesetzgebers, einem Beschluss weitgehenden Bestandsschutz zu gewährleisten und dadurch benachteiligte Aktionäre in Geld zu entschädigen, muss auch bei einer unrechtmäßigen Beschlussblockade gelten.

Das Gleiche gilt für die Frist des Art. 2377 V c.c. und die *inter-omnes*-Wirkung des Art. 2377 VI c.c.

5. Verhindern im Vorfeld

Weder Rspr. noch Lit. setzen sich mit der Frage auseinander, ob in Italien auch eine vorbeugende Klage in Betracht kommt, mittels derer bereits im Vorfeld der *assemblea*, den Aktionären ein bestimmtes Stimmverhalten auferlegt werden kann.

Allerdings kann hier nichts anderes als in Deutschland gelten[950]. Denn auch in Italien ist jeder Aktionär grds. in seiner Stimmrechtsausübung fei. Ob sich eine Einschränkung dieser Freiheit ergibt, kann erst aus einer Gesamtschau der abgegebenen Stimmen ermittelt werden. So kann bspw. ein Aktionär nicht zur Abgabe einer positiven Stimme verpflichtet werden, solange nicht feststeht, dass er durch paralleles Stimmverhalten mit anderen Aktionären eine Sperrminorität erreichen wird.

6. Schadensersatz

Die bisherigen Untersuchungen haben gezeigt, dass die nachträgliche Herbeiführung eines positiven Beschlusses seit In-Kraft-Treten der Gesellschaftsrechtsreform zumindest theoretisch möglich ist. Gerade im Bereich des Art. 2447 c.c. ist nach dem oben Dargestellten[951] aber eine eilige Beschlussfassung geboten, um die Auflösung der Gesellschaft zu verhindern.

---

[949] siehe oben § 3.D.II.2.a), S. 180 f.;
[950] vgl. § 3.D.I.4, S. 164 f.;
[951] § 3.C.II.4.c)ff), S. 141;

Eine gerichtliche Überprüfung dieses Beschlusses wird daher regelmäßig nicht rechtzeitig zu erlangen sein.

Da die *S.p.A.* bzw. die übrigen Aktionäre gleichwohl nicht schutzlos einer solchen Blockade durch die Minderheit ausgeliefert sein sollen, wird von zahlreichen Autoren vertreten, dass alleine eine Schadensersatzpflicht als Rechtsfolge einer *minoranza di blocco* in Frage kommen soll.

a) Vereinbarkeit mit dem Gesetz

Dabei war die Zulässigigkeit einer solchen Schadensersatzpflicht für missbräuchliche Stimmrechtsausübung lange fraglich. Zwar enthält die italienische Rechtsordnung keine dem § 117 VII Nr.1 AktG entsprechende Regelung, welche Schadensersatz wegen missbräuchlicher Stimmausübung kategorisch ausschließen würde. Gleichwohl war in Art. 2377 II c.c. a.F. als Rechtsfolge eines gesetzes- bzw. satzungswidrigen Beschlusses der *assemblea* lediglich dessen Anfechtbarkeit oder aber im Fall des Art. 2379 c.c. allenfalls dessen Nichtigkeit vorgesehen[952].

Ein Beschluss würde der *S.p.A.* zugerechnet und bindet alle, auch die dissentierenden Aktionäre. Wolle ein Aktionär diese Bindung vermeiden, bleibe ihm die Möglichkeit, gegen diesen Beschluss mittels der Anfechtungsklage vorzugehen. Solange dies aber nicht geschieht, bleibt der Beschluss in Kraft. Es sei daher nicht einzusehen, warum einem Aktionär, der den Beschluss nicht angefochten hat, ein Schadensersatzanspruch zustehen soll[953]. Bei Einführung des Art. 2373 c.c. a.F. sei über eine solche Schadensersatzpflicht beraten worden, diese dann aber im Laufe der Beratungen gerade abgelehnt worden[954]. Die Unzulässigkeit ginge auch klar aus einem Vergleich mit Art. 2391 II c.c. a.F. hervor, wo beim Interessenkonflikt eines *amministratore* sehr wohl eine Schadensersatzpflicht vom Gesetzgeber eingerichtet worden sei[955].

Die genannte Ansicht war aber in dem Moment obsolet, da die missbräuchliche Stimmrechtsausübung nicht mehr als *eccesso di potere,* sondern vielmehr als Verstoß gegen Art. 1375 c.c. angesehen wird. Es handelt sich dann nämlich um einen Fall des *inadempimento del contratto sociale*. Wenn man auch auf Gesellschaftsverträge die allgemein im Vertragsrecht geltende Norm des Art. 1375 c.c. anwendet, ist nicht einzusehen, warum man dessen normale Rechtsfolge nicht zulassen soll[956]. Auch das historische Argument, bei den Beratungen zu Art. 2373 c.c. a.F. sei eine Schadensersatzpflicht ausdrücklich abgelehnt worden, vermag nicht zu überzeugen, da die Interpretation eines Gesetzestextes im Laufe der Zeit auch unabhängig von den ursprünglichen Intentionen des Gesetzgebers vorgenommen werden kann. Dass sich diese Ansicht des ursprünglichen Gesetzgebers gewandelt hat, zeigt bereis Art. 2504-quater c.c., der zwar die Anfechtbarkeit einer eingetragenen Fusion ausschließt, davon aber ausdrücklich das Recht auf Schadensersatz unberührt sehen will, dieses also voraussetzt[957].

---

952 vgl. GUERRERA, Riv.soc. 2002, 181, 281 ff.;

953 Trib. Verona, 4.5.1959, in: Dir.fall. 1959, II, 790; WEIGMANN in: Dig.disc.priv., Sez.comm., XIV, S. 338, 396;

954 GAMBINO, Correttezza, S. 325;

955 ANGELICI, La società nulla, S. 129 Fn. 36;

956 JAEGER, Giur.comm. 1996, II, 334, 338; PREITE in: COLOMBO, PORTALE, 3**, S. 3, 80; vgl. auch STOLFI, Riv.dir.comm. 1964, I, 163, 166;

957 PREITE in: COLOMBO, PORTALE, 3**, S. 3, 80 f.;

Eine Schadensersatzpflicht für missbräuchliche Stimmrechtsausübung war somit schon vor In-Kraft-Treten der Gesellschaftsrechtsreform zu bejahen[958]. Gerade bei der missbräuchlichen Stimmrechtsausübung durch die Minderheit kommt hinzu, dass die vom Gesetzgeber vorgesehene Anfechtung nicht die Rechtsfolgen einer solchen Sperrminorität beseitigen kann. In diesem Zusammenhang kann also das Argument, der Aktionär hätte gegen den Beschluss vorgehen können, keine Gültigkeit beanspruchen[959].

Wenngleich die Möglichkeit, Schadensersatz für missbräuchliche Stimmrechtausübung verlangen zu können, beim Missbrauch durch die Mehrheit eher eine Mindermeinung darstellt[960], sind sich die wenigen Autoren, welche sich mit missbräuchlichen Sperrminoritäten auseinandersetzen, weitgehend einig, dass die Anerkennung eines Schadensersatzanspruchs in diesem Zusammenhang nicht im Widerspruch mit der geltenden Rechtsordnung steht und als wirksames Mittel zur Abhilfe notwendig ist[961].

b) Gesellschaftsrechtsreform

Bestätigt wird die Ansicht nun durch die Gesellschaftsrechtsreform, wonach in Art. 2377 III c.c. die Gesellschafter immer dann auf die Geltendmachung von Schadensersatz verwiesen werden, wenn sie nicht das für die Anfechtungsklage notwendige Quorum erreichen. Schadensersatz wird also als die normale Rechtsfolge angesehen.

Nach dem oben gesagten, kann auch nicht davon ausgegangen werden, dass lediglich die Aktionäre, welche nicht die nach Art. 2377 II c.c. erforderliche Quote an Kapital inne haben, Schadensersatz verlangen dürfen. Das Verlangen von Schadensersatz muss als weniger gegenüber der Herstellung des richtigen Beschlussergebnisses betrachtet werden. Es wäre widersinnig, einem Aktionär die Anfechtung zu erlauben, die Geltendmachung von Schadensersatz aber zu verweigern.

c) Anspruchsgrundlage

Zunächst stellt sich auch hier die Frage nach der Anspruchsgrundlage. Das Gesetz selbst setzt im erwähnten Art. 2504-quater c.c. zwar einen Schadensersatzanspruch voraus, nennt jedoch selbst keine Norm, auf die ein solcher gestützt werden könnte. Auch die vorzitierten Autoren, welche die Möglichkeit eines Schadensersatzanspruchs bejahen, gehen nicht auf die Frage ein, von welcher Grundlage dieser abgeleitet werden soll.

Unter den wenigen Autoren, die sich mit der Anspruchsgrundlage auseinandersetzen, herrscht aber Einigkeit, dass es sich bei der missbräuchlichen Stimmrechtsausübung um einen *fatto illecito* i.S.v. Art. 2043 c.c. handelt[962]. Trotz seines weiten Wortlautes ist die Norm dahin

---

958 SENA, S. 404; MAISANO, Eccesso di potere, S. 157; CHIOMENTI, S. 216, der aber auch eine Anfechtung bei einem Interessenkonflikt zwischen den Gesellschaftern nicht zulassen will; vgl. auch CASSOTTANA, S. 71, gestützt allerdings auf die von ihm vertreten M.M., eine missbräuchliche Stimmrechtsausübung auch dann als einen Verstoß gegen Art. 2373 I c.c. zu werten, wenn lediglich ein horizontaler Interessenkonflikt vorliegt;

959 WEIGMANN in: Dig.disc.priv., Sez.comm., XIV, S. 338, 396; vgl. ASCARELLI, Riv.trim.dir.proc.civ. 1951, 1145, 1166, der einen Schadensersatzanspruch nur zulassen will, wenn ein Schaden trotz Anfechtung besteht;

960 QUATRARO, ISRAEL, D'AMORA, QUATRARO, Operazioni sul capitale, S. 1952; PICONE, Società 1998, 949, 954;

961 PORTALE, EDP 1991, I, 153, 178; RORDORF, FS Salafia, S. 173; MAZZONI, Giur.comm. 1998, I, 485, 503; BENAZZO, S. 451 Fn. 64;

962 MAISANO, Eccesso di potere, S. 152 ff.; MAZZONI, Giur.comm. 1998, I, 485, 503;

gehend einzuschränken, dass sie nur bei Verletzung eines subjektiven Rechtes Anwendung finden kann, was auf das Erfordernis des *"danno ingiusto"* zurückgeführt wird[963]. Ein solches *diritto soggettivo* kann aber die durch das Gesetz geschützte Gesellschafterstellung und der darin enthaltene Anteil am *patrimonio sociale* sein. Auch wenn man der *teoria contrattualista* folgt, stehen die demnach zwischen den Vertragsparteien herrschenden vertraglichen Beziehungen der Anwendbarkeit von Art. 2043 c.c. nicht entgegen[964].

Nicht erwähnt wird von den italienischen Autoren hingegen eine vertragliche Anspruchsgrundlage. Dies liegt wohl daran, dass die Rspr. der Ansicht war, dass ein Verstoß gegen das *principio di buona fede e correttezza* selbst keine Rechtsfolgen nach sich ziehe. Dadurch würde kein subjektives Recht begründet, sondern nur durch andere Normen verliehene Rechte konkretisiert[965]. Diese Ansicht hat die Rspr. wenig später allerdings selbst revidiert, indem sie klarstellte, dass es sich beim Verhalten gemäß *buona fede* um ein *"vero e proprio dovere giuridico"* handle[966]. Folgt man letzterer Ansicht, stellt eine Nichtbeachtung von Art. 1375 c.c. die Verletzung eines *dovere giuridico* und damit einen Fall des *inadempimento* dar. Ein Schadensersatzanspruch muss sich daher auch auf Art. 1218 c.c. stützen lassen[967].

d) Voraussetzungen

aa) Verhältnis zur Anfechtungsklage

Von den Befürwortern einer Schadensersatzpflicht des missbräuchlich abstimmenden Gesellschafters wird in Italien nicht das Verhältnis zur Anfechtungsklage diskutiert. Vielmehr scheinen die Befürworter einer solchen Schadensersatzpflicht dem dissentierenden Gesellschafter ein Wahlrecht einräumen zu wollen, ob er den Beschluss anfechten, oder Schadensersatz geltend machen will.

In welchem Verhältnis der Schadensersatzanspruch zur Anfechtungsklage gemäß Art. 2377 I c.c. bei einem Missbrauch der Mehrheitsmacht steht, braucht im Rahmen dieser Untersuchung nicht erörtert zu werden. In Bezug auf die missbräuchliche Ausübung einer Sperrminorität kann in Italien vom Aktionär nicht verlangt werden, sich vorrangig mittels der Anfechtungsklage gegen die missbräuchliche Sperrminorität zu wehren, weil dadurch dem aus der Blockade entstehenden Nachteil meist nicht abgeholfen werden kann. Insbesondere im Zusammenhang mit Art. 2447 c.c. käme eine derartige Abhilfe regelmäßig zu spät.

Art. 2377 V c.c. bestimmt ausdrücklich, dass die Frist von 90 Tagen gerechnet vom Tag des Hauptversammlungsbeschlusses nicht nur für die Anfechtungsklage, sondern auch für die Geltendmachung von Schadensersatz gilt.

bb) Verschulden

Auch die Frage des Verschuldens wird von der italienischen Lit. nicht behandelt. Folgt man der Meinung, wonach der Mangel eines Beschlusses einen *eccesso di potere* darstellt, so ist diesbezüglich auch keine weitere Untersuchung erforderlich, da dann ja bereits für die

---

963 zur historischen Entwicklung der Auslegung des Art. 2043 c.c. vgl. MAISANO, Eccesso di potere, S. 152 ff. sowie KINDLER, S. 210 ff.;
964 MAISANO, Eccesso di potere, S. 157;
965 Cass.civ., III, 16.2.1963, n. 357, in: Foro it. 1963, I, 1769, 1771;
966 Cass.civ., I, 5.1.1966, n. 89, in: Foro pad. 1966, I, 524, 525;
967 zum Verhältnis von Art. 1218 c.c. und Art. 2043 c.c. vgl. MAGLIONE in: PERLINGIERI, Art. 2043 S. 1731 f.;

Anfechtung auf der subjektiven Tatbestandsseite Vorsatz gegeben sein muss, nämlich die *unica finalità fraudolenta*[968].

Einer näheren Erörterung bedarf das Verschulden lediglich dann, wenn man den Mangel auf die Art. 1175, 1375 c.c. stützt und dabei der Meinung folgt, welche rein objektive Aspekte für einen solchen Verstoß genügen lässt. Stellt man dann nämlich einen Verstoß gegen diese Normen fest, so besagt dies lediglich, dass der Aktionär bei der Ausübung seines Stimmrechts objektiv gegen das *principio di buona fede e correttezza* verstoßen hat. Dies alleine ist der genannten Ansicht zur Folge auch für die Anfechtbarkeit des Beschlusses ausreichend. Ließe man dies auch für eine Schadensersatzpflicht des Aktionärs ausreichen, bestünde u.U. auch in Italien die Gefahr, dass die Freiheit des Stimmrechts zu sehr eingeschränkt wird. Jeder Aktionär müsste dann befürchten, sich einem Schadensersatzanspruch auszusetzen. Es ist dann nämlich gerade noch keine Aussage darüber getroffen, ob der Aktionär diesen Verstoß auch aus einer *ex-ante*-Sicht erkennen und sich entsprechend verhalten konnte[969]. Es muss also bei Anwendung der Art. 1175, 1375 c.c. zur Bejahung einer Schadensersatzpflicht auch das Verschulden überprüft werden.

Im Rahmen eines Anspruchs aus Art. 2043 c.c. geht dies aus dem Wortlaut hervor, es muss sich um einen *"atto doloso"* handeln. Ein Verschuldensmaßstab lässt sich dieser Norm jedoch entnehmen, es wird anlog der des Art. 43 c.p. herangezogen, der nicht nur Vorsatz, sondern auch Fahrlässigkeit umfasst[970].

Bei einem Anspruch aus Art. 1218 c.c. hingegen fordert der Gesetzgeber den Sorgfaltsmaßstab eines *"buon padre di famiglia"*, Art. 1176 c.c. Als Sorgfaltsmaßstab gilt dabei nicht der durchschnittliche Mensch in der konkreten Situation, sondern ein demgegenüber gesteigerter[971].

Aus den gleichen Gründen wie im deutschen Recht erscheint es hier aber nicht angebracht, für die Bejahung einer Schadensersatzpflicht des seine Zustimmung verweigernden Aktionärs Fahrlässigkeit genügen zu lassen. Insbesondere der erhöhte Sorgfaltsmaßstab des Art. 1176 c.c. ist nicht angebracht, da sonst eine zu große Einschränkung der grundsätzlichen Freiheit des Stimmrechts zu befürchten wäre. Zu fordern ist daher auch in Italien unabhängig von der gewählten Rechtsgrundlage das Vorliegen von Verschulden, also Wissen und Wollen.

e) Anspruchsgegner

Anders als in Deutschland, wo unumstritten ist, dass Anspruchsgegner eines solchen Schadensersatzanspruchs die Aktionäre sind, welche ihre Stimme treupflichtwidrig ausgeübt haben[972], wird diese Frage in Italien nicht mit solcher Einhelligkeit beantwortet.

aa) Missbräuchliche Stimmrechtsausübung

Grds. werden Beschlüsse der *assemblea* nämlich der *S.p.A.* zugerechnet, weshalb diese ja auch bei einer Anfechtungsklage passivlegitimiert ist[973]. Insofern müsste auch ein Schadens-

---

968 vgl. oben § 3.C.II.2.a)bb), S. 122 f.;

969 BUSNELLI, NAVARRETTA, Dir.priv. 1997, III, 171, 199;

970 MAGLIONE in: PERLINGIERI, Art. 2043 S. 1756;

971 GRASSO in: PERLINGIERI, Art. 1176 S. 7;

972 vgl. oben § 3.D.I.5.f), S. 176;

973 ZANARONE in: COLOMBO, PORTALE, 3**, S. 187, 394; beachte jedoch, dass eine § 246 AktG entsprechende Norm im *Codice civile* nicht vorhanden ist;

ersatzanspruch wegen eines fehlerhaften Beschlusses gegen die Gesellschaft geltend gemacht werden. Darüber, dass dies möglich ist, herrscht unter den Befürwortern weitgehend Einigkeit[974]. Dagegen kann auch nicht das Argument vorgebracht werden, durch die Zahlung von Schadensersatz werde der Gewinn der *S.p.A.* vermindert, so dass sich auch die Dividende verringere, was zu Folge habe, dass der durch den Beschluss geschädigte Gesellschafter den Schaden im Endergebnis teilweise doch wieder selbst tragen müsse[975]. Die zum Schadensersatz verpflichtete Gesellschaft kann nämlich wiederum bei den missbräuchlich abstimmenden Aktionären Rückgriff nehmen[976].

Auf der anderen Seite wurde oben eingehend erörtert, dass es sich bei der Ausübung des Stimmrechts um die Erfüllung eines Rechtsverhältnisses handelt, welches aufgrund des Gesellschaftsvertrages gerade zwischen den Gesellschaftern besteht[977]. Es handelt sich bei missbräuchlicher Stimmrechtsausübung um die Verletzung eines Gesellschafters durch einen anderen Gesellschafter[978]. Daraus ergibt sich, dass auch unmittelbar gegen den sein Stimmrecht missbräuchlich ausübenden Gesellschafter ein Schadensersatzanspruch geltend gemacht werden kann[979].

Es steht dem Gesellschafter also ein Wahlrecht zu, ob er gegen die *S.p.A.* oder gegen den Mitaktionär vorgehen will[980].

bb) Sperrminorität

Bei der missbräuchlichen Sperrminorität könnte man nun meinen, es käme nur eine Inanspruchnahme der blockierenden Minderheitsgesellschafter zustande. Dies zummindest dann, wenn man davon ausgeht, dass aufgrund der Blockade gerade kein Beschluss zustande kommt, welcher der Gesellschaft zugerechnet werden könnte. Allerdings wurde oben[981] erörtert, dass dann nicht etwa kein Beschluss, sondern lediglich ein Beschluss negativen Inhalts zustande kommt. Auch die Tatsache, dass dieser negative Beschluss nicht von der Mehrheit der Aktionäre, sondern nur von der Minderheit getragen wird, ändert nichts daran, dass dieser Beschluss grds. der *S.p.A.* zugerechnet wird.

Auch bei missbräuchlicher Ausübung des Stimmrechts durch die Minderheitsaktionäre, kann ein Schadensersatzanspruch also gegen die Gesellschaft geltend gemacht werden.

f) Anspruchsinhaber

Nicht diskutiert wird in Italien ebenfalls die Frage, ob ggf. die *S.p.A.* einen vorrangigen Anspruch gegen den missbräuchlich abstimmenden Gesellschafter haben könnte. Vielmehr wird selbstverständlich davon ausgegangen, dass dieser dem Gesellschafter direkt zusteht[982].

Es ist dies die konsequente Schlussfolgerung aus der Anerkennung einer vertraglichen Pflicht i.S.d. *principio di correttezza e buona fede* zwischen den Aktionären. Verstößt ein

---

974 PREITE, S. 136;
975 MAISANO, Eccesso di potere, S. 38;
976 PREITE in: COLOMBO, PORTALE, 3**, S. 3, 86;
977 § 2.B.I.5.b), S. 68;
978 PREITE in: COLOMBO, PORTALE, 3**, S. 3, 84 f.;
979 PREITE, S. 146 ff.; CASSOTTANA, S. 71 f.; der den missbräuchlich abstimmenden Aktionär alleine und nicht lediglich neben der S.p.A. als passiv legitimiert ansieht;
980 vgl. auch PICONE, Società 1998, 949, 954;
981 § 3.D.II.2.b), S. 181 f.;
982 PREITE in: COLOMBO, PORTALE, 3**, S. 3, 84;

Aktionär hiergegen, stellt dies eine Vertragsverletzung gegenüber den dadurch geschädigten Aktionären dar. Der Missbrauch einer Sperrminorität greift ja gerade nicht in ein Recht der *S.p.A.* ein, sondern betrifft das horizontale Verhältnis der Aktionäre untereinander.

Obwohl der Schaden des Gesellschafters eine reflexive Folgewirkung der Auflösung der Gesellschaft und eines damit verbundenen Wertverfalls seiner Anteile darstellt, wird in Italien nicht diskutiert, ob der Schaden der Gesellschafter auch durch Leistung an die Gesellschaft ausgeglichen werden kann[983]. Dies ist denknotwendig auch nicht möglich, wenn man als Anspruchsgegner die *S.p.A.* wählt. Schließlich würde es wenig Sinn machen, dass die Gesellschaft an sich selbst Schadensersatz leistet. Aber auch bei den Mitaktionären als Anspruchsgegner besteht der Vorteil vor allem darin, dass sich nicht die Frage nach der Höhe des reflexiven Folgeschadens stellt. Beim einzelnen Aktionär kann die Schadenshöhe wesentlich besser anhand des Wertverlustes seiner Aktienbeteiligung bestimmt werden.

g) Höhe

Die Höhe des Schadensersatzanspruchs richtet sich selbstverständlich nach der Höhe des vom einzelnen Aktionär infolge der missbräuchlichen Ausübung der Sperrminorität erlittenen Schadens, Art. 1223 c.c. Dieser wird auch in Italien regelmäßig im Unterschied zwischen dem Wert seiner Beteiligung vor und nach der mangelnden Zustimmung zum für die *S.p.A.* überlebensnotwendigen Beschluss liegen. Lässt sich die genaue Auswirkung auf den Wertverfall nicht beweisen, so kann der Richter den Schaden schätzen, Art. 1226 c.c.

III. Vergleich

1. Ausschluss des Stimmrechts durch den Leiter der Hauptversammlung

Zunächst ist festzustellen, dass in beiden Rechtsordnungen die Ansicht vorherrschend ist, wonach dem Leiter der Hauptversammlung nicht das Recht zukommen soll, einzelne, sich in einem Interessenkonflikt befindliche Aktionäre von der Abstimmung auszuschließen. Dies wird jeweils damit begründet, dass – außer in den ausdrücklich genannten Fällen – die Aktionäre nicht generell von der Abstimmung ausgeschlossen, sondern lediglich in der Ausübung dieses Stimmrechts eingeschränkt sind. Da der Leiter der Hauptversammlung aber nicht wissen kann, in welche Richtung der einzelne Aktionär abzustimmen gedenkt, der Umfang der Einschränkung sich überdies nach dem Gesamtergebnis des Beschlusses richtet, kann dadurch einer missbräuchlichen Sperrminorität nicht abgeholfen werden.

2. Anfechtbarkeit

Auch bzgl. der Anfechtbarkeit sind sich die Rechtsordnungen relativ ähnlich. So wird sowohl in Deutschland als auch in Italien eine Anfechtungsklage als grds. statthaft angesehen. Eine Sperrminorität verhindert nicht das Zustandekommen eines Beschlusses, sondern nur das Entstehen eines positiven Beschlusses. Auch dieser negative Beschluss kann aber Gegenstand von Anfechtungsklagen sein.

Folgt man der Theorie des *eccesso di potere* ist in Italien auch für die Anfechtungsklage das Vorhandensein eines subjektiven Tatbestandes (*unica finalità fraudolenta*) erforderlich.

---

[983] einzige Ausnahme insoweit CASSOTTANA, S. 72, der seine Auffassung aber mit ausschließlich deutschen Fundstellen untermauert;

Da wegen der beschränkten Untersuchungskompetenz der Gerichte auf diese aber ohnehin nur von objektiven Indizien geschlossen werden darf, hat der Unterschied keine praktische Auswirkung.

Jedenfalls kann eine Anfechtungsklage keine wirksame Abhilfe gegen eine missbräuchliche Sperrminorität schaffen, da damit allenfalls der negative Beschluss beseitigt werden kann, dies aber noch nicht automatisch zum Zustandekommen des positiven Beschlusses führt.

3. Ungültigkeit der einzelnen Stimmen

In beiden Ländern besteht wegen der Unzulänglichkeit der Anfechtungsklage das Bestreben, hinsichtlich einer Ungültigkeitserklärung nicht beim gesamten Beschluss, sondern bei den einzelnen Stimmen anzusetzen.

a) Positive Beschlussfeststellungsklage bzw. Anfechtung einzelner Stimmen

In Deutschland wird hierzu eine positive Beschlussfeststellungsklage nach § 243 I AktG analog bemüht, welche es dem Gericht erlaubt, das Beschlussergebnis so festzustellen, wie es ohne die Abgabe der missbräuchlichen Stimmen ausgefallen wäre. Auf dasselbe Ergebnis zielt der in Italien vertretene Weg ab, die einzelnen Stimmen anzufechten. Dies geschieht auch mit dem Ziel, dass die übrig bleibenden Stimmen die nötige Mehrheit zur Annahme des Beschlusses bilden. Es handelt sich zwar um verschiedene Wege, einen positiven Beschluss zustande zu bringen, beide Wege setzen jedoch bei der Ungültigkeit der einzelnen Stimmen an[984]. Während in Deutschland der gesamte Beschluss festgestellt wird, indem die einzelnen Stimmen einer Untersuchung unterzogen werden, werden in Italien einzelne Stimmen für ungültig erklärt und dann im Anschluss geprüft, ob unter Zugrundelegung des neuen Abstimmungsergebnisses, ein anderer Beschluss zustande gekommen wäre. Insbesondere bei Blockaden durch unfreiwillige Enthaltungen, sollte auch in Italien über die Anwendbarkeit einer positiven Feststellungsklage nach Art. 2377 c.c. analog nachgedacht werden.

In beiden Ländern darf ein positiver Beschluss lediglich dann festgestellt werden, wenn sich dieser durch das Nicht-Mitzählen ungültiger Stimmen ergibt. Andernfalls würde das Gericht seine Meinung an die Stelle derjenigen der Hauptversammlung setzen, was keinesfalls das Ergebnis der gerichtlichen Kontrolle eines Hauptversammlungsbeschlusses sein darf.

b) Bezugsgröße

Ein positiver Beschluss kann jedoch nur dann erreicht werden, wenn man die so für ungültig erklärten Stimmen auch nicht zur Bezugsgröße des Mehrheitserfordernisses hinzurechnet, da andernfalls die restlichen gültigen Stimmen alleine nicht das nötige Mehrheitserfordernis erreichen.

In Deutschland herrscht entgegen dem Wortlaut Einigkeit, dass nicht nur Enthaltungen nicht zum *„bei der Beschlussfassung vertretenen Grundkapital"* zählen, sondern auch treupflichtwidrige Neinstimmen nicht dazugerechnet werden dürfen.

In Italien muss man aus der Formulierung der Art. 2368 II S.2, 2369 III c.c. zunächst folgern, dass auch die einen Verstoß gegen das *principio di buona fede e correttezza* darstellende Stimme Teil des *"capitale rappresentato in assemblea"* ist. Im Gegensatz zu Deutschland

---

[984] vgl. ZÖLLNER, Schranken mitgliedschaftlicher Stimmrechtsmacht, S. 363;

wurde vor In-Kraft-Treten der Gesellschaftsrechtsreform dieser Wortlaut von der überwiegenden Meinung in der Literatur für bindend gehalten. Dies hatte zur Folge, dass selbst bei Anfechtung einzelner Stimmen kein positiver Beschluss zustande kam, da das erforderliche *quorum deliberativo* nicht erreicht wurde. Mit Einführung des Art. 2368 III S.2 c.c. können unrechtmäßige Neinstimmen unter Wertungsgesichtspunkten auch nicht mehr in die Berechnungsgrundlage des *quorum deliberativo* einfließen.

Danach kann auch in Italien ein positiver Beschluss durch die Gerichte herbeigeführt werden.

c) Stellungnahme

Art. 2368 III S.2 c.c. führt die Frage der Berechnung des *quorum deliberativo* aber keineswegs einer befriedigenden Lösung zu. Die Problematik besteht nämlich in der Praxis darin, dass bei der Beschlussfassung der *presidente dell'assemblea* ohne die ausdrückliche Erklärung des Aktionärs, er enthalte sich gerade wegen eines Interessenkonflikts, überfordert sein wird, zwischen freiwilliger und unfreiwilliger Enthaltung zu unterscheiden, so dass er die Enthaltung als freiwillig werten und in die Berechnung des *quorum deliberativo* mit einfließen lassen wird. Auf diese Weise kann es vorkommen, dass Beschlüsse nur deshalb nicht zustande kommen, weil der *presidente dell'assemblea* im Unklaren über die Unfreiwilligkeit der Enthaltung war. Führt man das wirkliche Beschlussergebniss einer gerichtlichen Klärung zu, wird die Feststellung der Frage, ob eine Enthaltung freiwillig oder unfreiwillig war, eher noch schwerer als während der Hauptversammlung sein.

Vorzuziehen wäre daher eine Regelung gewesen, die durch den Gesetzeswortlaut klarstellt, dass das *quorum deliberativo* nur anhand der rechtmäßig abgegebenen Ja- und Neinstimmen berechnet wird. Gerade die Schwierigkeit der Anfechtung von Enthaltungen könnte so vermieden werden.

Auch in Deutschland wäre allerdings eine durch den Wortlaut erfolgende Klarstellung wünschenswert, dass zur Berechnungsgrundlage der qualifizierten Mehrheit nur die treupflichtgemäßen Ja- und Neinstimmen gerechnet werden.

4. Schadensersatz

Während in den meisten anderen Ländern die Diskriminierung von anderen Gesellschaftern einen Anspruch auf Schadensersatz auslöst, bestehen einheitlich in Deutschland und Italien Bestrebungen, dem Problem über die Für-ungültig-Erklärung des Hauptversammlungsbeschlusses beizukommen[985]. Letztendlich findet sich aber in beiden Ländern die vorherrschende Ansicht, dass eine Schadensersatzpflicht für missbräuchliches Stimmrechtsverhalten notwendig und mit dem Gesetz vereinbar ist.

a) Vereinbarkeit mit dem Gesetz

In beiden Ländern ergibt sich diese Notwendigkeit aus der Tatsache, dass durch die Anfechtung einzelner Stimmen die Feststellung eines positiven Beschlusses zwar theoretisch erreicht werden kann, dieser aber regelmäßig zu spät erlangt wird, um eine wirkliche Abhilfe darzustellen.

---

[985] WEIGMANN in: Dig.disc.priv., Sez.comm., XIV, S. 338, 421 Fn. 420;

In Deutschland besteht zudem hinsichtlich eines Schadensersatzanspruchs das Problem des § 117 VII Nr.1 AktG, welches jedoch durch eine restriktive Auslegung der Norm im Zusammenhang mit § 243 AktG überwunden werden kann. Gleichwohl empfiehlt sich hier eine Klarstellung durch den Gesetzgeber dahin gehend, dass eine Schadensersatzpflicht dann nicht ausgeschlossen ist, wenn der durch die Beschlussfassung beeinträchtigte Aktionär, sonst nicht den ihm drohenden Nachteil abwenden kann[986].

Die italienische Rechtsordnung kennt eine vergleichbare Norm nicht. Wenngleich auch hier vereinzelte Stimmen existierten, welche Art. 2377 II c.c. a.F. als die einzige Rechtsfolge eines missbräuchlichen Stimmverhaltens sehen wollten, lässt die ausdrückliche Erwähnung des Schadensersatzes im neuen Art. 2377 III c.c. diesbezüglich keinen Zweifel mehr zu.

b) Anspruchsinhaber und -gegner

Große Unterschiede zwischen beiden Rechtsordnungen bestehen in Bezug auf Anspruchsinhaber und -gegner eines Schadensersatzanspruchs.

aa) Anspruchsinhaber

In beiden Ländern wird als Anspruchsinhaber der für den Beschluss stimmende Aktionär angesehen, welcher durch die Blockade eines positiven Beschlussergebnisses einen Schaden erlitten hat. Diese Ansicht macht Sinn, ist sie doch die konsequente Folge der Anerkennung einer horizontalen Treupflicht bzw. von vertraglichen Banden der Aktionäre untereinander.

In Deutschland kann der Aktionär aber nur auf Zahlung an die AG klagen. Die hierzu vertretene Auffassung zum reflexiven Folgeschaden sind in sich stimmig und dogmatisch nur schwer anzugreifen. Nicht gelöst ist allerdings das Problem der Höhe dieses reflexiven Schadens bei börsennotierten Aktiengesellschaften. Da der Inhaber eines Schadensersatzanspruchs auch die Höhe dieses Schadens beweisen muss, ihm dies aber häufig nicht gelingen wird, erfährt der einzelne Aktionär durch diese Ansicht nicht hinreichenden Schutz. Aber selbst wenn er die Höhe des Reflexschadens nachweisen kann, ist eine Aufteilung des Schadensersatzanspruchs in einen an die Gesellschaft und einen an ihn direkt zu zahlenden Teil umständlich. Auch das Argument der Nachtragsverteilung bei Insolvenz der Gesellschaft vermag nicht überzeugen. Gemäß § 249 S.1 BGB ist der Aktionär nämlich so zu stellen, wie wenn die missbräuchliche Blockade nicht stattgefunden hätte. Dann hätte in Sanierungsfällen die Gesellschaft nicht Insolvenz anmelden müssen und der Aktionär hätte keinen Wertverfall seiner Anteile hinnehmen müssen.

In Italien hingegen wird die Frage, an wen der Schadensersatz geleistet werden muss, gar nicht diskutiert. Vielmehr wird wie selbstverständlich davon ausgegangen, dass der geschädigte Aktionär Zahlung an sich selbst verlangen kann. Die Ansicht geht davon aus, dass der Schaden bei demjenigen ausgeglichen werden muss, bei dem er entstanden ist. Darüber hinaus vermeidet sie die Probleme der Ermittlung der Höhe des Reflexschadens und ist daher vorzugswürdig.

---

[986] vgl. diesbezüglich auch BELLINGHAUSEN, S. 230, der noch weiter gehen und § 117 VII Nr.1 AktG gänzlich abschaffen will;

bb) Anspruchsgegner

Auf der anderen Seite wird in Italien diskutiert, ob ein solcher Schadensersatzanspruch gegen die Gesellschaft oder unmittelbar gegen den missbräuchlich abstimmenden Aktionär zu richten ist, während in Deutschland ohne erkennbare Gegenmeinung der einzelne Aktionär als Anspruchsgegner angesehen wird. Dort ist dies die logische Konsequenz der Ansicht, wonach der Schadensersatz an die Gesellschaft zu zahlen ist. Es würde schließlich wenig Sinn machen, wenn der Anspruch gegen die Gesellschaft zu richten wäre, diese aber an sich selbst leisten müsste.

Aber auch wenn man der italienischen Rechtsordnung folgt und eine Zahlung direkt an den geschädigten Aktionär befürwortet, scheint ein Zahlungsanspruch gegen die Gesellschaft widersinnig. Eine Pflichtverletzung geht nämlich von den Aktionären und nicht von der Gesellschaft aus. Die Tatsache, dass der Beschluss der Gesellschaft zugerechnet wird und diese daher bei einer Anfechtungsklage passiv legitimiert ist, bedeutet keineswegs zwingend, dass diese auch bei einem Schadensersatzanspruch richtige Beklagte ist, dessen Grundlage sie nicht selbst verursacht hat.

§ 4. Anfechtungsklage

Weiter soll auf die missbräuchliche Anfechtungsklage eingegangen werden. Sowohl der deutsche als auch der italienische Gesetzgeber verleihen Aktionären in § 243 AktG bzw. Art. 2377 I c.c. das Recht, gegen einen Beschluss der Hauptversammlung/*assemblea* klageweise vorzugehen. Es handelt sich dabei um ein aktives Minderheitsrecht[987].

Ist es einem Minderheitsaktionär nicht gelungen, durch seine Stimmkraft einen Beschluss zu verhindern, bleibt ihm mittels der Anfechtungsklage die Möglichkeit, den Beschluss wenigstens auf seine Rechtmäßigkeit hin überprüfen zu lassen. Dabei lässt sich dem Wortlaut des AktG keinerlei Einschränkung dieses Klagerechts entnehmen. Der Aktionär muss gemäß § 245 Nr.1 AktG lediglich Widerspruch zur Niederschrift gegen den Beschluss eingelegt haben. Der *Codice civile* fordert, dass der anfechtende Aktionär entweder an der entsprechenden *assemblea* nicht teilgenommen oder aber zwar teilgenommen, aber dem Beschluss nicht zugestimmt hat.

Die Möglichkeit, durch die Klageerhebung einen Beschluss nachträglich zu Fall zu bringen, verleiht dem Minderheitsaktionär eine starke Machtposition. Es stellt sich daher auch in diesem Zusammenhang die Frage, ob und wie eine solche Machtposition bei missbräuchlichem Verhalten über den Wortlaut des Gesetzes in beiden Ländern eingeschränkt werden muss.

A. Deutschland

Das Problem der missbräuchlichen Anfechtungsklagen taucht in Deutschland immer wieder gehäuft auf, um dann lange Zeit überhaupt keine Rolle mehr zu spielen. Der Gesetzgeber sah 1884 bei Einführung der aktienrechtlichen Anfechtungsklage die Problematik recht deutlich[988]. Auch beim 31. Juristentag 1912 wurde die Frage heftig diskutiert[989]. Dann tauchte der räuberische Aktionär lange Zeit kaum auf und wurde daher weder von der Rspr. noch von der Lit. einer eingehenden Untersuchung unterzogen. Auch das AktG 1965 verzichtete daher auf eine gesetzliche Regelung[990], das Problem der missbräuchlichen Anfechtungsklage wurde lange Zeit schlicht für überschätzt gehalten[991]. Erst Mitte der 1980er Jahre häuften sich in der Rspr. wieder derartige Fälle von Aktionären, welche regelmäßig nur einige wenige oder gar nur eine einzelne Aktie des betreffenden Unternehmens innehatten.

Es handelt sich um sog. räuberische Aktionäre, welche anlässlich der Hauptversammlung Widerspruch gegen einen Beschluss erklären und im Anschluss daran Anfechtungsklage nach § 246 AktG erheben, ohne dass ein Mangel des Beschlusses offensichtlich wäre. Oft machen die Aktionäre auch von ihrem Fragerecht aus § 131 I S.1 AktG in exzessiver Weise Gebrauch und stützen die Anfechtungsklage sodann auf die angeblich mangelhafte Beantwortung einer dieser Fragen. Meist auf Betreiben dieses Aktionärs kommt es dann zu Gesprächen mit der AG, in deren Verlauf der Aktionär seine Bereitschaft bekundet, die Anfechtungsklage gegen Zahlung einer Abfindung zurückzunehmen[992]. Auch wenn derzeit weniger spektakuläre Fälle

---

[987] vgl. die Einteilung unter § 1.C.II, S. 28;

[988] BRONDICS, S. 141 f.;

[989] BAYER, NJW 2000, 2609, 2613;

[990] vgl. den RegE zu § 245, abgedruckt bei KROPFF Bruno, Aktiengesetz, S. 332 f.;

[991] so noch BRONDICS, S. 141;

[992] vgl. die Fälle von OLG Köln ZIP 1988, 967 – *AMB*; BGH ZIP 1989, 980 – *Kochs Adler*; LG Frankenthal ZIP 1988, 1460 – *Pegulan/Swedish Match*; LG Ingolstadt WM 1991, 685; sowie die zusammenfassende

dieser Art die Rspr. beschäftigen und auch die zu dem Thema ergangene Aufsatzflut in den juristischen Zeitschriften abgeebbt ist, heißt dies noch lange nicht, dass die Problematik an Aktualität eingebüßt hat[993].

I. Erpresserische Wirkung

Dabei bedarf zunächst die Frage einer genaueren Erklärung, warum auch eine Anfechtungsklage bar jeglicher Erfolgsaussicht eine derart erpresserische Wirkung haben kann, dass sie die Gesellschaft zum Abkauf dieser Klage veranlasst[994]. Etwa die Hälfte aller Anfechtungsklagen enden nämlich auf diese Weise im Rahmen eines Vergleichs, wohingegen von den verbleibenden, durch Endurteil entschiedenen Klagen die Erfolgsquote bei lediglich 10-15 % liegt[995].

Die Antwort liegt in der registerrechtlichen Auswirkung einer solchen Klage. Die meisten grundlegenden Beschlüsse der Hauptversammlung, in erster Linie natürlich die satzungsändernden, werden erst mit Eintragung ins Handelsregister wirksam, vgl. §§ 181 III, 189, 211 I AktG, §§ 16 f., 125, 131, 137, 176, 180, 198, 202 UmwG[996]. Das Registergericht kann bei Anhängigkeit einer Anfechtungsklage die Eintragung nach § 127 S.1 FGG bis zur Entscheidung über die Hauptsache aussetzen[997]. Zwar ist strittig, inwieweit dem Registergericht bei dieser Frage ein eigener Ermessensspielraum zukommt[998], im Interesse der Rechtssicherheit ist es aber gehalten, rechtswidrige Beschlüsse nicht einzutragen[999]. Außer im seltenen Fall der wirklich offensichtlichen und eindeutigen Unbegründetheit der Klage wird das Registergericht daher die Entscheidung in der Hauptsache der Anfechtungsklage abwarten und so lange von einer Eintragung absehen[1000]. In der Praxis reichen häufig die Anfechtungskläger eine Kopie der Anfechtungsklageschrift verbunden mit dem Hinweis auf § 839 BGB beim Registergericht ein, um so die Aussetzung dringlich „anzuregen".

In Umwandlungssachen kommt dem Richter diesbezüglich sogar gar kein Ermessen zu. Die Eintragungsvoraussetzungen liegen lediglich dann vor, wenn die Vertretungsorgane der AG erklären, dass eine Anfechtung des Umwandlungsbeschlusses nicht vorliegt, § 16 II UmwG. Dort kann die Gesellschaft nach § 16 III S.1 UmwG lediglich beim Prozessgericht einen Beschluss beantragen, der eine Eintragung trotz anhängiger Anfechtungsklage gestattet. Aber auch diesem Antrag kann nur bei Unzulässigkeit oder offensichtlicher Unbegründetheit der Anfechtungsklage stattgegeben werden, § 16 III S.2 UmwG[1001]. Setzt

---

Schilderung bei BISON, S. 195 und TIMM, Missbräuchliche Aktionärsklagen, S. 9 ff.; HIRTE, BB 1988, 1469, 1470; ausführlich zur historischen Entwicklung und Vorgehen BAUMS, Gutachten F, S. 152 ff.;

993 vgl. FAZ v. 25.1.2003, S. 18: „Das Geschäft mit der Erpressung blüht";

994 vgl. SCHLAUS, AG 1988, 113, 114;

995 Statistik zitiert nach LUTTER, JZ 2000, 837;

996 HÜFFER, AktG, § 184 Rn. 1; § 223 Rn. 1; BAUMS, Gutachten F, S. 158 f.;

997 ZÖLLNER in: KöKo, AktG, § 243 Rn. 37; HIRTE, BB 1988, 1469, 1476; a.A. TIMM, Missbräuchliche Aktionärsklagen, S. 19; BAUMS, BB 1981, 262 f.;

998 LÜKE, ZGR 1990, 657, 667 ff.;

999 BUMILLER, WINKLER, § 127 Rn. 2; LÜKE, ZGR 1990, 657, 671 f.;

1000 ZÖLLNER in: KöKo, AktG, § 243 Rn. 41; HÜFFER in: MüKo, AktG, § 243 Rn. 127; HÜFFER, AktG, § 243 Rn. 53; grundlegend zur Aussetzung nach § 127 FGG bereits LUTTER, NJW 1969, 1873, 1874 ff.; vgl. auch BAUMS, Gutachten F, S. 159 f;

1001 zu den Voraussetzungen einer Freigabe vgl. KEUL, ZIP 2003, 566 ff.; vgl. jüngst die Anfechtungsklage gegen den Beschluss der Hauptversammlung der HypoVereinsbank, die Immobilienbank *Hypo Real Estate* abzuspalten und die Absicht der HypoVereinsbank den Zeitplan gleichwohl mittels des Freigabeverfahrens einzuhalten, FAZ v. 18.7.2003, S. 15;

das Registergericht das Verfahren hingegen nach § 127 FGG aus, ist der AG überhaupt nicht die Möglichkeit gegeben, eine sofortige Eintragung des Hauptversammlungsbeschlusses zu erwirken[1002].

Sinn dieser Regelung ist es, dem Zustandekommen von mit der Eintragung irreversiblen Beschlüssen entgegenzuwirken. Die Kehrseite der Medaille besteht allerdings in der Tatsache, dass durch missbräuchliche Anfechtungsklagen auch formell und materiell vollkommen rechtmäßige Hauptversammlungsbeschlüsse zunächst nicht eingetragen werden und damit nicht volle Wirksamkeit erlangen können[1003]. Da das Verfahren, bis es zu einer rechtskräftigen Entscheidung in der Hauptsache kommt, aber regelmäßig drei Jahre beansprucht[1004], hat die AG meist ein Interesse daran, dem Anfechtungskläger die Rücknahme seiner Klage zum „Lästigkeitswert" abzukaufen, der bei für die Gesellschaft essentiellen Entscheidungen wegen des drohenden Zinsverlustes oder aber aufgrund zu befürchtender steuerlicher Nachteile beträchtliche Summen erreichen kann[1005].

II. Missbräuchliche Anfechtungsklage möglich?

Es stellt sich zunächst die Frage, ob eine rechtsmissbräuchliche Anfechtungsklage überhaupt denkbar ist. Dagegen könnte vor allem die Tatsache sprechen, dass bei einer Anfechtungsklage gegen einen Hauptversammlungsbeschluss weder dem Wortlaut des AktG noch der Rspr. nach der Nachweis eines besonderen rechtlichen Interesses erforderlich ist[1006]. Vielmehr ergibt sich dieses regelmäßig bereits aus der Zugehörigkeit zur Gesellschaft[1007]. Die Anfechtungsklage erfüllt nämlich nicht nur die Funktion, den Aktionär vor einem Eingriff in seine Mitgliedschaftsrechte zu schützen, sie ist auch Mittel zur im öffentlichen Interesse stehenden Legalitätswahrung[1008]. Aufgrund dieses öffentlichen Interesses an einem ordnungsgemäßen Hauptversammlungsbeschluss ist das bloße Kontrollinteresse des Aktionärs zur Erhebung der Anfechtungsklage ausreichend[1009], sein Rechtsschutzinteresse wird vermutet[1010].

Danach kann der Aktionär grds. also auch gegen solche Beschlüsse mittels der Anfechtungsklage vorgehen, welche ihn selbst gar nicht in seinen mitgliedschaftlichen Interessen berühren. Vertreten wird daher teilweise, dass ein Rechtsmissbrauch schon alleine deshalb nicht möglich sei, weil die Anfechtungsklage ohnehin einen fremdnützigen Charakter habe. Die Anfechtungsklage diene der Beseitigung eines rechtswidrigen Zustands, was stets das

---

1002 LUTTER, JZ 2000, 837, 839;
1003 SCHMIDT, GesR, § 28 IV 5 g), S. 865 f.;
1004 LUTTER, JZ 2000, 837;
1005 LUTTER, FS Der Betrieb, S. 194 f.; LUTTER, JZ 2000, 837; BOUJONG, FS Kellermann, S. 4; MARTENS, AG 1986, 57; SCHLAUS, AG 1988, 113, 114;
1006 RGZ 77, 255, 257; RGZ 145, 336, 338 (beide noch zu § 271 HGB); BGHZ 43, 261, 265 f. (noch zu § 200 I AktG analog für die GmbH); BGHZ 70, 117, 118; HIRTE, BB 1988, 1469, 1472;
1007 LG Frankenthal ZIP 1988, 1460, 1461;
1008 vgl. TEICHMANN, JuS 1990, 269, 270 f.; LUTTER, FS Der Betrieb, S. 208; LUTTER, AcP 180 (1980), 84, 143; LUTTER, ZGR 1978, 347, 349; LUTTER, NJW 1969, 1873, 1877 f.;
1009 HIRTE, BB 1988, 1469, 1472;
1010 WARDENBACH, ZGR 1992, 563, 576;

Rechtsschutzinteresse begründe[1011]. Auf die Motive des Klägers, warum er diesen Zustand beseitigt haben will, komme es gerade nicht an[1012].

Mit diesem Argument kann aber nur der institutionelle, nicht hingegen der individuelle Rechtsmissbrauch ausgeschlossen werden[1013]. Regelmäßig wird der altruistische Geist, also das Interesse an der Legalität des Hauptversammlungsbeschlusses, dem Anfechtungskläger unterstellt. Gleichwohl kann es aber vorkommen, dass der Anfechtungskläger frei von solchen altruistischen Motiven ist und aus rein egoistischen Beweggründen handelt[1014], diese egoistischen Beweggründe aber nicht auf den Schutz eines Mitgliedschaftsrechts gerichtet ist. Selbst wenn die objektive Legalitätssicherung als Hauptzweck der Anfechtungsklage angesehen wird, ist sie doch zur Disposition des Aktionärs gestellt. Er kann darüber entscheiden, ob er diese überhaupt erhebt oder er sie danach wieder zurücknehmen will. Es verbleibt dem grds. klagebefugten Aktionär also ein Handlungsspielraum, innerhalb dessen das Erheben der Anfechtungsklage missbräuchlich sein kann[1015].

Dabei ist einleitend darauf hinzuweisen, dass die Rechtsmissbräuchlichkeit der Anfechtungsklage von der Frage der Rechtswidrigkeit des Hauptversammlungsbeschlusses getrennt werden muss. Es geht lediglich darum, ob der Aktionär überhaupt eine Überprüfung des Hauptversammlungsbeschlusses durch das Gericht anstrengen darf. Dies kann ihm sowohl bei Rechtmäßigkeit als auch bei Rechtswidrigkeit des Beschlusses der Hauptversammlung verwehrt sein[1016].

III. Kriterien

Auch wenn die Rspr. die Missbräuchlichkeit einer solchen Anfechtungsklage am Maßstab des § 242 BGB beurteilte[1017], wurde oben[1018] dargelegt, dass auch diesbezüglich der einzelne Aktionär der Treupflicht unterliegt[1019]. Inhaltlich ergibt sich daraus aber ohnehin kein großer Unterschied, jedenfalls sind in beiden Fällen Kriterien zu entwickeln, wonach die missbräuchliche/treupflichtwidrige Anfechtungsklage von der legitimen abgegrenzt werden kann[1020].

[1011] vgl. zur Doppelfunktion der Anfechtungsklage WARDENBACH, ZGR 1992, 563, 577 ff. und 580 ff.;

[1012] SCHILLING in: Großkommentar AktG, 3. A., § 243 Rn. 25; MESTMÄCKER, BB 1961, 945, 952; BOKELMANN, BB 1972, 733, 735; BOKELMANN, S. 92 f.; vgl. auch TEICHMANN, JuS 1990, 269, 270;

[1013] BGH ZIP 1989, 980, 984 – *Kochs Adler*; vgl. zum Unterschied zwischen Rechtsschutzinteresse und Anfechtungsbefugnis näher unten § 4.A.V, S. 206 f.;

[1014] HIRTE, BB 1988, 1469, 1473;

[1015] HIRTE, BB 1988, 1469, 1472; TEICHMANN, JuS 1990, 269, 271; BOUJONG, FS Kellermann, S. 6; HÜFFER in: MüKo, AktG, § 245 Rn. 51; ZÖLLNER in: KöKo, AktG, § 245, Rn. 78; LUTTER, FS Der Betrieb, S. 208 f.; DIEKGRÄF, WM 1991, 613, 618; vgl. auch WERNER, FS Semler, S. 426, der anschaulich den Unterschied zwischen Rechtsschutzinteresse und Aktivlegitimation herausarbeitet;

[1016] BVerfG WM 1990, 755, 756– *DAT/Altana I*; BGH WM 1990, 1372, 1377; BGH WM 1989, 1765 – *DAT/Altana I*; DIEKGRÄF, S. 41 f.; DIEKGRÄF, WM 1991, 613, 621; HIRTE, DB 1989, 267, 268; a.A. GÖTZ, DB 1989, 261;

[1017] es herrscht weitgehend Einigkeit, dass der Grundsatz von Treu und Glauben nicht lediglich für das materielle, sondern auch für das Prozessrecht gilt, vgl. BOUJONG, FS Kellermann, S. 5; ROSENBERG, SCHWAB, GOTTWALD, § 2 IV, S. 11 f.; SCHUMANN in: STEIN, JONAS, Einl. Rn. 242 ff.;

[1018] § 2.A.II.2.c)aa)(2), S. 47 ff.;

[1019] WERNER, FS Semler, S. 420 ff.; BUNGERT, DB 1995, 1749, 1753 f.;

[1020] zu § 243 II AktG als Kriterium der Rechtsmissbräuchlichkeit vgl. TIMM, WM 1991, 481, 490, der sich auf den zu § 197 II AktG 1937 Gedanken von FECHNER, S. 100 f. beruft;

Dabei ist zu berücksichtigen, dass die auch einem einzelnen Aktionär offenstehende Möglichkeit, einen Hauptversammlungsbeschluss anzufechten, gerade dessen Schutz zu dienen bestimmt ist. Sie dient gerade der Überwachung der Mehrheit bzw. des Managements[1021]. Allzu niedrige Anforderungen dürfen daher nicht an das Vorliegen einer rechtsmissbräuchlichen Klageerhebung gestellt werden[1022].

1. Abgrenzung von zulässigem Druck und Erpressung

Es ist versucht worden, zwischen noch zulässigem Druck und bereits unzulässiger Erpressung zu differenzieren. Erst wenn letztere vorliegt, könne eine Anfechtungsklage als rechtsmissbräuchlich angesehen werden[1023]. Allerdings beruht diese Ansicht auf einem zu engen Verständnis des Rechtsmissbrauchs. Wohl ist jede einen Straftatbestand erfüllende Klage rechtsmissbräuchlich. Der Umkehrschluss aber, dass Rechtsmissbrauch lediglich dann vorliegt, wenn auch ein Straftatbestand vorliegt, würde das Institut des Rechtsmissbrauch seines Daseinszwecks berauben[1024].

2. *Venire contra factum proprium*

Für Anfechtungsklagen von Gesellschaftern, welche ihre Aktien erst nach Bekanntmachung der Hauptversammlung bzw. deren Tagesordnung gekauft haben, wird teilweise vertreten, es läge dann ein Fall des *venire contra factum proprium* vor. Ein Aktionär, welcher seine Aktien bereits in Kenntnis eines möglicherweise rechtswidrigen Hauptversammlungsbeschlusses gekauft hat und dann diese Rechtswidrigkeit im Rahmen einer Anfechtungsklage geltend macht, handle rechtsmissbräuchlich, da er bei Erwerb diesen Mangel bereits kannte[1025].

Dieser Argumentation kann indes nicht gefolgt werden. So kann sich der nicht liquide Schuldner einer abgetretenen Forderung gegen die Klage des Zessionars auch nicht mit dem Einwand des Rechtsmissbrauchs verteidigen, indem er geltend macht, der Zessionar habe bereits vor der Abtretung seine mangelnde Liquidität gekannt. Genauso kann sich die AG nicht darauf berufen, der Aktionär habe bereits vor Erwerb der Aktien von der möglichen Beeinträchtigung des Mitgliedschaftsrechts gewusst. Dazu kommt, dass dieser Einwand ohnehin nur bzgl. der Verletzung eigener Rechte gegen das Rechtsschutzinteresse spricht, nicht aber das vermutete Interesse an der Legalitätssicherung anzugreifen vermag.

Auch sonst spielt die Figur des *venire contra factum proprium* im Rahmen der Missbräuchlichkeit einer Anfechtungsklage kaum eine Rolle. Sie soll noch nicht einmal vorliegen, wenn ein Aktionär, der für einen Beschluss gestimmt hat, gegen diesen vor Ende der Hauptversammlung Widerspruch einlegt und im Anschluss Anfechtungsklage erhebt[1026].

[1021] TEICHMANN, JuS 1990, 269, 271; HIRTE, BB 1988, 1469;
[1022] TIMM, WM 1991, 481, 490; WERNER, FS Semler, S. 428; vgl. zu diesem „Dilemma" auch ZÖLLNER, AG 2000, 145, 147;
[1023] OLG Hamm WM 1988, 1164, 1170;
[1024] ZIP 1989, 980, 985 – *Kochs Adler*; TEICHMANN, JuS 1990, 269, 272; BOUJONG, FS Kellermann, S. 7;
[1025] WARDENBACH, ZGR 1992, 563, 577 f.;
[1026] GODIN/WILHELMI, AktG, § 243 Anm. 3 und § 245 Anm. 3; vgl. außerdem HÜFFER in: MüKo, AktG, § 245 Rn. 55; nach formellen und materiellen Fehlern differenzierend ZÖLLNER in: KöKo, AktG, § 245 Rn. 82 ff.;

3. Zweck-Mittel-Relation

An anderer Stelle wird vertreten, dass eine Missbräuchlichkeit der Anfechtungsklage dann angenommen werden müsse, wenn der damit verfolgte Zweck außer Verhältnis zum Schaden für die Gesellschaft stehe. Dies soll dann der Fall sein, wenn der wirkliche oder vermeintliche Gesetzes- bzw. Satzungsverstoß nicht gravierend ist und den klagenden Gesellschafter nicht oder nicht spürbar belastet, wenn die Gesellschaft jedoch andererseits durch die Anfechtungsklage nachhaltig geschädigt würde[1027].

Diese Ansicht widerspricht aber der oben erörterten Ansicht, wonach der Kläger gerade nicht eine Verletzung seiner eigenen Rechte geltend machen muss, da er ja mit seiner Anfechtungsklage das öffentliche Interesse an der Legalität des Hauptversammlungsbeschlusses verfolgt. Es kann also gerade nicht als positive Voraussetzung verlangt werden, dass der Kläger in seinen eigenen Rechten spürbar belastet wird.

4. Funktionswidrigkeit der Anfechtungsklage

In Lit. und Rspr. weitgehend anerkannt ist hingegen das Kriterium der Funktionswidrigkeit. Diese ist dann gegeben, wenn die Anfechtungsklage nicht nur nicht dem Schutz von eigenen mitgliedschaftlichen Interessen dient, sondern darüber hinaus der anfechtende Aktionär auch nicht die Kontrolle des Hauptversammlungsbeschlusses erstrebt[1028]. Es geht also nicht um das positive Erfordernis einer individuellen Betroffenheit. Entscheidend ist vielmehr das negative Kriterium, dass mit der Anfechtungsklage nicht solche Ziele verfolgt werden, für die dieses Instrument gerade nicht gedacht ist[1029].

Das ist etwa dann der Fall, wenn er der Gesellschaft einen Schaden zufügen will, etwa weil er dadurch ein Konkurrenzunternehmen fördern will, an dem er ebenfalls beteiligt ist[1030]. Oder aber weil er eine Gesellschaftergruppe zur Veräußerung ihrer Anteile bewegen will. Häufigstes Beispiel in diesem Zusammenhang ist der oben geschilderte Fall, dass der Aktionär Anfechtungsklage mit dem Ziel erhebt, die verklagte Gesellschaft in grob eigennütziger Weise zur Gewährung von Sondervorteilen zu veranlassen, auf die er keinen Anspruch hat[1031].

Lässt der anfechtende Aktionärs sich seine Klage „abkaufen", verstößt diese Zahlung der AG an den Gesellschafter gleich in mehrfacher Weise gegen das geltende Gesetz. Zunächst einmal liegt ein Verstoß gegen § 57 AktG vor, wonach lediglich der Bilanzgewinn unter die Aktionäre verteilt werden darf. Der Abkauf zum Lästigkeitswert hingegen stellt eine unzulässige Einlagenrückgewähr dar[1032]. Weiter ist in einer solchen Zahlung ein Verstoß gegen das

---

[1027] WERNER, FS Semler, S. 427; für die Verletzung gesetzlich nicht kodifizierter Pflichten auch HIRTE, BB 1988, 1469, 1475 f.; in diesem Sinne wohl auch MARSCH-BARNER, ZHR 157 (1993), 172, 174;

[1028] RGZ 146, 385, 395 f.; ZÖLLNER in: KöKo, AktG, § 245 Rn. 79; LUTTER, FS Der Betrieb, S. 208 f.;

[1029] vgl. HIRTE, BB 1988, 1469, 1473;

[1030] vgl. den Sachverhalt bei WARDENBACH, ZGR 1992, 563, 574 Fn. 50;

[1031] BGH ZIP 1989, 980, 984 – *Kochs Adler*; ZÖLLNER in: KöKo, AktG, § 245 Rn. 79; HIRTE, BB 1988, 1469, 1473;

[1032] LUTTER in: KöKo, AktG, § 57 Rn. 29; BAYER in: MüKo, AktG, § 57 Rn. 88; LUTTER, FS Der Betrieb, S. 197 ff. mit eingehender Untersuchung und daraus folgender Ablehnung etwaiger Ausnahmen; LUTTER, ZGR 1978, 347, 353 f.; BORK, ZIP 1990, 1037, 1042 f.; HEUER, WM 1989, 1401, 1406; SCHLAUS, AG 1988, 113, 116; FELTKAMP, S. 137; BISON, S. 210 ff.; differenzierend DIEKGRÄF, S. 248 ff., der darauf abstellt, ob es sich um einen Vergleich auf eine räuberische Anfechtungsklage oder auf eine legitime Anfechtungsklage hin handelt. Liegt in letzterem Fall kein objektives Missverhältnis zwischen Leistung und Gegenleistung, soll ein Verstoß gegen das Einlagenrückgewährverbot nicht bestehen; vgl. auch DIEKGRÄF, WM 1991, 613, 621;

Gleichbehandlungsgebot des § 53a AktG zu sehen, solange sie nicht an alle Aktionäre der AG gezahlt wird. Es ist kein Grund ersichtlich, warum lediglich der anfechtende Aktionär und nicht auch die anderen, durch den unrechtmäßigen Beschluss in gleicher Weise betroffenen Aktionäre eine Abfindung erhalten sollen[1033]. Auch im Rahmen eines Vergleichs lässt sich ein derartiger „Abkauf" nicht regeln, da es am entscheidenden Kriterium des gegenseitigen Nachgebens i.S.v. § 779 I BGB fehlt. Dafür ist ein Opfer beider Parteien erforderlich, mag es auch noch so geringfügig sein[1034]. Auch bei vollem Erfolg der Anfechtungsklage würde der Aktionär aber nie eine Geldsumme in Höhe des Lästigkeitswertes erreichen, sondern allenfalls, dass das Gericht den Beschluss für nichtig erklärt, § 248 I S.1 AktG. Von einem Nachgeben kann also nicht die Rede sein[1035].

Aus dem Erfordernis der Zweckwidrigkeit ergibt sich, dass die Motive der Anfechtungsklage entgegen dem oben dargestellten Grundsatz sehr wohl eine Rolle bei der Bestimmung der Rechtsmissbräuchlichkeit spielen[1036]. Diese liegt vor, wenn sich der Aktionär von einer subjektiv verwerflichen Zielsetzung leiten lässt[1037]. Auch hier steht die gesellschaftsrechtliche Treupflicht dem schrankenlosen Anfechtungsrecht entgegen. So wie der Aktionär sein Stimmrecht nicht zur Verfolgung von Sondervorteilen ausnutzen darf, steht es ihm auch nicht zu, mittels der Anfechtungsklage Ziele zu verfolgen, welche ihm nicht in seiner Eigenschaft als Gesellschafter zustehen.

IV. Indizien

Für dessen Vorliegen ist nach den allgemeinen Regeln die beklagte Gesellschaft darlegungs- und beweispflichtig, handelt es sich doch um eine Einwendung. Der Nachweis eines subjektiven Tatbestandes stößt jedoch regelmäßig auf Schwierigkeiten. Insbesondere können die Grundsätze des Anscheinsbeweises in diesem Zusammenhang nicht angewandt werden, da es sich um keinen typischen Geschehensablauf handelt[1038].

Das Gericht ist also darauf angewiesen, aufgrund von objektiven Indizien im Rahmen der freien Beweiswürdigung auf die verwerfliche Zielsetzung der Klage zu schließen[1039]. Es muss sich dabei um solche Indizien handeln, welche eine missbräuchliche Anfechtungsklage objektiv von einer rechtmäßigen Klage unterscheiden[1040].

Ein solches Missbrauchsindiz liegt vor, wenn der Anfechtungskläger Verhandlungen über den „Klageabkauf" anregt. Es kann dann davon ausgegangen werden, dass der Aktionär die Klage lediglich zu diesem Zweck erhoben hat, geht es einem rechtschaffenen Anfechtungs-

---

[1033] LUTTER, FS Der Betrieb, S. 199; LUTTER/ZÖLLNER in: KöKo, AktG, § 53a Rn. 69; BISON, S. 214 ff.;

[1034] BGHZ 39, 60, 62 f.; SPRAU in: PALANDT, § 799 Rn. 9;

[1035] LUTTER, FS Der Betrieb, S. 198;

[1036] vgl. auch den negativ formulierten Ansatz bei HIRTE, BB 1988, 1469, 1473, demzufolge die Motive regelmäßig keine Rolle spielen sollen; allerdings nur solange der Aktionär mit seiner Anfechtungsklage nicht unzulässige Sondervorteile verfolgt;

[1037] LUTTER, FS Der Betrieb, S. 209; eine zusammenfassende Darstellung insbesondere der Rspr. findet sich bei REBMANN, S. 27 ff.;

[1038] BOUJONG, FS Kellermann, S. 8; vgl. allgemein: BGH NJW 1996, 1828; THOMAS in: THOMAS, PUTZO, § 286 Rn. 12;

[1039] BOUJONG, FS Kellermann, S. 8; LUTTER, FS Der Betrieb, S. 209; HÜFFER in: MüKo, AktG, § 245 Rn. 57; TIMM, WM 1991, 481, 490; in der Rspr. vgl. BGH ZIP 1989, 980, 985 ff. und bereits BGHZ 36, 121, 136;

[1040] WARDENBACH, ZGR 1992, 563, 566;

kläger doch nur um die Beseitigung des rechtswidrigen Hauptversammlungsbeschlusses[1041]. Das Gleiche gilt, wenn bei einem behebbaren Beschlussmangel der anfechtende Aktionär sich weigert, in diesbezügliche Verhandlungen zu treten. Liegt eines dieser Indizien alleine vor, so ist dies für die Annahme eines Rechtsmissbrauchs bereits ausreichend, da bei legitimen Anfechtungsklagen dieses Bestreben gerade nicht besteht[1042].

Ein lediglich zusätzliches, nicht aber alleiniges Indiz für die Missbräuchlichkeit einer Anfechtungsklage liegt vor, wenn der Kläger die Aktien erst nach Bekanntmachung der Hauptversammlung und der darin zu behandelnden Tagesordnung erworben hat. Es gehört nämlich gerade zur Taktik räuberischer Aktionäre, diese Tagesordnungspunkte auf mögliche Anfechtbarkeit zu durchsuchen[1043]. Das Gleiche gilt bzgl. des Verhaltens des Klägers in vorhergehenden oder Parallelverfahren. Ist der Kläger bereits in anderen Verfahren als räuberischer Aktionär aufgefallen und daher als professioneller Opponent bekannt, kann auch dies als Indiz für eine Missbräuchlichkeit der Anfechtungsklage herangezogen werden[1044]. Allerdings ist bei diesem Kriterium darauf zu achten, dass es kein Rechtsprinzip gibt, wonach sich jemand, der sich einmal rechtsmissbräuchlich verhält, dies auch in Zukunft immer tut[1045]. Es kann sich hier also auch allenfalls um ein zusätzliches Kriterium handeln[1046]. Und zwar lediglich dann, wenn die vorhergehenden Fälle einen zeitlichen oder sachlichen Fortsetzungszusammenhang aufweisen[1047].

V. Rechtsfolgen

Es stellt sich die Frage nach den Rechtsfolgen einer missbräuchlichen Anfechtungsklage.

Die ganz überwiegende Meinung in Rspr. und Lit. sieht als Folge einer missbräuchlichen Anfechtungsklage nicht das Fehlen des Rechtsschutzbedürfnisses mit der Folge der Unzulässigkeit der Klage[1048]. Vielmehr soll dann ein Fehlen der Anfechtungsbefugnis vorliegen, was zur Abweisung der Klage als unbegründet führt[1049]. Grund dafür ist, dass es sich bei der Anfechtungsklage um ein materielles Gestaltungsrecht handelt, welches aus Gründen der Rechtssicherheit im Wege der Klage geltend gemacht werden muss. Wird das Gestaltungsrecht aber missbräuchlich ausgeübt, so kann nur aufgrund des prozessualen Formerfordernisses nichts anderes gelten[1050].

1041 BGH ZIP 1989, 980, 985 – *Kochs Adler*; BGH ZIP 1990, 168, 171 ff. – *DAT/Altana II*; BGH ZIP 1990, 1560, 1563 – *SEN*; WARDENBACH, ZGR 1992, 563, 566;

1042 WARDENBACH, ZGR 1992, 563, 572; a.A. TIMM, WM 1991, 481, 490;

1043 BGH ZIP 1990, 168, 172 – *DAT/Altana II*; BOUJONG, FS Kellermann, S. 8 f.; WARDENBACH, ZGR 1992, 563, 568 f.;

1044 BGH ZIP 1989, 980, 985 f. – *Kochs Adler*; OLG Karlsruhe ZIP 1991, 925, 927 f. – *Industrie-Werke*; a.A. BISON, S. 260 f.;

1045 WARDENBACH, ZGR 1992, 563, 569; LUTTER, WuB II A. § 221 AktG 1/91, 137, 140;

1046 OLG Karlsruhe ZIP 1989, 988, 993 – *SEN*; LG Frankenthal WM 1989, 1854, 1860 – *Hypothekenbank-Schwestern*; LG Landshut WM 1990, 931, 934; DIEKGRÄF, WM 1991, 613, 621;

1047 WARDENBACH, ZGR 1992, 563, 570;

1048 so aber TEICHMANN, JuS 1990, 269, 271; GODIN/WILHELMI, AktG, § 243 Anm. 3;

1049 HÜFFER in: MüKo, AktG, § 245 Rn. 58; ZÖLLNER in: KöKo, AktG, § 245 Rn. 89; HIRTE, BB 1988, 1469, 1474; HIRTE, DB 1989, 267, 268; BOUJONG, FS Kellermann, S. 10; LUTTER, FS Der Betrieb, S. 209 Fn. 60; auch WERNER, FS Semler, S. 426, der allerdings nicht auf die fehlende Anfechtungsbefugnis, sondern auf die fehlende Aktivlegitimation abstellt;

1050 BOUJONG, FS Kellermann, S. 10; ZÖLLNER in: KöKo, AktG, § 245 Rn. 89; HÜFFER in: MüKo, AktG, § 245 Rn. 58;

Kommt es hingegen zu einem Abkauf der räuberischen Anfechtungsklage durch die Gesellschaft, kann diese den gezahlten Betrag vom Anfechtungskläger wieder zurückfordern. Als Anspruchsgrundlage kommt dabei entweder § 826 BGB[1051] oder § 62 I S.1 AktG[1052] in Betracht.

VI. Keine Problemlösung

Unterzieht man die bis hierher gefundenen Ergebnisse einer genaueren Betrachtung, so stellt sich heraus, dass durch die Figur des Rechtsmissbrauchs das Problem der räuberischen Aktionäre *de lege lata* keiner wirklichen Lösung zugeführt wird.

Dies liegt daran, dass auch die Feststellung eines solchen Rechtsmissbrauchs nicht immer eindeutig ist, sondern oft einer komplizierten tatrichterlichen Beurteilung bedarf. Die Frage der Missbräuchlichkeit einer Anfechtungsklage kann meist nicht schneller als die Begründetheit geprüft werden. Gerade bei Anfechtungsklagen, die sich gegen einen völlig rechtmäßig ergangenen Hauptversammlungsbeschluss wenden und daher ohnehin abgewiesen würden, läge jedoch die eigenständige praktische Bedeutung des Rechtsmissbrauchs in einer rascheren Abweisungsmöglichkeit, damit das Registergericht die Eintragung vornehmen kann[1053]. Denn dies könnte es ja nur, wenn die Anfechtungsklage offensichtlich keinen Erfolg haben kann. Ein solch eindeutiges Indiz für einen Rechtsmissbrauch liegt indes nur dann vor, wenn der anfechtende Aktionär gleich von vornherein seine Absicht kund tut, sich die Klage „abkaufen" zu lassen. Meist verhalten sich die räuberischen Aktionäre jedoch geschickter als in dem dem Kochs Adler-Urteil[1054] zugrunde liegenden Sachverhalt[1055]. So halten die Aktionäre mit ihrem Wunsch, sich die Klage abkaufen zu lassen, lange Zeit hinterm Berg, um so ihre Missbrauchsabsicht nicht deutlich werden zu lassen[1056]. Sodann wird oft die Abkaufszahlung in kaschierter Form, etwa der Abschluss eines Beratervertrages, verlangt[1057]. Auf diese Weise gelingt es den Beteiligten, das Sonderzahlungsverbot zu umgehen. Trotz der rechtlichen Unzulässigkeit dieser Zahlungen zahlen die meisten AGs irgendwann die geforderte Summe, wenngleich darüber sehr oft der Mantel des Schweigens gebreitet wird[1058].

B. Italien

Im Vergleich zur soeben dargestellten herausragenden Bedeutung der missbräuchlichen Anfechtungsklage im deutschen Recht, spielt diese in Italien eine nur sehr untergeordnete Rolle. In der Lit. findet sie – wenn überhaupt – meist nur in einem Nebensatz Erwähnung[1059]. Die Rspr. hat sich mit ihr bisher erst in wenigen Fällen beschäftigt, dabei die Missbräuchlichkeit aber abgelehnt.

1051 OLG Köln ZIP 1988, 967, 968 – *AMB*;
1052 LUTTER, FS Der Betrieb. S. 196 ff.; LUTTER, ZGR 1978, 347, 356 ff.;
1053 BOUJONG, FS Kellermann, S. 13; vgl. auch BISON, S. 261 f.;
1054 BGH ZIP 1989, 980;
1055 vgl. KIEM, AG 1992, 430, 431 f.; BORK, ZGR 1993, 343, 363; allerdings jeweils nur als Kriterium für das Stattgeben gegenüber einem Antrag gemäß § 16 III UmwG;
1056 etwa BGH ZIP 1990, 168, 171 f. – *DAT/Altana II*;
1057 BGH AG 1992, 86 – *Deutsche Bank*;
1058 vgl. FAZ v. 25.1.2003, S. 18: „Das Geschäft mit der Erpressung blüht";
1059 vgl. SIMONETTI, NGCC 2000, II, 479; FERRARI, S. 151; CASSOTTANA, S. 73; TAURINI, Società 1993, 1053, 1054; Anm. zu Trib. Genova, 19.1.1988, in: Società 1988, 273, 276;

I. Fehlendes Drohpotential

Grund hierfür ist vor allem, dass im Gegensatz zum deutschen Aktienrecht der *Codice civile* die Anfechtungsklage mit keinem Drohpotential ausstattet, welches es dem Anfechtungsklage erhebenden Aktionär erlauben würde, Sonderzahlungen von der *S.p.A.* zu erpressen. Dies liegt im Wesentlichen an zwei Normen.

1. Art. 2378 III c.c.

Art. 2378 III c.c. bestimmt, dass der *presidente del tribunale* oder der *giudice istruttore* nach Anhörung der *amministratori* und *sindaci* auf Verlangen des klagenden Aktionärs die Durchführbarkeit des Beschlusses suspendieren kann[1060].

Daraus ergibt sich im Umkehrschluss, dass der Anfechtungsklage gemäß Art. 2377 I c.c. regelmäßig keine aufschiebende Wirkung zukommt, sondern das Gericht diese lediglich bei Vorliegen von *"eccezionale e motivata urgenza"* anordnen kann. Der Richter kann die Suspendierung des Vollzugs keineswegs von Amts wegen vornehmen. Vielmehr ist ein entsprechender Antrag Voraussetzung[1061].

Da die Suspendierung der Vollziehbarkeit eines Beschlusses erst eigens angeordnet werden muss, büßt die missbräuchliche Anfechtungsklage erhebliches Drohpotential ein. Solange die *S.p.A.* nämlich trotz rechtshängiger Anfechtungsklage den Beschluss ausführen kann, muss sie sich dadurch nicht weiter gestört fühlen und ist daher kaum erpressbar. Auch wenn die Voraussetzungen einer Suspendierung im Detail umstritten sind[1062], setzt diese jedenfalls im Rahmen einer summarischen Überprüfung eine Abwägung der Erfolgsaussichten der Anfechtungsklage gegenüber dem durch die aufschiebende Wirkung entstehenden Schaden voraus, Art. 2378 IV c.c.[1063] Wenn diese Abwägung zugunsten des Anfechtungsklägers ausfällt, also seine Erfolgsaussichten höher eingeschätzt werden als der bei einer unrechtmäßigen Suspendierung der Vollziehung entstehende Schaden, kann nur noch schwer von einer missbräuchlichen Anfechtungsklage gesprochen werden.

Auf der anderen Seite wurde bei der Erörterung des deutschen Teils festgestellt, dass die Frage der Missbräuchlichkeit der Anfechtungsklage ja gerade getrennt von ihrer Begründetheit zu untersuchen ist. Auch wenn ein solcher Fall die italienischen Gerichte bisher nicht beschäftigt hat, wäre es zumindest theoretisch denkbar, dass ein Aktionär einen rechtswidrigen Hauptversammlungsbeschluss anficht und, die Hürde des Art. 2378 IV c.c. nehmend, dessen aufschiebende Wirkung feststellen lässt, sich dabei aber einzig von der Motivation treiben lässt, sich die Anfechtungsklage von der *S.p.A.* abkaufen zu lassen.

2. Art. 2378 IV S.1 2.Hs. c.c.

Allerdings hält die italienische Rechtsordnung eine weitere Vorschrift bereit, die eine missbräuchliche Anfechtungsklage zu Zwecken der Erpressung von Sonderzahlungen in Italien zu verhindern hilft.

[1060] zu den einzelnen Voraussetzungen der Suspendierung vgl. ZANARONE in: COLOMBO, PORTALE, 3**, S. 187, 408 ff.; zu Art. 2378 IV c.c. a.F. im Verhältnis zu den Vorschriften des einstweiligen Rechtsschutzes in Art. 669-bis ff. c.p.c. vgl. PISANI MASSAMORMILE, Riv.dir.comm. 1997, I, 883 ff.;

[1061] FRÈ in: SCIALOJA, BRANCA, Art. 2335-2461, Art. 2377-79 S. 748;

[1062] noch zur Art. 2378 IV c.c. a.F.vgl. ZANARONE in: COLOMBO, PORTALE, 3**, S. 187, 410 ff.;

[1063] vgl. über die beiden vorhergehenden Fundstellen hinaus Trib. Bologna, 28.10.1992, in: Giur.comm. 1994, II, 117, 121;

Gemäß Art. 2378 IV S.1 2.Hs. c.c. besteht nämlich die Möglichkeit, dass der *presidente del tribunale* vom klagenden Aktionär die Hinterlegung einer Kaution verlangen kann, welche geeignet ist, Sicherheit für eine evtl. gegen den Aktionär durch die missbräuchliche Klage entstehende Schadensersatzforderung zu bieten[1064]. Diese Regelung dient dazu, erpresserischen Anfechtungsklagen vorzubeugen[1065], wobei dem auch nicht die Tatsache entgegensteht, dass in der Praxis von dieser Möglichkeit nur wenig Gebrauch gemacht worden ist[1066]. Vielmehr zeigt dies gerade die abschreckende Wirkung, die diese Möglichkeit auf potentielle räuberische Aktionäre ausübt.

II. Quorum

Weiter sieht Art. 2377 II c.c. vor, dass für das Erheben einer Anfechtungsklage das Innehaben von 1 ‰ der stimmberechtigten Aktien bei börsennotierten und 5 % bei nicht börsennotierten *S.p.A.* notwendig ist. Einem Aktionär, der dieses Quorum nicht erreicht, bleibt von vornherein nur die Forderung von Schadensersatz. Des weiteren werden gemäß Art. 2377 IV c.c. bestimmte Fehler des Hauptversammlungsbeschlusses als Anfechtungsgrund gar nicht erst zugelassen.

III. Interesse ad agire

Ist durch die beiden vorgenannten Vorschriften schon eine räuberische Anfechtungsklage im italienischen Recht weitgehend ausgeschlossen, kommt hinzu, dass von der Rspr. im Rahmen der Zulässigkeit ein *interesse ad agire*, also eine Art Klagebefugnis gefordert wird. Die Gesellschafterstellung und die Abwesenheit bzw. das Nicht-dafür-Stimmen in der *assemblea* sind also anders, als der Wortlaut des Art. 2377 I c.c. zu suggerieren scheint, gerade nicht ausreichend[1067].

1. Art. 100 c.p.c.

Das *interesse ad agire* ist in Art. 100 c.p.c. geregelt und vom materiellen Anspruch zu unterscheiden. Es besteht darin, die beantragte gerichtliche Entscheidung zu erlangen, weil diese das unverzichtbare Mittel darstellt, um die Erfüllung des materiellen Rechts zu erlangen, welches von der Gegenseite gerade verletzt wird[1068]. Auf die Anfechtungsklage übertragen besteht es

> *"nell'interesse ad ottenere l'eliminazione dal mondo del diritto o comunque la privazione di validità o di efficacia della delibera assunta in violazione di norme imperative poste a tutela di interessi generali trascendenti quelli dei singoli soci o terzi."*[1069]

Es muss also zur Vermeidung der Verletzung der eigenen Rechte nötig sein, das Gericht anzurufen. Die Rechtsverletzung darf auf andere Weise gerade nicht vermeidbar sein.

[1064] vgl. FERRARI, S. 151;
[1065] ZANARONE in: COLOMBO, PORTALE, 3**, S. 187, 387 f.;
[1066] ZANARONE in: COLOMBO, PORTALE, 3**, S. 187, 387 Fn. 38;
[1067] vgl. MARULLI, Giur.comm. 1983, I, 865, 913;
[1068] Trib. Milano, 9.6.1994, in: Società 1995, 216; ROTA in: CARPI, TARUFFO, Art. 100 Rn. 1;
[1069] QUATRARO, D'AMORA, Bilancio di esercizio, S. 991;

2. Vermögensinteressen

Das *interesse ad agire* wurde teilweise sehr eng ausgelegt und nur bei der Verfolgung von Vermögensinteressen als gegeben betrachtet. Insbesondere bei der Anfechtung von Beschlüssen, welche die Annahme der Jahresbilanz zum Gegenstand hatten, wurde lange Zeit gefordert, der Aktionär müsse nachweisen, dass ihm bei Erfolg der Klage und daraus resultierender Korrektur der Jahresbilanz eine höhere Dividende zufließen würde. Das bloße Interesse an einer korrekten Bilanz sei nicht ausreichend[1070]. Andernfalls müsse die Klage mangels Rechtsschutzinteresse als unzulässig abgewiesen werden.

Nach dieser Ansicht dient das *interesse ad agire* also als ein Filter für missbräuchliche Klagen, es stellt eine Art Klagebefugnis dar. Der Kläger muss demnach bereits für die Zulässigkeit seiner Anfechtungsklage die Verletzung eines vermögenswerten Rechtes geltend machen.

3. Verletzung auch anderer Rechte

Später wurde jedoch das Kriterium der Betroffenheit in einem Vermögensinteresse als Voraussetzung des *interesse ad agire* von der Rspr. aufgegeben[1071]. Es genügt nunmehr, wenn der Kläger einen anderen Fehler des die Bilanz genehmigenden Beschlusses geltend macht, wie etwa, nicht ausreichend informiert[1072] oder zu spät zur *assemblea* einberufen worden zu sein[1073]. Einen Beschluss, welcher ohne die vorgeschriebene Mehrheit zustande gekommen ist, kann der Aktionär aufgrund der herausgehobenen Bedeutung des Mehrheitsprinzips für die Berücksichtigung der Aktionärsinteressen selbst dann anfechten, wenn ihm daraus keine weiteren Nachteile entstehen[1074]. Gegen das Vorliegen eines *interesse ad agire* spricht auch nicht die Tatsache, dass der Kläger in Wirklichkeit gegen die fehlerhafte Geschäftsführung der *amministratori* vorgehen will, während er in seiner Klage Fehler der Bilanz rügt. Dies gilt auch dann, wenn der Anfechtungsklage ein Machtkampf zwischen verschiedenen Aktionärsgruppen zugrunde liegt, da dieses innerhalb einer Gesellschaft regelmäßig der Fall ist und die Anfechtungsklage eine legitime „Waffe“ in diesem Machtkampf darstellt[1075].

Die genannten Beispiele zeigen, dass das *interesse ad agire* ein nur sehr schwacher Filter gegen eine missbräuchliche Anfechtungsklage darstellt. Der Anfechtungskläger muss nicht darlegen, von dem Beschluss der *assemblea* unmittelbar betroffen zu sein. Aus den zitierten Entscheidungen geht vielmehr hervor, dass die Rspr. das Fehlen des *interesse ad agire* eher als Ausnahme betrachtet und daher dessen Vorliegen meist bejaht.

[1070] ZANARONE in: COLOMBO, PORTALE, 3**, S. 187, 379; QUATRARO, D'AMORA, Bilancio di esercizio, S. 991; vgl. die drei Entscheidungen Trib. Milano, 22..9.1977, n. 5845, Trib. Milano, 22..9.1977, n. 5846, Trib. Milano, 27..9.1977, in: Giur.comm. 1978, II, 688 ff.: *"Perché sussista interesse all'azione diretta alla dichiarazione di nullità di una deliberazione di approvazione del bilancio di esercizio non basta l'interesse alla esatta determinazione del risultato della gestione, ma occorre anche che dalla determinazione di tale risultato possa derivare la soddisfazione di un concreto bisogno del socio. Integra tale interesse quello del socio a far apparire la quantità di utili reale che si assume superiore a quella accertata dal bilancio impugnato, anche se l'eventuale maggior risultato non comporta direttamente il diritto dell'attore alla ripartizione di un dividendo maggiore [...]."*;

[1071] Trib. Milano, 10.9.1981, in: Giur.comm. 1982, II, 176, 178;

[1072] Trib. Milano, 12.1.1984, in: Giur.comm. 1984, II, 277, 278 f.; Trib. Milano, 3.12.1984, in: Società 1985, 409 f.;

[1073] App. Milano, 27.9.1983, in: Giust.civ. 1984, I, 1273, 1275;

[1074] Trib. Milano, 7.9.1981, in: Giur.comm. 1982, II, 502, 504 f.;

[1075] Trib. Vicenza, 18.10.1984, in: NGCC, 1985, I, 204, 206 f.;

IV. *Abuso di diritto*

In jüngerer Zeit lässt sich in der Rspr. auch die Tendenz erkennen, missbräuchlichen Anfechtungsklagen nicht mehr über das *interesse ad agire*, sondern vielmehr über die oben[1076] erörterte Figur des *abuso di diritto* beikommen zu wollen[1077].

1. Anwendbarkeit im Prozessrecht

Nach inzwischen gefestigter Auffassung ist diese Figur nicht nur im Bereich materiellrechtlicher Ansprüche, sondern auch als Prozesseinrede gegen eine Klage anwendbar. Missbraucht wird in diesem Fall das Recht, sich an das Gericht wenden zu können[1078]. Stellt man somit bzgl. einer Klage einen *abuso di diritto* fest, so führt dies nicht dazu, dass die Klage als unbegründet abgewiesen wird. Die Klage scheitert vielmehr schon an der Zulässigkeit, da ja nicht ein Anspruch missbräuchlich ausgeübt wird, sondern die Verfolgung des Anspruchs – unabhängig von dessen Bestehen – bereits missbräuchlich ist.

2. Art. 833 c.c.

Der *abuso di diritto* ist aber kein stärkerer Filter als das *interesse ad agire* im soeben dargestellten Sinn, wenn man als Grundlage dieses *abuso di diritto* Art. 833 c.c. heranzieht. Es müsste dann nämlich von der *S.p.A.* nachgewiesen werden, dass der anfechtende Gesellschafter mit dem ausschließlichen Ziel handelt, der Gesellschaft zu schaden. So haben zahlreiche Entscheidungen einen *abuso di diritto* bzgl. der Anfechtungsklage zwar theoretisch anerkannt, das konkrete Vorliegen aber mangels des Nachweises dieses subjektiven Tatbestandes verneint[1079].

3. Art. 1175, 1375 c.c.

Anders könnte dies dann sein, wenn man auch im Bereich der missbräuchlichen Anfechtungsklage das *principio di correttezza e buona fede* der Art. 1175, 1375 c.c. heranzieht. In Ermangelung speziellerer Normen, sind diese nämlich nicht nur auf die missbräuchliche Ausübung des Stimmrechts, sondern auch auf jedes andere den Gesellschaftern zustehende Recht – wie vorliegend das der Anfechtung – anwendbar[1080]. Im Gegensatz zu Art. 833 c.c. gestatten diese, weniger auf die betrügerische Absicht des Klägers abzustellen, als vielmehr auf den objektiv abnormalen Gebrauch der Anfechtungsklage. Auf einen solchen lässt sich etwa aus einem *venire contra factum proprium* des Klägers oder anderen Begleiterscheinungen der Klage schließen[1081].

Auch wenn eine Anfechtungsklage durch einen Minderheitsaktionär in schikanöser oder gar erpresserischer Absicht erhoben werden kann, darf dies nicht dazu führen, dass diese Klage ohne weitere Prüfung als missbräuchlich angesehen wird. Vielmehr muss dies von der

---

[1076] § 2.B.I.4, S. 65 ff.;
[1077] vgl. ZANARONE in: COLOMBO, PORTALE, 3**, S. 187, 380 f.;
[1078] VENOSTA, BBTC 1989, II, 525, 530 Fn. 23; PORTALE, Giur.comm. 1982, I, 407, 418;
[1079] Trib. Milano, 13.1.1983, in: BBTC 1983, II, 328, 329 Anm. 2; Trib. Milano, 12.1.1984, in: Giur.comm. 1984, II, 277, 278 f.; Trib. Vicenza, 18.10.1984, in: NGCC, 1985, I, 204, 206; Cass.civ., I, 11.12.2000, n. 15592, in: Mass.Giur.it. 2000, 1451;
[1080] CASSOTTANA, S. 73;
[1081] PORTALE, Giur.comm. 1982, I, 407, 421 für den Fall der Anfechtung der Genehmigung der Bilanz durch einen Aktionär der als *amministratore* bei Erstellung der Bilanz selbst mitgewirkt hat; vgl. auch ZANARONE in: COLOMBO, PORTALE, 3**, S. 187, 381;

Gesellschaft dargelegt und bewiesen werden, da die Anfechtungsklage bewusst als ein Recht der Minderheit eingeführt wurde[1082]. An einen solchen Missbrauch sind daher besonders hohe Anforderungen zu stellen, da Art. 2377 I c.c. bereits selbst gewisse Legitimitätsanforderungen an den anfechtenden Gesellschafter stellt, indem er verlangt, dass der Gesellschafter nicht selbst für den angefochtenen Beschluss gestimmt haben darf, was einen deutlichen Fall des *venire contra factum proprium* darstellen würde. Die Rspr. hat festgestellt, dass eine Anfechtungsklage gegen die Genehmigung des *bilancio di esercizio* noch nicht einmal dann missbräuchlich ist, wenn der anfechtende Gesellschafter zuvor an der Erstellung dieser Bilanz als Mitglied des *consiglio di amministrazione* mitgewirkt hat[1083]. Würde man darin nämlich ein widersprüchliches Verhalten sehen, dürfte man auch nicht das sog. *voto divergente*, also die entgegengesetzte Stimmabgabe für mehrere Aktien, die jeweils von einem Aktionär innegehalten werden, zulassen[1084]. Beide Fälle haben nämlich gemeinsam, dass sich ein und dieselbe Person bei der Ausübung von Aktionärsrechten von jeweils verschiedenen Beweggründen leiten lässt. Sieht man dies beim *voto divergente* nicht als rechtsmissbräuchlich an, muss man dies auch einem Aktionär zugestehen, der vorher in seiner Eigenschaft als *amministratore* andere Interessen verfolgte.

V. Ergebnis

Es fällt auf, dass eine missbräuchliche Anfechtungsklage vor allem vor dem Hintergrund des *venire contra factum proprium* diskutiert wird. Die italienische Rspr. und Doktrin stellen sich bzgl. eines *abuso di diritto* also zunächst die Frage, ob sich der Gesellschafter mit der Erhebung der Anfechtungsklage zu seinem vorhergehenden Verhalten in Widerspruch setzt. Weniger taucht hingegen die Frage auf, ob der Aktionär ein schützenswertes Interesse mit seiner Klage verfolgt. Diese Frage wird zwar im Rahmen der Untersuchung des *interesse ad agire* untersucht, dabei aber sehr großzügig bejaht.

Gänzlich unberücksichtigt bleibt die Frage, inwieweit der Kläger bei seiner Klageerhebung auf die Interessen der *S.p.A.* und der Mitaktionäre Rücksicht nehmen muss.

C. Vergleich

Die vorstehenden Ausführungen haben gezeigt, dass die missbräuchliche Anfechtungsklage in Deutschland und Italien schon einen völlig verschiedenen Stellenwert hat. Während sie in Italien allenfalls am Rande Erwähnung findet und die oberste italienische Rspr. erst ein einziges Mal beschäftigt hat, hält die Problematik in Deutschland Gerichte und Wissenschaft in Atem.

I. Fehlendes Erpressungspotential in Italien

Grund dafür ist das der Anfechtungsklage in Deutschland zukommende Erpressungspotential. Während ein angefochtener Hauptversammlungsbeschluss vom Registergericht regelmäßig nicht eingetragen werden darf und somit keine Wirksamkeit erlangen kann, kommt der Anfechtung eines Beschlusses der *assemblea* eine derartig aufschiebende Wirkung

---

[1082] Trib. Milano, 13.1.1983, in: BBTC 1983, II, 328, 329 Anm. 2;

[1083] Cass.civ., I, 11.12.2000, n. 15592, in: Riv.dir.comm. 2001, II, 197, 202 ff.; a.A.: PORTALE, Giur.comm. 1982, I, 407, 418 f.;

[1084] Cass.civ., I, 11.12.2000, n. 15592, in: Riv.dir.comm. 2001, II, 197, 202 f.; zum *voto divergente* durch einen Aktionär mit mehreren Stimmen vgl. ausführlich JAEGER in: COLOMBO, PORTALE, 3*, S. 459, 461 ff.;

nicht zu. Während in Deutschland eine Eintragung ausnahmsweise lediglich dann erfolgen kann, wenn die Anfechtungsklage offenkundig unbegründet oder unzulässig ist, hat in Italien gerade die aufschiebende Wirkung Ausnahmecharakter. Der Aktionär in Italien kann diese zwar beantragen, ihm obliegt dann aber für die Voraussetzungen die Darlegungs- und Beweislast. Dieser wird er nur nachkommen können, wenn er hinreichende Erfolgsaussichten geltend machen kann. Es genügt also nicht die Anfechtung des Beschlusses der *assemblea* unter völlig fadenscheinigen Vorwänden.

Ist auf diese Weise dem italienischen Aktionär schon das Haupterpressungspotential aus den Händen genommen, kommt noch hinzu, dass von ihm verlangt werden kann, eine Kaution zu hinterlegen, welche für der Gesellschaft aufgrund der Anfechtungsklage entstehende Schäden eine ausreichende Sicherheit bieten soll. Das AktG 1937 enthielt eine solche Regelung in § 199 IV, die jedoch in der Aktienrechtsreform vom 1965 abgeschafft wurde. Der italienische Aktionär sieht sich bei missbräuchlicher Erhebung einer Anfechtungsklage also nicht nur – wie in Deutschland – der Gefahr ausgesetzt, die erpresste Summe wieder zurückzahlen zu müssen. Er ginge darüber hinaus das Risiko ein, den der Gesellschaft durch die Anfechtungsklage entstandenen Schaden ersetzen zu müssen. In Deutschland enthielt das AktG 1937 eine Schadensersatzpflicht bei unbegründeter Klageerhebung in § 200 II. Diese wurde aber im AktG 1965 gestrichen, um auf diese Weise die Rechte des einzelnen Aktionärs zu stärken, der gerade keine Angst haben sollte, sich durch die Ausübung seines Rechts, Anfechtungsklage zu erheben, schadensersatzpflichtig zu machen[1085]. Eine Schadensersatzpflicht würde eine Benachteiligung des Anfechtungsklägers gegenüber Klägern in anderen Streitverfahren darstellen. Auch wenn von der mangelnden Übernahme der Regelung des § 200 II AktG 1937 eine Haftung nach § 826 BGB unberührt bleibt[1086], ist in der gesamten Rspr. kein Fall ersichtlich, in dem der beklagten AG ein Schadensersatzanspruch gegen den räuberischen Aktionär aufgrund dieser Norm zuerkannt worden wäre.

Die Tatsache, dass eine Anfechtungsklage keine von Amts wegen zu berücksichtigende aufschiebende Wirkung hat und der Kläger zum Stellen einer Kaution verpflichtet sein kann, raubt also dem Aktionär einer *S.p.A.* in erheblichem Maße die Erpressungsmöglichkeiten. Anders als in Deutschland, wo den Anfechtungskläger lediglich das Prozesskostenrisiko oder aber evtl. die Verpflichtung zur Rückzahlung der erpressten Summe trifft, muss der italienische Aktionär befürchten, den der Gesellschaft durch seine Klage entstehenden Schaden ersetzen zu müssen.

II. Dogmatischer Ansatz

Die beiden Rechtsordnungen unterscheiden sich aber auch in Bezug auf die unterschiedliche dogmatische Verankerung des Rechtsmissbrauchs.

Dies spiegelt sich bereits im unterschiedlichen Prüfungsort wieder: In Italien führt die missbräuchliche Erhebung einer Anfechtungsklage bereits zur Unzulässigkeit der Klage, und zwar unabhängig davon, ob man von einem fehlenden *interesse ad agire* oder von einem *abuso di diritto* ausgeht. In Deutschland hingegen wird auf das materiell-rechtliche Gestaltungsrecht der Anfechtung abgestellt, so dass ein Missbrauch der Anfechtungsklage zum Wegfall der Anfechtungsbefugnis und damit zur Unbegründetheit der Klage führt.

[1085] TIMM, WM 1991, 481, 486;

[1086] RegE zu § 248, abgedruckt bei KROPFF Bruno, Aktiengesetz, S. 335; REBMANN, S. 23;

Aber auch die Kriterien für das Vorliegen eines Rechtsmissbrauchs unterscheiden sich grundlegend: In Deutschland wird bzgl. der Missbräuchlichkeit einer Anfechtungsklage darauf abgestellt, ob der Aktionär diese funktionswidrig ausübt, also Zwecke verfolgt, für die das Institut der Anfechtungsklage als Mittel gerade nicht vorgesehen ist. In Italien wird hingegen auf die Figur des venire *contra factum proprium* abgestellt. Dabei enthält das italienische Gesetz in Art. 2377 I c.c. bereits eine ausdrückliche Regelung dahin gehend, dass dem Aktionär, welcher für einen Beschluss gestimmt hat, die Anfechtung versagt ist. In Deutschland hingegen steht nach dem Gesetzeswortlaut die Tatsache, dass der Aktionär einem Beschluss seine Zustimmung erteilt hat, der Anfechtungsbefugnis nicht entgegen. Auch aufgrund des allgemeinen Verbots des *venire contra factum proprium* wird in diesem Fall eine Anfechtung nicht als rechtsmissbräuchlich angesehen.

Auch in dem von der italienischen Rspr. diskutierten Fall, ob jemand, der als *amministratore* der *assemblea* einen Beschlussgegenstand vorgelegt hat, diesen Beschluss als Gesellschafter anfechten kann, dürfte in Deutschland ebenfalls nicht zur Annahme von Rechtsmissbräuchlichkeit führen. Dies aus dem Grund, dass ja nicht die Verteidigung der Mitgliedschaftsrechte, sondern das allgemeine öffentliche Kontrollinteresse im Vordergrund steht. Und dies kann auch von einem Aktionär verfolgt werden, der als Vorstand zunächst einen bestimmten Beschluss gemäß § 124 III S.1 AktG vorgeschlagen hat[1087].

D. Reform des Anfechtungsrechts in Deutschland

In Anbetracht der Tatsache, dass in Italien die missbräuchliche Anfechtungsklage wegen des mangelnden Erpresserpotentials kaum eine Rolle spielt, stellt sich die Frage, wie man diese *de lege ferenda* auch in Deutschland zumindest eindämmen könnte. Eine entsprechende Reform des Anfechtungsrechts war insbesondere Gegenstand ausgiebiger Diskussionen beim 63. Deutschen Juristentag. Die vertretenen Meinungen sollen hier kurz skizziert werden.

Auch wenn eine Klage in Deutschland als missbräuchlich angesehen wird, kann bis zu dieser endgültigen Feststellung – oft erst nach einem langwierigen Instanzenzug – der Beschluss nicht ins Handelsregister eingetragen werden. An der daraus entstehenden misslichen Situation ändert auch nichts die Tatsache, dass die im Rahmen des vom räuberischen Aktionär erstrebten Vergleichs gemachten Abkaufzahlungen gegen das Gesetz verstoßen. Bei einer Gesetzeskorrektur muss daher dem Zeitaspekt eine wesentliche Beachtung geschenkt werden[1088].

Bei allen diesbezüglichen Untersuchungen gilt es die Überlegung in den Vordergrund zu stellen, dass die Anfechtungsklage möglichst nur für den räuberischen Aktionär, nicht aber auch für den normalen Kleinaktionär erschwert wird, zu dessen Schutz die Anfechtungsklage ja gerade gedacht ist[1089].

[1087] hinsichtlich der Anfechtung durch den Vorstand HÜFFER, AktG, § 245 Rn. 1; ZÖLLNER in: KöKo, AktG, § 245 Rn. 63; wenn er einen solchen Beschluss als Vorstand anfechten kann, muss dies erst recht gelten, wenn er nicht in dieser Funktion, sondern als Aktionär handelt;

[1088] BAYER, NJW 2000, 2609, 2614;

[1089] BAUMS, Gutachten F, S. 163; vgl. diesbezüglich auch FAZ v. 17.7.2003, S. 15, Aktionärsrechte herausstellen;

I. Abschaffen des Erpressungspotentials

So scheint es auch in Deutschland geboten, dem Rechtsmissbrauch Einhalt zu gebieten, indem man den Anfechtungsklagen ihr Erpressungspotential und damit ihren Lästigkeitswert nimmt[1090].

1. Aussetzung nur auf Antrag des Anfechtungsklägers

Zur Erreichung dieses Ziels könnte man sich an der italienischen Regelung orientieren, indem man zum einen die von Amts wegen erfolgende Registersperre abschafft und zum anderen über einen Aufschub der Eintragung auf Antrag des Anfechtungsklägers gerade nicht das Register-, sondern das Prozessgericht entscheiden lässt[1091].

Das Registergericht soll seine Prüfung danach nur noch auf die formellen und materiellen Eintragungsvoraussetzungen beschränken und von einer Eintragung nur absehen dürfen, wenn sich dabei Mängel ergeben, welche im öffentlichen Interesse liegen[1092]. Die Verletzung der Gesellschafterinteressen des Anfechtungsklägers soll hingegen das Registergericht gerade nicht zu einer Aussetzung des Verfahrens berechtigen. Um eine solche Aussetzung des Eintragungsverfahrens zu erreichen, muss es vielmehr dem Kläger obliegen, im Wege des einstweiligen Rechtsschutzes einen entsprechenden Antrag beim Prozessgericht zu stellen[1093].

Die Vorteile gegenüber der bestehenden rechtlichen Situation liegen auf der Hand: Zum einen wird die tatsächliche (§ 16 II S.2 UmwG) oder doch zumindest faktische (§ 127 FGG) Registersperre vermieden. Zum anderen wird die doppelte – und daher oft zu widersprüchlichen Ergebnissen führende – Prüfung durch zwei verschiedene Gerichte umgangen. Herr über die Aussetzung der Eintragung ist somit alleine das Prozessgericht. Entscheidend ist jedoch, dass das Registergericht eine Eintragung erst dann vornimmt, nachdem der Anfechtungskläger Zeit gehabt hat, sich mit seinem Aussetzungsantrag an das Prozessgericht zu wenden. Nur so kann nämlich vermieden werden, dass unumkehrbare Beschlüsse zur Eintragung gelangen.

2. Kriterien für die Aussetzung des Registerverfahrens

Fraglich sind die Kriterien, bei deren Vorliegen das Prozessgericht ein Aussetzen des Registerverfahrens anordnen soll. Weniger tauglich ist hier die Unzulässigkeit oder offensichtliche Unbegründetheit der Klage, vgl. § 16 III S.2 UmwG[1094]. Wie nämlich oben dargestellt wurde[1095], ist bei einer missbräuchlichen Anfechtungsklage bei etwas Geschick von Seiten des räuberischen Aktionärs keineswegs die mangelnde Anfechtungsbefugnis offensichtlich.

Art. 2378 IV S.1 1.Hs. c.c. verlangt eine Interessenabwägung, bei der der Schaden des Anfechtungskläger bei sofortiger Vollziehbarkeit dem Schaden der Gesellschaft bei Aufschub

---

[1090] vgl. BAUMS, Gutachten F, S. 163;

[1091] zur anderen Möglichkeit, zwar regelmäßig die aufschiebende Wirkung des angefochtenen Beschlusses anzunehmen, im Einzelfall der Gesellschaft aber die Möglichkeit zu geben, die Eintragung des Beschlusses trotz Rechtshängigkeit der Anfechtungsklage vornehmen zu lassen, wie das im Bereich des Umwandlungsrechts in § 16 III S.1 UmwG geregelt ist, vgl. BORK, ZGR 1993, 343, 361; HIRTE, DB 1993, 77;

[1092] BAYER, NJW 2000, 2609, 2616;

[1093] vgl. den Formulierungsvorschlag eines § 128 FGG bei BAUMS, Gutachten F, S. 169;

[1094] a.A. offenbar KEUL, ZIP 2003, 566, 569;

[1095] § 4.A.VI, S. 207 f.;

der Vollziehbarkeit gegenübergestellt wird. Auch in Deutschland wird daher vertreten, es müsse anhand einer Interessenabwägung über die aufschiebende Wirkung entschieden werden. Eine Aussetzung des Registerverfahrens soll demnach dann nicht erfolgen, wenn das Aufschubinteresse des Anfechtungsklägers hinter dem Vollzugsinteresse der Gesellschaft zurückstehen muss[1096]. Auf Seite der AG sind die konkreten Nachteile und Gefahren aus dem verzögerten Vollzug des Beschlusses zu berücksichtigen. Auf Klägerseite hingegen gilt es, die praktischen Auswirkungen des angefochtenen Beschlusses auf die Mitgliedschaftsrechte anzuführen[1097]. Entscheidend wird es daher auf die Art des gefassten Beschlusses ankommen, insbesondere inwieweit er in die Rechte der dissentierenden Gesellschafter einzugreifen geeignet ist, sowie auf die Möglichkeit, diesen nach einer fehlerhaften Eintragung rückgängig machen zu können.

Umstritten in diesem Zusammenhang ist, ob die Prozesschancen bei dieser Abwägung berücksichtigt werden sollen. Dies wird teilweise abgelehnt, da diese regelmäßig nicht auf die Schnelle beurteilt werden können und daher dem Bedürfnis des einstweiligen Rechtsschutzes widersprächen[1098]. An anderer Stelle wird die Berücksichtigung der Prozesschancen als Beurteilungskriterien hingegen für sehr wohl als zulässig und notwendig erachtet[1099].

Letzterer Ansicht ist zuzustimmen. Oben wurde zwar dargestellt, dass die Unzulässigkeit bzw. offensichtliche Unbegründetheit der Klage ein zu schwacher Filter gegen missbräuchliche Anfechtungsklagen ist. Dies heißt aber noch lange nicht, dass die Erfolgsaussichten einer Klage generell nicht in die Abwägung mit einfließen dürfen. Zeigt sich im Rahmen einer summarischen Prüfung, eine überwiegende Erfolgsaussicht einer der beiden Parteien, ist nicht einzusehen, warum dies nicht als zusätzliches Kriterium herangezogen werden dürfte. Nur weil sich oft die Erfolgsaussichten der Klage noch nicht abschätzen lassen, ist dies kein Grund, diese selbst in den Fällen nicht zu berücksichtigen, in denen sie klar erkennbar sind. Dies ist gerade in Bezug auf die Abwehr räuberischer Aktionäre von Bedeutung. Richtet man sich nur nach den konkreten Gefahren und Nachteilen der Eintragung eines Beschlusses, wird man bei unumkehrbaren Beschlüssen regelmäßig zugunsten des klagenden Aktionärs entscheiden müssen, selbst wenn dieser missbräuchliche handelt. Hierfür bietet die Möglichkeit, die überwiegenden Misserfolgsaussicht der Klage berücksichtigen zu können, ein geeignetes Korrektiv.

II. Regelungen des Art. 2377 c.c.

Eine weitere Möglichkeit der Eindämmung missbräuchlicher Anfechtungsklagen ergibt sich aus einer Betrachtung des Art. 2377 c.c.

1. Festlegung eines Quorums

Es wäre denkbar, auch im deutschen AktG ein solches Quorum einzuführen, so dass ein Aktionär entweder alleine die geforderte Menge an Aktien besitzen oder aber sich mit gleichgesinnten Aktionären verbinden muss, um die erforderliche Quote zu erreichen.

1096 KIEM, AG 1992, 430, 432;

1097 HOMMELHOFF, ZGR 1990, 447, 468 f.; vgl. zur Problematik dieser Interessenabwägung eingehend ZÖLLNER, AG 2000, 145, 149;

1098 HOMMELHOFF, ZGR 1990, 447, 468 f.;

1099 BORK, ZGR 1993, 343, 364; BAYER, NJW 2000, 2609, 2617;

Es wäre dies ein geeignetes Mittel, dem Treiben räuberischer Aktionäre Einhalt zu gebieten, da ein solcher gewaltige Investitionen tätigen müsste, um überhaupt in die Position zu gelangen, anfechten zu können[1100].

Gleichwohl sind Bedenken gegen die Einführung eines solchen Quorums im deutschen Aktienrecht laut geworden. So hatte insbesondere der Gesetzgeber des AktG 1965 die Auffassung vertreten, der Aktionär sei wirtschaftlicher Eigentümer der AG. Seine sich daraus ergebenden Rechte dürften daher nur soweit wie unbedingt nötig eingeschränkt werden[1101]. Die Individualklage sei gerade ein wichtiges Mittel, um die Verwaltungsorgane zu sorgfältiger Berücksichtigung der Aktionärsinteressen anzuhalten[1102]. Würde man nun ein bestimmtes Quorum verlangen, würde dies manche berechtigte Klage verhindern, deren Erfolgsaussichten eben nur von einem Aktionär ohne die nötige Mindestbeteiligung richtig eingeschätzt werden[1103]. Eine weitere Schwierigkeit bestünde darüber hinaus auch in der festzusetzenden Höhe dieses Quorums. Verlangt man eine zu hohe Quote, ist der typische Streubesitz-Aktionär weitgehend ausgeschlossen. Setzt man sie jedoch zu tief an, lässt sich der räuberische Aktionär davon kaum abschrecken[1104].

Hinsichtlich der Einführung eines Quorums für die Anfechtungsberechtigung lässt sich also feststellen, dass dies nicht nur eine Hürde für den räuberischen Aktionär darstellen würde, sondern unterschiedslos auch den Minderheitsaktionär von der legitimen Verfolgung seiner Rechte abhalten würde.

2. Beschränkung der Anfechtungsgründe

Weiter gilt es zu überlegen, ob die Regelung des Art. 2377 IV c.c., nämlich die Beschränkung der Anfechtungsgründe, auch im deutschen Aktienrecht Sinn machen würde.

a) Spruchstellenverfahren

Vorauszuschicken ist in diesem Zusammenhang, dass bereits der Gesetzgeber des AktG 1965 bestimmte Mängel eines Beschlusses dem nachgeordneten Spruchstellenverfahren nach § 306 AktG zugeordnet hat. Diese Entwicklung wurde 1994 mit den §§ 305 ff. UmwG fortgesetzt, so dass heute die Fragen der Abfindung und des Ausgleichs der Minderheit bei Eingliederung, Unternehmensverträgen und Umwandlung dem Anwendungsbereich der Anfechtungsklage bereits entzogen sind[1105]. Es wäre denkbar, weitere Fehler eines Hauptversammlungsbeschlusses, die bisher als Anfechtungsgründe angesehen werden, dem Spruchstellenverfahren zu unterstellen, um so die missbräuchliche Erhebung einer Anfechtungsklage von vornherein ausschließen zu können.

So hat der BGH bereits entschieden, dass abfindungswertbezogene Informationsmängel bei Umwandlungen nicht im Wege der Anfechtungsklage, sondern ausschließlich im Spruchver-

---

[1100] BOUJONG, FS Kellermann, S. 14; SCHLAUS, AG 1988, 113, 117; HÜFFER, AktG, § 245 Rn. 27; HÜFFER, FS Brandner, S. 67 f., der der AG lediglich in der Satzung das Recht einräumen will, ein solches Quorum festzulegen;

[1101] vgl. die Allgemeine Begründung RegE, abgedruckt bei KROPFF Bruno, Aktiengesetz, S. 14;

[1102] HOMMELHOFF, ZGR 1990, 447, 454; BAYER, NJW 2000, 2609, 2617;

[1103] BORK, ZGR 1993, 343, 360; vgl. auch BAYER, NJW 2000, 2609, 2615; SCHINDLER, WITZEL, NZG 2001, 577, 580;

[1104] LUTTER, JZ 2000, 837, 838; ZÖLLNER, AG 2000, 145, 147 f.; ZÖLLNER, Schranken mitgliedschaftlicher Stimmrechtsmacht, S. 389 ff.; SCHIESSL, AG 1999, 442, 446;

[1105] vgl. Lutter, JZ 2000, 837, 839;

fahren gerügt werden können[1106]. Außerdem herrscht weitgehend Einigkeit, dass Bewertungsmängel nicht nur bei der übertragenden Gesellschaft keinen Grund der Anfechtung des Hauptversammlungsbeschlusses darstellen sollen, § 14 II UmwG, sondern das Gleiche auch für die aufnehmende Gesellschaft gelten müsste[1107]. Es ist nämlich nicht einsehbar, warum zwischen übertragender und aufnehmender Gesellschaft ein Unterschied gemacht werden soll[1108].

Geteilter sind die Meinungen hingegen schon bei der Frage, ob auch bei einem Bezugsrechtsausschluss die Rüge, der Ausgabebetrag oder der Mindestbetrag, unter dem Aktien nicht ausgegeben werden dürfen, sei zu niedrig, dem Spruchstellenverfahren zugeordnet werden soll, statt sie nach § 255 II AktG der Anfechtungsklage zu unterstellen. Dafür spreche, dass es häufig untragbar erscheint, dass die für den wirtschaftlichen Erfolg einer Gesellschaft dringend erforderlichen Kapitalveränderungen über den gesamten Instanzenzug in der Schwebe bleiben[1109].

Dem wird aber entgegengehalten, dass bei der Abfindung im Rahmen eines Bezugsrechtsausschlusses zunächst geklärt werden müsste, ob dieser Bezugsrechtsausschluss wirklich rechtswidrig ist. Schließlich erübrigen sich Abfindungszahlungen, wenn der Bezugsrechtsausschluss rechtmäßig ist. Diese Prüfung wiederspreche gerade der Natur des Spruchstellenverfahrens in den bereits bestehenden Fällen, in denen es nur um Bewertungs-, nicht aber um Rechtmäßigkeitsfragen geht[1110].

Dieser Ansicht ist zuzustimmen. Die Beantwortung der Frage, ob der Aufschub der Eintragung bis zur letztinstanzlichen Entscheidung über die Anfechtungsklage hingenommen werden muss, kann wesentlich flexibler im Rahmen der oben dargestellten Abwägung vorgenommen werden. Stellt sich in diesem Zusammenhang heraus, dass die Gesellschaft eine essentielles Interesse an der sofortigen Durchführung der Kapitalveränderung hat, überwiegt ihr Interesse an der sofortigen Eintragung, gegenüber dem Interesse des anfechtenden Aktionärs an der Aussetzung. Ein Bedürfnis, im Zusammenhang mit einem Bezugsrechtsauschluss entstehende Abfindungsfragen aus dem Katalog der Anfechtungsgründe herauszunehmen, besteht daher nicht.

Die Zuweisung bestimmter Konflikte an das Spruchstellenverfahren ist generell eine geeignete Möglichkeit, räuberische Anfechtungsklagen einzudämmen, zu klären ist aber, für welche Fälle dies gelten soll[1111].

b) Fragerecht

Die in Art. 2377 IV c.c. aufgeführten Mängel eines Beschlusses, welche in Italien nicht zur Anfechtung berechtigen sollen, spielen in Deutschland kaum eine Rolle. Oben wurde aber

---

[1106] BGH NJW 2001, 1428; HENZE, ZIP 2002, 97, 105 f.;

[1107] BAUMS, Gutachten F, S. 120 ff. m.w.N.; ZÖLLNER, AG 2000, 145, 151; LUTTER, JZ 2000, 837, 839; BAYER, NJW 2000, 2609, 2618;

[1108] beachte, dass der RegE zum Spruchverfahrensneuordnungsgesetz v. 6.12.2002 (http://www.bmj.bund.de/images/11518.pdf) eine derartige Regelung nicht enthält. Ausweislich der Begründung ist Ziel aber nur eine Neuordnung des Verfahrens, nicht hingegen die Ausweitung des Anwendungsbereichs;

[1109] ZÖLLNER, AG 2000, 145, 151; SCHIESSL, AG 1999, 442, 446; HIRTE, ZIP 1994, 356, 360; vgl. den Formulierungsvorschlag für § 255 AktG bei HIRTE, AG 1990, 373, 375;

[1110] LUTTER, JZ 2000, 837, 839; vgl. außerdem BAUMS, Gutachten F, S. 122 ff.;

[1111] SCHINDLER, WITZEL, NZG 2001, 577, 582;

dargestellt, dass in den deutschen Fällen missbräuchlicher Anfechtungsklagen die Taktik der meisten räuberischen Aktionäre in der Bombardierung des Vorstandes mit Fragen besteht, auf deren angeblich mangelhafte Beantwortung dann die Anfechtungsklage gestützt wird. Es stellt sich daher die Frage, ob sich nicht an dieser Stelle die Möglichkeit bietet, das Anfechtungsrecht einzuschränken. Zum einen kann man hier das Fragerecht beschneiden, zum anderen an der Kausalität der Nichtbeantwortung für den Beschluss ansetzen[1112].

Es ist in diesem Zusammenhang darauf hinzuweisen, dass schon nach dem Wortlaut des § 131 I S.1 AktG der Vorstand nur zu solchen Fragen Auskunft erteilen muss, die für die sachgemäße Beurteilung des Gegenstands der Tagesordnung erforderlich sind. Wenn die AG also dazu bereits im Vorfeld ausreichend Rechenschaft abgelegt hat, erübrigt sich eine diesbezügliche Beantwortung in der Hauptversammlung[1113]. Auch die Informationspflicht der AG aus § 186 IV S.2, § 293a I S.1 oder § 319 III S.1 AktG sind einschränkend auszulegen. Die darin geforderten Berichte müssen nicht mehr Informationen enthalten, als nach den Grundsätzen gewissenhafter und getreuer Rechenschaft für diejenigen Entscheidungen erforderlich ist, für die der Bericht als Grundlage dienen soll.

Vor diesem Hintergrund scheint eine gesetzliche Regelung sinnvoll, wonach die Aktionäre ihre Fragen bis eine Woche vor der Hauptversammlung schriftlich stellen müssen[1114]. Generell ist auch zu überlegen, ob das Informationsrecht des Aktionärs gerade in der Hauptversammlung ausgeübt werden muss. Im Zeitalter moderner Kommunikationsmittel bieten sich andere Wege, etwa das Internet, zur Information der Aktionäre an. Die im internationalen Vergleich sehr lang dauernde Hauptversammlung könnte so zeitlich verkürzt werden, den Aktionären wäre die Möglichkeit genommen, durch die Bombardierung des Vorstandes mit Fragen einen Formfehler zu provozieren[1115].

Weiter wäre es möglich, an der Kausalität der mangelhaften Auskunft für das Beschlussergebnis anzuknüpfen. Nach ständiger Rspr. ist diese zu bejahen, wenn ein objektiv urteilender Aktionär in Kenntnis der Umstände, die Gegenstand seines Auskunftsbegehrens sind, anders abgestimmt hätte als das aufgrund der Verweigerung der Auskunft ohne diese Kenntniserlangung geschehen ist[1116]. An dieser Kausalitätsvermutung sollte aber nicht gerüttelt werden. Ein die Mehrheit innehabender Aktionär könnte sich sonst immer darauf berufen, dass auch bei ordnungsgemäßer Auskunftserteilung an den Minderheitsaktionär das Beschlussergebnis nicht anders ausgefallen wäre[1117]. Wünschenswert wäre aber eine nach anfechtungsrelevanten und nicht anfechtungsrelevanten Informationspflichten unterscheidende Klarstellung durch den Gesetzgeber[1118].

[1112] LUTTER, JZ 2000, 837, 838;
[1113] ZÖLLNER, AG 2000, 145, 152 f.;
[1114] ZÖLLNER, AG 2000, 145, 153; LUTTER, JZ 2000, 837, 838; vgl. auch BAUMS, Gutachten F, S. 138, der unter Berufung auf die franz. Rechtslage die schriftliche Abarbeitung von Fragen im Vorfeld der Hauptversammlung den Aktiengesellschaften lediglich als in der Satzung festlegbare Möglichkeit darlegen will;
[1115] vgl. BREUER, FAZ v. 27.11.2002; außerdem FAZ v. 28.6.2003, S. 19, Bundesregierung will Querulanten das Handwerk legen;
[1116] BGHZ 122, 211, 239; BGHZ 119, 1, 18 f.;
[1117] BAUMS, Gutachten F, S. 136; LUTTER, JZ 2000, 837, 838;
[1118] vgl. dazu ausführlich ZÖLLNER, AG 2000, 145, 152;

III. Kaution und Schadensersatzpflicht

Weiter oben[1119] wurde festgestellt, dass in Italien Aktionäre vor dem Erheben einer räuberischen Anfechtungsklage auch deswegen zurückschrecken werden, da von ihnen die Hinterlegung einer Kaution und der Ersatz des aus einer missbräuchlichen Anfechtungsklage resultierenden Schadens verlangt werden kann. Es muss daher an dieser Stelle die Frage erörtert werden, ob die Wiedereinführung dieser Regelung auch in Deutschland sinnvoll erscheint.

Dabei gilt es sich, erneut den Grund vor Augen zu führen, aus dem der Gesetzgeber des AktG 1965 diese im AktG 1937 enthaltenen Regelungen abgeschafft hat. Es bestand die Befürchtung, der Minderheitsaktionär könne durch diese Regelung vom Erheben einer Anfechtungsklage und damit der Geltendmachung seiner Rechte abgeschreckt werden. Feststellung, der nur schwerlich widersprochen werden kann. Da aber Ziel der Neuregelung der Anfechtungsklage sein soll, dass möglichst nur die räuberischen, nicht aber die legitim ihr Recht verfolgenden Aktionäre von der Klageerhebung abgeschreckt werden, kann in der Einführung einer Kaution und eines Schadensersatzanspruchs für das Erheben einer unbegründeten oder missbräuchlichen Anfechtungsklage keine geeignete Regelung erblickt werden. Ein durchschnittlicher Minderheitsaktionär wird sich regelmäßig schon trotz § 247 II AktG durch das hohe Prozesskostenrisiko in hohem Maße von der Verfolgung seiner Rechte abschrecken lassen. Diesen Effekt noch durch die Wiedereinführung einer Schadensersatzpflicht zu erhöhen, kann daher nicht als angebracht angesehen werden. Mit der Ablehnung der Schadensersatzpflicht erübrigt sich auch die Frage nach der Pflicht, eine Kaution zur Sicherheit für diese Schadensersatzpflicht zu hinterlegen.

IV. Zusammenfassung und Stellungnahme

Zusammenfassend lässt sich feststellen, dass oberstes Ziel einer Reform zur Eindämmung der räuberischen Anfechtungsklage in Deutschland die Abschaffung des Erpressungspotentials sein muss. Dies lässt sich am besten dadurch erreichen, dass entsprechend der italienischen Regelung eine Aussetzung des Eintragungsverfahrens nur auf Antrag des Anfechtungsklägers durchgeführt wird, wobei das Prozessgericht über diesen Antrag zu entscheiden hat.

Die Einführung eines Quorums für die Anfechtungsberechtigung wie dies in Italien durch die Gesellschaftsrechtsreform geschehen ist, muss abgelehnt werden. Zum einen würde ein solches Quorum die Erhebung einer berechtigten Anfechtungsklage über die Gebühr erschweren, zum anderen wäre es kein wirksames Mittel, räuberische Aktionäre abzuschrecken.

Ebenfalls abzulehnen ist die Einführung einer Schadensersatzpflicht bei unbegründeter Anfechtungsklage, evtl. verbunden mit der Pflicht, dafür bei Klageerhebung Kaution zu hinterlegen. Auch diese Regelung würde nämlich den Kleinaktionär von der Erhebung einer berechtigten Anfechtungsklage abhalten.

[1119] § 4.B.I.2, S. 208;

§ 5. Europarechtliche Implikationen

Abschließend sind die Einflüsse des Europarechts auf den Missbrauch von Minderheitsrechten einer Untersuchung zu unterziehen.

Bisher wurde die missbräuchliche Ausübung eines Minderheitsrechts nur nach den nationalen Rechtsordnungen Deutschlands und Italiens behandelt. Dabei bleibt jedoch unberücksichtigt, dass zahlreiche dieser Minderheitsrechte auf sekundärem Gemeinschaftsrecht beruhen[1120]. Es muss daher erörtert werden, ob die Einwendung des Rechtsmissbrauchs auch dem Gemeinschaftsrecht entgegengehalten werden kann.

A. Fallgruppen

Entsprechend den beiden bisher untersuchten Minderheitsrechten kann die Problematik in zwei Fallgruppen auftreten:

Auf der einen Seite ist denkbar, dass der Hauptversammlungsbeschluss in Übereinstimmung mit sekundärem Europarecht zustande gekommen bzw. abgelehnt worden ist. Es stellt sich dann die Frage, ob ein Aktionär diesen Hauptversammlungsbeschluss mit der Begründung anfechten kann, die Aktionäre hätten – obwohl in Übereinstimmung mit dem Europarecht – ihr Stimmrecht missbräuchlich ausgeübt.

Auf der anderen Seite ist es möglich, dass der Hauptversammlungsbeschluss selbst einen Verstoß gegen sekundäres Gemeinschaftsrecht aufweist. In diesem Fall stellt sich die Frage, ob eine auf diesen Verstoß gestützte Anfechtungsklage mit dem Einwand abgewiesen werden kann, sie sei missbräuchlich erhoben[1121].

Der Unterschied besteht darin, dass in der ersten Variante die Anfechtungskläger eine durch Rechtsmissbrauch bedingte Ausnahme von einer gemeinschaftsrechtlichen Norm geltend machen. In der zweiten Variante berufen sich die Anfechtungskläger hingegen auf die Durchsetzung einer auf sekundärem Gemeinschaftsrecht beruhenden Norm. Dieser Unterschied ergibt sich bei näherer Betrachtung jedoch nur aus der entgegengesetzten prozessualen Rollenverteilung. In beiden Fällen wird nämlich geltend gemacht, dass das sekundäre Gemeinschaftsrecht wegen Missbrauchs im konkreten Fall keine Gültigkeit beanspruchen kann: In der ersten Variante von den klagenden Gesellschaftern, in der zweiten Variante von der beklagten Gesellschaft.

In beiden Fallgruppen stellt sich jedenfalls die Frage, ob die Berufung auf Rechtspositionen, welche auf Gemeinschaftsrechtsvorschriften beruhen, unter dem allgemeinen Vorbehalt steht, dass sie nicht treuwidrig und missbräuchlich geschieht[1122].

B. Rechtsmissbräuchliche Ausübung von Gemeinschaftsrecht

Untersucht man nun, ob der Ausübung eines dem Gemeinschaftsrecht entstammenden Rechts der Einwand des Rechtsmissbrauch entgegengebracht werden kann, sind zwei dogmatische Alternativen möglich. Denkbar ist entweder die Anwendung des im nationalen

---

[1120] ein Überblick über die das Aktienrecht betreffenden Richtlinien findet sich bei HEIDER in: MüKo, AktG, Einl. Rn. 142 ff.;

[1121] SCHMIDT-KESSEL, S. 80 Fn. 106;

[1122] RANIERI, ZEuP 2001, 165, 170;

Recht des Mitgliedstaates enthaltenen Rechtsmissbrauchstatbestands, oder aber die Berufung auf einen direkt im Gemeinschaftsrecht verankerten Rechtsmissbrauch[1123].

I. Berufung auf nationalen Rechtsmissbrauchstatbestand

Wegen des grundsätzlichen Vorrangs des Gemeinschaftsrechts[1124] vor der nationalen Rechtsordnung kann nationales Recht der Wirksamkeit von Gemeinschaftsrecht – und sei es nur von sekundärem – regelmäßig nicht entgegengehalten werden, da andernfalls die wirksame Durchsetzung des Gemeinschaftsrechts, der sog. *effet utile* gefährdet wäre[1125]. Es wird daher vertreten, dass die Berufung auf eine nationale Rechtsmissbrauchsvorschrift stets die einheitliche Anwendung des Gemeinschaftsrechts gefährden würde und daher generell abgelehnt werden müsse[1126].

II. Legitimation durch gemeinschaftsrechtliches Rechtsmissbrauchsverbot

Gleichwohl hat der EuGH die Berufung auf eine nationale Rechtsmissbrauchsnorm für grds. zulässig erachtet, dabei aber betont, dass die volle Wirksamkeit und die einheitliche Anwendung des Gemeinschaftsrechts in den Mitgliedstaaten dadurch nicht beeinträchtigt werden dürfe[1127]. Allerdings wird die Anwendung einer mitgliedstaatlichen Rechtsmissbrauchsnorm mit dem auf Gemeinschaftsebene existierenden allgemeinen Rechtsprinzip legitimiert, wonach eine missbräuchliche oder betrügerische Berufung auf Gemeinschaftsrecht nicht gestattet ist[1128]. Insbesondere beim Missbrauch eines sich aus einer Richtlinie ergebenden Rechts ist eine Berufung auf das nationale Rechtsmissbrauchsverbot daher möglich, weil im Rahmen der Umsetzung auch das gemeinschaftsrechtliche Rechtsmissbrauchsverbot in nationales Recht inzident mitumgesetzt wird[1129].

C. Existenz eines gemeinschaftsrechtlichen Rechtsmissbrauchsverbots

Da folglich auch die Berufung auf den nationalen Rechtsmissbrauchstatbestand durch das Gemeinschaftsrecht legitimiert sein muss, gilt es, Art und Umfang des gemeinschaftsrechtlichen Missbrauchverbots einer näheren Untersuchung zu unterziehen. Die Schwierigkeit dabei besteht in der Tatsache, dass es im geschriebenen Gemeinschaftsrecht zu wenig Hinweise gibt, als dass sie für eine Konkretisierung ausreichen würden[1130].

I. Ermittlung durch wertende Rechtsvergleichung

Wenn aber zur Beschränkung der Wirkung von primärem EG-Recht durch Gemeinschaftsgrundrechte auf die gemeinsame Verfassungstradition der Mitgliedstaaten zurückgegriffen werden kann, kann auch für die Einschränkung eines sich aufgrund EG-Sekundärrecht ergebenden subjektiven Rechts durch ein gemeinschaftsrechtliches Rechtsmissbrauchsverbot von der gemeinsamen Zivilrechtstradition der Mitgliedstaaten ausgegangen werden. Genauso

[1123] vgl. die Vorlagefragen in EuGH v. 12.5.1998, Rn. 19, in: DB 1998, 1222– *Kefalas*;
[1124] EuGH Slg. 1964, 1251, 1269 ff. – Costa/ENEL; HATJE in: SCHWARZE, Art. 10 EGV Rn. 20 ff.;
[1125] STREINZ, Rn. 172; NAGEL, S. 340 f.;
[1126] GA Tesauro in Rs. C-367/96 Rn. 12, in: Slg. 1998, I-2843– *Kefalas*; GA Tesauro in Rs. C-441/93 Rn. 33, in: Slg. 1996, I-1347 – *Pafitis*; GA Cosmas in Rs. C-206/94, Rn. 60 f., in: Slg. 1996, I-2357 – *Paletta II*;
[1127] EuGH v. 12.3.1996, Rn. 68, in: WM 1996, 1530, 1535 – *Pafitis*;
[1128] EuGH v. 12.5.1998, Rn. 20 f., in: DB 1998, 1222, 1223 – *Kefalas*; vgl. SCHMIDT-KESSEL, S. 75;
[1129] SCHMIDT-KESSEL, S. 78;
[1130] SCHMIDT-KESSEL, S. 71;

wie bzgl. dieser Gemeinschaftsgrundrechte kann auch im Hinblick auf ein gemeinschaftsrechtliches Rechtsmissbrauchsverbot eine wertende Rechtsvergleichung zur Klärung der Frage stattfinden, ob sich ein solches in die Struktur und Ziele der Gemeinschaften einfügt[1131].

II. Ablehnende Ansicht

So wird denn auch teilweise vertreten, dass eine rechtsvergleichende Betrachtung in den einzelnen Mitgliedstaaten ein allgemeines Verbot des Rechtsmissbrauchs in der gemeinsamen Rechtstradition gerade nicht erkennen lasse. Der Inhalt und die Anwendungsmodalitäten des Rechtsmissbrauchs wichen in den einzelnen Mitgliedstaaten erheblich voneinander ab. Außerdem sei im Gemeinschaftsrecht der Entwicklungsprozess in Richtung auf eine Integration noch nicht abgeschlossen. Etwaige noch bestehende Lücken seien daher eher durch Auslegung als durch einen allgemeinen Missbrauchstatbestand zu schließen[1132].

III. Bejahende Ansicht

Allerdings beruht die Ansicht, in den Mitgliedstaaten sei kein einheitliches Prinzip des Rechtsmissbrauchs ersichtlich, auf einer äußerst oberflächlichen und auch zu formalistischen Betrachtungsweise[1133]. Versteht man das Verbot des Rechtsmissbrauchs als einen Grundsatz, wonach nicht jedes subjektive Recht grenzenlos auf Kosten anderer ausgeübt werden kann, findet es sich in der Rechtsordnung jedes Mitgliedstaats, auch wenn es nicht überall ausdrücklich kodifiziert ist. Die Figur wird in den meisten Rechtsordnungen im Bereich des allgemeinen Grundsatzes von Treu und Glauben angesiedelt[1134].

Die Tatsache, dass – so definiert – die Rechtsordnung jedes Mitgliedstaates die Figur des Rechtsmissbrauchs kennt[1135], lässt den Schluss zu, dass eine solche Rechtsfigur auch Bestandteil des Gemeinschaftsprivatrechts sein muss. Auch der EuGH geht wie selbstverständlich davon aus, dass eine missbräuchliche oder betrügerische Berufung auf Gemeinschaftsrecht nicht gestattet ist[1136]. Vom Ergebnis her gleichgültig ist dann, ob man die dogmatische Konstruktion des Missbrauchsverbotes als teleologische Reduktion des entsprechenden Gemeinschaftsrechts ansieht oder dies vielmehr als positivrechtliche Generalklausel verstanden wissen will[1137].

IV. Art und Umfang

Es stellt sich die Frage nach dem Inhalt eines solchen gemeinschaftsrechtlichen Rechtsmissbrauchsverbots. Der EuGH hat klargestellt, dass dort, wo der Vorrang des

---

[1131] vgl. OPPERMANN, Rn. 413; RANIERI, ZEuP 2001, 165, 172 ff.;

[1132] GA Tesauro in Rs. C-367/96 Rn. 21 ff., in: Slg. 1998, I-2843 – *Kefalas*;

[1133] vgl. zur Kritik hieran RANIERI, ZEuP 2001, 165, 172 f.;

[1134] RANIERI, ZEuP 2001, 165, 173; vgl. auch die rechtsvergleichenden Ausführungen bei PORTALE, Giur.comm. 1982, I, 407, 414 ff.;

[1135] so auch ohne nähere Untersuchung BGH WM 1989, 1765, 1766 – *DAT/Altana I*;

[1136] EuGH v. 12.5.1998, Rn. 20, in: DB 1998, 1222, 1223 – *Kefalas*; EuGH v. 3.12.1974, Rn. 13, in: Slg. 1974, 1299 – *Van Binsbergen*; EuGH v. 5.10.1994, Rn. 21, in: Slg. 1994, I-4795 – *TV10*; EuGH 10.1.1985, Rn. 27, in: Slg. 1985, 1 – *Leclerc*; EuGH v. 21.6.1988, Rn. 43, in: Slg. 1988, 3161 – *Lair*; EuGH v. 3.3.1993, Rn. 21, in: Slg. 1993, I-779 – *General Milk Products*; EuGH v. 2.5.1996, Rn. 24, in: Slg. 1996, I-2357 – *Paletta*; EuGH v. 9.3.1999, Rn. 23-30, in: Slg. 1999, I-1459 – *Centros*; vgl. zusammenfassend SCHMIDT-KESSEL, S. 66 ff.;

[1137] vgl. SCHMIDT-KESSEL, S. 73 und 80;

Gemeinschaftsrechts betroffen ist, das Rechtsmissbrauchsverbot nicht den Zweck der jeweiligen Norm vereiteln dürfe[1138]. Daraus lässt sich folgern, dass aufgrund von Rechtsmissbrauch eine auf Gemeinschaftsrecht basierende subjektive Rechtsposition nur dann eingeschränkt werden kann, wenn sich die Inhaber auf sie entgegen ihrem Schutzzweck berufen. Der Rechtsmissbrauch auf Gemeinschaftsebene muss demnach objektiv als Zweckwidrigkeit verstanden werden[1139]. Um festzustellen, ob der Einwand des Rechtsmissbrauchs gegen eine auf Gemeinschaftsrecht basierende subjektive Rechtsposition zulässig ist, muss also der Zweck der gemeinschaftsrechtlichen Norm ermittelt werden, um dann im Anschluss prüfen zu können, ob dieser auch dann erreicht wird, wenn der Einwand des Rechtsmissbrauchs dagegen erhoben wird.

D. Auswirkungen im Einzelfall

Nach allgemeinen Ausführungen zum Einwand des Rechtsmissbrauchs gegenüber auf Gemeinschaftsrecht basierenden subjektiven Rechtspositionen, sollen nun drei konkrete Fälle exemplarisch herausgestellt werden.

I. Sperrminoritäten

Zunächst wird geprüft, inwieweit das oben zu den missbräuchlichen Sperrminoritäten gefundene Ergebnis mit dem sekundären Gemeinschaftsrecht verbunden ist.

1. Problemstellung

In der dem Girmes-Fall zugrunde liegenden Fallkonstellation ist nämlich zu berücksichtigen, dass das qualifizierte Mehrheitserfordernis für die Kapitalherabsetzung auf Art. 30 i.V.m. Art. 40 I Rl. 77/91/EWG beruht. Es ist also Folge sekundären Gemeinschaftsrechts, dass bei fehlender qualifizierter Mehrheit von mindestens ⅔ ein positiver Beschluss über eine Kapitalherabsetzung nicht zustande kommt.

Es scheint vor diesem Hintergrund zweifelhaft, ob die gegen die Sperrminorität vorgehenden Aktionäre, welche selbst für die Kapitalherabsetzung gestimmt aber gleichwohl die qualifizierte Mehrheit nicht erreicht haben, sich auf eine Missbräuchlichkeit der Sperrminorität berufen können. Es handelt sich um die erste der beiden oben[1140] geschilderten Fallvarianten. Überflüssig zu erwähnen, dass sich in Deutschland das Problem nur stellt, wenn nicht nur lediglich die dort erforderliche Dreiviertelmehrheit nicht zustande kommt, sondern wegen der Blockade nicht einmal die Zweidrittelmehrheit der Richtlinie erreicht wurde[1141].

2. Zweck des Art. 30 i.V.m. Art. 40 I Rl. 77/91/EWG

Nach dem Erörterten muss zunächst die Frage beantwortet werden, was der Zweck des in Art. 30 i.V.m. Art. 40 I Rl. 77/91/EWG verankerten qualifizierten Mehrheitserfordernisses ist

---

[1138] EuGH v. 12.5.1998, Rn. 22, in: DB 1998, 1222, 1223 – *Kefalas*; EuGH v. 23.3.2000, Rn. 34, in: AG 2000, 470, 471 – *Diamantis*;

[1139] SCHMIDT-KESSEL, S. 69 und 79;

[1140] § 5.A, S. 221;

[1141] zur Möglichkeit der Mitgliedstaaten, eine höhere Quote als zwei Drittel zu verlangen: DRINKUTH, S. 265 f.; HABERSACK, Mitgliedschaft, Rn. 190;

und ob die einheitliche Erreichung dieses Zwecks bei der Bejahung einer Rechtsmissbrauchsmöglichkeit gefährdet ist.

Ein Rückgriff auf die Präambel ergibt, dass Ziel der Richtlinie die Sicherstellung eines Mindestmaßes an Gleichwertigkeit in Bezug auf den Schutzes der Aktionäre und die Gläubiger der Gesellschaft ist. Den Gläubigern soll das Gesellschaftskapital als Haftungsmasse erhalten bleiben, die Aktionäre sollen vor allem durch den Grundsatz der Gleichbehandlung geschützt werden. Gerade von einer Kapitalherabsetzung werden aber in erster Linie die Interessen der Gläubiger betroffen, da bei einer solchen die Möglichkeit besteht, bisher gebundenes Vermögen an die Aktionäre auszuschütten, und dieses dann den Gläubigern nicht mehr als Haftungsmasse zur Verfügung steht. Gleichwohl werden aber auch die Interessen der Aktionäre durch eine Kapitalherabsetzung betroffen, führt diese doch zumindest zu einer Verkürzung der Mitgliedschaft[1142].

Was den Gläubigerschutz betrifft, so wird dieser besonders durch Art. 32 I Rl. 77/91/EWG gewährt. Das in Art. 40 I Rl. 77/91/EWG enthaltene Erfordernis einer qualifizierten Mehrheit hingegen dient dem Schutz der Minderheitsaktionäre vor Eingriffen in ihre Gesellschafterrechte[1143]. Dieser Schutz wird dadurch erreicht, dass der Beschluss Rückhalt bei einem größeren Teil der Aktionäre finden muss, die einfache Mehrheit also gerade nicht ausreichend ist. Findet sich also eine Minderheit von über einem Drittel gegen die Kapitalherabsetzung, kann diese nicht über deren Köpfe hinweg beschlossen werden.

Zweck der Norm ist demnach der Schutz der Minderheitsgesellschafter vor einer Verkürzung ihrer Mitgliedschaftsrechte.

3. Allgemeines Ergebnis

Daraus ergibt sich, dass die Mehrheit sich dann nicht auf eine rechtsmissbräuchliche Blokkade durch die Minderheit berufen kann, wenn diese damit gerade ihre Mitgliedschaftsinteressen verfolgt, also einer Verkürzung ihrer Mitgliedschaftsrechte vorbeugen will. Würde man in diesem Fall den Einwand des Rechtsmissbrauchs zulassen, wäre der Grundsatz des Vorrangs des Gemeinschaftsrechts verletzt. Anders verhält es sich jedoch, wenn die Minderheitsgesellschafter mit der Ausübung der Sperrminorität private Sonderinteressen verfolgen, die nichts mit ihrer Gesellschafterstellung zu tun haben. In diesem Fall üben die Aktionäre das ihnen aus Art. 30 i.V.m. Art. 40 I Rl. 77/91/EWG zustehende Recht zweckwidrig und damit auch nach gemeinschaftsrechtlichen Maßstäben rechtsmissbräuchlich aus.

Dies bestätigt auch eine rechtsvergleichende Betrachtung, wonach nicht nur ein allgemeiner Grundsatz des Rechtsmissbrauchs in allen Rechtsordnungen der Mitgliedstaaten existiert, sondern darüber hinaus insbesondere ein Missbrauch der Sperrminorität bereits in zahlreichen Staaten Gegenstand der Rspr. oder zumindest der dogmatischen Erörterung war. Ausgangspunkt der Überlegung ist dabei stets die Verfolgung eines Sonderinteresses, also eines gerade nicht vom Gesellschaftsrecht geschützten Zwecks. Außer in Deutschland und Italien ist die

1142 DRINKUTH, S. 253; HABERSACK, EuGesR, Rn. 203; LUTTER in: KöKo, AktG, Vorb. § 222 Rn. 17 f.;

1143 auffallend aber, dass ein solches qualifiziertes Mehrheitserfordernis lediglich für den Beschluss zur Kapitalherabsetzung, nicht aber für eine ein Bezugsrecht der Altaktionäre gewährende Kapitalerhöhung gefordert ist, obwohl doch – wie oben unter § 3.C.I.3.c), S. 110 ff. erörtert – die Kapitalerhöhung einen größeren Eingriff in die Gesellschafterrechte der dissentierenden Aktionäre darstellt als dies bei der Kapitalherabsetzung der Fall ist;

Thematik insbesondere im französischen Recht intensiv behandelt worden[1144]. Aber auch in Belgien hat sich die Wissenschaft mit der Problematik beschäftigt[1145]. Es liegt eine rechtsmissbräuchliche Stimmrechtsausübung jeweils dann vor, wenn der Aktionär Sonderinteressen auf Kosten von Gesellschafterinteressen seiner Mitaktionäre verfolgt.

4. Auswirkungen auf die missbräuchliche Sperrminorität in Italien

Die Fälle, in denen die italienische Rechtsordnung eine Sperrminorität als rechtsmissbräuchlich bezeichnet, sind demnach auch vor dem gemeinschaftsrechtlichen Hintergrund unproblematisch. Ein Rechtsmissbrauch wird nach dem Erörterten in Italien schließlich nur dann bejaht, wenn die Minderheitsaktionäre ausschließlich *interessi extrasociali*, und damit nicht vom Schutzzweck des Art. 30 i.V.m. Art. 40 I Rl. 77/91/EWG umfasste Mitgliedschaftsinteressen verfolgen[1146].

5. Auswirkungen auf die missbräuchliche Sperrminorität in Deutschland

In Deutschland kann aber auch dann eine Blockade rechtsmissbräuchlich sein, wenn die Minderheitsaktionäre zwar ein Mitgliedschaftsrecht verfolgen, dieses aber im Rahmen einer Verhältnismäßigkeitsprüfung hinter dem Schutz der Mitgliedschaftsrechte der übrigen Gesellschafter zurücktreten muss. Es kommt also gerade nicht notwendigerweise auf die Verfolgung außergesellschaftlicher Interessen an. Es stellt sich somit die Frage, ob auch in diesem Fall von einer zweckwidrigen Ausübung der Sperrminorität die Rede sein kann, verfolgt die Minderheit doch den Schutz ihrer mitgliedschaftlichen Rechte, was zunächst keine zweckwidrige Berufung auf Art. 30 i.V.m. Art. 40 I Rl. 77/91/EWG darstellt. Hier ist allerdings Folgendes zu berücksichtigen:

Die Blockade eines Beschlusses durch die Minderheit stellt einen starken Eingriff in die Rechte der diesen Beschluss favorisierenden Aktionäre dar[1147]. In der deutschen Rechtsordnung ist schließlich Grundvoraussetzung für das Vorliegen einer missbräuchlichen Sperrminorität die Notwendigkeit des positiven Beschlusses für das Überleben der AG, so dass der Verlust der Mitgliedschaft sämtlicher Aktionäre auf dem Spiel steht. Der europäische Gesetzgeber hatte bei Erlass der Rl. 77/91/EWG den Schutz der Minderheit vor einer nicht ausreichend legitimierten Kapitalherabsetzung durch die Mehrheit im Sinn. Dadurch soll der Minderheitsaktionär vor einer Übervorteilung durch die Mehrheitsaktionäre geschützt werden. Dieser Schutz kann aber nicht als so weitgehend verstanden werden, dass die Minderheit selbst dann vor der Kapitalherabsetzung geschützt werden soll, wenn diese nur auf Kosten eines eklatanten Eingriffs in die Mitgliedschaftsrechte der verbleibenden Aktionäre möglich ist.

Es wurde bereits dargelegt, dass in Bezug auf die Schutzbedürftigkeit eine Unterscheidung zwischen Mehrheits- und Minderheitsaktionär wenig hilfreich ist[1148]. So können sich unter den den positiven Beschluss favorisierenden Aktionären ebenfalls diverse ungepoolte Minderheitsaktionäre befinden, die des Schutzes vor der – evtl. gepoolten – Minderheit bedürfen. Auch deren Schutzbedürfnis ist vom Schutzzweck der Richtlinie umfasst.

[1144] vgl. BELLINGHAUSEN, RIW 1997, 100 ff.; PORTALE, EDP 1991, I, 153, 155 ff.; PORTALE, Riv.dir.priv., II, 1997, 550, 554; MARTINES, CeI 1997, 1184, 1198 ff. jeweils m.w.N.;

[1145] vgl. die Ausführungen bei PORTALE, EDP 1991, I, 153, 163 ff. m.w.N.;

[1146] vgl. oben § 3.C.II.2.b)bb)(1), S. 124;

[1147] siehe oben § 3.C.I.3.c)cc), S. 111;

[1148] § 2.A.II.3, S. 52 f.;

Darüber hinaus kennt das Gemeinschaftsrecht den Grundsatz der Verhältnismäßigkeit[1149], so dass eine Abwägung der widerstreitenden Interessen auch auf dieser Ebene möglich ist. Der EuGH hat sogar ausdrücklich klargestellt, dass auch eine nicht zweckwidrige Berufung auf Gemeinschaftsrecht dann missbräuchlich sein kann, wenn durch sie den berechtigten Interessen Dritter ein schwerer Schaden zugefügt wird, der zur Zweckverfolgung außer Verhältnis steht[1150]. Dies wird auch bestätigt durch das Ergebnis der obigen rechtsvergleichenden Untersuchung, dass in den Mitgliedstaaten Rechtsmissbrauch dahin gehend verstanden wird, dass nicht jedes subjektive Recht grenzenlos auf Kosten anderer ausgeübt werden kann[1151]. Auch eine nach deutschem Recht festgestellte Rechtsmissbräuchlichkeit einer Sperrminorität stellt also keinen Verstoß gegen Art. 30 i.V.m. Art. 40 I Rl. 77/91/EWG dar.

II. Verschmelzungsbericht

Als nächstes soll untersucht werden, ob eine Anfechtungsklage als rechtsmissbräuchlich abgewiesen werden kann, welche zutreffenderweise einen Verstoß gegen § 8 I S.1 u. S.2 UmwG rügt.

1. Problemstellung

Bereits mehrfach wurde die Rspr. mit der Fallgestaltung konfrontiert, dass Gesellschafter sich klageweise gegen einen Verschmelzungsbeschluss mit der Begründung wandten, § 340a AktG a.F. (heute § 8 I S.1 u.2 UmwG) sei verletzt[1152]. Der BGH teilte die Auffassung der Kläger, wies deren Klage aber gleichwohl wegen Rechtsmissbräuchlichkeit ab.

Bei § 340a AktG a.F. handelt es sich um die nahezu wörtliche Umsetzung von Art. 9 Rl. 78/855/EWG. Es liegt eine Variante der 2. Fallgruppe[1153] vor, bei der das sekundäre Gemeinschaftsrecht wegen des Einwands des Rechtsmissbrauchs gegen die Kläger nicht zur Anwendung kam. Von einer Vorlage an den EuGH nach Art. 177 EGV (heute Art. 234 EG) hat der BGH in diesen Fällen abgesehen und sich zur Begründung auf ein Formalargument gestützt. Betroffen sei nicht die Auslegung, sondern lediglich die Anwendung der in nationales Recht umgesetzten Norm[1154]. Die richtige Auslegung ergebe sich derart offenkundig aus der Richtlinie selbst, dass vernünftige Zweifel nicht bestehen könnten[1155]. Auf die Weise

---

[1149] vgl. Art. 5 Uabs. 3 EG; ausführlich zum Grundsatz der Verhältnismäßigkeit im Gemeinschaftsrecht v. BOGDANDY, NETTESHEIM in: GRABITZ, HILF, Art. 3b EGV Rn. 42 ff.; in der Rspr.: EuGH v. 11.1.2000, Rn. 23, in: Slg. 2000, I-95 – *Kreil*; EuGH v. 7.5.1998, Rn. 34 ff., in: Slg. 1998, I-2521 – *Clean Car Autoservice*; zwar geht es dort nur um die Verhältnismäßigkeit hoheitlichen Handelns, es ist aber nicht einzusehen, warum dieser Grundsatz nicht auch bei einem Eingriff von Privatpersonen in die Rechte anderer Privatpersonen gelten soll, insbesondere, wenn diese Eingriffe durch hoheitliche Gesetze gedeckt sind;

[1150] EuGH v. 23.3.2000, Rn. 43, in: AG 2000, 470, 472 – *Diamantis*;

[1151] § 5.C.III, S. 223 f.;

[1152] BGH ZIP 1989, 980 ff. – *Kochs Adler*; BGH WM 1989, 1765 – *DAT/Altana I*;

[1153] § 5.A, S. 221;

[1154] BGH WM 1989, 1765 f. – *DAT/Altana I*;

[1155] BGH ZIP 1989, 980, 982 f. – *Kochs Adler*; vgl. dazu EuGH v. 6.10.1982, in: Slg. 1982, 3415, 3431 f.; vgl. TIMM, Missbräuchliche Aktionärsklagen, S. 5; a.A.: HIRTE, EWiR § 246 AktG 1/89, 843, 844; WERNER, WuB II A. § 340a AktG 3.89, 1299, 1203 ff.; KEIL, WAGNER, ZIP 1989, 214, 216 f.;

wurde die Chance zur Klärung des Rechtsmissbrauchseinwands gegen Art. 9 I Rl. 78/855/EWG auf europäischer Ebene verpasst[1156].

2. Zweck des Art. 9 I Rl. 78/855/EWG

Geklärt werden muss auch hier wieder der Zweck der Norm, um zu sehen, in welchem Umfang der Einwand des Rechtsmissbrauchs gegen die Anfechtungsklage statthaft ist. Eine Antwort hierauf gibt bereits die Präambel der Rl. 78/855/EWG selbst, indem sie hervorhebt, dass es besonders wichtig sei, die Aktionäre der sich verschmelzenden Gesellschaften angemessen und so objektiv wie möglich zu unterrichten. Es soll gewährleistet werden, dass die Willensbildung innerhalb der sich verschmelzenden Gesellschaften fehlerfrei abläuft[1157].

3. Ergebnis

In den geschilderten Fällen haben sich die anfechtenden Aktionäre auf § 340a AktG a.F. aber gerade nicht berufen, weil sie ihre ausreichende Information sicherstellen bzw. den Verschmelzungsbeschluss aufgrund dieser mangelnden Information für nichtig erklärt haben wollten. Mit ihrer Anfechtungsklage wollten sie vielmehr den Abkauf ihres Klagerechtes erreichen. Eine solche vermögensmäßige Entschädigung ist aber nicht vom Schutzzweck der Norm erfasst, so dass die Berufung auf Art. 9 Rl. 78/855/EWG auch unter Anlegung europäischer Maßstäbe als zweckwidrig und damit rechtsmissbräuchlich zu werten ist. Die einheitliche Anwendung des Gemeinschaftsrechts wird dadurch nicht beeinträchtigt.

III. Beteiligung der Hauptversammlung

Schließlich soll noch die Frage untersucht werden, ob auch eine Anfechtungsklage, die berechtigterweise die mangelnde Beteiligung der Hauptversammlung an der Kapitalerhöhung rügt, als rechtsmissbräuchlich abgewiesen werden kann.

1. Problemstellung

Das Auftauchen dieser Fallgestaltung ist in Deutschland und Italien kaum denkbar, da die dortige Rechtsordnung die Beteiligung der Hauptversammlung bei Kapitalerhöhungen sicherstellt. In Griechenland traten jedoch entsprechende Fälle auf. Dort war es nämlich aufgrund des Gesetzes vom 5.8.1983 Nr. 1386/1983 möglich, dass der Staat Gesellschaften in wirtschaftlichen Schwierigkeiten unter Zwangsverwaltung stellen konnte, in deren Rahmen auch Kapitalerhöhungen ohne Beteiligung der Hauptversammlung möglich waren[1158]. Gegenüber den hiergegen klageweise vorgehenden Gesellschaftern wurde von der Gesellschaft zwar der Verstoß gegen die gemeinschaftsrechtliche Norm zugegeben, gleichzeitig aber geltend gemacht, die Klage sei rechtsmissbräuchlich und müsse daher abgewiesen werden[1159]. Folgt man dieser Argumentation, könnten die Anfechtungskläger ihr Recht aus

---

[1156] unpräzise KEIL, WAGNER, ZIP 1989, 214, 215, wonach die Frage der Auslegung des Art. 9 Rl. 78/855/EWG lediglich dann relevant werden soll, wenn die Klage nicht schon wegen Rechtsmissbräuchlichkeit abgelehnt wird; die Frage, warum die Norm nicht zur Anwendung kommt, kann aber zunächst einmal für die Bejahung der Vorlagepflicht dahingestellt bleiben; ob der Rechtsmissbrauchseinwand der Durchsetzung des Gemeinschaftsrecht entgegengesetzt werden kann, ist ja gerade fraglich;

[1157] BGH ZIP 1990, 168, 169 – *DAT/Altana II*; HABERSACK, EuGesR, Rn. 222;

[1158] vgl. RANIERI, ZEuP 2001, 165, 169;

[1159] EuGH v. 12.3.1996, in: WM 1996, 1530 – *Pafitis*; EuGH v. 12.5.1998, in: DB 1998, 1222 – *Kefalas*; EuGH v. 23.3.2000, in: AG 2000, 470 – *Diamantis*;

Art. 25 I S.1 Rl. 77/91/EWG nicht durchsetzen. Es handelt sich auch hier wieder um eine Variante der zweiten Fallgruppe[1160].

Im Gegensatz zum BGH haben die griechischen Gerichte dem EuGH aber nach Art. 177 EGV (heute Art. 234 EG) die Frage vorgelegt, ob der Berufung auf Art. 25 I S.1 Rl. 77/91/EWG der nationale bzw. ein auf Gemeinschaftsebene verankerter Rechtsmissbrauchstatbestand entgegengesetzt werden könne.

2. Zweck des Art. 25 I S.1 Rl. 77/91/EWG

Zweck der Norm ist der Schutz der Aktionäre. Wie oben dargestellt[1161] berührt eine Kapitalerhöhung deren Belange in nicht zu vernachlässigendem Maße. Um daher auf eine solche, u.U. in ihre Gesellschafterrechte stark einschneidende Maßnahme Einfluss zu haben, ist es für die Gesellschafter erforderlich, dass sie beteiligt werden[1162].

3. Ergebnis

Regelmäßig kann die Berufung auf Art. 25 I S.1 Rl. 77/91/EWG im Rahmen einer Anfechtungsklage also nicht rechtsmissbräuchlich sein. Insbesondere greift das Argument nicht, der klagende Aktionär habe letztendlich durch die Kapitalerhöhung einen wirtschaftlichen Vorteile davon getragen, da sich dann die Aktionäre einer sich in wirtschaftlichen Schwierigkeiten befindlichen Gesellschaft nie auf die Norm berufen könnten[1163].

Auch in dieser Fallvariante muss aber dann etwas anderes gelten, wenn der Aktionär sich auf diese Rechtsposition lediglich beruft, um sich die Anfechtungsklage abkaufen zu lassen[1164]. Ein Berufen auf Art. 25 I S.1 Rl. 77/91/EWG kann weiter auch dann rechtsmissbräuchlich sein, wenn der in diesem Recht beeinträchtigte Aktionär gerade den Rechtsbehelf wählt, der den berechtigten Interessen Dritter einen derart schweren Schaden zufügt, dass er offensichtlich zur Erreichung des von Art. 25 I S.1 Rl. 77/91/EWG umfassten Zwecks unverhältnismäßig ist[1165]. In diesen Fällen wäre die einheitliche Anwendung des Gemeinschaftsrechts nicht gefährdet.

[1160] § 5.A, S. 221; vgl. dazu nochmals die andere Variante der Fallgruppe unter § 5.D.II, S. 227 ff.;
[1161] § 3.C.I.3.c)aa), S.110;
[1162] HABERSACK, EuGesR, Rn. 187; DRINKUTH, S. 223;
[1163] EuGH v. 12.3.1996, Rn. 70, in: WM 1996, 1530, 1535 – *Pafitis*; EuGH v. 12.5.1998, Rn. 25, in: DB 1998, 1222, 1223 – *Kefalas*; EuGH v. 23.3.2000, Rn. 36, in: AG 2000, 470, 471 – *Diamantis*;
[1164] EuGH v. 12.5.1998, Rn. 28, DB 1998, 1222, 1223 – *Kefalas*;
[1165] EuGH v. 23.3.2000, Rn. 36, in: AG 2000, 470, 471 – *Diamantis*;

§ 6. Resümee

Die angestellten Betrachtungen zeigen, dass die Grenzziehung zwischen legitim und missbräuchlich ausgeübten Minderheitsrechten einer Gratwanderung gleichkommt. Ausgangspunkt der Betrachtung muss stets sein, dass die vom Gesetzgeber zugestandenen Rechte gerade dem Schutz der Minderheitsaktionäre dienen und somit nicht über die Gebühr eingeschränkt werden dürfen. Auf der anderen Seite ist zu berücksichtigen, dass eine Verfolgung des Unternehmenszwecks gewährleistet werden muss.

A. Privatautonomie

Die Ausführungen haben gezeigt, dass in beiden untersuchten Rechtsordnungen die Privatautonomie der Gesellschaft einen sehr hohen Stellenwert hat. Auch wenn diese in Deutschland durch die Gerichte nicht in so hohem Maße geachtet wird, wie in Italien, ist doch auch hier eine gerichtliche Überprüfung des Hauptversammlungsbeschlusses weitgehend eingeschränkt. Das Gericht soll in beiden Ländern nicht seine eigene Meinung an die Stelle derjenigen der Mehrheit setzen. Dem Gericht ist es daher allenfalls möglich, einen Beschluss für nichtig zu erklären oder aber den Beschluss für gefasst zu erklären, der ohne missbräuchliche Stimmabgabe zustande gekommen wäre.

B. Rechte der Mitaktionäre als Grenze Minderheitsrechte

Regelmäßig ist die Grenze zum Missbrauch überschritten, wenn das Berufen auf ein Minderheitsrecht die Rechte anderer Aktionäre (unverhältnismäßig) beeinträchtigt. Ausgegangen wird dabei in beiden Ländern vom Grundgedanken, dass jeder Gesellschafter mit Beitritt zu einer Gesellschaft sich zwar bis zu einem gewissen Grad seiner Privatautonomie begibt, ihm jedoch unveräußerliche Rechte verbleiben, in die weder von anderen Organen noch den Mitgesellschaftern eingegriffen werden darf[1166]. Ob es sich um unveräußerliche Rechte der Mehrheits- oder der Minderheitsgesellschafter handelt, ist in diesem Zusammenhang zunächst einmal unerheblich. Solange aber in derartige Rechtspositionen nicht eingegriffen wird, sind die Organe in ihrem Handeln keiner Beschränkung unterworfen[1167].

C. Vergleich mit *common law*

Auch im angelsächsischen Recht wird der Gesellschaft ein hohes Maß an Privatautonomie zugestanden. Die englische Rechtstradition stimmt insoweit mit der kontinentaleuropäischen überein, als dass das Gericht es nicht als seine Aufgabe ansieht, in die interne Willensbildung der Gesellschaft einzugreifen[1168].

Unterschiede ergeben sich aber in Bezug auf die Ausnahmen von diesem Prinzip, insbesondere auf deren dogmatische Grundlage. In den kontinentaleuropäischen Rechtsordnungen haben sich die Gesellschafter ihrer Privatautonomie vollständig begeben. Die Gesellschaftsorgane, und damit die die Hauptversammlungsbeschlüsse beeinflussende Mehrheit kann daher zunächst einmal tun und lassen, was sie für richtig hält, ohne dass die Gerichte in deren Handlungen eingreifen würden. Dies tun sie eben erst dann, wenn die unveräußerlichen Rechte der Mehrheit verletzt werden. Die angelsächsische Rechtstradition nähert sich

---

[1166] PELLIZZI, Riv.dir.civ. 1967, I, 113, 127 f.;
[1167] CERRAI, MAZZONI, Riv.soc. 1993, 1, 6; PELLIZZI, Riv.dir.civ. 1967, I, 113, 127 f.;
[1168] PETTET, S. 227;

hingegen von der anderen Seite. Die einzelnen Gesellschafter haben sich von vornherein nur insoweit ihrer Privatautonomie begeben, wie es zur Erreichung des Gesellschaftszwecks erforderlich ist. Dies geht auf die *ultra-vires*-Doktrin zurück, wonach die Gesellschaftsorgane und damit die die Hauptversammlungsbeschlüsse beeinflussende Mehrheit nur soweit zum Handeln für die Gesellschaft ermächtigt sind, als dies vom Gesellschaftszweck gedeckt ist[1169]. Auch wenn nämlich die *ultra-vires*-Doktrin heute weitgehend in den Hintergrund gedrängt wurde, wird die allgemein wenig klar definierte und durch umfangreiche Kasuistik festgestellte Figur des *fraud on a minority* dann angenommen, wenn die Mehrheit sich über den Gesellschaftszweck hinwegsetzt[1170].

Ist einmal ein solcher *fraud on a minority* festgestellt, können die englischen Gerichte aber nicht lediglich einen Beschluss der Gesellschafterversammlung für nichtig erklären, sondern sehr viel weitreichendere Eingriffe in die Satzungsautonomie der Gesellschaft, sog. *alternative remedies* vornehmen, ohne dass sie an einen konkreten Antrag gebunden wären[1171]. In Deutschland oder Italien hingegen wäre ein derartiger Eingriff in die Privatautonomie der Gesellschaft undenkbar.

D. Aktionär kein bloßer Kapitalanleger

Zurückzukommen ist nun noch einmal auf die in der Einführung erwähnte Ansicht, wonach der Minderheitsaktionär weniger als Gesellschafter als vielmehr als bloßer Kapitalanleger betrachtet werden muss und daher nur sein Interesse an der Steigerung des *shareholder-value*, also der in der Gesellschafterstellung verkörperte Wert schutzbedürftig ist[1172]. In beiden Ländern zeichnet sich schon seit geraumer Zeit eine entsprechende Entwicklung ab[1173]. So ermächtigt Art.21 IV l. 52/1996 („*Riforma Draghi*") zum Erlass von Normen *"che rafforzino la tutela del risparmio e degli azionisti di minoranza"*. Gegenüber dem Schutz der Aktionärsstellung des Minderheitsaktionärs wird also dessen Anlagevermögen in den Vordergrund gerückt. Noch weiter geht diese Entwicklung in Deutschland, wo auffällt, dass die Bundesregierung in ihrem 10-Punkte-Papier[1174] die Stärkung gerade des Anlegerschutzes verfolgen will. Vom Schutzes der Gesellschafterstellung ist indes nicht die Rede.

Die entsprechende Tendenz wird auch deutlich durch die zahlreichen im deutschen Aktienrecht vorhandenen Möglichkeiten, den den Minderheitsaktionären entstandenen Nachteil auszugleichen. Ein Eingriff in ein unveräußerliches Gesellschaftsrecht ist damit nicht mehr nur zulässig oder unzulässig. Vielmehr kann ein Eingriff auch eigentlich unzulässig sein, diese Unzulässigkeit aber durch eine Ausgleichszahlung überwunden werden[1175], vgl. etwa § 243 II S.2 AktG[1176]. In diesem Moment ist nicht mehr die Gesellschafterstellung des Aktionärs, sondern lediglich der darin enthaltene Wert geschützt. Vorläufiger Höhepunkt dieser Entwicklung ist in Deutschland die Möglichkeit, Minderheitsaktionäre im Wege des

[1169] PETTET, S. 122 ff.;CERRAI, MAZZONI, Riv.soc. 1993, 1, 31; vgl. auch XUEREB, CeI 1986, 175, 182;
[1170] PETTET, S. 232 ff.;
[1171] CERRAI, MAZZONI, Riv.soc. 1993, 1, 9; LUTTER, ZGR 1998, 191, 194 ff.; PETTET, S. 232 ff.;
[1172] § 1.C.I, S. 27 f.; zum Wandel des *shareholder-value*-Gedankens vgl. auch FAZ v. 10.3.2003, S. 21;
[1173] vgl. MÜLBERT, S. 347 ff.;
[1174] „10-Punkte-Papier zur Stärkung der Unternehmensintegrität und des Anlegerschutzes" (FAZ v. 26.2.2003 S. 9 und Internet unter www.bmj.bund.de/ger/service/pressemitteilungen/ 10000601);
[1175] CERRAI, MAZZONI, Riv.soc. 1993, 1, 11 f.;
[1176] vgl. zur Kritik hieran HÜFFER in: MüKo, AktG, 243 Rn. 90; HÜFFER, AktG, § 243 Rn. 37;

squeeze-out gegen eine Barabfindung aus der Gesellschaft drängen zu können[1177]. In dieser Regelung wird eine zulässige, durch das Interesse des Gemeinwohls gerechtfertigte Inhalts- und Schrankenbestimmung gesehen. Die Missbrauchsmöglichkeiten der Minderheitsaktionäre lassen deren Interesse am Erhalt der Vermögenssubstanz zurücktreten[1178]. Der einzelnen konkreten Rechtsposition[1179] der Mitgliedschaft kommt also gerade kein Schutz zu. Vor diesem Hintergrund könnte man sich nun auf den Standpunkt stellen, dass jeder Eingriff in die Rechte des Aktionärs hingenommen werden muss solange er nur finanziell ausgeglichen wird.

Die im Rahmen dieser Arbeit angestellten Untersuchungen sind aber entgegen dieser Tendenz in starkem Maße auf dem Grundgedanken aufgebaut, dass es sich beim Aktionär um einen Gesellschafter der Aktiengesellschaft handelt, und ihm aus dieser Mitgliedschaft bestimmte Rechte und Pflichten zukommen. Denn auch wenn die Unterschiede zwischen einer Kapitalanlage in Form der festverzinslichen Darlehensgabe oder gar des partiarischen Darlehens auf der einen Seite und der Beteiligung an einer Aktiengesellschaft auf der anderen Seite sich faktisch annähern, darf doch nicht vergessen werden, dass bei letzterem der Anleger auch mittelbarer Eigentümer der Gesellschaft ist. Dieser konzeptionelle Unterschied zwischen Fremd- und Eigenkapital darf nicht völlig in den Hintergrund gedrängt werden, schließlich ist der Eigenkapitalgeber in der Insolvenz gegenüber dem Fremdkapitalgeber benachteiligt. Die Gesellschafter haben erst dann ein Anrecht auf eine Liquidationsquote, wenn bei der Schlussverteilung die Forderungen aller Insolvenzgläubiger in voller Höhe berichtigt werden konnten, vgl. § 199 InsO. Darlehensgeber gelten hingegen als Insolvenzgläubiger i.S.v. § 38 InsO und haben somit Anteil an der Schlussverteilung i.S.v. § 196 I InsO.

Die unterschiedlichen Ansatzpunkte spielen beim Missbrauch der Minderheitsmacht aber keine große Rolle. Gerade bei den Sperrminoritäten wurde nämlich gezeigt, dass ein Missbrauch nur dann möglich ist, wenn die Blockade des Beschlusses zur Auflösung der Gesellschaft führt. Die Auflösung der Gesellschaft führt aber regelmäßig zum Total- oder doch zumindest Teilverlust des *shareholder-value*, so dass die verbleibenden Aktionäre, auch wenn man sie als reine Kapitalanleger sieht, schutzbedürftig sind.

Das Gleiche gilt im Rahmen der missbräuchlichen Anfechtungsklage in Deutschland. Wenn etwa der Beschluss einer dringend benötigten Kapitalerhöhung wegen der aufschiebenden Wirkung der Anfechtungsklage nicht ins Handelsregister eingetragen werden kann, wird die Aktie regelmäßig ebenfalls an Wert verlieren. Die übrigen Aktionäre sind also auch in diesem Fall, von ihrer Gesellschafterstellung abgesehen, schutzwürdig.

[1177] allgemein dazu FLEISCHER, ZGR 2002, 757 ff.; SIEGER, HASSELBACH, ZGR 2002, 120 ff.; GRUNEWALD, ZIP 2002, 18 ff.;

[1178] SIEGER, HASSELBACH, ZGR 2002, 120, 126 f.;

[1179] vgl. JARASS, PIEROTH, GG, Art. 14 Rn. 19;

§ 7. Thesenartige Zusammenfassung der Ergebnisse

Nach den angestellten Untersuchungen soll nun abschließend eine Zusammenfassung der gefundenen Ergebnisse stattfinden.

A. Dogmatische Grundlage

Die italienische Rechtsordnung weist kein kodifiziertes allgemeines Rechtsmissbrauchsverbot auf. Stattdessen wird in der Rspr. zur Beschränkung des Stimmrechts auf die Figur des *eccesso di potere* bzw. neuerdings auf Art. 1375 c.c. zurückgegriffen. Deutschland stützt die Beschränkung von Gesellschafterrechten allgemein auf die Treupflicht. Auch in Italien ist die Anwendung eines übergeordneten *principio di buona fede e correttezza* wünschenswert.

Der Missbrauch durch die Minderheit kann in beiden Rechtsordnungen auf die gleiche dogmatische Grundlage wie der Missbrauch der Mehrheitsmacht gestellt werden. Die Unterteilung in Mehrheits- und Minderheitsmissbrauch ist bzgl. der dogmatischen Grundlagen als überholt anzusehen und sollte daher aufgegeben werden.

B. Erscheinungsformen der Sperrminorität

Das italienische Recht unterscheidet im Gegensatz zum AktG in Bezug auf die in der *assemblea* nötigen Mehrheitserfordernisse nach börsennotierten und nicht börsennotierten Aktiengesellschaften. Das Erfordernis einer qualifizierten Mehrheit und damit die Möglichkeit der Sperrminorität besteht nur bei der *assemblea straordinaria*, es sei denn man definiert auch einen Anteil von genau 50 % als Minderheit.

Anders als in Deutschland ist in Italien für eine gültige Beschlussfassung die Anwesenheit eines gewissen Mindestanteils des Stammkapitals in der *assemblea* erforderlich.

In Deutschland kann eine Sperrminorität nur durch Neinstimmen ausgeübt werden, in Italien können bereits freiwillige Enthaltungen einen Beschluss blockieren.

C. Einschränkung des Stimmrechts

In Deutschland muss der Aktionär bei der Stimmabgabe in der Hauptversammlung auf die Interessen der AG keine Rücksicht nehmen. Eine Treupflichtverletzung im vertikalen Verhältnis gegenüber der Gesellschaft berechtigt nicht zur Anfechtung des Hauptversammlungsbeschlusses. Dies kommt erst bei einer Treupflichtverletzung im horizontalen Verhältnis zu den Mitaktionären in Betracht. In Italien hingegen kann der Beschluss der *assemblea* schon angefochten werden, wenn der Aktionär entgegen den Interessen der *S.p.A.* stimmt.

In Deutschland trifft den Aktionär keine aktive Förderpflicht. In Italien muss wegen Art. 2247 c.c. und der Möglichkeit, auch durch bloße Enthaltung eine Sperrminorität auszuüben, eine beschränkte Förderpflicht angenommen werden, um eine Neinstimme oder Enthaltung für missbräuchlich erklären zu können.

In beiden Rechtsordnungen liegt eine missbräuchliche Stimmrechtsausübung vor, wenn der Aktionär mit seiner Stimmabgabe private, mit seiner Gesellschafterstellung nicht zusammenhängende Rechte verfolgt, und dabei die Mitgliedschaftsrechte der anderen Gesellschafter beeinträchtigt.

Nach deutschem Recht darf der Aktionär aber auch seine Gesellschafterinteressen nicht verfolgen, wenn dies nur mit einer unverhältnismäßigen Beeinträchtigung der Mitgliedschaftsrechte der Mitaktionäre zu erreichen ist. Es findet eine Verhältnismäßigkeitsprüfung durch das Gericht statt. In Italien stellt dies eine unzulässige Inhaltskontrolle dar. Der Aktionär einer *S.p.A.* darf selbst die unbedeutendsten Gesellschafterinteressen auf Kosten gewichtiger Interessen seiner Mitaktionäre verfolgen.

Grundvoraussetzung für die Missbräuchlichkeit einer Sperrminorität ist in beiden Ländern die Notwendigkeit des positiven Beschlusses für das Fortbestehen der Gesellschaft, da nur dann ein hinreichend gravierender Eingriff in die Mitgliedschaftsrechte der Mitaktionäre vorliegt.

Weiter muss in beiden Ländern dem Aktionär die Zustimmung zumutbar sein. Dies ist in Deutschland der Fall, wenn der Beschluss für den Aktionär langfristig vorteilhaft ist, einen kurzfristigen Nachteil muss er in Kauf nehmen. Nach italienischem Recht ist dem Aktionär hingegen auch ein kurzfristiger Nachteil nicht zumutbar, andernfalls müsste sich das Gericht in eine Frage unternehmerischen Ermessens einmischen. Die Privatautonomie der Aktionäre hat daher in Italien einen höheren Stellenwert.

D. Sanktion

In beiden Ländern kann weder der Vorsitzende der Hauptversammlung noch das Gericht die Aktionäre von vornherein von der Stimmabgabe ausschließen, auch wenn missbräuchliches Stimmverhalten zu erwarten ist.

Eine Anfechtung des negativen Beschlusses wird zwar in beiden Ländern als statthaft angesehen, führt jedoch nicht zum gewünschten Erfolg, da dadurch lediglich der negative Beschluss vernichtet, nicht aber der positive herbeigeführt wird.

In beiden Ländern gibt es daher Überlegungen, wie das Gericht dasjenige Beschlussergebnis feststellen kann, welches ohne die treupflichtwidrige Stimmabgabe zustande gekommen wäre. Das deutsche Recht behilft sich mit einer positiven Beschlussfeststellungsklage nach § 243 AktG analog. In Italien will man das gleiche Ergebnis durch Anfechtung der einzelnen Stimmen erreichen. Problem ist dort aber das *quorum deliberativo*. Dieses Problem kann nur umgangen werden, wenn man Art. 2368 III S.2 c.c. nicht nur auf die unfreiwillige Enthaltung, sondern auch auf die entgegen einer solchen Enthaltungspflicht abgegebene Stimme anwendet.

Da aber in beiden Ländern der Aktionär auf diese Weise nicht rechtzeitig die Beeinträchtigung seines Mitgliedschaftsrechts verhindern kann, wird er zur Wiedergutmachung des ihm wegen des verhinderten Beschlusses entstandenen Nachteils auf die Geltendmachung von Schadensersatz verwiesen. Das gilt in Deutschland trotz § 117 VII Nr.1 AktG.

In Deutschland ist eine Schadensersatzklage auf Zahlung an die Gesellschaft zu richten. Der Aktionär einer *S.p.A.* hingegen kann direkte Zahlung an sich selbst verlangen. Die italienische Praxis hat den Vorteil, dass die Problematik der Bestimmung der Höhe des Reflexschadens vermieden werden kann.

Während in Deutschland nur die ihr Stimmrecht missbräuchlich ausübenden Aktionäre als passivlegitimiert in Frage kommen, kann in Italien auch die Gesellschaft auf Zahlung von Schadensersatz verklagt werden.

E. Missbräuchliche Anfechtungsklage

Die missbräuchliche Anfechtungsklage wird in Italien nur vor dem Hintergrund des *venire contra factum proprium* diskutiert. Eine Rücksichtnahmepflicht auf die Gesellschaft wie in Deutschland wird hingegen nicht erörtert.

Dies liegt am fehlenden Erpressungspotential, da die Anfechtungsklage in Italien keine aufschiebende Wirkung hinsichtlich einer Eintragung des Beschlusses ins *registro delle imprese* auslöst. Weiter hat dort die Pflicht zu Hinterlegung einer Kaution für durch die Anfechtungsklage entstehende Schäden abschreckende Wirkung auf räuberische Aktionäre.

F. Europarecht

Den gefundenen Ergebnissen steht nicht der Geltungsvorrang des Europarechts im Wege. Zwar beruhen viele Minderheitsrechte auf sekundärem Gemeinschaftsrecht. Einer daraus entstehenden Rechtsposition kann aber der Einwand des Rechtsmissbrauchs entgegengesetzt werden, solange dadurch nicht der Schutzzweck der gemeinschaftsrechtlichen Norm vereitelt wird. In diesem Fall steht der einheitlichen Durchsetzung des Europarechts in den Mitgliedstaaten („*effet utile*") nichts entgegen.

In den Fällen, in denen jeweils die deutsche und die italienische Rechtsordnung die Ausübung eines Minderheitsrechts als missbräuchlich ansehen, steht dieser Ansicht das Europarecht nicht entgegen.

G. Vorschläge für Gesetzesänderungen

§ 117 VII Nr.1 AktG sollte einen klarstellenden Hinweis enthalten, dass der Ausschluss von Schadensersatz dann nicht gilt, wenn den Folgen der Treupflichtverletzung nicht nach §§ 243 ff. AktG abgeholfen werden kann.

Die Formulierung *„drei Viertel des bei der Beschlussfassung vertretenen Grundkapitals"* in den §§ 179 II S.1, 182 I S.1, 222 I S.1, 262 I Nr.2 1.Hs. AktG deutet auf ein Mitzählen der Enthaltungen sowie der missbräuchlichen Neinstimmen hin. Um dies in Übereinstimmung mit der h.M. zu vermeiden, sollte es stattdessen lauten: *„drei Viertel der bei der Beschlussfassung rechtmäßig abgegebenen Ja- und Neinstimmen"*.

Auch in Italien ist eine Gesetzesänderung erforderlich, nach der nur rechtmäßig abgegebene Ja- und Neinstimmen in die Berechnung des *quorum deliberativo* einfließen. Nur so kann nachträglich ein positiver Beschluss herbeigeführt werden. Abhilfe schafft insofern auch nicht die Gesellschaftsrechtsreform, wonach eine Enthaltung wegen Interessenkonflikts nicht in die Berechnungsgrundlage des *quorum deliberativo* einfließen kann. Die Problematik besteht hier insbesondere in der Unterscheidung zwischen *astensione volontaria* und *astensione obbligatoria*, welche aufgegeben werden sollte.

Ausgehend von den zahlreichen gesetzlichen Regelungen, welche eine erpresserische Wirkung der Anfechtungsklage in Italien verhindern, empfiehlt sich in Deutschland die Abschaffung der von Amts wegen eintretenden aufschiebenden Wirkung in Bezug auf die Eintragung des Hauptversammlungsbeschlusses ins Handelsregister. Die Entscheidung über eine beantragte Aussetzung des Registerverfahrens muss in die Hände des Prozessgerichts gegeben werden.

Anhang

A. Rechtsprechungsübersicht

I. Deutschland

1. RG

RG v. 8.4.1908	RGZ 68, 235 – *Hibernia*;
RG v. 6.11.1911	RGZ 77, 255;
RG v. 26.11.1920	RGZ 100, 274;
RG v. 22.6.1923	RGZ 107, 72;
RG v. 23.10.1925	RGZ 112, 14;
RG v. 9.10.1928	RGZ 122, 102;
RG v. 31.3.1931	RGZ 132, 149 – *Victoria*;
RG v. 24.10.1933	RGZ 142, 123;
RG v. 13.11.1934	RGZ 145, 336;
RG v. 4.12.1934	RGZ 146, 71;
RG v. 22.1.1935	RGZ 146, 385;
RG v. 21.9.1938	RGZ 158, 248;

2. BVerfG

BVerfG v. 21.11.1990	WM 1990, 755 – DAT/Altana I;

3. BGH

BGH v. 9.6.1954	BGHZ 14, 25;
BGH v. 27.10.1955	BGHZ 18, 350;
BGH v. 26.1.1961	NJW 1961, 724;
BGH v. 23.11.1961	BGHZ 36, 121;
BGH v. 31.1.1963	BGHZ 39, 60;
BGH v. 25.2.1965	BGHZ 43, 261;
BGH v. 10.6.1965	BGHZ 44, 40;
BGH v. 28.4.1975	NJW 1975, 1410;
BGH v. 5.6.1975	BGHZ 65, 15; NJW 1976, 191 – *ITT*;
BGH v. 16.2.1976	JZ 1976, 561 (Anm. Lutter); AG 1976, 218 (Anm. Westermann) – *Audi/NSU*;
BGH v. 13.3.1976	BGHZ 71,40; WM 1978, 401; BB 1978, 776; DB 1978, 974 – *Kali + Salz*;
BGH v. 19.12.1977	BGHZ 70, 117;
BGH v. 28.1.1980	BGHZ 76, 352; NJW 1980, 1278, ZIP 1980, 275; BB 1980, 550; DB 1980, 870; JZ 1980, 355;
BGH v. 13.3.1980	AG 1980, 187;
BGH v. 26.10.1983	BGHZ 88, 320;
BGH v. 5.11.1984	NJW 1985, 974;
BGH v. 20.1.1986	BGHZ 97, 28; NJW 1986, 2051;
BGH v. 25.9.1986	WM 1986, 1348;
BGH v. 20.10.1986	NJW 1987, 952;
BGH v. 23.3.1987	WM 1987, 841;
BGH v. 10.11.1986	BGH ZIP 1987, 29;
BGH v. 25.9.1986	BGHZ 98, 276;

BGH v. 1.2.1988	BGHZ 103, 184; NJW 1988, 1579 (Anm. Timm), ZIP 1988, 301 (Anm. Kort); WM 1988, 325; JZ 1989, S. 446 (Anm. Wiedemann) – *Linotype*;
BGH v. 22.5.1989	BGHZ 107, 296; ZIP 1989, 980; WM 1989, 1164 – *Kochs Adler*;
BGH v. 25.9.1989	WM 1989, 1765 – *DAT/Altana I*;
BGH v. 2.7.1990	BGH WM 1990, 1372;
BGH v. 18.12.1989	ZIP 1990, 168 – *DAT/Altana II*;
BGH v. 29.10.1990	ZIP 1990, 1560 – *SEN*;
BGH v. 14.10.1991	AG 1992, 86 – *Deutsche Bank*;
BGH v. 22.6.1992	ZIP 1992, 1464; NJW 1992, 3167; WM 1992, 1812; DB 1992, 2284 – *IBH/Scheich Kamel*;
BGH v. 15.6.1992	BGHZ 119, 1;
BGH v. 5.4.1993	BGHZ 122, 211;
BGH v. 19.9.1994	BGHZ 127, 107, 108; ZIP 1994, 1597 – *BMW*;
BGH v. 20.3.1995	BGHZ 129, 136; NJW 1995, 1739; ZIP 1995, 819; DB 1995, 1064 – *Girmes*;
BGH v. 19.3.1996	NJW 1996, 1828;
BGH v. 29.1.2001	BGHZ 146, 179; NJW 2001, 1428
BGH v. 10.5.2001	AG 2001, 587;

4. OLG

OLG Köln v. 18.5.1988	ZIP 1988, 967 – *AMB*;
OLG Hamm v. 20.6.1988	WM 1988, 1164;
OLG Karlsruhe v. 30.6.1989	ZIP 1989, 988 – *SEN*;
OLG Hamburg v. 28.6.1991	ZIP 1991, 1430;
OLG Karlsruhe v. 11.6.1991	ZIP 1991, 925 – *Industrie-Werke*;
OLG Düsseldorf v. 14.6.1996	WM 1996, 1366 – *Girmes*;
OLG Stuttgart v. 12.5.1999	AG 2000, 229

5. LG

LG Frankenthal v. 4.8.1988	ZIP 1988, 1460 – *Pegulan/Swedish Match*;
LG Frankenthal v. 5.10.1989	WM 1989, 1854 – *Hypothekenbank-Schwestern*;
LG Landshut v. 24.1.1990	WM 1990, 931;
LG Ingolstadt v. 12.6.1990	WM 1991, 685;
LG Düsseldorf v. 4.6.1991	ZIP 1991, 932 (Anm. Schick); WM 1991, 1955 – *Girmes*;
LG Düsseldorf v. 22.12.1992	ZIP 1993, 350; WM 1993, 153 – *Girmes*;
LG Düsseldorf v. 7.4.1994	DB 1994, 1028, 1029;

6. AG

AG Düsseldorf v. 4.5.1988	WM 1988, 1668;
AG Düsseldorf v. 20.5.1992	ZIP 1992, 1155; WM 1993, 164 – *Girmes*;

II. Italien

1. Corte di Cassazione

Cass.civ., I, 12.5.1951, n. 1177	Giur.it. 1951, I, 535; Riv.dir.comm. 1951, II, 223 ff.;
Cass.civ., I, 15.2.1954, n. 368	Riv.dir.comm. 1855, II, 221;
Cass.civ., I, 17.10.1955, n. 3241	Giur.it. 1956, I, 1, 487;
Cass.civ., I, 19.10.1955, n. 3308	Giur.it. 1956, I, 1, 218;
Cass.civ., I, 20.6.1958, n. 2148	Giur.it. 1959, I, 1, 204;
Cass.civ., I, 25.10.1958, n. 3471	Giur.it. 1959, I, 869;
Cass.civ., I, 8.3.1959, n. 444	Dir.fall.1960, II, 5;
Cass.civ., I, 7.8.1959, n. 2489	Giust.civ. 1959, I, 2129;
Cass.civ., III, 16.2.1963, n. 357	Foro it. 1963, I, 1769;
Cass.civ., I, 5.1.1966, n. 89	Foro pad. 1966, I, 524;
Cass.civ., 15.11.1967	Riv.dir.comm. 1968, II, 106;
Cass.civ., I, 7.2.1979 n. 818	Foro it. 1979, I 440; Giur.comm. 1979, II, 757; Dir.fall. 1979, II, 127;
Cass.civ., I, 28.6.1980, n. 4089	Giust.civ. 1981, I, 1745;
Cass.civ., II, 6.2.1982 n. 688	Giust.civ. 1983, I, 1577;
Cass.civ., I, n. 3359	Mass. Foro it., 1983
Cass.civ., I, 29.5.1986 n. 3628	Giur.comm. 1987, II, 572; Società 1986, 1087; Giust.civ. 1986, 2093 (Anm. Rordorf);
Cass.civ. 18.8.1986, n. 5066	Rep.Foro it. 1986, 889;
Cass.civ., 27.4.1990, n. 3535	Riv.dir.comm., 1991, II, 15; Giur.it. 1990, I, 1, 1394;
Cass.civ., III, 9.3.1991, n. 2503	Foro it. 1991, I, 2077;
Cass.civ., I, 4.5.1991, n. 4927	Società 1991, 1209;
Cass.civ., 8.5.1992, n. 5498	Giur.comm. 1993, II, 351;
Cass.civ., I, 11.3.1993, n. 2958	Società 1993, 1049 (Anm.);
Cass.civ., I, 4.5.1994, n. 4323	Foro it. 1995, 2219; NGCC, 1995, I, 633 (Anm.);
Cass.civ., I, 29.10.1994, n. 8928	Giust.civ. 1995, I, 1895;
Cass.civ., I, 5.5.1995, n. 4923	Giur.comm. 1996, II 354 (Anm.); Società 1995, 1548 ff. (Anm.);
Cass.civ., I, 26.10.1995, n. 11151	Giur.comm. 1996, II, 329 (Anm.); NGCC 1997 I, 449 (Anm.); Società 1996, 295 (Anm.) – *Leprai c. Stilgraf s.r.l. in liquidazione*
Cass.civ., I, 23.3.1996, n. 2562	Foro it. 1997, I, 1933;
Cass.civ., I, 28.3.1996, n. 2850	Foro it. 1997, I, 235 (Anm. LA ROCCA);
Cass.civ., I, 17.9.1997, n. 9252	NGCC 1998, I, 915;
Cass.civ., I, 11.12.2000 n. 15592	Riv.dir.comm. 2001, II, 197; Mass.Giur.it. 2000, 1451;

2. Corti di Appello

App. Bologna, 10.10.1947	Giur.it. 1948, I, 2, 81;
App. Roma, 1948	Dir.fall. 1948, II, 26;
App. Torino, 15.7.1953	Giur.it. 1955, I, 2, 210;
App. Milano, 30.6.1954	Riv.dir.comm. 1955, II, 221;
App. Torino, 26.4.1960	Giust.civ. 1961, 884;
App. Milano, 28.2.1975	Giur.comm. 1975, II, 778;
App. Milano, 27.9.1983	Giust.civ. 1984, I, 1273; Giur.comm. 1984, II, 426;
App. Torino, I, 10.2.1984	Giur. Piemontese 1984, 410;

App. Firenze, 15.10.1986	Giur.comm. 1988, II, 399;
App. Milano, 14.7.1989	BBTC 1990, II, 608;
App. Roma, 4.6.1990	Foro it. 1990, I, 2949;
App. Venezia, 14.1.1993	Società 1993, 937;

3. Tribunali

Trib. Verona, 23.11.1906	Riv.dir.comm. 1906, II, 84;
Trib. Firenze, 29.4.1953	Riv.dir.comm. 1953, II, 396;
Trib. Milano, 21.5.1953	Riv.dir.comm. 1954, II, 80;
Trib. Sassari, 18.12.1956	Riv.dir.comm. 1958, II, 294;
Trib. Verona, 4.5.1959	Dir.fall. 1959, II, 790;
Trib. Milano, 22..9.1977, n. 5845	Giur.comm. 1978, II, 688
Trib. Milano, 22..9.1977, n. 5846	Giur.comm. 1978, II, 688
Trib. Milano, 27..9.1977	Giur.comm. 1978, II, 688
Trib. Milano, 7.9.1981	Giur.comm. 1982, II, 502;
Trib. Milano, 10.9.1981	Giur.comm. 1982, II, 176;
Trib. Milano, 8.4.1982	Giur.it. 1983, I, 2, 842;
Trib. Milano, 13.1.1983	BBTC 1983, II, 328;
Trib. Milano, 12.1.1984	Giur.comm. 1984, II, 277;
Trib. Bologna, 12.10.1984	Giur. it. 1985, I, 2, 191;
Trib. Vicenza, 18.10.1984	NGCC, 1985, I, 204;
Trib. Milano, 3.12.1984	Società 1985, 409;
Trib. Verona, 27.9.1985	Società 1986, 301;
Trib. Milano, 29.9.1986	Società 1987, 384;
Trib. Milano, 6.10.1986	Società 1987, 384;
Trib. Lecce, 18.10.1986	Società 1987, 57;
Trib. Milano, 8.1.1987	Foro it. 1988, I, 608; Società 1987, 616;
Trib. Milano, 3.1.1987	Dir.fall. 1988, II, 100;
Trib. Milano, 7.5.1987	Giur.comm. 1987, II, 813 (Anm.);
Trib. Milano, 9.11.1987	Giur.comm. 1988, II, 967;
Trib. Genova, 19.1.1988	Società 1988, 273;
Trib. Milano, 8.2.1988	Società 1988, 707;
Trib. Milano, 11.4.1988	Giur.it. 1988, I, 2, 305; Società 1988, 725;
Trib Verona, 9.7.1988	Società 1988, 1276;
Trib. Roma, 3.7.1989	Società 1989, 1089;
Trib. Catania, 12.9.1989	Giur.comm. 1991, II, 315;
Trib. Milano, 24.9.1990	Società 1991, 507;
Trib. Milano, 10.10.1991	Società 1992, 673;
Trib. Catania, 25.10.1990	Società 1991, 812;
Trib. Milano, 12.9.1991	Società 1992, 93;
Trib. Como	Società 1992, 697;
Trib. Bologna, 28.10.1992	Giur.comm. 1994, II, 117 (Anm. ENRIQUES);
Trib. Catania, 30.9.1993	Foro it. 1994, I, 890;
Trib. Udine, 10.6.1993	Dir.fall. 1993, II, 965;
Trib. Udine, 25.1.1994	Società 1994, 531;
Trib. Aosta, 12.4.1994	Giur.comm. 1983, I, 913; Società 1995, 70;
Trib. Milano, 9.6.1994	Giur.comm., 1996, II, 273 (Anm.); Società 1995, 216 (Anm.);
Tib. Napoli, 4.5.1995	Società 1996, 575;
Trib. Milano, 28.1.1998	Società 1998, 946 (Anm.);

Trib. Milano, 29.1.1998	Foro pad. 1998, I, 431;
Trib. Napoli, 25.2.1998	Foro it. 1999, I, 1026;
Trib. Napoli, 7.1.1999	Foro nap. 1999, 41;
Trib. Como, 1.6.2000	Giur.comm. 2002, II, 125 (Anm.);
Trib. Milano, 2.6.2000	Foro it., 2000, I, 3638;

III. Europa

EuGH v. 15.7.1964	Slg. 1964, 1251 – *Costa/ENEL*;
EuGH v. 3.12.1974	Slg. 1974, 1299 – *Van Binsbergen*;
EuGH v. 6.10.1982	Slg. 1982, 3415;
EuGH v. 10.1.1985	Slg. 1985, 1 – *Leclerc*;
EuGH v. 21.6.1988	Slg. 1988, 3161 – *Lair*;
EuGH v. 3.3.1993	Slg. 1993, I-779 – *General Milk*;
EuGH v. 5.10.1994	Slg. 1994, I-4795 – *TV10*;
EuGH v. 12.3.1996	WM 1996, 1530 – *Pafitis*;
EuGH v. 2.5.1996	Slg. 1996, I-2357 – *Paletta*;
EuGH v. 7.5.1998	Slg. 1998, I-2521 – *Clean Car Autoservice*;
EuGH v. 12.5.1998	DB 1998, 1222 – *Kefalas*;
EuGH v. 9.3.1999	Slg. 1999, I-1459 – Centros;
EuGH v. 11.1.2000	Slg. 2000, I-95 – *Kreil*;
EuGH v. 23.3.2000	AG 2000, 470 – *Diamantis*;

B. Italienische Gesetze

I. Costituzione della Repubblica Italiana

2. La Repubblica riconosce e garantisce i diritti inviolabili dell'uomo, sia come singolo sia nelle formazioni sociali ove si svolge la sua personalità, e richiede l'adempimento dei doveri inderogabili di solidarietà politica, economica e sociale.

2. Die Republik erkennt die unverletzlichen Menschenrechte an und garantiert sie, sei es gegenüber dem Einzelnen, sei es gegenüber einem Verband, wo dieser seine Persönlichkeit entfaltet, und fordert die Erfüllung der unabdingbaren Pflichten auf politischem, wirtschaftlichem und sozialen Gebiet.

II. Codice civile[1180]

833. (Atti d'emulazione). *Il proprietario non può fare atti i quali non abbiano altro scopo che quello di nuocere o recare molestia ad altri.*

840. (Sottosuolo e spazio sovrastante al suolo). *La proprietà del suolo si estende al sottosuolo, con tutto ciò che vi si contiene, e il proprietario può fare qualsiasi escavazione od opera che non rechi danno al vicino. [...]*

1105. (Amministrazione) *[...]*
Se non si prendono i provvedimenti necessari per l'amministrazione della cosa comune o non si forma una maggioranza, ovvero se la deliberazione adottata non viene eseguita, ciascun partecipante può ricorrere alla autorità giudiziaria. Questa provvede in camera di consiglio e può anche nominare un amministratore.

1175. (Comportamento secondo correttezza). *Il debitore e il creditore devono comportarsi secondo le regole della correttezza.*

1176. (Diligenza nell'adempimento). *Nell'adempiere l'obbligazione il debitore deve usare la diligenza del buon padre di famiglia.*

[...]

1218. (Responsabilità del debitore). *Il debitore che non esegue esattamente la prestazione dovuta è tenuto al risarcimento del danno, se non prova che l'inadempimento o il ritardo è stato determinato da impossibilità della prestazione derivante da causa a lui non imputabile.*

1223. (Risarcimento del danno). *Il risarcimento del danno per l'inadempimento o per il ritardo deve comprendere così la perdita subita dal creditore come il mancato guadagno, in quanto ne siano conseguenza immediata e diretta.*

1226. (Valutazione equitativa del danno). *Se il danno non può essere provato nel suo preciso ammontare, è liquidato dal giudice con valutazione equitativa.*

833. (Missbräuchliche Handlungen). *Der Eigentümer darf Handlungen nicht vornehmen, die keinen anderen Zweck haben, als andere zu schädigen oder zu belästigen.*

840. (Untergrund und Luftraum). *Das Eigentum an Grund und Boden erstreckt sich auf den Bereich unter der Erdoberfläche und allem was darin enthalten ist, und der Eigentümer kann jede Art von Grabung oder Bau vornehmen, der dem Nachbarn keinen Schaden verursacht. [...]*

1105. (Verwaltung). *[...]*
Wenn die für die Verwaltung der gemeinschaftlichen Sache notwendigen Maßnahmen nicht ergriffen werden oder keine Mehrheit zustande kommt oder wenn ein gefasster Beschluss nicht durchgeführt wird, kann jeder Teilhaber das Gericht anrufen. Diese beschließt in nichtöffentlicher Sitzung und kann einen Verwalter bestellen.

1175. (Redliches Verhalten). *Schuldner und Gläubiger haben sich nach den Grundsätzen der Redlichkeit zu verhalten.*

1176. (Sorgfalt bei der Erfüllung). *Bei der Erfüllung der Verbindlichkeit hat der Schuldner die Sorgfalt eines guten Familienvaters anzuwenden.*

[...]

1218. (Haftung des Schuldners). *Der Schuldner, der die geschuldete Leistung nicht genau erbringt, ist zum Schadensersatz verpflichtet, wenn er nicht beweist, dass die Nichterfüllung oder der Verzug auf der Unmöglichkeit der Leistung beruht, die auf einen von ihm nicht zu vertretenden Grund zurückgeht.*

1223. (Schadensersatz). *Schadensersatz wegen Nichterfüllung oder Verzug muss sowohl den vom Gläubiger erlittenen Verlust als auch den entgangenen Gewinn umfassen, soweit diese unmittelbare und direkte Folge sind.*

1226. (Schadensbemessung nach Billigkeit). *Wenn der Schaden in Bezug auf seine genaue Höhe nicht nachgewiesen werden kann, wird er vom Richter nach Billigkeit bestimmt.*

[1180] Die Übersetzung beruht auf BAUER, ECCHER, KÖNIG, KREUZER, ZANON, Italienisches Zivilgesetzbuch, Codice civile, wurde jedoch an vielen Stellen modifiziert und insbesondere der Gesellschaftsrechtsreform angepasst;

1322. (Autonomia contrattuale). *Le parti possono liberamente determinare il contenuto del contratto nei limiti imposti dalla legge (e dalle norme corporative).*

[...]

1345. (Motivo illecito). *Il contratto è illecito quando le parti si sono determinate a concluderlo esclusivamente per un motivo illecito comune ad entrambe.*

1358. (Comportamento delle parti nello stato dipendenza). *Colui che si è obbligato o che ha alienato un diritto sotto condizione sospensiva, ovvero lo ha acquistato sotto condizione risolutiva, deve, in pendenza della condizione, comportarsi secondo buona fede per conservare integre le ragioni dell'altra parte.*

1366. (Interpretazione di buona fede). *Il contratto deve essere interpretato secondo buona fede.*

1375. (Esecuzione di buona fede). *Il contratto deve essere eseguito secondo buona fede.*

1420. (Nullità nel contratto plurilaterale). *Nei contratti con più di due parti, in cui le prestazioni di ciascuna sono dirette al conseguimento di uno scopo comune, la nullità che colpisce il vincolo di una sola delle parti non importa nullità del contratto, salvo che la partecipazione di essa debba, secondo le circostanze, considerarsi essenziale.*

1446. (Annullabilità nel contratto plurilaterale). *Nei contratti indicati dall'art. 1420 l'annullabilità che riguarda il vincolo di una sola delle parti non importa annullamento del contratto, salvo che la partecipazione di questa debba, secondo le circostanze, considerarsi essenziale.*

1459. (Risoluzione nel contratto plurilaterale). *Nei contratti indicati dall'art. 1420 l'inadempimento di una delle parti non importa la risoluzione del contratto rispetto alle altre, salvo che la prestazione mancata debba, secondo le circostanze, considerarsi essenziale.*

1466. (Impossibilità nel contratto plurilaterale). *Nei contratti indicati dall'art. 1420 impossibilità della prestazione di una delle parti non importa scioglimento del contratto rispetto alle altre, salvo che la prestazione mancata debba, secondo le circostanze, considerarsi essenziale.*

1469-bis. (Clausole vessatorie nel contratto tra professionista e consumatore). *Nel contratto concluso tra il consumatore e il professionista, che ha per oggetto la cessione di beni o la prestazione di servizi, si considerano vessatorie le clausole che, malgrado la buona fede, determinano a carico del consumatore un significativo squilibrio dei diritti e degli obblighi derivanti dal contratto.*

[...]

1322. (Vertragsfreiheit). *Die Parteien können innerhalb der vom Gesetz und der Tarifordnung vorgegebenen Grenzen den Vertragsinhalt frei bestimmen.*

[...]

1345. (Unerlaubter Beweggrund). *Der Vertrag ist unerlaubt, wenn sich die Parteien ausschließlich aus einem für beide gemeinsam unerlaubten Beweggrund entschlossen haben.*

1358. (Verhalten der Parteien während des Schwebezustands). *Wer sich unter einer aufschiebenden Bedingung verpflichtet oder ein Recht veräußert oder aber ein Recht unter auflösender Bedingung nach Treu und Glauben zu verhalten, um die Rechte der anderen Partei unangetastet zu erhalten.*

1366. (Auslegung nach Treu und Glauben). *Der Vertrag ist nach Treu und Glauben auszulegen.*

1375. (Durchführung nach Treu und Glauben). *Der Vertrag muss nach Treu und Glauben durchgeführt werden.*

1420. (Nichtigkeit beim mehrseitigen Vertrag). *Bei Verträgen mit mehr als zwei Parteien, bei denen die Leistungen einer jeden auf die Erreichung eines gemeinsamen Zweckes gerichtet sind, bewirkt die Nichtigkeit, die die vertragliche Bindung einer der Parteien betrifft, nicht die Nichtigkeit des Vertrages, es sei denn, dass die Teilnahme dieser Partei den Umständen nach als wesentlich anzusehen ist.*

1446. (Anfechtbarkeit beim mehrseitigen Vertrag). *Betrifft die Anfechtbarkeit bei den in Art. 1420 genannten Verträgen die vertragliche Bindung nur einer der Parteien, so kann der Vertrag nicht angefochten werden, es sei denn, dass die Teilnahme dieser Partei den Umständen nach als wesentlich anzusehen ist.*

1459. (Aufhebung beim mehrseitigen Vertrag). *Bei den in Art. 1420 genannten Verträgen bewirkt die Nichterfüllung einer der Parteien nicht die Aufhebung des Vertrages hinsichtlich der anderen, es sei denn, dass die unterbliebene Leistung den Umständen nach als wesentlich anzusehen ist.*

1466. (Unmöglichkeit beim mehrseitigen Vertrag). *Bei den in Art. 1420 genannten Verträgen bewirkt die Unmöglichkeit der Leistung einer der Parteien nicht die Auflösung des Vertrags hinsichtlich der anderen, es sei denn, dass die unterbliebene Leistung den Umständen nach als wesentlich anzusehen ist.*

1469-bis. (Rechtswidrige Klauseln beim Vertrag zwischen Unternehmer und Verbraucher). *Beim zwischen Verbraucher und Unternehmer geschlossenen Vertrag, der die Übereignung von Gütern oder die Leistung von Diensten zum Gegenstand hat, werden die Klauseln als rechtswidrig angesehen, die trotz ihrer Ausrichtung an Treu und Glauben ein deutliches Ungleichgewicht der aus dem Vertrag herrührenden Rechte und Pflichten zulasten des Verbrauchers festlegen.*

[...]

2043. (Risarcimento per fatto illecito). *Qualunque fatto doloso o colposo, che cagiona ad altri un danno ingiusto, obbliga colui che ha commesso il fatto a risarcire il danno.*

2247. (Contratto di società). *Con il contratto di società due o più persone conferiscono beni o servizi per l'esercizio in comune di un'attività economica allo scopo di dividerne gli utili.*

2325. (Nozione). *Nella società per azioni per le obbligazioni sociali risponde soltanto la società con il suo patrimonio.*
[...]
2327. (Ammontare minimo del capitale). *La società per azioni deve costituirsi con un capitale non inferiore a centoventimila euro.*
2328. (Atto costitutivo). *La società può essere costituita per contratto o per atto unilaterale.*

L'atto costitutivo deve essere redatto per atto pubblico e deve indicare:
[...]
13) la durata della società ovvero, se la società è costituita a tempo indeterminato, il periodo di tempo, comunque non superiore ad un anno, decorso il quale il socio potrà recedere.

[...]
2330. (Deposito dell'atto costitutivo e iscrizione della società). *[...]*
2331. (Effetti dell'iscrizione) *Con l'iscrizione nel registro la società acquista la personalità giuridica.*

[...]
2341-bis. (Patti parasociali). *[...]*

2348. (Categorie di azioni). *Le azioni devono essere di uguale valore e conferiscono ai loro possessori uguali diritti.*
[...]
2350. (Diritto agli utili e alla quota di liquidazione). *Ogni azione attribuisce il diritto a una parte proporzionale degli utili netti del patrimonio netto risultante dalla liquidazione, salvi i diritti stabiliti a favore di speciali categorie di azionii.*

[...]
2351. (Diritto di voto). *Ogni azione attribuisce il diritto di voto.*
[...]
2362. (Unico azionista). *[...]*
2364. (Assemblea ordinaria nelle società prive di consiglio di sorveglianza). Nelle società prive di consiglio di sorveglianza, *l'assemblea ordinaria:*

approva il bilancio;
nomina e revoca gli amministratori;
nomina I sindaci e il presidente del collegio sindacale e, quando previsto, il soggetto al quale è

2043. (Schadensersatz wegen unerlaubter Handlung). *Jede vorsätzliche oder fahrlässige Handlung, die einem anderen einen rechtswidrigen Schaden zufügt, verpflichtet denjenigen, der sie begangen hat, zum Schadensersatz.*
2247. (Gesellschaftsvertrag). *Mit dem Gesellschaftsvertrag bringen zwei oder mehrere Personen Sachen oder Dienstleistungen zur gemeinsamen Ausübung einer wirtschaftlichen Tätigkeit mit dem Zweck ein, den daraus erzielten Gewinn zu teilen.*
2325. (Begriff). *Bei der Aktiengesellschaft haftet für die Verbindlichkeiten der Gesellschaft nur die Gesellschaft mit ihrem Vermögen.*
[...]
2327. (Mindestnennbetrag des Grundkapitals). *Die S.p.A. muss mit einem Kapital von mindestens hundertzwanzig tausend Euro gegründet werden.*
2328. (Satzung). *Die Gesellschaft kann durch Vertrag oder durch einseitgies Rechtsgeschäft gegründet werden..*
Die Satzung muss durch öffentliche Urkunde erstellt werden und muss beinhalten:
[...]
13) die Dauer der Gesellschaft oder, wenn die Gesellschaft auf unbestimmte Zeit gegründet wurde, den nicht länger als ein Jahr betragenden Zeitraum, nach dessen Ablauf der Gesellschafter austreten kann
[...]
2330. (Hinterlegung der Satzung und Eintragung der Gesellschaft). *[...]*
2331. (Wirkung der Eintragung). *Mit der Eintragung im Register erwirbt die Gesellschaft die Rechtspersönlichkeit.*
[...]
2341-bis. (Gesellschaftsrechtliche Nebenabreden). *[...]*
2348. (Arten von Aktien). *Die Aktien müssen den gleichen Wert haben und ihren Inhaben die gleichen Rechte verleihen.*
[...]
2350. (Recht auf Gewinnbeteiligung und Liquidationsquote). *Jede Aktie gewährt das Recht auf einen verhältnismäßigen Teil des Reingewinns und des Reinvermögens, das sich aus der Liquidation ergibt, unbeschadet der Rechte, die zugunsten der besonderen Arten der Aktien festgesetzt werden.*
[...]
2351. *(Stimmrecht). Jede Aktie gewährt das Stimmrecht.*
[...]
2362. (Alleinaktionär). *[...]*
2364. (Ordentliche Hauptversammlungin in Gesellschaften ohne Aufsichtsrat). *Die ordentliche Hauptversammlung* in Gesellschaften ohne Aufsichtsrat*:*
genehmigt die Bilanz;
ernennt und beruft die Vorstände ab;
ernennt die Aufsichtsratsmitglieder und den Vorsitzenden der Abschlussprüfer und, wenn vorgesehen

demandato il controllo contabile;
determina il compenso degli amministratori e dei sindaci, se non è stabilito nello statuto;

delibera sugli altri oggetti attributi dalla legge alla competenza dell'assemblea, nonché sulle autorizzazioni eventualmente richieste dallo statuto per il compimento di atti degli amministratori, ferma in ogni caso la responsabilità di questi per gli atti compiuti;

approva l'eventuale regolamento dei lavori assembleari.
[...]
2365. (Assemblea straordinaria) *L'assemblea straordinaria delibera sulle modificazioni dello statuto, sulla nomina, sulla sostituzione e sui poteri dei liquidatori e su ogni altra materia espressamente attribuita dalla legge alla sua competenza.*

[...]
2367. (Convocazione su richiesta della minoranza). *Gli amministratori o il consiglio di gestione devono convocare senza ritardo l'assemblea, quando ne è fatta domanda da tanti soci che rappresentino almeno il decimo del capitale sociale o la minore percentuale prevista nello statuto, e nella domanda sono indicati gli argomenti da trattare.*

[...]
2368. (Costituzione dell'assemblea e validità delle deliberazioni). *L'assemblea ordinaria è regolarmente costituita con l'intervento di tanti soci che rappresentino almeno la metà del capitale sociale, escluse dal computo le azioni prive del diritto di voto nell'assemblea medesima. Essa delibera a maggioranza assoluta, salvo che lo statuto richieda una maggioranza più elevata. Per la nomina alle cariche sociali lo statuto può stabilire norme particolari.*

L'assemblea straordinaria delibera con il voto favorevole di tanti soci che rappresentino più della metà del capitale sociale, se lo statuto non richiede una maggioranza più elevata. Nelle società che fanno ricorso al mercato del capitale di rischio l'assemblea straordinaria è regolarmente costituita con la presenza di tanti soci che rappresentino almeno la metà del capitale sociale o la maggiore percentuale prevista dallo statuto e delibera con il voto favorevole di almeno i due terzi del capitale rappresentato in assemblea.

Salvo diversa disposizione di legge le azioni per le quali non può essere esercitato il diritto di voto sono computate ai fini della regolare costituzione dell'assemblea. Le medesime azioni e quelle per le quali il diritto di voto non è stato esercitato a seguito della dichiarazione del socio di astenersi

den Gegenstand, der der Buchprüfung unterliegt;
bestimmt die Vergütung der Vorstände und der Aufsichtsratsmitglieder, soweit nicht in der Satzung festgelegt;
beschließt über die anderen zur Zuständigkeit der Hauptversammlung gehörenden Angelegenheiten, sowie über Genehmigungen, welche gegebenenfalls von der Satzung für die Ausführung von Handlungen der Vorstände verlangt werden, übernimmt in jedem Fall die Verantwortung dieser für die ausgeführten Handlungen;
genehmigt eventuelle Regelungen der Arbeiten der Hauptversammlung.
[...]
2365. (Außerordentliche Hauptversammlung). *Die außerordentliche Hauptversammlung beschließt über Satzungsänderungen, über die Ernennung, die Ersetzung und die Vollmachten der Liquidatoren und über jede andere Angelegenheit, welche durch das Gesetz ausdrücklich ihrer Kompetenz zugewiesen ist.*
[...]
2367. (Einberufung auf Antrag der Minderheit). *Die Vorstände oder der Vorstand müssen unverzüglich die Hauptversammlung einberufen, wenn dies von so vielen Gesellschaftern beantragt wird, dass sie wenigstens ein zehntel des Grundkapitals oder einen geringeren von der Satzung vorgesehenen Anteil vertreten, und wenn im Antrag die Verhandlungsgegenstände bezeichnet werden.*
[...]
2368. *(Beschlussfähigkeit der Hauptversammlung und Gültigkeit der Beschlüsse). Die ordentliche Hauptversammlung ist beschlussfähig, wenn so viele Gesellschafter anwesend sind, dass sie wenigstens die Hälfte des Grundkapitals vertreten, wobei die Aktien mit beschränktem Stimmrecht von der Zählung ausgeschlossen sind. Sie beschließt mit absoluter Mehrheit, es sei denn, dass der Gründungsvertrag eine größere Mehrheit vorsieht. Für die Bestellung zu Gesellschaftsämtern kann die Satzung besondere Vorschriften festsetzen.*
Die außerordentliche Hauptversammlung beschließt mit Zustimmung so vieler Gesellschafter, dass sie mehr als die Hälfte des Grundkapitals vertreten, wenn die Satzung keine größere Mehrheit verlangt. In Gesellschaften, welche an der Börse notiert sind, ist die außerordentliche Hauptversammlung beschlussfähig, wenn so viele Gesellschafter anwesend sind, dass sie wenigstens die Hälfte des Grundkapitals oder einen höheren von der Satzung bestimmten Anteil vertreten und beschließt mit Zustimmung von mindestens zwei Dritteln des in der Hauptversammlung vertretenen Grundkapitals.
Soweit vom Gesetz nichts anderes bestimmt wird, werden die Aktien, für die das Stimmrecht nicht ausgeübt werden kann, zur Bestimmung des ordnungsgemäßen Zustandekommens der Hauptversammlung hinzugerechnet. Dieselben Aktien sowie diejenigen, für die das Stimmrecht

per conflitto di interessi non sono computate ai fini del calcolo della maggioranza e della quota di capitale richiesta per l'approvazione della deliberazione.

2369. (Seconda convocazione). *Se i soci partecipanti all'assemblea non rappresentano complessivamente la parte di capitale richiesta dall'articolo precedente, l'assemblea deve essere nuovamente convocata.*

[...]

In seconda convocazione l'assemblea ordinaria delibera sugli oggetti che avrebbero dovuto essere trattati nella prima, qualunque sia la parte di capitale rappresentata dai soci partecipanti, e l'assemblea straordinaria è regolarmente costituita con la partecipazione di oltre un terzo del capitale sociale e delibera con il voto favorevole di almeno i due terzi del capitale rappresentato in assemblea.

Lo statuto può richiedere maggioranze più elevate, tranne che per l'approvazione del bilancio e per la nomina e la revoca delle cariche sociali.

Nelle società che non fanno ricorso al mercato del capitale di rischio è necessario, anche in seconda convocazione, il voto favorevole di tanti soci che rappresentino più di un terzo del capitale sociale per le deliberazioni concernenti il cambiamento dell'oggetto sociale, la trasformazione della società, lo scioglimento anticipato, la proroga della società, la revoca dello stato di liquidazione, il trasferimento della sede sociale all'estero e l'emissione di azioni privilegiate.

Lo statuto può prevedere eventuali ulteriori convocazioni dell'assemblea, alle quali si applicano le disposizioni del terzo, quarto e quinto comma.

Nelle società che fanno ricorso al mercato del capitale di rischio l'assemblea straordinaria è costituita, nelle convocazioni successive alla seconda, con la presenza di tanti soci che rappresentino almeno un quinto del capitale sociale, salvo che lo statuto richieda una quota di capitale più elevata.

2371. (Presidenza dell'assemblea). *L'assemblea è presieduta dalla persona indicata nello statuto o, in mancanza, da quella eletta con il voto della maggioranza dei presenti. [...]*

2373. (Conflitto d'interessi). *La deliberazione approvata con il voto determinante di soci che abbiano, per conto proprio o di terzi, un interesse in conflitto con quello della società è impugnabile a norma dell'articolo 2377 qualora possa recarle danno.*

infolge der Erklärung des Gesellschafters, sich wegen eines Interessenkonflikts der Stimme zu enthalten, nicht ausgeübt wird, werden nicht zur Berechnung der Mehrheit und des Kapitalanteils zur Annahme eines Beschlusses hinzugezählt.

2369. (Zweite Einberufung). *Wenn die sich an der Hauptversammlung beteiligenden Gesellschafter insgesamt nicht den im vorhergehenden Artikel verlangten Teil des Kapitals vertreten, muss die Gesellschafterversammlung erneut einberufen werden.*

[...]

In der zweiten Einberufung beschließt die ordentliche Hauptversammlung unabhängig davon, wie groß der Teil des von den teilnehmenden Gesellschaftern vertretenen Kapitals ist, über jene Gegenstände, die in der ersten hätten verhandelt werden müssen, und die außerordentliche Hauptversammlung ist beschlussfähig mit der Teilnahme von über einem Drittel des Grundkapitals und beschließt mit Zustimmung von mindestens zwei Dritteln des in der Hauptversammlung vertretenen Grundkapitals.

Die Satzung kann größere Mehrheiten verlangen, außer für die Genehmigung der Jahresbilanz und für die Ernennung und Abberufung der Gesellschaftsämter.

Bei nicht börsennotierten Gesellschaften ist auch bei der zweiten Einberufung für Beschlüsse, welche die Änderung des Gesellschaftszwecks. die Umwandlung der Gesellschaft, die vorzeitige Auflösung, die Verlängerung der Gesellschaft, die Aufhebung des Zustands der Liquidierung, die Verlegung des Gesellschaftssitzes ins Ausland und die Ausgabe von Vorzugsaktien betreffen, die Zustimmung von sovielen Gesellschaftern notwendig, dass diese mehr als ein Drittel des Grundkapitals representieren.

Die Satzung kann eventuelle, weitere Einberufungen der Hauptversammlung vorsehen, für die die Bestimmungen, des dritten, vierten und fünften Absatzes gelten.

Bei börsennotierten Gesellschaften ist die außerordentliche Hauptversammlung bein den auf die zweite Einberufung folgenden Einberufungen mit sovielen Gesellschaftern schlussfähig, dass diese wenigstens ein Fünftel des Grundkapitals representieren, es sei denn die Satzung verlangt einen höheren Kapitalanteil.

2371. (Vorsitz in der Hauptversammlung). *Der Vorsitz in der Hauptversammlung wird von der in der Satzung oder, im Fall deren diesbezüglichen Schweigens, von der Hauptversammlung mit der Mehrheit der Anwesenden gewählt.[...]*

2373. (Interessenkonflikt). *Der Beschluss, welcher mit der sich auf das Ergebnis auswirkenden Stimme eines Gesellschafters gefasst wurde, welcher selbst oder im Hinblick auf Dritte ein mit der Gesellschaft in Konflikt stehendes Interesse aufweist, ist nach Maßgabe des Art. 2377 anfechtbar, wenn dieser einen Schaden für die Gesellschaft verursachen kann.*

[...]
2377. (Annullabilità delle deliberazioni). *Le deliberazioni che non sono prese in conformità della legge o dello statuto possono essere impugnate dai soci assenti, dissenzienti od astenuti, dagli amministratori, dal consiglio di sorveglianza e dal collegio sindacale.*

L'impugnazione può essere proposta dai soci quando possiedono tante azioni aventi diritto di voto con riferimento alla deliberazione che rappresentino, anche congiuntamente, l'uno per mille del capitale sociale nelle società che fanno ricorso al mercato del capitale di rischio e il cinque per cento nelle altre; lo statuto può ridurre o escludere questo requisito. Per l'impugnazione delle deliberazioni delle assemblee speciali queste percentuali sono riferite al capitale rappresentato dalle azioni della categoria.

I soci che non rappresentano la parte di capitale indicata nel comma precedente e quelli che, in quanto privi di voto, non sono legittimati a proporre l'impugnativa hanno diritto al risarcimento del danno loro cagionato dalla non conformità della deliberazione alla legge o allo statuto.

La deliberazione non può essere annullata:
1) per la partecipazione all'assemblea di persone non legittimate, salvo che tale partecipazione sia stata determinante ai fini della regolare costituzione dell'assemblea a norma degli articoli 2368 e 2369;
2) per l'invalidità di singoli voti o per il loro errato conteggio, salvo che il voto invalido o l'errore di conteggio siano stati determinanti ai fini del raggiungimento della maggioranza richiesta;
3) per l'incompletezza o l'inesattezza del verbale, salvo che impediscano l'accertamento del contenuto, degli effetti e della validità della deliberazione.

[...]
2378. (Procedimento d'impugnazione). *L'impugnazione è proposta con atto di citazione davanti al tribunale del luogo dove la società ha sede.*
[...]
Con ricorso depositato contestualmente al deposito, anche in copia, della citazione, l'impugnante può chiedere la sospensione dell'esecuzione della deliberazione. In caso di eccezionale e motivata urgenza, il presidente del tribunale, omessa la convocazione della società convenuta, provvede sull'istanza con decreto motivato, che deve altresì contenere la designazione del giudice per la trattazione della causa di merito e la fissazione, davanti al giudice designato, entro quindici giorni, dell'udienza per la conferma, modifica o revoca dei

[...]
2377. (Anfechtbarkeit der Beschlüsse). *Beschlüsse, die nicht in Übereinstimmung mit dem Gesetz oder der Satzung gefasst worden sind, können von den Gesellschaftern, welche nicht anwesend waren oder dagegen gestimmt haben, von den Vorständen, vom Aufsichtsrat und vom Abschlussprüfer angefochten werden.*
Die Anfechtung kann von den Gesellschaftern erhoben werden, wenn sie so viele zur Abstimmung hinsichtlich des konkreten Beschlusses berechtigende Aktien innehaben, dass sie, evtl. zusammengerechnet, ein Promille des Stammkapitals bei börsennotierten Gesellschaften und fünf Prozent bei den übrigen Gesellschaften repräsentieren. Die Satzung kann dieses Erfordernis einschränken oder ausschließen. Für die Anfechtung von Beschlüssen der besonderen Gesellschafterversammlungen beziehen sich die Quoten auf das Grundkapital der Aktien der betreffenden Kategorie.
Die Gesellschafter, welche nicht den vom vorhergehenden Absatz bestimmten Anteil am Kapital innehaben, sowie diejenigen, welche mangels Stimmrecht nicht zum Erheben der Anfechtungsklage berechtigt sind, haben einen Anspruch auf Ersatz des Schadens, der ihnen durch die mangelnde Übereinstimmung mit dem Gesetz oder der Satzung entstanden ist.
Der Beschluss kann nicht für nichtig erklärt werden:
1) wegen der Teilnahme von nicht berechtigten Personen an der Hauptversammlung, es sei denn, dass diese Beteiligung ausschlaggebend für das Zustandekommen der Hauptversammlung nach Maßgabe der Art. 2368 und 2369 war;
2) wegen der Ungültigkeit einzelner Stimmen oder deren fehlerhafte Auszählung, es sei denn, dass die ungültige Stimme oder der Auszählungsfehler sich auf das Erreichen der erforderlichen Mehrheit ausgewirkt hat;
3) wegen der Unvollständigkeit oder Unrichtigkeit des Protokolls, es sei denn dass dies die Feststellung des Inhalts, der Auswirkungen und der Gültigkeit des Beschlusses unmöglich macht.
[...]
2378. (Anfechtungsverfahren). *Die Anfechtung wird mittels Klageschrift beim Gericht geltend gemacht, in dessen Bezirk die Gesellschaft ihren Sitz hat.*

[...]
Durch einen gleichzeitig, auch in Kopie, eingereichten Antrag kann der Anfechtungskläger die Aussetzung der Vollziehbarkeit des Beschlusses beantragen. Im Fall außerordentlicher und begründeter Dringlichkeit beschließt der President des Gerichts unter Auslassung der Einberufung der beklagten Gesellschaft, mittels begründeten Beschlusses, der auch die Ernennung des Richters in der Hauptsache, die Anberaumung der Verhandlung für die Abänderung oder Aufhebung der mit dem Beschluss erlassenen Maßnahmen vor dem ernann-

provvedimenti emanati con il decreto, nonché la fissazione del termine per la notificazione alla controparte del ricorso e del decreto.

Il giudice designato per la trattazione della causa di merito, sentiti gli amministratori e sindaci, provvede valutando comparativamente il pregiudizio che subirebbe il ricorrente dalla esecuzione e quello che subirebbe la società dalla sospensione dell'esecuzione della deliberazione; può disporre in ogni momento che i soci opponenti prestino idonea garanzia per l'eventuale risarcimento dei danni. [...]

[...]
2379. (Nullità delle deliberazioni). *[...]*
[...]
2409. (Denunzia al tribunale). *Se vi è fondato sospetto che gli amministratori, in violazione dei loro doveri, abbiano compiuto gravi irregolarità nella gestione che possono arrecare danno alla società o a una o più società controllate, i soci che rappresentano il decimo del capitale sociale o, nelle società che fanno ricorso al mercato del capitale di rischio, il ventesimo del capitale sociale possono denunziare i fatti al tribunale con ricorso notificato anche alla società. [...]*

[...]
2409-octies. (Sistema basato su un consiglio di gestione e un consiglio di sorveglianza). *Lo statuto può prevedere che l'amministrazione ed il controllo siano esercitati da un consiglio di gestione e da un consiglio di sorveglianza in conformità alle norme seguenti.*
2409-terdecies. (Competenza del consiglio di sorveglianza). *Il consiglio di sorveglianza:*
[...] approva il bilancio di esercizio e, ove redatto, il bilancio consolidato; [...]
2423. (Redazione del bilancio). *[...]*
Il bilancio deve essere redatto con chiarezza e deve rappresentare in modo veritiero e corretto la situazione patrimoniale e finanziaria della società e il risultato economico dell'esercizio.

[...]
2430. (Riserva legale). *Dagli utili netti annuali deve essere dedotta una somma corrispondente almeno alla ventesima parte di essi per costituire una riserva, fino a che questa non abbia raggiunto il quinto del capitale sociale.*
[...]
2433. (Distribuzione degli utili ai soci). *La deliberazione sulla distribuzione degli utili è adottata dall'assemblea che approva il bilancio ovvero, qualora il bilancio sia approvato dal consiglio di sorveglianza, dall'assemblea convocata a norma dell'articolo 2364 bis, secondo comma.*

Non possono essere pagati dividendi sulle azioni, se

ten Richter innerhalb von fünfzehn Tagen, sowie die die Festsetzung der Frist für die Benachrichtigung der Gegenseite von dem Antrag und der Frist beinhalten muss.
Der für die Verhandlung der Hauptsache ernannte Richter beschließt nach Anhörung der Vorstände und der Aufsichtsratsmitglieder und unter vergleichender Abwägung des Schadens den der Antragsteller unter der Ausführung und des Schadens der Gesellschaft durch die Aufschiebung der Ausführung des Beschlusses; er kann in jedem Moment bestimmen, dass die anfechtenden Gesellschafter eine angemessene Kaution für eventuell zu leistenden Schadensersatz hinterlegen. [...]
[...]
2379. (Nichtigkeit der Beschlüsse). *[...]*
[...]
2409. (Anzeige bei Gericht). *Wenn begründeter Verdacht, dass die Vorstände unter Verletzung ihrer Pflichten schwerwiegende Unregelmäßigkeiten bei der Geschäftsführung begangen haben, die der Gesellschaft oder einer abhängigen Gesellschaft einen Schaden verursachen können, können die Gesellschafter, welche ein zehntel des Grundkapitals, oder bei einer börsennotierten Gesellschaft ein zwanzigstel des Grundkapitals innehaben, die Tatsachen dem Gericht mittels auch der Gesellschaft bekannt gemachtem Antrag anzeigen. [...]*
[...]
2409-octies. (Auf Vorstand und Aufsichtsrat basierendes System). *Die Satzung kann vorsehen, dass die Geschäftsführung und die Aufsicht von einem Vorstand und einem Aufsichtsrat entsprechend den folgenden Normen ausgeübt werden.*

2409-terdecies. (Zuständigkeit des Aufsichtsrates). *Der Aufsichtsrat*
[...] genehmigt die Jahresbilanz und, wo sie abgefasst ist, die konsolidierte Bilanz; [...]
2423. (Erstellung der Bilanz). *[...]*
Die Bilanz muss mit Klarheit erstellt werden und muss in wahrheitsgemäßer und korrekter Weise die Vermögens- und Finanzsituation der Gesellschaft und das wirtschaftliche Ergebnis des Geschäftsgangs darstellen.
[...]
2430. (Gesetzliche Rückstellung). *Vom jährlichen Reingewinn muss eine dem wenigstens zwanzigsten Teil davon entsprechende Summe abgeführt werden, um eine Rückstellung zu bilden, solange diese nicht ein Fünftel des Grundkapitals erreicht hat.*
[...]
2433. (Dividendenausschüttung an die Gesellschafter). *Der Beschluss über die Verteilung der Dividenden wird von der Hauptversammlung, die die Jahresbilanz genehmigt hat, oder, wenn die Jahresbilanz vom Aufsichtsrat genehmigt wird, von der nach Art. 2364-bis Abs. 2 einberufenen Hauptversammlung gefasst.*
Es können keine Dividenden auf die Aktien gezahlt

non per utili realmente conseguiti e risultanti dal bilancio regolarmente approvato.

[...]

2437. (Diritto di recesso). *Hanno diritto di recedere, per tutte o parte delle loro azioni, i soci che non hanno concorso alle deliberazioni riguardanti:*

la modifica della clausola dell'oggetto sociale, quando consente un cambiamento significativo dell'attività della società;

[...]

2441. (Diritto di opzione). *Le azioni di nuova emissione e le obbligazioni convertibili in azioni devono essere offerte in opzione ai soci in proporzione al numero delle azioni possedute. [...]*

[...] Salvo quanto previsto dalle leggi speciali per le società quotate sui mercati regolamentati, per l'esercizio del diritto di opzione deve essere concesso un termine non inferiore a trenta giorni dalla pubblicazione dell'offerta

[...]

Quando l'interesse della società lo esige, il diritto di opzione può essere escluso o limitato con la deliberazione di aumento di capitale, approvata da tanti soci che rappresentino oltre la metà del capitale sociale, anche se la deliberazione è presa in assemblea di di convocazione successiva alla prima.

[...]

2447. (Riduzione del capitale sociale al disotto del limite legale). *Se, per la perdita di oltre un terzo del capitale, questo si riduce al disotto del minimo stabilito dall'art. 2327, gli amministratori* o il consiglio di gestione e, in caso di loro inerzia, il consiglio di sorveglianza *devono senza indugio convocare l'assemblea per deliberare la riduzione del capitale ed il contemporaneo aumento del medesimo ad una cifra non inferiore al detto minimo, o la trasformazione della società.*

2481-ter. (Passaggio di riserve a capitale). *La società può aumentare il capitale imputando ad esso le riserve e gli altri fondi iscritti in bilancio in quanto disponibili.*

In questo caso la quota di partecipazione di ciascun socio resta immutata.

2484. (Cause di scioglimento). *Le società per azioni, in accomandita per azioni e a responsabilità limitata si sciolgono:*

1) per il decorso del termine;

2) per il conseguimento dell'oggetto sociale o per la sopravvenuta impossibilità di conseguirlo;

3) per l'impossibilità di funzionamento o per la continuata inattività dell'assemblea;

werden, außer für wirklich erwirtschaftete, aus der genehmigten Bilanz hervorgehende Gewinne.

[...]

2437. (Recht zum Austritt). *Diejenigen Gesellschafter haben ein Recht bezüglich aller oder eines Teil ihrer Aktien zurückzutreten, die nicht bei Beschlüssen über folgende Angelegenheiten mitgewirkt haben:.*

die Abänderung der Regelung des Gesellschaftszwecks, sofern dieser eine erhebliche Änderung der Aktivität der Gesellschaft bedeutet;

[...]

2441. (Bezugsrecht). *Die neu auszugebenden Aktien und die Wandelschuldverschreibungen sind den Gesellschaftern im Verhältnis zu den in ihrem Besitz befindlichen Aktien zum Bezug anzubieten. [...]*

[...] Abgesehen von spezialgesetzlichen Regelungen für an der Börse notierte Gesellschaften ist zur Ausübung des Bezugsrechts eine Frist von mindestens dreißig Tagen ab der Veröffentlichung des Angebots zu gewähren

[...]

Wenn es das Gesellschaftsinteresse verlangt, kann das Bezugsrecht mit dem die Kapitalerhöhung betreffenden Beschluss ausgeschlossen oder beschränkt werden, wenn er von so vielen Gesellschaftern genehmigt wird, dass sie mehr als die Hälfte des Grundkapitals vertreten, und zwar auch bei Beschlüssen der Hauptversammlung, welche auf die erste Einberufung folgen.

[...]

2447. (Herabsinken des Gesellschafskapitals unter das gesetzliche Mindestkapital). *Wenn aufgrund eines Verlustes von über einem Drittel des Gesellschaftskapitals dieses unter das von Art. 2327 festgelegte Mindestkapital fällt, müssen die Vorstände oder der Vorstand und, für den Fall von deren Untätigkeit, der Aufsichtsrat unverzüglich die Hauptversammlung einberufen, damit entweder die Herabsetzung des Kapitals und dessen gleichzeitige Erhöhung auf einen nicht unter dieser Mindesthöhe liegenden Betrag oder die Umwandlung der Gesellschaft beschlossen wird.*

2481-ter. (Umwandlung der Rückstellung in Grundkapital). *Die Gesellschaft kann das Kapital erhöhen, indem sie zu diesem Rückstellungen und andere in die Bilanz eingeflossene Werte hinzufügt, soweit diese verfügbar sind.*

In diesem Fall bleibt die Höhe des Anteils jedes Gesellschafters unverändert.

2484. (Auflösungsgründe). *Die Aktiengesellschaft, die Kommanditgesellschaft auf Aktien und die Gesellschaft mit beschränkter Haftung lösen sich auf:*

1) wegen Zeitablaufs;

2) durch Erreichung des Gesellschaftszwecks oder durch nachfolgende Unmöglichkeit, ihn zu erreichen;

3) durch Funktionsunfähigkeit oder fortgesetzte Untätigkeit der Hauptversammlung;

4) per la riduzione del capitale al disotto del minimo legale, salvo quanto è disposto dagli articoli 2447 e 2482-ter;
[...]
6) per deliberazione dell'assemblea;
[...]
2485. (Obblighi degli amministratori). *Gli amministratori devono senza indugio accertare il verificarsi di una causa di scioglimento e procedere agli adempimenti previsti dal terzo comma dell'articolo 2484. Essi, in caso di ritardo od omissione, sono personalmente e solidalmente responsabili per i danni subiti dalla società, dai soci, dai creditori sociali e dai terzi.*

[...]
2504-quater. (Invalidità della fusione). *Eseguite le iscrizioni dell'atto di fusione a norma del secondo comma dell'art. 2504, l'invalidità dell'atto di fusione non può essere pronunciata.*
Resta salvo il diritto al risarcimento del danno eventualmente spettante ai soci o ai terzi danneggiati dalla fusione.
2506. (Forme di scissione). *Con la scissione una società assegna l'intero suo patrimonio a più società, preesistenti o di nuova costituzione, o parte del suo patrimonio, in tal caso anche ad una sola società, e le relative azioni o quote ai suoi soci.*

[...]
2506-bis. (Progetto di scissione).
[...]
Dal progetto di scissione devono risultare i criteri di distribuzione delle azioni o quote delle società beneficiarie. Qualora il progetto preveda una attribuzione delle partecipazioni ai soci non proporzionale alla loro quota di partecipazione originaria, il progetto medesimo deve prevedere il diritto dei soci che non approvino la scissione di far acquistare le proprie partecipazioni per un corrispettivo determinato alla stregua dei criteri previsti per il recesso, indicando coloro a cui carico è posto l'obbligo di acquisto.

[...]
2697. (Onere della prova). *Chi vuol fare valere un diritto in giudizio deve provare i fatti che ne costituiscono il fondamento.*
Chi eccepisce l'inefficacia di tali fatti ovvero eccepisce che il diritto si è modificato o estinto deve provare i fatti su cui l'eccezione si fonda.

2932. (Esecuzione specifica dell'obbligo di concludere un contratto) *Se colui che è obbligato a concludere un contratto non adempie l'obbligazione, l'altra parte, qualora sia possibile e non sia escluso dal titolo, può ottenere una sentenza che produca gli effetti del contratto non concluso.*

4) wegen des Reduzierung des Gesellschaftskapitals unter das gesetzliche Mindestkapital, außer in den von den Art. 2447 und 2482-ter geregelten Fällen.
[...]
6) durch Beschluss der Hauptversammlung;
[...]
2485. (Verpflichtungen der Vorstände). *Die Vorstände müssen unverzüglich sicherstellen, dass ein Auflösungsgrund vorliegt und müssen die Vorkehrungen treffen, welche von Art. 2484 III c.c. vorgesehen sind. Sie haften im Fall des Verzugs oder der Unterlassung persönlich und gesamtschuldnerisch für die Schäden der Gesellschaft, der Gesellschafter, der Gesellschaftsgläubiger und Dritter.*
[...]
2504-quater. (Ungültigkeit der Fusion). *Ist die Eintragung der Fusionshandlung gemäß Art. 2504 vorgenommen, kann die Ungültigkeit der Fusionshandlung nicht mehr geltend gemacht werden.*
Unberührt bleibt das eventuelle Recht auf Schadensersatz der Gesellschafter oder Dritter, welche durch die Fusion geschädigt wurden.
2506. (Arten der Spaltung). Mit der *Spaltung teilt eine Gesellschaft ihr gesamtes Vermögen auf mehrere bereits existierende oder neu gegründete Gesellschaften, oder nur einen Teil ihres Vermögens, in diesem Fall auch auf eine einzige Gesellschaft, und die jeweiligen Aktien oder Anteil an ihre Gesellschafter auf.*
[...]
2506-bis. (Spaltungsplan).
[...]
Aus dem Plan müssen die Kriterien hervorgehen, nach denen die Aktien oder die Anteile der begünstigten Gesellschaften verteilt werden. Wenn der Plan eine Verteilung der Anteile an die Gesellschafter nicht proportional nach ihrer Beteiligungsquote vorsieht, muss derselbe Plan das Recht der Gesellschafter, welche der Spaltung nicht zustimmen, enthalten, sich die eigenen Anteil für einen nach den gleichen Kriterien bestimmten Gegenwert abkaufen zu lassen, wie sie auch für den Rücktritt bestimmt sind, wobei derjenige bestimmt werden muss, dem die Verpflichtung des Kaufs obliegt.
[...]
2697. (Beweislast). *Wer vor Gericht ein Recht geltend machen will, muss die Tatsachen beweisen, welche dafür die Grundlage bilden.*
Wer die Unwirksamkeit dieser Tatsachen einwendet, oder einwendet, dass das Recht sich geändert hat oder untergegangen ist, muss die Tatsachen beweisen, auf die sich die Ausnahme bezieht.
2932. (Besondere Vollstreckung zur Erwirkung eines Vertragsabschlusses). *Wenn derjenige der zum Abschluss eines Vertrages verpflichtet ist, diese Verpflichtung nicht erfüllt, kann die andere Partei, soweit dies möglich und im Titel nicht ausgeschlossen ist, ein Urteil erlangen, das die Wirkung des*

[...]

nicht abgeschlossenen Vertrages erzeugt.

[...]

III. Codice civile in der Fassung vor Änderung durch d.lg. 10.1.2003, n. 6

2328. (Atto costitutivo). *[...] L'atto costitutivo deve indicare:*
[...]
11) la durata della società;
[...]

2328. (Satzung). *In der Satzung muss angegeben werden:*
[...]
11) die Dauer der Gesellschaft;
[...]

2368. (Costituzione dell'assemblea e validità delle deliberazioni). *L'assemblea ordinaria è regolarmente costituita con la presenza di tanti soci che rappresentino almeno la metà del capitale sociale, escluse dal computo le azioni a voto limitato. Essa delibera a maggioranza assoluta, salvo che l'atto costitutivo richieda una maggioranza più elevata. Per la nomina alle cariche sociali l'atto costitutivo può stabilire norme particolari.*

L'assemblea straordinaria delibera con il voto favorevole di tanti soci che rappresentino più della metà del capitale sociale, se l'atto costitutivo non richiede una maggioranza più elevata.

2368. (Beschlussfähigkeit der Hauptversammlung und Gültigkeit der Beschlüsse). *Die ordentliche Hauptversammlung ist beschlussfähig, wenn so viele Gesellschafter anwesend sind, dass sie wenigstens die Hälfte des Grundkapitals vertreten, wobei die Aktien mit beschränktem Stimmrecht von der Zählung ausgeschlossen sind. Sie beschließt mit absoluter Mehrheit, es sei denn, dass der Gründungsvertrag eine größere Mehrheit vorsieht. Für die Bestellung zu Gesellschaftsämtern kann die Satzung besondere Vorschriften festsetzen.*

Die außerordentliche Hauptversammlung beschließt mit Zustimmung so vieler Gesellschafter, dass sie mehr als die Hälfte des Grundkapitals vertreten, wenn die Satzung keine größere Mehrheit verlangt.

2369. (Seconda convocazione). *Se i soci intervenuti non rappresentano complessivamente la parte di capitale richiesta dall'articolo precedente, l'assemblea deve essere nuovamente convocata.*

[...]

In seconda convocazione l'assemblea ordinaria delibera sugli oggetti che avrebbero dovuto essere trattati nella prima, qualunque sia la parte di capitale rappresentata dai soci intervenuti, e l'assemblea straordinaria delibera con il voto favorevole di tanti soci che rappresentino più del terzo del capitale sociale, a meno che l'atto costitutivo richieda una maggioranza più elevata.

Tuttavia anche in seconda convocazione è necessario il voto favorevole di tanti soci che rappresentino più della metà del capitale sociale per le deliberazioni concernenti il cambiamento dell'oggetto sociale, la trasformazione della società, lo scioglimento anticipato di questa, il trasferimento della sede sociale all'estero e l'emissione di azioni privilegiate.

2369. (Zweite Einberufung). *Wenn die anwesenden Gesellschafter insgesamt nicht den im vorhergehenden Artikel verlangten Teil des Kapitals vertreten, muss die Gesellschafterversammlung erneut einberufen werden.*

[...]

In der zweiten Einberufung beschließt die ordentliche Hauptversammlung unabhängig davon, wie groß der Teil des von den anwesenden Gesellschaftern vertretenen Kapitals ist, über jene Gegenstände, die in der ersten verhandelt hätten werden müssen, und beschließt die außerordentliche Hauptversammlung mit Zustimmung so vieler Gesellschafter, dass sie mehr als ein Drittel des Grundkapitals vertreten, es sei denn, dass die Satzung eine größere Mehrheit vorsieht.

Jedoch ist auch bei der zweiten Einberufung bei Beschlussfassungen, welche die Änderung des Zwecks der Gesellschaft, die Umwandlung der Gesellschaft, deren vorzeitige Auflösung, die Verlegung des Gesellschaftssitzes in das Ausland und die Ausgabe von Vorzugsaktien betreffen, die Zustimmung von so vielen Gesellschaftern notwendig, dass sie die Hälfte des Grundkapitals vertreten.

2373. (Conflitto d'interessi). *Il diritto di voto non può essere esercitato dal socio nelle deliberazioni in cui egli ha, per conto proprio o di terzi, un interesse in conflitto con quello della società*

In caso d'inosservanza della disposizione del comma precedente, la deliberazione, qualora possa recare danno alla società, è impugnabile a norma dell'art. 2377 se, senza il voto dei soci che avrebbero dovuto astenersi dalla votazione, non si sarebbe raggiunta la necessaria maggioranza.

2373. (Interessenkonflikt). *Das Stimmrecht kann von einem Gesellschafter bei den Beschlüssen nicht ausgeübt werden, bei denen er selbst oder im Hinblick auf Dritte ein Interesse in Konflikt mit dem Interesse der Gesellschaft innehat.*

Im Falle der Nichtbeachtung der Regelung des vorhergehenden Absatzes kann der Beschluss, sofern er einen Schaden für die Gesellschaft verursachen kann, nach Maßgabe des Art. 2377 angefochten werden, wenn ohne die Stimme jener Gesellschafter, die sich der Stimme hätten enthalten

Gli amministratori non possono votare nelle deliberazioni riguardanti la loro responsabilità.
Le azioni per le quali, a norma di questo articolo, non può essere esercitato il diritto di voto sono computate ai fini della regolare costituzione dell'assemblea.
2377. (Invalidità delle deliberazioni). *Le deliberazioni dell'assemblea, prese in conformità della legge e dell'atto costitutivo vincolano tutti i soci, ancorché non intervenuti o dissenzienti.*

Le deliberazioni che non sono prese in conformità della legge o dell'atto costitutivo possono essere impugnate dagli amministratori, dai sindaci e dai soci assenti o dissenzienti, e quelle dell'assemblea ordinaria altresì dai soci con diritto di voto limitato, entro tre mesi dalla data della deliberazione, ovvero, se questa è soggetta ad iscrizione nel registro delle imprese entro tre mesi dall'iscrizione.

L'annullamento della deliberazione ha effetto rispetto a tutti i soci ed obbliga gli amministratori a prendere i conseguenti provvedimenti, sotto la propria responsabilità. In ogni caso sono salvi i diritti acquistati in buona fede dai terzi in base ad atti compiuti in esecuzione della deliberazione.

L'annullamento della deliberazione non può aver luogo, se la liberazione impugnata è sostituita con altra presa in conformità della legge e dell'atto costitutivo.

2391. (Conflitto d'interessi). *L'amministratore, che in una determinata operazione ha, per conto proprio o di terzi, interesse in conflitto con quello della società, deve darne notizia agli altri amministratori e al collegio sindacale, e deve astenersi dal partecipare alle deliberazioni riguardanti l'operazione stessa.*
[...]
2448. (Cause di scioglimento). *La società per azioni si scioglie:*
1) per il decorso del termine;
2) per il conseguimento dell'oggetto sociale o per la sopravvenuta impossibilità di conseguirlo;

3) per l'impossibilità di funzionamento o per la continuata inattività dell'assemblea;
4) per la riduzione del capitale al di sotto del minimo legale, salvo quanto è disposto dall'art. 2447;
5) per deliberazione dell'assemblea;
[...]

müssen, die erforderliche Mehrheit nicht erreicht worden wäre.
Die Vorstände können bei Beschlüssen, die ihre Haftung betreffen, nicht mitstimmen.
Aktien, für die gemäß dieses Artikels das Stimmrecht nicht ausgeübt werden kann, werden zur Bestimmung der Beschlussfähigkeit der Gesellschafterversammlung gezählt.
2377. (Ungültigkeit der Beschlüsse). *Beschlüsse der Hauptversammlung, die in Übereinstimmung mit dem Gesetz oder der Satzung gefasst worden sind, binden alle Gesellschafter, auch wenn sie nicht anwesend waren oder nicht zugestimmt haben.*
Beschlüsse, die nicht in Übereinstimmung mit dem Gesetz oder der Satzung gefasst worden sind, können von den Vorständen, von den Aufsichtsratsmitgliedern und von den Gesellschaftern, die nicht anwesend waren oder dagegen gestimmt haben, und, sofern es Beschlüsse der ordentlichen Hauptversammlung sind, überdies von den Gesellschaftern mit beschränktem Stimmrecht innerhalb von drei Monaten ab dem Tag der Beschlussfassung oder, wenn diese der Eintragung in das Handelsregister unterworfen ist, innerhalb von drei Monaten ab der Eintragung angefochten werden.
Die Nichtigerklärung des Beschlusses wirkt gegenüber allen Gesellschaftern und verpflichtet bei sonstiger Haftung die Vorstände, die daraus folgenden Maßnahmen zu treffen. Jedenfalls bleiben die Rechte unberührt, die von Dritten in gutem Glauben auf der Grundlage von Rechtshandlungen erworben wurden, die zur Durchführung des Beschlusses vorgenommen worden waren.
Die Nichtigerklärung des Beschlusses kann nicht erfolgen, wenn der angefochtene Beschluss durch einen anderen, der in Übereinstimung mit dem Gesetz und der Satzung gefasst worden ist, ersetzt wird.
2391. (Interessenkonflikt). *Der Vorstand, der bei einem bestimmten Vorgang selbst oder im Hinblick auf Dritte ein dem Interesse der Gesellschaft entgegengesetztes Interesse hat, hat dies den anderen Verwaltern und dem Aufsichtsrat anzuzeigen und sich von der Mitwirkung bei Beschlussfassungen, die dieses Geschäft betreffen, zu enthalten.*
[...]
2448. (Auflösungsgründe). *Die S.p.A. löst sich auf:*

1) durch Zeitablauf;
2) durch Erreichung des Gesellschaftszwecks oder durch nachfolgende Unmöglichkeit, ihn zu erreichen;
3) durch Funktionsunfähigkeit oder fortgesetzte Untätigkeit der Hauptversammlung;
4) wegen der Reduzierung des Gesellschaftskapitals unter das gesetzliche Mindestkapital, außer in den von Art. 2447 c.c. geregelten Fällen;
5) durch Beschluss der Hauptversammlung;
[...]

2486. (Deliberazioni dell'assemblea). *Salvo diversa disposizione dell'atto costitutivo, l'assemblea ordinaria delibera col voto favorevole di tanti soci che rappresentino la maggioranza del capitale sociale, e l'assemblea straordinaria delibera col voto favorevole di tanti soci che rappresentino almeno due terzi del capitale sociale.*

[...]

2631. (Conflitto d'interessi). *L'amministratore, che, avendo in una determinata operazione per conto proprio o di terzi un interesse in conflitto con quello della società, non si astiene dal partecipare alla deliberazione del consiglio o del comitato esecutivo relativa all'operazione stessa, è punito con la multa da € 200 a € 2.000.*

Se dalla deliberazione o dall'operazione è derivato un pregiudizio alla società, si applica, oltre la multa, la reclusione fino a tre anni.

2486. (Beschlüsse der Gesellschafterversammlung). *Wenn durch die Satzung nichts anderes bestimmt ist, beschließt die ordentliche Gesellschafterversammlung mit Zustimmung so vieler Gesellschafter, dass sie die Mehrheit des Grundkapitals vertreten, und die außerordentliche Gesellschafterversammlung mit so vielen Gesellschaftern, dass sie zwei Drittel des Grundkapitals vertreten.*

[...]

2631. (Interessenkonflikt). *Der Vorstand, der bei einem Vorgang selbst oder im Hinblick auf Dritte ein dem Interesse der Gesellschaft entgegengesetztes Interesse hat und nicht darauf verzichtet, an der Beschlussfassung des Vorstandes über den bezeichneten Vorgang mitzuwirken, wird mit Geldstrafe von 200 € bis 2000 € bestraft.*

Wenn durch die Beschlussfassung für die Gesellschaft ein Schaden entstanden ist, wird außer der Geldstrafe Freiheitsstrafe bis zu drei Jahren verhängt.

IV. D. lg. 24.2.1998, n. 58 (T.U.F.)

Sezione II. – Tutela delle minoranze

[...]

126. (Assemblea straordinaria). *L'assemblea straordinaria è regolarmente costituita, in prima e in seconda convocazione, con la partecipazione di tanti soci che rappresentano la parte di capitale indicata rispettivamente negli articoli 2368, ultimo comma, e 2369, terzo comma, del codice civile.*

L'assemblea straordinaria, se i soci intervenuti in seconda convocazione non rappresentano la parte del capitale necessaria per la regolare costituzione, può essere nuovamente convocata entro trenta giorni. In tal caso il termine stabilito dall'articolo 2366, secondo comma, del codice civile è ridotto a otto giorni.

In terza convocazione l'assemblea è regolarmente costituita con la presenza di un numero di soci che rappresentano più di un quinto del capitale sociale, se l'atto costitutivo non richiede una quota di capitale più elevata.

L'assemblea straordinaria delibera, in prima, seconda e terza convocazione, con il voto favorevole di almeno i due terzi del capitale rappresentato in assemblea. L'atto costitutivo può richiedere una maggioranza più elevata.

[...]

Abschnitt II. – Schutz der Minderheiten

[...]

126. (Außerordentliche Hauptversammlung). *Die außerordentliche Hauptversammlung ist in der ersten und zweiten Einberufung beschlussfähig, wenn so viele Gesellschafter anwesend sind, dass sie den Teil des Grundkapitals vertreten, welcher jeweils in den Art. 2368, letzter Absatz, und 2369, dritter Absatz, des Codice civile angegeben ist.*

Die außerordentliche Hauptversammlung der Gesellschaften, deren Aktien an der Börse gehandelt werden, kann, wenn die bei der zweiten Einberufung anwesenden Gesellschaftern nicht den für die Beschlussfassung erforderlichen Teil des Kapitals vertreten, neuerlich binnen dreißig Tagen einberufen werden. In diesem Fall vermindert sich die im zweiten Absatz des Artikels 2366 festgesetzte Frist auf acht Tage.

Bei der dritten Einberufung ist die Hauptversammlung beschlussfähig, wenn so viele Gesellschafter anwesend sind, dass sie mehr als ein Fünftel des Grundkapitals vertreten, es sei denn die Satzung verlangt einen höheren Kapitalanteil.

Die Hauptversammlung beschließt in der ersten, zweiten und dritten Einberufung mit Zustimmung von mindestens zwei Dritteln des in der Hauptversammlung vertretenen Grundkapitals. Die Satzung kann eine größere Mehrheit verlangen.

[...]

V. Codice di procedura civile

100. (Interesse ad agire). *Per proporre una domanda o per contraddire alla stessa è necessario avervi interesse.*

100. (Rechtsschutzinteresse). *Um eine Klage zu erheben oder um sich einer solchen zu widersetzen ist es notwendig, ein entsprechendes Interesse zu haben.*

C. Literaturverzeichnis

ALPA Guido, CAPRIGLIONE Francesco, Commentario al testo unico delle disposizioni in materia di intermediazione finanziaria, Volume II, Padova 1998;

ALTMEPPEN Holger, Anmerkung zu BGH NJW 1995, 1739 – *Girmes*, in: NJW 1995, 1749-1750

AMATO Vincenzo, Perdita integrale del capitale sociale, scioglimento della società o diritto alla liquidazione della quota, in: Dir.fall. 1987, II, 260-267

AMITRANO Maura, Sull'abuso di potere in tema di delibera assembleare di società, Anm. zu Cass.civ., I, 26.10.1995, n. 11151, in: NGCC 1997, I, 455-459

ANGELICI Carlo, La società nulla, Milano 1975

ANGELICI Carlo, Rapporti sociali e regole della correttezza, in: Giur.comm. 1992, I, 1013-1023

ANGELICI Carlo, Anm. zu Cass.civ., I, 26.10.1995, n. 11151, in: Giur.comm. 1996, II, 338-343

ANGELICI Carlo, Le "minoranze" nel decreto 58/1998: "tutela" e "poteri", in: Riv.dir.comm. 1998, I, 207-227

ASCARELLI Tullio, Interesse sociale e interesse comune nel voto, in: Riv.trim.dir.proc.civ. 1951, 1145-1167

ASQUASCIATI Marta, Delibera assembleare impugnata per abuso di potere della maggioranza, Anm. zu Trib. Milano 9.6.1994, in: Società 1995, 218-221

ASQUINI Alberto, I battelli del Reno, in: Riv.soc. 1959, 617-633

BASILE Massimo, FALZEA Angelo, voce *Persona giuridica (diritto privato)*, in: Enc.dir., XXXIII, S. 234-275, Milano 1983

BATTI Daniele, Anm. zu Cass.civ., I, 26.10.1995, n. 11151, in: Società 1996, 297-299

BAUER Max W., ECCHER Bernhard, KÖNIG Bernhard, KREUZER Josef, ZANON Heinz, Italienisches Zivilgesetzbuch, Codice civile, Zweisprachige Ausgabe, Bozen 1987

BAUMBACH Adolf, HUECK Alfred (Hrsg.), Aktiengesetz, 13. Auflage, München 1968; zitiert als: BAUMBACH, HUECK, AktG

BAUMBACH Adolf, HUECK Alfred (Begr.), GmbH-Gesetz, 15. Auflage, München 1988; zitiert als: Verfasser in: BAUMBACH, HUECK, GmbH-G

BAUMS Theodor, Anm. zu OLG Hamm BB 1981, 259, in: BB 1981, 262-265

BAUMS Theodor, Empfiehlt sich eine Neuregelung des aktienrechtlichen Anfechtungs- und Organhaftungsrechts, insbesondere der Klagemöglichkeiten von Aktionären?, Gutachten F zum 63. Deutschen Juristentag Leipzig 2000, München 2000; zitiert als: BAUMS, Gutachten F

BAUMS Theodor, RANDOW Philipp v., Der Markt für Stimmrechtsvertreter, in: AG 1995, 145-163

BAYER Walter, Aktionärsklagen de lege lata und de lege ferenda, in: NJW 2000, 2609-2619

BECKERHOFF Tom, Treupflichten bei der Stimmrechtsausübung und Eigenhaftung des Stimmrechtsvertreters, Frankfurt am Main 1996

BELLINGHAUSEN Rupert, Der Mißbrauch von Minderheitsrechten in den Kapitalgesellschaften – eine rechtsvergleichende Darstellung des französischen und deutschen Rechts, Bonn 1994

BELLINGHAUSEN Rupert, Der Mißbrauch von Minderheitsrechten in Kapitalgesellschaften nach französischem Recht, in: RIW 1997, 100-105

BERGMANN, Über den Missbrauch gesellschaftlicher Machtstellungen, in: ZHR 105 (1938), 1-43

BETTI Emilio, Teoria generale delle obbligazioni, I, Prolegomeni: Funzione economico-sociale dei rapporti d'obbligazione, Milano 1953

BENAZZO Paolo, Autonomia statutaria e quozienti assembleari nelle società di capitali, Padova 1999

BIANCA C. Massimo, La nozione di buona fede quale regola di comportamento contrattuale, in: Riv.dir.civ. 1983, I, 205-216

BIANCA C. Massimo, Diritto civile. L'obbligazione, vol IV, Milano, 1990; zitiert als: BIANCA, Diritto civile IV

BISCHOFF Thomas, Sachliche Voraussetzungen von Mehrheitsbeschlüssen in Kapitalgesellschaften, in: BB 1987, 1055-1061

BISON Hildegard, Mißbrauch der Anfechtungsklage durch den Aktionär, Frankfurt am Main 1997

BOKELMANN Gunther, Rechtsmißbrauch des Anfechtungsrechts durch den Aktionär, ohne Ort 1970

BOKELMANN Gunther, Rechtsmißbrauch des Anfechtungsrechts durch den Aktionär, in: BB 1972, 733-737

BORK Reinhard, Aktuelle Probleme des Aktienrechts, in: ZIP 1990, 1037-1044

BORK Reinhard, Beschlußverfahren und Beschlußkontrolle nach dem Referentenentwurf eines Gesetzes zur Bereinigung des Umwandlungsrechts, in: ZGR 1993, 343-365

BOUJONG Karlheinz, Rechtsmißbräuchliche Aktionärsklagen vor dem Bundesgerichtshof, Eine Zwischenbilanz, in: GOERDELER, HOMMELHOFF, LUTTER, ODERSKY, WIEDEMANN (Hrsg.), Festschrift für Alfred Kellermann zum 70. Geburtstag am 29. November 1990, ZGR Sonderheft 1, S. 1-14, Berlin, New York 1991; zitiert als: BOUJONG, FS Kellermann

BRANDES Helmut, Ersatz von Gesellschafts- und Gesellschafterschaden, in: GOERDELER Reinhard, HOMMELHOFF Peter, LUTTER Marcus, WIEDEMANN Herbert (Hrsg.), Festschrift für Hans-Joachim Fleck zum 70. Geburtstag am 30. Januar 1988, ZGR Sonderheft 7, S. 13-22, Berlin New York 1988; zitiert als: BRANDES, FS Fleck

BRECCIA Umberto, Le obbligazioni, in: IUDICA Giovanni, ATTI Paolo, Trattato di diritto privato, Milano 1991

BRECCIA Umberto, L'abuso del diritto, in: Dir.priv. 1997, III, 5-87

BRONDICS Klaus, Die Aktionärsklage, Berlin 1988

BUMILLER Ursula, WINKLER Karl, Freiwillige Gerichtsbarkeit, Gesetz über die Angelegenheiten der freiwilligen Gerichtsbarkeit, 7. Auflage, München 1999

BUNGERT Hartwin, Die Treupflicht des Minderheitsaktionärs, in: DB 1995, 1749-1756

BUONOCORE Vincenzo, Revoca dello stato di liquidazione e proroga tacita nelle società di capitali, Anm. zu Trib. Sassari, 18.12.1956, in: Riv.dir.comm. 1958, II, 294-310

BUONOCORE Vincenzo, L'ostruzionismo degli azionisti nelle assemblee delle società per azioni, in: Riv.soc. 1970, 291-326

BUSNELLI Francesco D., NAVARRETTA Emanuela, Abuso del diritto e responsabilità civile, in: Dir.priv. 1997, III, 171-216

CAMPOBASSO Gian Franco, Diritto commerciale, 2. Diritto delle società, 5ª edizione, Torino 2002

CAMPOBASSO Gian Franco (Hrsg.), Testo unico della Finanza (d.lg. 24 febbraio 1998 n.58), Volume II, Emittenti, Torino 2002; zitiert als: Verfasser in: CAMPOBASSO, T.U.F.

CANARIS Claus-Wilhelm, SCHILLING Wolfgang, ULMER Peter (Hrsg.), Staub, Großkommentar HGB, 12. Lieferung: §§ 105-113, 4. Auflage, Berlin New York 1989; zitiert als: Verfasser in: Großkommentar HGB

CANDIAN Aurelio, Nullità e annullabilità di delibere di assemblea delle società per azioni, Milano 1942

CARAMAZZA Giovanni, Anm. zu Trib. Milano 8.1.1987, in: Società 1987, 618-620

CARIELLO Vincenzo, Tutela delle minoranze e accordi parasociali nelle società quotate, in: Riv.soc. 1999, 718-749

CARNELUTTI Francesco, Eccesso di potere nelle deliberazioni dell'assemblea delle anonime, in: Riv.dir.comm. 1926, I, 176-182

CAROTA Lisia, Società per azioni e convocazione dell'assemblea su richiesta della minoranza, in: CeI 1989, 845-853

CAROTA Lisia, Il valore giuridico dell'astensione dal voto, in: CeI 1999, 337-350

CARPI Federico, TARUFFO Michele, Commentario breve al codice di procedura civile, 4ª-edizione, Padova 2002; zitiert als: Verfasser in: CARPI/TARUFFO

CASSOTTANA Marco, L'abuso di potere a danno della minoranza assembleare, Milano 1991

CENNI Daniela, Presidente di assemblea di società per azioni, in: CeI 1993, 847-878

CERRAI Alessandro, MAZZONI Alberto, La tutela del socio e delle minoranze, in: Riv.soc. 1993, 1-90

CERVALE Maria Cristina, L'eccesso di potere come vizio della deliberazione assembleare di scioglimento di una società cooperativa, Anm. zu Cass.civ., I, 29.5.1986, n. 3628, in: Giust.civ. 1986, I, 2096-2100

CHIANTIA Atonietta, L'ostruzionismo nell'assemblea delle società per azioni, Milano 2000

CHIOMENTI, La revoca delle deliberazioni assembleari, Milano 1969

CIAN Giorgio, TRABUCCHI Alberto, Commentario Breve al Codice Civile, 6ª edizione, Padova 2002; zitiert als: Verfasser in: Cian/Trabucchi

COLOMBO Giovanni E., Il bilancio d'esercizio, in: COLOMBO G.E., PORTALE G.B., Trattato delle società per azioni, Volume 7*, Bilancio d'esercizio e consolidato, Torino 1994, S. 21-573; zitiert als: COLOMBO

CORSI Francesco, Anm. zu Cass.civ., I, 26.10.1995, n. 11151, in: Giur.comm. 1996, II, 351-353

COSTI Renzo, Anm. zu Cass.civ., I, 26.10.1995, n. 11151, in: Giur.comm. 1996, II, 347-351

COTTINO Gastone, Le società, Diritto commerciale, Volume primo, Tomo secondo, 4ª edizione, Padova 1999

DAMM Reinhard, Einstweiliger Rechtsschutz im Gesellschaftsrecht, in: ZHR 154 (1990), 413-442

DE BLASI Alessandra, L'eccesso di potere nelle deliberazioni assembleari di S.p.A., Anm. zu Cass.civ., I, 4.5.1994, n. 4323, in: NGCC, 1995, I, 636-641

DE GREGORIO Alfredo, Impugnative di deliberazioni assembleari di società per azioni contrarie all'interesse sociale, Anm. zu Cass.civ., I, 12 maggio 1951, n. 1177, in: Riv.dir.comm. 1951, II, 223-232

DE MARTINO, Della proprietà, Art. 810-956, in: SCIALOJA Antonio, BRANCA Giuseppe (a cura di), Commentario del Codice civile, Libro terzo, 5ª edizione, Bologna 1976; zitiert als: DE MARTINO in: SCIALOJA, BRANCA, Art. 810-956

DETTI Mario, Elemento soggettivo delle deliberazioni assembleari delle società per azioni e scopo depredatorio della maggioranza, in: Giust.civ. 1962, IV, 285-305

DIEKGRÄF Robert, Sonderzahlungen an opponierende Kleinaktionäre im Rahmen von Anfechtungs- und Spruchstellenverfahren, Heidelberg 1990

DIEKGRÄF Robert, Neue Dimensionen des Rechtsmissbrauchs bei aktienrechtlichen Anfechtungsklagen, - Anmerkungen zu OLG Frankfurt am Main, WM 1990, 2116, in: WM 1991, 613-622

DI MAJO Adolfo, Delle obbligazioni in generale, Art. 1173-1176, in: GALGANO (a cura di), Commentario del codice civile Scialoja-Branca, Bologna 1988; zitiert als: DI MAJO in: SCIALOJA, BRANCA, Art. 1173-1176

DI SABATO Franco, Manuale delle Società, 6ª edizione, Torino1999

DORPALEN Andreas, Die Treupflicht des Aktionärs, in: ZHR 102 (1936), 1-32

DOSSETTI Maria, Orientamenti giurisprudenziali in tema di abuso del diritto, in: Giur.it. 1969, I, 1, 1573-1590

DREHER Meinrad, Treuepflichten zwischen Aktionären und Verhaltenspflichten bei der Stimmrechtsbündelung, in: ZHR 157 (1993), 150-171

DREHER Meinrad, Die Schadensersatzhaftung bei Verletzung der aktienrechtlichen Treuepflicht durch Stimmrechtsausübung, in: ZIP 1993, 332-337

DRINKUTH Henrik, Die Kapitalrichtlinie – Mindest- oder Höchstnorm?, Köln 1998

EIDENMÜLLER Horst, Unternehmenssanierung zwischen Markt und Gesetz, Mechanismen der Unternehmensreorganisation und Kooperationspflichten im Reorganisationsrecht, Köln 1999

ENRIQUES Luca, Azione sociale di responsabilità e abuso della minoranza, Anm. zu Trib. BOLOGNA, 28 ottobre 1992, in: Giur.comm. 1994, II, 125-138;

ENRIQUES Luca, Nuova disciplina delle società quotate e attivismo degli investitori istituzionali: fatti e prospettive alla luce dell'esperienza anglosassone, in: Giur.comm 1998, I, 680-699

FECHNER Erich, Die Treubindungen des Aktionärs, Weimar 1942

FEHRENSEN Hans, Treuepflicht des Grossaktionärs, Göttingen 1965

FELTKAMP Harald, Anfechtungsklage und Vergleich im Aktienrecht, Berlin 1991

FERRARA jr. Francesco, CORSI Francesco, Gli imprenditori e le società, 12ª edizione, Milano 2001

FERRARI Aldo, L'abuso del diritto nelle società, Padova 1998

FERRI Giuseppe, Eccesso di potere e tutela delle minoranze, in: Riv.dir.comm. 1934, I, 723-746

FERRI Giuseppe, Diritto agli utili e diritto al dividendo, in: Riv.dir.comm. 1963, I, 405-416

FERRI Giuseppe, Le società, in: VASALLI Filippo (fondato da), Trattato di diritto civile italiano, Volume decimo, Tomo terzo, 3ª edizione , Torino 1987

FERRI-LUZZI Paolo, La conformità delle deliberazioni assembleari alla legge ed all'atto costitutivo, Milano 1993

FILLMANN Andreas, Treuepflichten der Aktionäre, Frankfurt am Main, Bern, New York, Paris 1991

FISCHER Robert, Die Grenzen bei der Ausübung gesellschaftlicher Mitgliedschaftsrechte, in: NJW 1954, 777-780

FISCHER Robert, Gedanken über den Minderheitenschutz bei den Personengesellschaften, in: FISCHER Robert, MÖHRING Philipp, WESTERMANN Harry (Hrsg.), Festschrift für Carl Hans Barz zum 65. Geburtstag am 6. Dezember 1974, S. 33-48, Berlin New York 1974; zitiert als: FISCHER, FS Barz

FISCHER Robert, LUTTER Marcus, HOMMELHOFF Peter, GmbH-Gesetz, Kommentar, 12. Auflage, Köln 1987; zitiert als: FISCHER, LUTTER, HOMMELHOFF, GmbHG

FLEISCHER Holger, Das neue Recht des Squeeze out, in: ZGR 2002, 757-789

FLUME Werner, Die Rechtsprechung des II. Zivilsenats des BGH zur Treupflicht des GmbH-Gesellschafters und des Aktionärs, in: ZIP 1996, 161-167

FLUME Werner, Allgemeiner Teil des Bürgerlichen Rechts, Erster Band, Erster Teil, Die Personengesellschaft, Berlin Heidelberg New York 1977; zitiert als: FLUME, Personengesellschaft

FLUME Werner, Allgemeiner Teil des Bürgerlichen Rechts, Erster Band, Zweiter Teil, Die Juristische Person, Berlin Heidelberg New York Tokio 1983; zitiert als: FLUME, Juristische Person

FRÈ Giancarlo, Società per azioni, Art. 2335-2461, in: SCIALOJA Antonio, BRANCA Giuseppe, Commentario del Codice Civile, Libro Quinto, Bologna, Roma 1982; zitiert als: FRÈ in: SCIALOJA, BRANCA, Art. 2335-2461

GADOW W., HEINICHEN E. (Begr.), Aktiengesetz, Großkommentar, Erster Band, 1. Halbband §§ 1-75, 3. Auflage Berlin, New York 1973; zitiert als: Verfasser in: Großkommmentar AktG, 3. A.

GADOW W., HEINICHEN E. (Begr.), Aktiengesetz, Großkommentar, 2. Lieferung, §§ 1-14, 4. Auflage, Berlin, New York 1992; zitiert als: Verfasser in: Großkommentar AktG

GADOW W., HEINICHEN E. (Begr.), Aktiengesetz, Großkommentar, 5. Lieferung, §§ 179-191, 4. Auflage, Berlin, New York 1995; zitiert als: Verfasser in: Großkommentar AktG

GALGANO Francesco, Delle persone giuridiche, Disposizioni generali – delle associazioni e delle fondazioni, Art. 11-35 in: SCIALOJA Antonio, BRANCA Giuseppe (a cura di), Commentario del Codice Civile, Libro Primo – Delle persone e della Famiglia, Bologna 1969; zitiert als: GALGANO in: SCIALOJA, BRANCA, Art. 11-35

GALGANO Francesco, La società per azioni, 2ª edizione, Padova 1988, aus: GALGANO F.(Hrsg.), Trattato di diritto commerciale e di Diritto pubblico dell'economia, Volume settimo; zitiert als: GALGANO, in: GALGANO, VII

GALGANO Francesco, Degli effetti del contratto della rappresentanza del contratto per persona da nominare, Art. 1372-1405, in: GALGANO (a cura di), Commentario del codice civile Scialoja-Branca, Bologna 1988; zitiert als: GALGANO in: SCIALOJA, BRANCA, Art. 1372-1405

GALGANO Francesco, Il negozio giuridico, in: CICU, MESSINEO (già diretto da), Trattato di diritto civile e commerciale, Vol. III, t.1, Milano 1988; zitiert als: GALGANO in: CICU, MESSINEO, III, 1

GALGANO Francesco, Contratto e persona giuridica nelle società di capitali, in: CeI 1996, 1-8

GALGANO Francesco, Le società per azioni, Principi generali, in: SCHLESINGER Piero (diretto da), Il Codice Civile, Commentario, Artt. 2325-2341, Milano 1996; zitiert als: GALGANO in: SCHLESINGER, Artt. 2325-2341

GALGANO Francesco, Diritto commerciale, Le società, edizione 2001/2002, Bologna 2001

GAMBINO Agostino, Il principio di correttezza nell'ordinamento delle società per azioni, (Abuso di potere nel procedimento assembleare), Milano 1987; zitiert als: GAMBINO, Correttezza

GAMBINO Agostino, Anm. zu Cass.civ., I, 26.10.1995, n. 11151, in: Giur.comm. 1996, II, 343-347

GAMBINO Agostino, Tutela delle Minoranze, in: BONELLI F. et al., La Riforma delle società quotate, Atti del convegno di studio Santa Margherita Ligure (13-14 giugno 1998), S. 135-150, Milano 1998; zitiert als: GAMBINO, Tutela delle Minoranze

GASPARRI Pietro, voce *Eccesso di potere (diritto amministrativo)*, in: Enc.dir., XIV, S. 124-135, Milano 1964

GERKAN Hartwin v., Gesellschafterbeschlüsse, Ausübung des Stimmrechts und einstweiliger Rechtsschutz, in: ZGR 1985, 167-190;

GEßLER, HEFERMEHL, ECKARD, KROPFF (Hrsg.), Aktiengesetz, Band I, §§ 1-75, München 1984; zitiert als: Verfasser in: GEßLER, HEFERMEHL, ECKARD, KROPFF, AktG

GEßLER, HEFERMEHL, ECKARD, KROPFF (Hrsg.), Aktiengesetz, Band II §§ 75-147, München 1974; zitiert als: Verfasser in: GEßLER, HEFERMEHL, ECKARD, KROPFF, AktG

GEßLER, HEFERMEHL, ECKARD, Kropff (Hrsg.), Aktiengesetz, Band IV, §§ 179-240, München 1994; zitiert als: Verfasser in: GEßLER, HEFERMEHL, ECKARD, KROPFF, AktG

GEẞLER, HEFERMEHL, ECKARD, Kropff (Hrsg.), Aktiengesetz, Band V, §§ 241-290, München 1986; zitiert als: Verfasser in: GEẞLER, HEFERMEHL, ECKARD, KROPFF, AktG

GÖTZ Hans Norbert, Zum Mißbrauch aktienrechtlicher Anfechtungsklagen, in: DB 1989, 261-267

GODIN Reinhard Frhr. v., WILHELMI Hans, Aktiengesetz, Kommentar, Band I, §§ 1-178, 4. Auflage, Berlin New York 1971; zitiert als: GODIN/WILHELMI, AktG

GODIN Reinhard Frhr. v., WILHELMI Hans, Aktiengesetz, Kommentar, Band II, §§ 179-410, Einführungsgesetz, Sachverzeichnis, 4. Auflage, Berlin New York 1971; zitiert als: GODIN/WILHELMI, AktG

GRABITZ Eberhard, HILF Meinhard, Das Recht der Europäischen Union, Band I, EUV, Art. 1-136a EGV (Maastrichter Fassung); zitiert als: Verfasser in: GRABITZ, HILF

GRIPPO Giovanni, L'assemblea nella società per azioni, in: RESCIGNO Pietro (diretto da), Trattato di diritto privato, Volume 16, Tomo secondo, Torino 1985

GRUNEWALD Barbara, Rechtswidrigkeit und Verschulden bei der Haftung von Aktionären und Personengesellschaften, in: FORSTER Karl-Heinz, GRUNEWALD Barbara, LUTTER Marcus, SEMLER Johannes (Hrsg.), Festschrift für Bruno Kropff, Aktien- und Bilanzrecht, S. 89-100, Düsseldorf 1997; zitiert als: GRUNEWALD, FS Kropff

GRUNEWALD Barbara, Gesellschaftsrecht, 5. Auflage, Tübingen 2002; zitiert als: GRUNEWALD, GesR

GRUNEWALD Barbara, Die neue Squeeze-out-Regelung, in: ZIP 2002, 18-22

GUERRERA Fabrizio, Abuso del voto e controllo "di correttezza" sul procedimento deliberativo assembleare, in: Riv.soc. 2002, 181-284

GUNTZ Peter, Treubindungen von Minderheitsaktionären, Eine vergleichende Analyse im deutschen und US-amerikanischen Recht, dargestellt am Phänomen der treuwidrigen Aktionärsklage, Berlin 1997

HABERSACK Mathias, Die Mitgliedschaft – subjektives und ‚sonstiges' Recht, Tübingen 1996; zitiert als: HABERSACK, Mitgliedschaft

HABERSACK Mathias, Europäisches Gesellschaftsrecht, 2. Auflage, München 2003; zitiert als: HABERSACK EuGesR

HACHENBURG (Begr.), GmbHG, Erster Band Allgemeine Einleitung; §§ 1-34, 8. Auflage, Berlin New York 1992; zitiert als: Verfasser in: HACHENBURG

HACHENBURG (Begr.), GmbHG, Zweiter Band, §§ 35-52, 8. Auflage, Berlin New York 1997; zitiert als: Verfasser in: HACHENBURG

HÄSEMEYER Ludwig, Obstruktionen gegen Sanierungen und gesellschaftsrechtliche Treupflichten, in: ZHR 160 (1996), 109-132

HEERMANN Peter, Stimmrechtsvertretung in der Hauptversammlung und Schadensersatzhaftung, in: ZIP 1994, 1243-1250

HENNRICHS Joachim, Treupflichten im Aktienrecht, in: AcP 195 (1995), 221 ff.

HENNRICHS Joachim, Anm. zu BGH v. 203.1995, in: WuB II A. § 135 AktG 1.95, 1995, 731-734

HENNRICHS Joachim, Anm. zu OLG Düsseldorf v. 14.6.1996, in: WuB II A. § 135 AktG 1.97, 1997, 223-226

HENNSLER Martin, Verhaltenspflichten bei der Ausübung von Aktienstimmrechten durch Bevollmächtigte, in: ZHR 157 (1993), 91-124

HENNSLER Martin, Die Haftung des Stimmrechtsvertreters, Zugleich eine Anmerkung zur Entscheidung des BGH vom 20.3.1995 – II ZR 205/94, in: DZWiR 1995, 430-435

HENNSLER Martin, Rechtserkenntnisse aus dem „Girmes"-Fall, Zugleich eine Anmerkung zum Urteil des OLG Düsseldorf vom 14.6.1996 – 7 U 190/93, in: DZWiR 1997, 36-39

HENZE Hartwig, Zur Treupflicht unter Aktionären, in: GOERDELER, HOMMELHOFF, LUTTER, ODERSKY, WIEDEMANN (Hrsg.), Festschrift für Alfred Kellermann zum 70. Geburtstag am 29. November 1990, ZGR Sonderheft 1, S. 141-152, Berlin, New York 1991; zitiert als: HENZE, FS Kellermann

HENZE Hartwig, Die Treupflicht im Aktienrecht, in: BB 1996, 489-499

HENZE Hartwig, Treupflichten der Gesellschafter im Kapitalgesellschaftsrecht, in: ZHR 162 (1998), 186-196

HENZE Hartwig, Aspekte und Entwicklungstendenzen der aktienrechtlichen Anfechtungsklage in der Rechtsprechung des BGH, in: ZIP 2002, 97-108

HEUER Carl-Heinz, Wer kontrolliert die „Kontrolleure"?, – Anmerkungen zur Kochs-Adler-Entscheidung des Bundesgerichtshofes –, in: WM 1989, 1401-1408

HIRTE Heribert, Mißbrauch aktienrechtlicher Anfechtungsklagen, Vom Querulieren und seinen Grenzen, in: BB 1988, 1469-1477

HIRTE Heribert, Mißbrauch von Aktionärsklagen – allgemeine Abwägung oder konkret Definition, in: DB 1989, 267-269

HIRTE Heribert, Anm. zu BGH ZIP 1989, 980, in: EWiR § 246 AktG 1/89, 843-844

HIRTE Heribert, Beteiligungserwerb und Sacheinlage im Entwurf des Umwandlungsgesetzes, in: AG 1990, 373-376

HIRTE Heribert, Die Behandlung unbegründeter oder mißbräuchlicher Gesellschafterklagen im Referentenentwurf eines Umwandlungsgesetzes, in: DB 1993, 77-80

HIRTE Heribert, Anmerkungen und Anregungen zur geplanten gesetzlichen Neuregelung des Bezugsrechts, in: ZIP 1994, 356-363

HOFFMANN-BECKING Michael (Hrsg.), Münchener Handbuch des Gesellschaftsrechts, Band 4. Aktiengesellschaft, 2. Auflage, München 1999; zitiert als: Verfasser in: Münch.Hdb.GesR. IV

HOMMELHOFF Peter, Zur Kontrolle strukturändernder Gesellschafterbeschlüsse, in: ZGR 1990, 447-476

HUECK A., Der Treuegedanke im modernen Privatrecht, 1947

HÜFFER, Aktiengesetz, 5. Auflage, München 2002

HÜFFER Uwe, Zur Darlegungs- und Beweislast bei der aktienrechtlichen Anfechtungsklage, in: GOERDELER Reinhard, HOMMELHOFF Peter, LUTTER Marcus, WIEDEMANN Herbert (Hrsg.), Festschrift für Hans-Joachim Fleck zum 70. Geburtstag am 30. Januar 1988, Berlin New York 1988, S. 151-168; zitiert als: HÜFFER, FS Fleck

HÜFFER Uwe, Zur gesellschaftsrechtlichen Treupflicht als richterrechtlicher Generalklausel, in: BAUR, HOPT, MAILÄNDER (Hrsg.), Festschrift für Ernst Steindorff zum 70. Geburtstag am 13. März 1990, S. 59-78; zitiert als: HÜFFER, FS Steindorff

HÜFFER Uwe, Anfechtungsbefugnis und Mindestanteilsbesitz – Vorschläge und Überlegungen zu einer gesetzlichen Neuorientierung, in: PFEIFFER Gerd, KUMMER Joachim, SCHEUCH Silke (Hrsg.), Festschrift für Hans Erich Brandner zum 70. Geburtstag, Köln 1996, S. 57-71; zitiert als: HÜFFER, FS Brandner

IMBRENDA Maria Assunta, Anm. zu Cass.civ., I, 5.5.1995, n. 4923, in: Società 1995, 1549-1551

IMMENGA Ulrich, Die personalistische Kapitalgesellschaft, Bad Homburg v.d.H. 1970

IMMENGA Ulrich, Bindung von Rechtsmacht durch Treuepflichten, in: LUTTER, ULMER, ZÖLLNER (Hrsg.), Festschrift 100 Jahre GmbH-Gesetz, Köln 1992, S. 189-208; zitiert als: IMMENGA, FS 100 Jahre GmbH-Gesetz

JAEGER Pier Giusto, L'interesse sociale, Milano 1964; zitiert als: JAEGER, Interesse sociale

JAEGER Pier Giusto, Invalidità delle deliberazioni assembleari: eccesso di potere o violazione dell'obbligo di buona fede?, in: FENGHI Francesco, SANTA MARIA Alberto (Hrsg.), La riforma delle società di capitali in Italia, Studi e dibattiti, Atti del convegno internazionale di studio sulla riforma della società per azioni Venezia, 6-7-8 Ottobre 1966, Volume Secondo, S. 890-912; Milano 1968; zitiert als: JAEGER in: FENGHI, SANTA MARIA

JAEGER Pier Giusto, Il voto divergente, in: COLOMBO G.E., PORTALE G.B., Trattato delle società per azioni, Volume 3*, Assemblea, Torino 1994, S. 459-482; zitiert als: JAEGER in: COLOMBO, PORTALE, 3*

JAEGER Pier Giusto, Anm. zu Cass.civ., I, 26.10.1995, n. 11151, in: Giur.comm. 1996, II, 334-338

JAEGER Pier Giusto, L'interesse sociale rivisitato (quarant'anni dopo), in: Giur.comm. 2000, I, 795-812;

JAEGER Pier Giusto, DENOZZA Francesco, Appunti di diritto commerciale, I, Impresa e società, 4ª edizione, Milano 1997

JANBERG Hans, SCHLAUS Wilhelm, Abstimmungsverträge nach neuem Aktienrecht unter Berücksichtigung des Rechts der verbundenen Unternehmen, in: AG 1967, 33-39

JARASS Hans, PIEROTH Bodo, Grundgesetz für die Bundesrepublik Deutschland, 6. Auflage, München 2002; zitiert als: JARASS, PIEROTH, GG

KEIL Tilo, WAGNER Thomas, Verschmelzungsrecht und Art. 177 EWG-Vertrag, in: ZIP 1989, 214-218

KEUL Thomas, Anfechtungsklage und Überwindung der Registersperre im Rahmen eines Squeeze out, in: ZIP 2003, 566-569

KIEM Roger, Das neue Umwandlungsrecht und die Vermeidung „räuberischer" Anfechtungsklagen, in: AG 1992, 430-433

KIETHE Kurt, Maßnahmekatalog der Bundesregierung zur Aktienrechtsreform 2003 – „Verbesserung" des Klagerechts der Aktionäre, in: ZIP 2003, 707-713

KINDLER Peter, Einführung in das italienische Recht, JuS Schriftenreihe, Heft 122, München 1993

KORT Michael, Zur Treuepflicht des Aktionärs, in: ZIP 1990, 294-297

KOWALSKI André, Der Ersatz von Gesellschafts- und Gesellschafterschaden, Köln 1990;

KROPFF Bruno, Aktiengesetz, Düsseldorf 1965

KROPFF, SEMLER (Hrsg.), Münchener Kommentar zum Aktiengesetz, Band 2, §§ 53a-75, 2. Auflage des Geßler/Hefermehl/Eckardt/Kropff, Aktiengesetz; München 2000; zitiert als: Verfasser in: MüKo, AktG

KROPFF, SEMLER (Hrsg.), Münchener Kommentar zum Aktiengesetz, Band 7, §§ 222-277, 2. Auflage des Geßler/Hefermehl/Eckardt/Kropff, Aktiengesetz, München 2001; zitiert als: Verfasser in: MüKo, AktG

KÜBLER Friedrich, Gesellschaftsrecht, Die privatrechtlichen Ordnungsstrukturen und Regelungsprobleme von Verbänden und Unternehmen, Ein Lehrbuch, 5. Auflage, Heidelberg 1998

LARICCIA Sergio, Diritto amministrativo, Padova 2000

LAURINI Giancarlo, La disciplina delle assemblee di società quotate, in: Giur.comm. 2000, I, 655-674

LEHMANN Jürgen, Die gesetzlichen Minderheitenrechte in Aktiengesellschaften, in: AG 1983, 113-119

LENER Raffaele, TUCCI Andrea, Le società di capitali, L'assemblea nelle società di capitali, in: BESSONE Mario (diretto da), Trattato di diritto privato, Volume XVII, Torino 2000

LIFSCHÜTZ Alexander, Die Generalklausel im Aktienrecht, Mannheim Berlin Leipzig 1931

LÜKE Wolfgang, Das Verhältnis von Auskunfts-, Anfechtungs- und Registerverfahren im Aktienrecht, in: ZGR 1990, 657-681

LUTTER Marcus, Die Eintragung anfechtbarer Hauptversammlungsbeschlüsse im Handelsregister, in: NJW 1969, 1873-1879

LUTTER Marcus, Zur Treuepflicht des Großaktionärs, in: JZ 1976, 225-233

LUTTER Marcus, Anmerkung zu BGH JZ 1976, 561 – *Audi/NSU*, in: JZ 1976, 562-563

LUTTER Marcus, Die entgeltliche Ablösung von Anfechtungsrechten – Gedanken zur aktiven Gleichbehandlung im Aktienrecht –, in: ZGR 1978, 347-372

LUTTER Marcus, Materielle und förmliche Erfordernisse eines Bezugsrechtsausschlusses – Besprechung der Entscheidung BGHZ 71, 40 (Kali + Salz) – in: ZGR 1979, 401-418;

LUTTER Marcus, Theorie der Mitgliedschaft, Prolegomena zu einem Allgemeinen Teil des Korporationsrechts, in: AcP 180 (1980), 84-159

LUTTER Marcus, Zur inhaltlichen Begründung von Mehrheitsentscheidungen – Besprechung der Entscheidung BGH WM 1980, 378 – in: ZGR 1991, 171-182

LUTTER Marcus, Zur Abwehr räuberischer Aktionäre, in: Festschrift 40 Jahre Der Betrieb, Stuttgart 1988; zitiert als: LUTTER, FS Der Betrieb

LUTTER Marcus, Die Treupflicht des Aktionärs, in: ZHR 153 (1989), 446-471

LUTTER Marcus, Anm. zu LG Frankfurt am Main WM 1990, 1745, in: WuB II A. § 221 AktG 1/91, 137-142

LUTTER Marcus, Das Girmes-Urteil, in: JZ 1995, 1053-1056

LUTTER Marcus, Die Funktion der Gerichte im Binnenstreit von Kapitalgesellschaften – ein rechtsvergleichender Überblick –, in: ZGR 1998, 191-193

LUTTER Marcus, Aktionärs-Klagerecht, in: JZ 2000, 837-842

LUTTER Marcus, HOMMELHOFF Peter, GmbH-Gesetz, Kommentar, 15. Auflage, Köln 2000; zitiert als: LUTTER/HOMMELHOFF, GmbHG

LUTTER Marcus, Corporate Governance und ihre aktuellen Probleme, vor allem: Vorstandsvergütung und ihre Schranken, in: ZIP 2003, 737-743

MAISANO Aldo, L'eccesso di potere nelle deliberazioni assembleari di società per azioni, Milano 1968; zitiert als: MAISANO, Eccesso di potere

MAISANO Aldo, Lo scioglimento della società, Milano 1974; zitiert als: MAISANO, Scioglimento

MARCHETTI Piergaetano, La "riforma Draghi", d.lgs. 58/1998. L'incidenza sulla disciplina delle assemblee: Primi commenti, in: Società 1998, 557-561

MARCHETTI Piergaetano, BIANCHI Luigi Arturo (a cura di), La disciplina delle società quotate nel testo unico della finanza d.lgs. 24 febbraio 1998, n. 58, Commentario, Tomo I, artt. 91-135, Milano 1999; zitiert als: Verfasser in: MARCHETTI-BIANCHI

MARSCH-BARNER Reinhard, Treuepflichten zwischen Aktionären und Verhaltenspflichten bei der Stimmrechtsbündelung, in: ZHR 157 (1993), 172-195

MARSCH-BARNER Reinhard, Treupflicht und Sanierung, in: ZIP 1996, 853-857

MARTENS Klaus-Peter, Die Anzeigepflicht des Verlustes des Garantiekapitals nach dem AktG und dem GmbHG, in: ZGR 1972, 254-288

MARTENS Klaus-Peter, Der Ausschluß des Bezugsrechts: BGHZ 33, S. 175, in: LUTTER, STIMPEL, WIEDEMANN (Hrsg.), Festschrift für Robert Fischer, Berlin, New York 1979, S. 436-460; zitiert als: MARTENS, FS Fischer

MARTENS Klaus-Peter, Kontinuität und Diskontinuität im Verschmelzungsrecht der Aktiengesellschaft, in: AG 1986, 57-67

MARTENS Klaus-Peter, Missbrauch des Auskunfts-, Frage- und Rederechts – Theoretische Grundlagen, in: TIMM Wolfram (Hrsg.), Missbräuchliches Aktionärsverhalten, Köln 1990, S. 63-88; zitiert als: MARTENS, Missbrauch

MARTENS Klaus-Peter, Die Treupflicht des Aktionärs, in: Schmidt K. (Hrsg.), Rechtsdogmatik und Rechtspolitik, Berlin 1990; zitiert als: MARTENS, Treupflicht

MARTINES Maria Paola, L'abuso di minoranza nelle società di capitali, in: CeI 1997, 1184-1211

MARULLI Marco, Società, Assemblea di società per azioni, in: Giur.comm. 1983, I, 865-925

MAZZAROLLI Leopoldo, PERICU Giuseppe, ROMANO Alberto, ROVERSI MONACO Fabio Alberto, SCOCA Franco Gaetano (Hrsg.), Diritto Amministrativo, II, Terza edizione, Bologna 1993

MAZZONI Alberto, Gli azionisti di minoranza nella riforma delle società quotate, in: Giur.comm. 1998, I, 485-504

MENGONI Luigi, Sulla reintegrazione del capitale azionario in caso di perdita totale, in: Riv.dir.comm. 1955, I, 108-117

MENGONI Luigi, Appunti per una revisione della teoria sul conflitto di interessi nelle deliberazioni di assemblea della società per azioni, in: Riv.soc. 1956, 434-464

MERTENS Hans-Joachim, Deliktsrecht und Sonderprivatrecht – Zur Rechtsfortbildung des deliktischen Schutzes von Vermögensinteressen, in: AcP 178 (1978), 227-262

MERTENS Hans-Joachim, Geschäftsführungshaftung in der GmbH und das ITT-Urteil, in: LUTTER, STIMPEL, WIEDEMANN (Hrsg.), Festschrift für Robert Fischer, Berlin, New York 1979, S. 461-475; zitiert als: MERTENS, FS Fischer

MERTENS Hans-Joachim, Schadensfragen im Kapitalgesellschaftsrecht, in: MEDICUS, MERTENS, NÖRR, ZÖLLNER (Hrsg.), Festschrift für Hermann Lange zum 70. Geburtstag am 24. Januar 1992, Stuttgart, Berlin, Köln 1992, S. 561-582; zitiert als: MERTENS, FS Lange

MESSINEO Francesco, Impugnativa di delibera di fusione e interesse di singoli soci, in: Riv.soc. 1957, 220-248

MESTMÄCKER Ernst Joachim, Zur aktienrechtlichen Stellung der Verwaltung bei Kapitalerhöhungen, in: BB 1961, 945-952

MIGNOLI Ariberto, Reintegrazione del capitale azionario per perdita totale e diritti individuali degli azionisti, in: Riv.dir.comm. 1955, II, 223-231

MIGNOLI Ariberto, L'interesse sociale, in: Riv.soc. 1958, 725-763

MINERVINI Gustavo, Sulla tutela dell',,interesse sociale" nella disciplina delle deliberazioni assembleari e di consiglio, in: Riv.dir.civ. 1956, I, 314-335

MINERVINI Gustavo, Deliberazione assunta da tutti i soci in conflitto di interessi con la società?, in: Giur.it. 1960, I, 585-588

MIRONE Aurelio, Il voto per corrispondenza nelle società quotate: profili di disciplina, in: Riv.soc. 1999, 751-793

MONTALENTI Paolo, Corporate governance: la tutela delle minoranze nella riforma, in: Giur.comm. 1998, I, 329-348

MÜLBERT Peter O. Aktiengesellschaft, Unternehmensgruppe und Kapitalmarkt, 2. Auflage, München 1996

MUTTER Stefan, Unternehmerische Entscheidungen und Haftung des Aufsichtsrats der Aktiengesellschaft, Köln 1994

NAGEL Bernhard, Deutsches und europäisches Gesellschaftsrecht, München 2000

NATOLI Ugo, Note preliminari ad una teoria dell'abuso del diritto nell'ordinamento giuridico italiano, in: Riv.trim.dir.proc.civ. 1958, 18-37

NICCOLINI Giuseppe, Scioglimento, Liquidazione ed estinzione della società per azioni, in: COLOMBO G.E., PORTALE G.B., Trattato delle società per azioni, Volume 7***, Assemblea, Torino1997, S. 247-718; zitiert als: NICCOLINI in: COLOMBO, PORTALE, 7***

NIRK Rudolf, REUTER Hans-Peter, BÄCHLE Hans-Ulrich, Handbuch der Aktiengesellschaft, Gesellschaftsrecht, Steuerrecht, Arbeitsrecht, Teil I, 3. Auflage, Köln Stand: 2000; zitiert als: Verfasser in: Hdb.AG I

NOBILI Raffaele, SPOLIDORO Marco Saverio, La riduzione di capitale, in: COLOMBO G.E., PORTALE G.B., Trattato delle società per azioni, Volume 6*, Modificazioni statutarie, Recesso – Riduzione del capitale, S. 195-459, Torino 1993, S. 3-183; zitiert als: NOBILI, SPOLIDORO in: COLOMBO, PORTALE, 6*

NODOUSHANI Andreas, Die Treuepflicht der Aktionäre und ihrer Stimmrechtsvertreter, Baden-Baden 1997

NONN Thomas, Zustimmungspflichten des Kapitalgesellschafters: ein Beitrag zur Konkretisierung der Treubindungen bei den Kapitalgesellschaften unter Berücksichtigung der Rechtslage bei Personengesellschaften, Berlin 1995

OELRICHS Carsten P., Muß der Versammlungsleiter bei der Feststellung von Haupt- oder Gesellschafterversammlungsbeschlüssen treuwidrig abgegebene Stimmen mitzählen?, in: GmbHR 1995, 863-869

OPPERMANN Thomas, Europarecht, München 1991

OPPO Giorgio, La nuova legislazione commerciale, L'azione sociale di responsabilità promossa dalla minoranza nelle società quotate, in: Riv.dir.civ. 1998, II, 405-411

OPPO Giorgio, La nuova legislazione commerciale, Maggioranza e minoranza nella riforma delle società quotate, in: Riv.dir.civ. 1999, II, 231-239

PALANDT O.(Begr.), Bürgerliches Gesetzbuch, 63. Auflage, München 2004; zitiert als: Verfasser in: PALANDT

PASCHKE, Treupflichten im Recht der juristischen Personen, in: HUBER, JAYME (Hrsg.), Festschrift für Rolf Serick zum 70. Geburtstag, Heidelberg 1992, S. 313-327; zitiert als: PASCHKE, FS Serick

PASQUARIELLO Caterina, Il principio di correttezza applicato alle delibere assembleari: l'abuso della regola di maggioranza al vaglio dei giudici, in: Giur.comm. 2002, II, 129-149

PATRONI GRIFFI Antonio, SANDULLI Michele, SANTORO Vittorio, Intermediari finanziari mercati e società quotate, Torino 1999

PATTI Salvatore, voce *Abuso del diritto*, in: Digesto delle discipline privatistiche, Sezione civile, I, S. 1-8, 4ª edizione, Torino 1987; zitiert als: PATTI in: Dig.disc.priv., Sez.civ., I

PAVONE LA ROSA Antonio, Rassegna di legislazione e di giurisprudenza, in: Riv.soc. 1960, 1083-1171

PELLIZZI Giovanni L., voce *Exceptio doli (diritto civile)*, in: Novissimo digesto italiano, VI, S. 1074-1080, 3ª edizione, Torino 1960; zitiert als: PELLIZZI in: Nov.dig.it., VI

PELLIZZI Giovanni L., Personalità giuridica e infrazioni valutarie, in: BBTC 1978, I, 257-270;

PELLIZZI Giovanni L., Sui poteri indisponibili della maggioranza assembleare, in: Riv.dir.civ. 1967, I, 113-228

PERLINGIERI Pietro (a cura di), Codice Civile annotato con la Dottrina e la Giurisprudenza, Libro Quarto, Delle obbligazioni, Tomo I, Artt. 1173-1469, Napoli 1991; zitiert als: Verfasser in: PERLINGIERI

PERLINGIERI Pietro (a cura di), Codice Civile annotato con la Dottrina e la Giurisprudenza, Libro Quarto, Delle obbligazioni, Tomo II, Artt. 1470-2059, Napoli 1991; zitiert als: Verfasser in: PERLINGIERI

PERLINGIERI Pietro (a cura di), Codice Civile annotato con la Dottrina e la Giurisprudenza, Libro Quinto, Del lavoro, Artt. 2060-2642, Napoli 1991; zitiert als: Verfasser in: PERLINGIERI

PERLINGIERI Pietro, Il diritto civile nella legalità costituzionale, 2ª edizione, Napoli 1991

PETTET Ben, Company Law, Harlow 2001

PICONE Luca, Anm. zu Tribunale di Milano, 28 gennaio 1998, in: Società 1998, 949-954

PISANI MASSAMORMILE Andrea, La sospensione della delibera di assemblea di s.p.a. ed il nuovo modello di procedimento cautelare, in: Riv.dir.comm. 1997, I, 883-894

PISANI MASSAMORMILE Andrea, Minoranze e autonomia statutaria, in: Riv.soc. 2001, 613-638

PORTALE Giuseppe B., Impugnative di bilancio ed exceptio doli, in: Giur.comm. 1982, I, 407-425

PORTALE Giuseppe B., "Uguaglianza e contratto": Il caso dell'aumento del capitale sociale in presenza di più categorie di azioni, in: Riv.dir.comm. 1990, I, 711-736

PORTALE Giuseppe B., "Minoranze di blocco" e abuso del voto nell'esperienza europea: dalla tutela risarcitoria al "gouvernement des juges"?, in: EDP 1991, I, 153-182

PORTALE Giuseppe B., Dell'opposizione alla proroga di „impresa comune": abus d'égalité o libertà di iniziativa economica?, in: Riv.dir.priv, II, 1997, 550-558

PREITE Disiano, L'"abuso" della maggioranza nelle deliberazioni assembleari delle società per azioni, Milano 1992

PREITE Disiano, Abuso di maggioranza e conflitto di interessi del socio nelle società per azioni, in: COLOMBO G.E., PORTALE G.B., Trattato delle società per azioni, Volume 3**, Assemblea, Torino 1993, S. 3-183; zitiert als: PREITE in: COLOMBO, PORTALE, 3**

PROVINCIALI, Perdita totale del capitale e reintegrazione a maggioranza, in: Dir.fall.1960, II, 5-10

QUATRARO Bartolomeo, FUMAGALLI Alberto, D'AMORA Salvatore, Le deliberazioni assembleari e consiliari, Aspetti civili, tributari, casi e materiali, Tomo I, Milano 1996; zitiert als: QUATRARO, FUMAGALLI, D'AMORA, Deliberazioni assembleari

QUATRARO Bartolomeo, D'AMORA Salvatore, Il bilancio di esercizio e consolidato, 2ª edizione, Milano 1998; zitiert als: QUATRARO, D'AMORA, Bilancio di esercizio

QUATRARO Bartolomeo, ISRAEL Ruben, D'AMORA Salvatore, QUATRARO Gabriella, Trattato teorico-pratico delle operazioni sul capitale, Tomo I-III, 2ª edizione, Milano 2001; zitiert als: QUATRARO, ISRAEL, D'AMORA, QUATRARO, Operazioni sul capitale

RANIERI Filippo, voce *Eccezione di dolo generale*, in: Digesto delle discipline privatistiche, Sezione civile, VII, S. 311-331, 4ª edizione, Torino 1991; zitiert als: RANIERI in: Dig.disc.priv., Sez.civ., VII

RANIERI Filippo, Verbot des Rechtsmissbrauchs und Europäisches Gemeinschaftsprivatrecht, in: ZEuP 2001, 165-177

RAISER Thomas, Das Recht der Gesellschafterklagen, in: ZHR 153(1989), 1-34

RAISER Thomas, Recht der Kapitalgesellschaften, 3. Auflage, München 2001;

REBMANN Volker, Die Ausweitung des aktienrechtlichen Spruchstellenverfahrens, Eine Möglichkeit zur Vermeidung von Verschmelzungsblockaden durch mißbräuchliche Anfechtungsklagen?, Baden-Baden 1995

REBMANN; SÄCKER; RIXECKER (Hrsg.); Münchener Kommentar zum Bürgerlichen Gesetzbuch, Band 1, Allgemeiner Teil (§§ 1-240), AGB-Gesetz, 3. Auflage, München 1993; zitiert als: Verfasser in: MüKo, BGB

REBMANN; SÄCKER; RIXECKER (Hrsg.); Münchener Kommentar zum Bürgerlichen Gesetzbuch, Band 2, Schuldrecht Allgemeiner Teil §§ 241-432 FernAbsG, 4. Auflage, München 2001; zitiert als: Verfasser in: MüKo, BGB

REBMANN; SÄCKER; RIXECKER (Hrsg.); Münchener Kommentar zum Bürgerlichen Gesetzbuch, Band 5, Schuldrecht, Besonderer Teil III, §§ 705-853, 3. Auflage, München 1997; zitiert als: Verfasser in: MüKo, BGB

RESCIGNO Pietro, L'abuso del diritto, in: Riv.dir.civ. 1965, I, 205-290

RESCIGNO Pietro, La lezione di Edoardo Ruffini sul principio di maggioranza, in: Riv.trim.dir.proc.civ. 1978, 814-821

RIEGGER Bodo, WEIPERT Lutz (Hrsg.), Münchener Handbuch des Gesellschaftsrechts, Band 1, BGB-Gesellschaft · Offene Handelsgesellschaft · Partnerschaftsgesellschaft · Partenreederei EWIV, München 1995; zitiert als: Verfasser in: Münch.Hdb.GesR. I

RIMINI Emanuele, Sui limiti del diritto della minoranza qualificata ad ottenere la convocazione dell'assemblea, in: Giur.comm. 1987, II, 812-820

RIVOLTA Gian Carlo, La partecipazione sociale, Milano 1965

RODOTÀ Stefano, Il principio di correttezza e la vigenza dell'art. 1175 c.c., in: BBTC 1965, I, 149-160

ROMANO PAVONI Giuseppe, Perdita totale del capitale sociale e applicabilità dell'art. 2447 cod. civ., in: Riv.dir.comm. 1954, II, 80-84

RORDORF Renato u.a., La riduzione del capitale sociale al di sotto del minimo legale, in: Società 1983, 870-879

RORDORF Renato, Eccesso di potere nelle deliberazioni sociali, Anm. zu Cass.civ., I, 29.5.1986, n. 3628, in: Società 1986, 1089-1091

RORDORF Renato, I poteri degli azionisti di minoranza nel testo unico sui mercati finanziari, in: Scritti di diritto societario in onore di Vincenzo Salafia, S. 141-173, Milano 1998; zitiert als: RORDORF, FS Salafia

RORDORF Renato, L'abuso di potere della minoranza, in: Società 1999, 809-813

ROSENBERG Leo, SCHWAB Karl Heinz, GOTTWALD Peter, Zivilprozessrecht, 15. Auflage, München 1993

ROSSI Serenella, L'astensione dal voto nell'assemblea di società per azioni, in: Giur.comm. 1987, I, 536-549

ROTH Günther H., Die (Ohn-)Macht der Hauptversammlung, in: ZIP 2003, 369-378

ROTH, ALTMEPPEN, Gesetz betreffend die Gesellschaften mit beschränkter Haftung (GmbHG), 3. Auflage, München 1997; zitiert als: Verfasser in: ROTH, ALTMEPPEN, GmbHG

SACCHI Roberto, L'intervento e il voto nell'assembla della s.p.a. – Profili procedimentali, in: COLOMBO G.E., PORTALE G.B., Trattato delle società per azioni, Volume 3*, Assemblea, Torino 1994, S. 201-457; zitiert als: SACCHI in: COLOMBO, PORTALE, 3*

SALVI Cesare, Il contenuto del diritto di proprietà, in: SCHLESINGER Piero (diretto da), Il Codice Civile, Commentario, Artt. 823-833, Milano 1994; zitiert als: SALVI in: SCHLESINGER, Artt. 823-833

SBISA, Della società per azioni, Tomo I, Art. 2325-2409, in: GALGANO Francesco (a cura di), Commentario del codice civile Scialoja-Branca Libro V – Del lavoro, Bologna-Roma 1997; zitiert als: SBISA in: SCIALOJA, BRANCA, Art. 2325-2409

SCHÄFER Carsten, Diskussionsbericht zu den Referaten Dreher und Marsch-Barner, in: ZHR 157 (1993), 192-195

SCHICK Werner, Anm. zu BGH ZIP 1991, 932, in: ZIP 1991, 938-940

SCHIESSL Maximilian, Ist das deutsche Aktienrecht kapitalmarkttauglich, in: AG 1999, 442-452

SCHINDLER Darius Oliver, WITZEL David, Bedarf es einer neuen gesetzlichen Regelung des Anfechtungsrechts zur Bekämpfung räuberischer Aktionäre? – Stellungnahme zu den Empfehlungen der wirtschaftlichen Abteilung des 63. DJT, in: NZG 2001, 577-584

SCHLAUS Wilhelm, Auskauf opponierender Aktionäre, in: AG 1988, 113-117

SCHMIDT Karsten, Organverantwortlichkeit und Sanierung im Insolvenzrecht der Unternehmen, in: ZIP 1980, 328-337

SCHMIDT Karsten, Geklärte und offene Probleme der „positiven Beschlußfeststellungsklage" – Bemerkungen zum Urteil des BGH vom 13.3.1980 – II ZR 54/78, in: AG 1980, 169-172

SCHMIDT Karsten, Die sanierende Kapitalerhöhung im Recht der Aktiengesellschaft, GmbH und Personengesellschaft, in: ZGR 1982, 519-538;

SCHMIDT Karsten, Anm. zu BGH JuS 1987, 409

SCHMIDT Karsten, Gesellschaftsrecht, 4. Auflage, Köln, Berlin, Bonn, München 2002; zitiert als: SCHMIDT, GesR

SCHMIDT-KESSEL Martin, Rechtsmißbrauch im Gemeinschaftsprivatrecht – Folgerungen aus den Rechtssachen Kefalas und Diamantis –, in: JUD Brigitta, Prinzipien des Privatrechts und Rechtsvereinheitlichung, Jahrbuch junger Zivilrechtswissenschaftler 2000, Stuttgart München Hannover Berlin Weimar Dresden 2001, S. 61-83

SCHMIEDEL Burkhard, Rezension des Buches von Herbert Wohlman „Die Treuepflicht des Aktionärs", in: ZHR 134 (1970), 173 ff.

SCHÖNE Torsten, Haftung des Aktionärs-Vertreters für pflichtwidrige Stimmrechtsausübung, – Anmerkungen zu LG Düsseldorf WM 1991, 1955 –, in: WM 1992, 209-214;

SCHOLZ Franz (Begr.), GmbHG, 6. Auflage, Köln 1983

SCHWARZE Jürgen, EU-Kommentar, Baden-Baden 2000; zitiert als: Verfasser in: SCHWARZE

SCIALOJA Antonio, L'ostruzionismo nelle società anonime, in: Riv.dir.comm. 1906, I, 473-476

SENA Giuseppe, Il voto nella assemblea della società per azioni, Milano 1961

SERRA Antonio, L'assemblea: Procedimento, in: COLOMBO G.E., PORTALE G.B., Trattato delle società per azioni, Volume 3*, Assemblea, Torino 1994, S. 51-200; zitiert als: SERRA in: COLOMBO, PORTALE, 3*

SIEGER Jürgen J., HASSELBACH Kai, Der Ausschluss von Minderheitsaktionären nach den neuen §§ 327a ff. AktG, in: ZGR 2002, 120-162

SIMONETTI Hadrian, Abuso del diritto di voto e regola di buona fede nelle società di capitali, in: NGCC 2000, II, 479-501

SIMONETTO Ernesto, Riduzione della partecipazione sociale al mero diritto di opzione e poteri della maggioranza, in: Riv.dir.civ. 1957, II, 331-352

SOERGEL (Begr.), Bürgerliches Gesetzbuch mit Einführungsgesetzen und Nebengesetzen, Band 4, Schuldrecht III (§§ 705-853), 11. Auflage, Stuttgart, Berlin, Köln, Mainz 1985; zitiert als: Verfasser in: SOERGEL, 11. A.

SOERGEL (Begr.), Bürgerliches Gesetzbuch mit Einführungsgesetzen und Nebengesetzen, § 242 12. Auflage, Stuttgart, Berlin, Köln 1985; zitiert als: Verfasser in: SOERGEL, 12. A.

SOERGEL (Begr.), Bürgerliches Gesetzbuch mit Einführungsgesetzen und Nebengesetzen, Band 5/2, Schuldrecht IV/2 (§§ 823-853), 12. Auflage, Stuttgart, Berlin, Köln, 1999; zitiert als: Verfasser in: SOERGEL, 12. A.

SRAFFA Angelo, L'ostruzionismo nelle società anonime, in: Riv.dir.comm. 1906, II, 84-92

STAUDINGER (Hrsg.), Kommentar zum Bürgerlichen Gesetzbuch mit Einführungsgesetz und Nebengesetzen; Zweites Buch, Recht der Schuldverhältnisse Einleitung zu §§ 241 ff; §§ 241, 242; Gesetz zur Regelung der Allgemeinen Geschäftsbedingungen; 12. Auflage, Berlin 1983; zitiert als: Verfasser in: STAUDINGER, 12. A.

STAUDINGER (Hrsg.), Kommentar zum Bürgerlichen Gesetzbuch mit Einführungsgesetz und Nebengesetzen; Zweites Buch, Recht der Schuldverhältnisse §§ 652-740; 12. Auflage, Berlin 1991; zitiert als: Verfasser in: STAUDINGER, 12. A.

STAUDINGER (Hrsg.), Kommentar zum Bürgerlichen Gesetzbuch mit Einführungsgesetz und Nebengesetzen; Zweites Buch, Recht der Schuldverhältnisse §§ 826-829, Produkthaftungsgesetz, 13. Auflage, Berlin 1998; zitiert als: Verfasser in: STAUDINGER, 13. A.

STEINER Klaus, Die Hauptversammlung in der Aktiengesellschaft, München 1995

STEIN, JONAS (Begr.), Kommentar zur Zivilprozessordnung, Erster Band, §§ 1-252, Tübingen 1984; zitiert als: Verfasser in: STEIN, JONAS

STELLA RICHTER Mario jr., Trasferimento del controllo e rapporti tra soci, Milano 1996

STIMPEL, Richterliche Rechtsfortbildung im Personalhandelsgesellschaftsrecht, in: Pehle/Stimpel, Richterliche Rechtsfortbildung unter besonderer Berücksichtigung des gewerblichen Rechtsschutzes und des Personalgesellschaftsrechts, Heidelberg 1996, S. 15-24; zitiert als: STIMPEL, Rechtsfortbildung

STIMPEL, Aus der Rechtsprechung des II. Zivilsenats, in: KRÜGER-NIELAND (Hrsg.), 25 Jahre Bundesgerichtshof am 1. Oktober 1975, München 1975, S.14-41; zitiert als: STIMPEL, FS 25 Jahre BGH

STOLFI Giuseppe, Il principio di buona fede, in: Riv.dir.comm. 1964, I, 163-176

STREINZ Rudolf, Europarecht, 5. Auflage, Heidelberg 2001

STÜTZLE Rudolf, WALGENBACH Joachim, Leitung der Hauptversammlung und Mitspracherechte der Aktionäre in Fragen der Versammlungsleitung, in: ZHR 155 (1991), 516-544

TAURINI Stefano, Impugnazione di delibera per eccesso di potere, Anm. zu Trib. Milano, 6.10.1986, in: Società 1987, 386-388

TAURINI Stefano, Aumento di capitale con modalità a vantaggio del socio di maggioranza, Anm. zu Cass.civ., I, 11.3.1993, n. 2958, in: Società 1993, 1053-1054

TEICHMANN Arndt, Strukturüberlegungen zum Streit zwischen Organen in der Aktiengesellschaft, in: DAMRAU, KRAFT, FÜRST (Hrsg.), Festschrift für Otto Mühl zum 70. Geburtstag 10. Oktober 1981, Stuttgart Berlin Mainz 1981, S. 663-686; zitiert als: TEICHMANN, FS Mühl

TEICHMANN Arndt, Rechtsmissbrauch durch eine Klage – OLG Hamm, WM 1988, und BGH, WM 1989, 2689, in: JuS 1990, 269-273

TETI Raffaele, L'eccesso di potere quale causa di invalidità delle deliberazioni assembleari di S.p.A., in: Riv.not. 1972, 770-843

THOMAS Heinz, PUTZO Hans, Zivilprozeßordnung, 25. Auflage, München 2003; zitiert als: Verfasser in: THOMAS/PUTZO

TIMM Wolfram, Zur Sachkontrolle von Mehrheitsentscheidungen im Kapitalgesellschaftsrecht – dargestellt am Beispiel „strukturverändernder Entscheidungen" –, in: ZGR 1987, 403-442

TIMM Wolfram, Missbräuchliche Aktionärsklagen einschließlich Abfindungsregelungen, Praktische Fälle, in: TIMM Wolfram (Hrsg.), Missbräuchliches Aktionärsverhalten, Köln 1990, S. 1-33; zitiert als: TIMM, Missbräuchliche Aktionärsklagen

TIMM Wolfram, Treuepflichten im Aktienrecht, in: WM 1991, 481-494

TORRENTE Andrea, SCHLESINGER Piero, Manuale di diritto privato, 16ª edizione, Milano 1999

TRABUCCHI Alberto, Istituzioni di diritto civile, 39ª edizione, Padova 1999

TRAVERSO Maria Clementina, L'abuso del diritto, in: NGCC 1992, II, 297-317

TRIMARCHI Pietro, Invalidità delle deliberazioni di assemblea di società per azioni, Milano 1958

UHLENBRUCK Wilhelm, Gesetzliche Konkursantragspflichten und Sanierungsbemühungen, in: ZIP 1980, 73-82

ULMER Peter, Kündigungsschranken im Handels- und Gesellschaftsrecht, Zum Einfluß der Treupflicht auf die einseitige Vertragsbeendigung, in: HEFERMEHL, NIRK, WESTERMANN (Hrsg.), Festschrift für Philipp Möhring zum 75. Geburtstag 4. September 1975, München 1975, S. 295-317; zitiert als: ULMER, FS Möhring

ULMER Peter (Hrsg.), Gesetz betreffend die Gesellschaften mit beschränkter Haftung, Großkommentar, Dritter Band §§ 53-85, 8. Auflage, Berlin New York 1997; zitiert als: Verfasser in: Großkommentar GmbHG

VENOSTA Francesco, Note sull'exceptio doli generalis, Anm. zu Pretura di Sondrio, 18.6.1988, in: BBTC 1989, II, 525-536

VERHOEVEN Thomas, GmbH-Konzern-Innenrecht, Bonn 1978

WARDENBACH Frank, Mißbrauch des Anfechtungsrechts und „nachträglicher" Aktienerwerb, - Zu den Grenzen der Anfechtungsrechte des Aktionärs bei Rechtsmißbrauch und bei Erwerb der Aktien nach Ankündigung der Hauptversammlung -, in: ZGR 1992, 563-586

WEIGMANN Roberto, voce *Società per azioni*, in: Digesto delle discipline privatistiche, Sezione commerciale, XIV, S. 338-423, Torino 1997; zitiert als: WEIGMANN in: Dig.disc.priv., Sez.comm., XIV

WENGER Ekkehard, Der Fall Girmes – ein Stück aus dem Tollhaus, in: ZIP 1993, 321-332

WERNER Winfried, Anm. zu BGH ZIP 1989, 980, in: WuB II A. § 340a AktG 3.89, 1299-1306

WERNER Winfried, Zur Treupflicht des Kleinaktionärs, in: BIERICH, HOMMELHOFF, KROPFF (Hrsg.), Festschrift für Johannes Semler zum 70. Geburtstag am 28. April 1993, Berlin New York 1993; zitiert als: WERNER, FS Semler

WIEDEMANN Herbert, Die Übertragung und Vererbung von Mitgliedschaftsrechten bei Handelsgesellschaften, München, Berlin 1965; zitiert als: WIEDEMANN, Übertragung und Vererbung von Mitgliedschaftsrechten

WIEDEMANN Herbert, Der Kapitalanlegerschutz im deutschen Gesellschaftsrecht, in: BB 1975, 1591-1598

WIEDEMANN Herbert, Die Bedeutung der ITT-Entscheidung, in: JZ 1976, 392-397

WIEDEMANN Herbert, Rechtsethische Maßstäbe im Unternehmens- und Gesellschaftsrecht, in: ZGR 1980, 147-176;

WIEDEMANN Herbert, Gesellschaftsrecht, Ein Lehrbuch des Unternehmens- und Verbandsrechts, Band I, München 1980; zitiert als: WIEDEMANN, GesR

WIEDEMANN Herbert, Anmerkung zu BGH JZ 1989, 446 – *Linotype*, in: JZ 1989, 447-449

WIEDEMANN Herbert, Zu den Treupflichten im Gesellschaftsrecht, in: KÜBLER Friedrich, MERTENS Hans-Joachim, WERNER Winfried (Hrsg.), Festschrift für Theodor Heinsius zum 65. Geburtstag am 25. September 1991, Berlin New York 1991; zitiert als: WIEDEMANN, FS Heinsius

WINTER Martin, Mitgliedschaftliche Treuebindungen im GmbH-Recht, München 1988

WÜRDINGER Hans, Aktienrecht und das Recht der verbundenen Unternehmen, 4. Auflage, Heidelberg, Karlsruhe 1981

XUEREB Peter G., Limiti *bona fide* ai poteri della maggioranza nella *Company* inglese, in: CeI 1986, 175-196

ZANARONE Giuseppe, L'invalidità delle deliberazioni assembleari, in: COLOMBO G.E., PORTALE G.B., Trattato delle società per azioni, Tomo 3**, Assemblea, Torino1993, S. 187-498; zitiert als: ZANARONE in: COLOMBO, PORTALE, 3**

ZÖLLNER Wolfgang, Die Schranken mitgliedschaftlicher Stimmrechtsmacht bei den privatrechtlichen Verbänden, München 1963; zitiert als: ZÖLLNER, Schranken mitgliedschaftlicher Stimmrechtsmacht

ZÖLLNER Wolfgang, Zur positiven Beschlußfeststellungsklage im Aktienrecht (und andere Fragen des Beschlußrechts) – Besprechung der Entscheidung BGHZ 76, 191 –, in: ZGR 1982, 623-633

ZÖLLNER Wolfgang (Hrsg.), Kölner Kommentar zum Aktiengesetz, Band 1, §§ 1-75, 2. Auflage, Köln, Berlin, Bonn, München 1988; zitiert als: Verfasser in: KöKo, AktG

ZÖLLNER Wolfgang (Hrsg.), Kölner Kommentar zum Aktiengesetz, Band 2, §§ 148-290, 1. Auflage, Köln, Berlin, Bonn, München 1985; zitiert als: Verfasser in: KöKo, AktG

ZÖLLNER Wolfgang (Hrsg.), Kölner Kommentar zum Aktiengesetz, Band 5/1, §§ 179-240, 2. Auflage, Köln, Berlin, Bonn, München 1988; zitiert als: Verfasser in: KöKo, AktG

ZÖLLNER Wolfgang, Zur Problematik der aktienrechtlichen Anfechtungsklage, in: AG 2000, 145-157

ZÖLLNER Wolfgang, WINTER Martin, Folgen der Nichtigerklärung durchgeführter Kapitalerhöhungsbeschlüsse, in: ZHR 158 (1994), 59-100

Saarbrücker Studien zum Privat- und Wirtschaftsrecht

Herausgeber:
Johann Paul Bauer, Michael Martinek und Helmut Rüßmann

Band 1 Susanne Jaschinski: Die Haftung von Schwestergesellschaften im GmbH-Unterordnungskonzern. Ein Beitrag zum Konzernverfassungsrecht. 1997.

Band 2 Roman Sascha Ahnert: Die *actio individualis.* Ein Beitrag zur verfassungsrechtlichen Fundierung der Aktionärsklage bei sogenannten Aktien-Interessenverbänden. 1997.

Band 3 Torsten Peters: Der Cateringvertrag. Rechtstatsachen, Rechtsnatur und Rechtsprobleme eines modernen Dienstleistungsvertrags. 1998.

Band 4 Michael Meissner: Persönlichkeitsschutz juristischer Personen im deutschen und US-amerikanischen Recht. Eine rechtsvergleichende Untersuchung des allgemeinen Persönlichkeitsrechts juristischer Personen. 1998.

Band 5 Thomas Tegen: Joint Venture-Vertrag und Projektträgergesellschaft im amerikanischen und deutschen Recht. 1998.

Band 6 Gerhard Wolter: Treuhandrecht im Umbruch? Ein Blick nach Frankreich, Luxemburg, in die Schweiz und in den Libanon sowie auf das Haager Trust-Übereinkommen. 1999.

Band 7 Thomas Dehlfing: Das Recht der irreführenden Werbung in Deutschland, Großbritannien und Frankreich. 1999.

Band 8 Hanno Dornseifer: Börsentermingeschäfte und Börsentermingeschäftsfähigkeit. Zur börsengesetzlichen Behandlung von finanzwirtschaftlichen Festgeschäften, Options- und Optionsscheingeschäften. 1999.

Band 9 Patrick Lenz: Absatzförderung durch *zinssubventionierte* Darlehen. Eine wettbewerbs- und kartellrechtliche Studie zur Zulässigkeit von Niedrigzins-Kreditangeboten unter besonderer Berücksichtigung des Automobilmarktes. 1999.

Band 10 Mansur Pour Rafsendjani: Der Goodwill-Ausgleichsanspruch des Franchisenehmers. Ein Vergleich des deutschen, französischen und US-amerikanischen Franchiserechts. 1999.

Band 11 Jörg Hartmann: Juristische und ökonomische Regelungsprobleme des Insiderhandels. Eine rechtsvergleichende Darstellung USA – Deutschland. 1999.

Band 12 David Altmeier: Rückstellungsbilanzierung in Deutschland und Frankreich. Eine vergleichende Untersuchung der französischen Rückstellungsbilanzierung aus der Perspektive des deutschen Bilanzrechts. 1999.

Band 13 Barbara Günther: Aktivische Bilanzierungshilfen im deutschen und französischen Bilanzrecht. 1999.

Band 14 Bernhard Glasow: Vertikale Preisbindung, Wettbewerbstheorie und Wettbewerbsrecht in den USA, Deutschland und Europa. Bestandsaufnahmen, Kritik und Zukunftsperspektiven. 2000.

Band 15 Dorota Nowak-James: Der Börsenzugang für Anleger in Deutschland und Polen. Eine rechtsvergleichende Untersuchung zum deutschen Finanzkommissionsgeschäft und zum polnischen Brokerauftragsvertrag. 2000.

Band 16 Mathias Queck: Der Nießbrauch am Anteil einer offenen Handelsgesellschaft. Eine Form der (un-)mittelbaren Unternehmensbeteiligung. 2000.

Band 17 Ina Roth: Umweltbezogene Unternehmenskommunikation im deutschen und europäischen Wettbewerbsrecht. 2000.

Band 18 Jörg Preiss: Die Anwendung des markenrechtlichen Erschöpfungsgrundsatzes auf Dienstleistungsmarken. 2000.

Band 19 Kevin M. McDonald: Der Begriff der Dienstleistung im europäischen Binnenmarkt und WTO-System (GATS). 2001.

Band 20 Carolin Opgenhoff: Die europäische Fusionskontrolle zwischen Wettbewerbsrecht und Industriepolitik. 2001.

Band 21 Susanne Schäfer: Die Deliktsfähigkeit juristischer Personen. Eine rechtsvergleichende Untersuchung zur Übertragbarkeit des englischen Modells. 2001.

Band 22 Kay Diedrich: Die Interventionswirkung – Ausprägung eines einheitlichen Konzepts zivilprozessualer Bindungswirkung. 2001.

Band 23 Michael Fröhlich: Zentrale Institutionen des deutschen Urheberrechts und des französischen Droit d'auteur auf dem Prüfstand der elektronischen Netzwerke. 2001.

Band 24 Joël Benjamin Münch: Abtretungsverbote im deutschen und französischen Recht. Rechtsvergleichende Untersuchung der Übertragungshindernisse im deutschen und französischen Forderungsverkehr als Beitrag zu einer weiteren Schuldrechtsvereinheitlichung in Europa. 2001.

Band 25 Monika Prieß: Der Begriff des Sachmangels im deutschen und englischen Kaufrecht. Reformbedarf aufgrund der Verbrauchsgüterkauf-Richtlinie 1999/44/EG. 2001.

Band 26 Katharina Siegel: Produkthaftung im polnischen, tschechischen und slowenischen Recht. 2001.

Band 27 Carolin Kühne: Die gesetzliche Form der Rechtsgeschäfte im deutschen und italienischen Recht. Eine rechtsvergleichende Untersuchung. 2002.

Band 28 Nina Scherf: Die Nachschußpflicht im Gesellschaftsrecht. Eine rechtsformübergreifende Bestandsaufnahme, Analyse und Kritik. 2002.

Band 29 Marc Laukemann: Fernsehwerbung im Programm. Die zunehmende Kommerzialisierung des Fernsehprogramms im Zeitalter einer Ökonomisierung der Aufmerksamkeit als verfassungs-, wettbewerbs- und rundfunkrechtliches Problem. 2002.

Band 30 Michael Bo Jaspers: Nachträgliche Rechtswahl im internationalen Schuldvertragsrecht. Unter besonderer Berücksichtigung der Rechtspraxis in England, Frankreich, Dänemark und Deutschland. 2002.

Band 31 Christina Pernice: Die Insolvenzverschleppung durch das Geschäftsführungsorgan der kleinen Kapitalgesellschaft im deutschen, französischen und englischen Recht. Eine rechtsvergleichende Untersuchung zur Entwicklung eines europäischen Lösungsansatzes. 2002.

Band 32 Anne Christine Janert: Der sachliche und persönliche Anwendungsbereich des deutschen Verbraucherkreditrechts und des britischen Consumer Credit Act 1974. Ein Beitrag zu den Möglichkeiten und Grenzen verbraucherrechtlicher Harmonisierung in Europa. 2002.

Band 33 Annette Trost: Faktische Sitzverlegung unter Sitz- und Gründungstheorie im Vergleich. Unter besonderer Berücksichtigung ihrer gesellschafts- und zivilrechtlichen Folgewirkungen. 2003.

Band 34 Esther Cordula Hilpert: Die Gründerhaftung in der Gesellschaft mit beschränkter Haftung in Deutschland, Frankreich und England. 2003.

Band 35 Wei-ming Liao: Die Schiedsgerichtsbarkeit in Taiwan. Unter besonderer Berücksichtigung der internationalen Handelsschiedsgerichtsbarkeit und mit Hinweisen zu der Entwicklung in Deutschland. 2003.

Band 36 Stefan Stork: Sitzverlegung von Kapitalgesellschaften in der Europäischen Union. Zur Reichweite der Niederlassungsfreiheit unter Berücksichtigung der positiven und der negativen Integration. 2003.

Band 37 Marc Pfeffer: Interbrand-Kartellverbot und Intrabrand-Vereinbarungen. Die Ablösung horizontaler und vertikaler Eingriffsmerkmale im GWB zu Gunsten einer Betrachtung produktexterner und -interner Wettbewerbsfaktoren. 2003.

Band 38 Nicole Burkardt: Der arbeitsrechtliche Aufhebungsvertrag. Einvernehmliche Beendigung von Arbeitsverhältnissen unter Berücksichtigung der Rechtslage nach der Schuldrechtsreform. 2004.

Band 39 Christian Schmeling: Die Entlastung von Mitgliedern geschäftsführender Organe im Recht der Kapitalgesellschaften. Eine rechtsvergleichende Studie zum deutschen, schweizerischen und französischen Recht. 2004.

Band 40 Andreas Wolf: Wege zur virtuellen Haupt- und Gesellschafterversammlung. Eine vergleichende Untersuchung über die Einbeziehung elektronischer Medien in die Hauptversammlung einer Aktiengesellschaft und die Gesellschafterversammlung einer GmbH. 2004.

Band 41 Bianca Natalie Baldus: Der elektronisch geschlossene Vertrag mit Schiedsabrede. Zulässigkeit und anwendbares Recht in nationalen und internationalen Schiedsverfahren. 2004.

Band 42 Vania Dilek: Der Wettbewerbsschutz in Bulgarien und in der Russischen Föderation während des Übergangs vom Dirigismus zur Privatautonomie. 2004.

Band 43 Rudolf Lenders: Treuhand am Gesellschaftsanteil. Die Einbindung des Treugebers in das gesellschaftsrechtliche Organisationsgefüge. 2004.

Band 44 Weizuo Chen: Rück- und Weiterverweisung (Renvoi) in staatsvertraglichen Kollisionsnormen. 2004.

Band 45 Stefan Hahn: Neue Ansätze im Anlegerschutz durch die Ad-hoc-Publizität des § 15 WpHG. 2004.

Band 46 Pietro Graf Fringuelli: Internet TV. Filmurheberrecht im Internet. 2004.

Band 47 Caspar Frhr. v. Schnurbein: Missbrauch von Minderheitsrechten im deutschen und italienischen Aktienrecht. 2005.

www.peterlang.de

Christopher Mendrzyk

Das deutsche Aktienrecht verglichen mit den Principles of Corporate Governance der OECD

Frankfurt am Main, Berlin, Bern, Bruxelles, New York, Oxford, Wien, 2004.
XXIII, 326 S.
Europäische Hochschulschriften: Reihe 2, Rechtswissenschaft. Bd. 3876
ISBN 3-631-52184-7 · br. € 56.50*

Die Arbeit untersucht, ob das deutsche Aktienrecht den Principles of Corporate Governance der OECD (PoCG) entspricht. Das deutsche Aktienrecht umfaßt alle Gesetze, die sich mit einer Aktiengesellschaft beschäftigen, wie beispielsweise das AktG, HGB, WpHG, WpÜG und BörsG. Zunächst werden die Anforderungen der PoCG zu den jeweiligen Punkten des deutschen Aktienrechts dargestellt. Dann werden die dazugehörigen deutschen Regelungen erläutert und Defizite herausgearbeitet. Schließlich werden die entsprechenden Regelungen des Deutschen Corporate Governance Kodex dargestellt. Als Ergebnis der Arbeit läßt sich festhalten, daß geringe Defizite zu den PoCG im Bereich der internen Corporate Governance bestehen, weitreichende Defizite jedoch im Bereich der externen Corporate Governance.

Aus dem Inhalt: Das System der unternehmens„-internen" Corporate Governance im deutschen Aktienrecht im Vergleich mit den PoCG: Vorstandsbezogene und aufsichtsratsbezogene Corporate Governance Grundsätze, Die Rolle der Stakeholder, Die Hauptversammlung, Der Abschlußprüfer · Das System der unternehmens„-externen" Corporate Governance im deutschen Aktienrecht im Vergleich mit den PoCG: Der Marktmißbrauch, Offenlegung und Transparenz, Der Markt für Unternehmenskontrolle · Rechtsschutz der Aktionärsrechte

FSC
www.fsc.org
MIX
Papier | Fördert gute Waldnutzung
FSC® C083411

Kolibri 360 GmbH
Ferdinand-Jühlke-Straße 7
99095 Erfurt, Deutschland
produktsicherheit@kolibri360.de

Druck:
CPI Druckdienstleistungen GmbH
im Auftrag der
Kolibri 360 GmbH
Ferdinand-Jühlke-Str. 7
99095 Erfurt